스타트업 서비스 설계는
처음인데요

스타트업 서비스 설계는 처음인데요   기술 선택부터 인프라 구축, 배포 전략까지 다루는 실전 가이드

초판 1쇄 발행   2025년 10월 20일

지은이 **강대명**	펴낸이 **한기성**	기획·편집 **조희진**	표지 디자인 **오필민**	내지 디자인 **nu:n**
조판 **SEMO**	교정 **조경숙**	제작·관리 **이유현**	영업·마케팅 **김진불**	경영지원 **박미경**
용지 **유피에스**	인쇄·제본 **천광인쇄사**			

펴낸곳 **(주)도서출판인사이트** 임프린트 **더 타이즈**   등록번호 제2002-000049호 등록일자 2002년 2월 19일
주소 **서울특별시 마포구 연남로5길 19-5**   전화 02-322-5143   팩스 02-3143-5579
이메일 **theties@insightbook.co.kr**

Copyright ⓒ 2025 강대명, (주)도서출판인사이트   ISBN 978-89-6626-495-7 93000

이 책의 저작권은 저작권자와 (주)도서출판인사이트에 있습니다. 저작권법에 의해 한국 내에서 보호를 받는 저작물이므로 무단전재와
무단복제를 금합니다. 또한 저작권자의 명시적 허락 없이는 이 책의 어떤 부분도 AI 시스템을 교육/훈련시킬 목적으로 사용할 수 없습니다.

책값은 뒤표지에 있습니다. 잘못 만들어진 책은 구입처에서 교환하실 수 있습니다. 이 책의 정오표는 홈페이지에서 확인하실 수 있습니다.

더 타이즈는 (주)도서출판인사이트의 임프린트입니다. 더 타이즈는 지식의 빈칸과 경험의 빈틈을 콘텐츠로 채웁니다.
지식과 경험을 전달하고 싶은 저자님을 모십니다. 홈페이지 https://theties.insightbook.co.kr

추천인의 글

스타트업 서비스 설계의 본질과 균형, 그 첫걸음

서비스를 새롭게 설계하고 운영하는 과정은 늘 선택과 고민의 연속입니다. 기술 스택 결정부터 운영 안정성 확보, 개인정보 보호와 같은 법적 요건, 그리고 성장 과정에서 불가피하게 발생하는 기술 부채까지, 이 모든 과제는 개발자와 조직이 반드시 맞닥뜨리는 현실입니다. 단순히 이론적인 지식만으로는 감당하기 어렵고, 경험에서 비롯된 구체적인 기준과 사례가 필요한 영역입니다.

이 책의 가장 큰 강점은 "무엇을 먼저 고려해야 하는가"라는 본질적 질문을 놓치지 않고 있다는 점입니다. 서비스 성격 파악부터 인력 구성, 기술 선택, MVP 개발과 출시, 그리고 기술 부채 관리에 이르기까지, 서비스 생애주기 전반에 걸쳐 반드시 챙겨야 할 지점을 단계별로 안내합니다. 이를 통해 독자는 단순한 매뉴얼을 넘어, 실제 현장에서 합리적인 선택을 내릴 수 있는 판단 기준을 얻게 됩니다.

저 역시 여러 프로젝트를 이끌며, 빠른 실행과 안정적 운영 사이에서 균형을 잡는 일이 얼마나 중요한지 뼈저리게 경험해 왔습니다. 이 책은 그 균형을 잡는 데 필요한 요소를 정확히 짚어주고 있습니다. 특히 기술 부채에 대한 부분은 현실적으로 부딪히는 문제를 솔직하게 다루면서도, 어떻게 관리하고 줄여나가야 할지 기술적인 방향성과 구체적인 방법을 제시해 주어 매우 인상적이었습니다.

이 책은 스타트업의 첫 서비스를 준비하는 개발자에게는 실질적인 출발점이 되고, 이미 서비스를 운영 중인 조직에는 다시 점검할 수 있는 체크리스트가 될 것입니다. 개발자뿐 아니라 기획자, 운영자까지 함께 참고할 수 있는 지침서라는 점에서 그 활용도는 더욱 크다고 생각합니다.

서비스 설계와 운영 과정에서 흔히 간과되기 쉬운 부분까지 꼼꼼히 다루고 있는 이 책이, 더 많은 현업 실무자들에게 든든한 기준점이 되기를 기대합니다.

라도훈 / 스터디워크 CTO, https://ptstudy.oopy.io

불확실성을 넘어, 스타트업 엔지니어를 위한 나침반

다양한 제품을 동시에 개발하다 보면 기술적 선택 못지않게 중요한 것이 팀의 정렬과 실행 속도임을 절감하게 됩니다. 그렇기에 스타트업의 하루는 늘 실행 속도와 불확실성과의 싸움입니다. 이 책은 서비스 기획부터 기술 선택, 데이터 구조 설계, 배포, 운영 자동화까지 초기 스타트업의 엔지니어가 매일 고민하는 문제를 명확히 풀어내고 있습니다.

원고를 읽으면서 제가 지금 이곳, 알로카도스(크립토·AI 스타트업)에서 서비스를 만들며 겪었던 수많은 시행착오가 문장마다 떠올랐습니다. 원고를 다 읽고 저는 이 책이 단순히 이론이나 방법론에 대한 이야기가 아니라 '현장에서 바로 적용할 수 있는 실용적인 설계 지침서'란 생각이 들었습니다. 빠른 성장을 꿈꾸는 모든 창업자와 개발자에게 꼭 필요한 나침반 같은 책이 될 것이라 확신합니다.

신희재 / 알로카도스 CTO, https://leslie.alocados.io

막막함을 자신감으로 바꾸는, 실용적 동반자

무언가를 시작하려고 할 때, 우리는 종종 무엇부터 해야 할지 막막함을 느낍니다. 특히 스타트업 환경처럼 빠르고 불확실한 상황에서는 더욱 그렇습니다. 《스타트업 서비스 설계는 처음인데요》는 그런 막연함 속에서 헤매는 분들에게 도움이 될 수 있는 책입니다.

이 책은 서비스 구현, 인프라 구성, 배포와 테스트, 아키텍처 설계 그리고 실제 예제와 AI 활용까지 폭넓은 주제를 다루며, 실무에서 꼭 알아야 할 것을 체계적으로 안내합니다. 이 책이 모든 궁금증을 해결해 주지는 않겠지만, 적어도 내가 무엇을 모르고 있는지, 무엇을 준비해야 하는지를 인식하게 해 줍니다. 시작하는 분들에게 꼭 필요한 실용적인 나침반이자 좋은 동반자가 되어줄 것입니다. 읽는 동안 '이런 것도 생각해야 하는구나'를 마주하며, 막연함 대신 작은 자신감을 얻을 수 있을 것입니다.

강진우 / 당근마켓 인프라실 실장, https://www.daangn.com

책 애호가의 글

이 책은 누군가에게는 창업을 준비하는 데 든든한 학습 자료가 될 것이며, 또 다른 이에게는 새로운 프로젝트를 성공적으로 완수하기 위한 실질적인 자습서가 될 것입니다. 각 장마다 저자의 경험을 바탕으로 독자가 놓치기 쉬운 부분을 명확하게 짚어 주었기에, 이 책은 그만큼 오래 곁에 두고 참고할 만한 가치를 지니고 있습니다.

스타트업을 준비하는 분들은 물론이고, 회사에서 설계를 맡은 개발자라면 반드시 읽어야 할 책입니다. 구현을 담당하는 실무자 또한 이 책을 읽는다면 설계자의 의도를 깊이 이해하고 더 나은 결과물을 만들어낼 수 있을 것입니다.

저자의 경험이 녹아 있는 각 장은 독자에게 간접 경험의 기회를 제공하며, 이를 통해 실무에서 놓칠 수 있는 부분을 점검하고 미래에 발생할 수 있는 위험을 미리 대비할 수 있도록 돕습니다. 책을 읽는 내내 고개를 끄덕이며 공감했고, 실제 제 경험과 크게 다르지 않으면서도 제가 미처 겪지 못했던 저자의 경험을 통해 많은 인사이트를 얻을 수 있었습니다.

이 책은 단순히 스타트업 교본을 넘어, 하나의 제품이 어떻게 준비되고 개발되는지, 또 어떤 사이클에서 어떤 문제가 발생할 수 있는지를 미리 내다볼 수 있는 든든한 길잡이가 될 것입니다. 새로운 도전을 앞둔 스타트업 창업자, 회사 내에서 신제품 개발을 준비하는 엔지니어와 이해관계자 모두에게 자신 있게 추천합니다.

김민준 / 엔시선AI 백엔드 개발자

이 책은 스타트업 백엔드 엔지니어가 알아야 할 실무적 지식을 담고 있습니다. 원고를 읽는 시간이, 그동안 어렴풋이 알았던 기술적 내용을 정리할 수 있는 좋은 기회였습니다. 이 책에서는 단순히 백엔드 애플리케이션 개발뿐만 아니라 인프라와 운영 레벨을 아우르는 폭넓은 기술을 소개하고 있습니다. 특히 스타트업 같은 소규모 기업에서 백엔드 시스템을 주도적으로 개발해야 하는 독자에게는 훌륭한 길잡이가 될 것입니다.

물론 스타트업에 다니지 않는 독자들에게도 훌륭한 지침서가 되리라 생각합니다. 특히 중견기업이나 대기업에서 자신이 맡은 파트만 개발하는 독자라면 이 책을 통해 시야를 넓히는 계기를 얻을 수 있을 것입니다.

최근에 AI가 발전하면서 코드는 AI에 맡기고 개발자는 시스템 아키텍처를 구상하고 AI가 개발한 결과물을 검토하는 방식으로 개발의 공식이 변화하고 있습니다. 이러한 상황에서 전체 시스템의 맥락을 이해하고, 애플리케이션을 작성하고, 배포하는 능력은 더욱 중요해질 것입니다. 그렇기에 앞으로는 폭넓은 시각이 스타트업 개발자에게 필수 역량이 되리라 생각합니다. 서비스 개발의 전체 그림을 그리고 싶은 개발자라면 읽어야 할 책입니다.

김기덕 / 스타트업 개발 리더

스타트업 초기에 참여해서 의사 결정의 주체가 된 개발자라면 누구든 큰 도움이 될 것이라고 생각합니다. 실패 경험이나 저자의 팁, 실무 중심 예시가 곳곳에 담겨 있어, 첫 설계의 막막함보다는 '나도 한 번 해볼 수 있겠다'라는 용기를 불어넣어 주는 책입니다. 저는 원고를 읽고 단순히 주어진 기능을 구현하는 개발자가 아니라 서비스 방향을 함께 고민하는 서비스의 주체로서, '개발자가 어떤 시야를 가져야 할지'를 깨달을 수 있었습니다.

권한비 / 마케터 겸 개발자

책 애호가의 글

직접 경험하기 전에는 어디서도 배울 수 없었던 '회사의 첫 번째 개발자는 어떤 일을 해야 하는가?'에 대해서 구체적인 예시와 최선의 결정을 하기 위해 고려해야 할 사항, 저자가 경험한 시행착오가 잘 정리되어 있어 좋았습니다.

간단한 응답만 처리하는 서비스로 프로젝트를 시작하더라도, 서비스가 성장하면서 추가 기능과 트래픽이 늘어나면 성능 개선을 위한 스케일 업, 스케일 아웃 검토, 빠른 판단과 실행이 필요해지기 마련입니다. 이 책은 그런 변화의 시점마다 구조를 효율적으로 개선해 나가는 데 참고할 수 있는 든든한 길잡이가 되어줄 것 같습니다. 또, 로그와 모니터링은 어떻게 시작해야 할지, 큐, 캐시, 샤딩은 어느 시점에 어떻게 도입하는 게 좋을지, 그 시작점마다 함께 고민해 주는 책입니다.

이제 막 개발한 서비스를 어떻게 프로덕션 레벨로 가꿔나가면 좋을지, 경력과 무관하게 서비스의 첫 번째 개발자가 되면 누구나 비슷한 고민을 합니다. 단계별로, 이 정도 시기가 되어 서비스가 커지면 이런 고민을 하게 되겠지? 하는 포인트를 순서대로 나열해, 빠르게 성장하는 서비스를 어떻게 운영하면 좋을지 고민하는 소규모 팀의 개발자들에게 큰 도움이 될 것 같습니다.

이승우 / SecondB.ai 개발자

더 타이즈에서는 지식과 경험을 나누어 주실 저자님과 출간 전에 콘텐츠를 먼저 읽어 보실 책 애호가님을 모십니다.

- URL https://theties.insightbook.co.kr

저자와의 인터뷰

집필 동기와 대상 독자 이 책을 쓰게 된 특별한 계기가 있을까요? 책의 핵심 독자층은 누구를 염두에 두고 집필하셨는지 궁금합니다.

저는 오랫동안 사용자가 많은 대기업 서비스를 설계했습니다. 그러다가 스타트업으로 이직한 후 완전히 처음부터 서비스를 설계하면서 제가 기존에 다루던 대기업 서비스와 비슷하면서도 다른 부분이 많다는 걸 느꼈습니다. 물론 사업의 법적인 부분부터, 인프라, 개발 언어나 프레임워크, 인원수까지, 고려 사항은 유사했습니다. 하지만 대기업에서는 여러 부서에서 많은 개발자가 고민하고 판단했는데, 스타트업에서는 한두 명의 적은 인원이 이런 고민을 하고 결론을 내려야 했습니다. 제게는 이 과정이 꽤 어렵고 고통스러웠기에 이 경험과 지식을 공유할 수 있으면 좋겠다고 생각했습니다.

물론 실제 서비스 설계나 출시에는 제가 경험하고 책에서 다룬 것 이상의 많은 고난과 역경이 따를 겁니다. 독자 여러분이 이 책을 통해 좀 더 쉽고 빠르게 고난과 역경을 이겨내길 바랍니다.

이 책은 이제 막 중급자가 되어서 서비스 설계를 해야 하는 개발자나, 그런 중급자 옆에서 함께 도와야 하는 초급 주니어 개발자를 대상으로 집필을 했습니다.

책의 차별점 시중에 나와 있는 스타트업 서비스 관련 서적과 비교했을 때 이 책만의 가장 큰 차별점은 무엇이라고 생각하십니까?

초기 스타트업 서비스 설계에서 필요한 부분과 당장은 필요하지 않지만 차후에 문제가 발생할 때 적용할 수 있는 부분을 모두 다루는 점이 다른 서적과의 차별점이라고 생각합니다. 보통 초기 스타트업에서는 샤딩이라든지 비동기 등을 고려할 필요가 없지만, 실제로 일정 수준 사용자가 늘어나면 고려해야 합니다. 차후에라도 이런 부분을 고민할 수 있도록 집필했고, 프로토콜을 어떻게 안전하게 설계할지 등 다른 유사 분야의 도서에서 쉽게 접하기 어려운 내용을 담았습니다.

저자와의 인터뷰

이론과 실무의 균형 스타트업 서비스 설계에 대한 이론과 실제 현장에서 적용 가능한 실무 노하우 중 어느 부분에 더 중점을 두었는지요? 그 이유는 무엇인가요?

저는 이론과 실무에 따른 차이가 크다고 생각하지는 않습니다. 이론을 제대로 이해하고 이를 실무에서 적용하는 포인트를 찾는 것이 노하우라고 생각하기에 이론과 실무에는 큰 차이가 없다고 생각했습니다. 이론 또한 실제 문제를 해결하기 위해서 나온 산출물이라, 안정 해시나 샤딩 같은 내용도 전부 이론과 실무의 경계가 있다기보다는 이론을 먼저 잘 이해해야 이를 실무에 잘 적용할 수 있다고 생각합니다.

스타트업 서비스 설계의 오해 스타트업 창업자들이 서비스 설계에 대해 가장 흔히 오해하거나 놓치는 부분은 무엇이라고 생각하십니까? 책에서 이 부분을 어떻게 다루고 계신가요?

스타트업은 무조건 빨라야 한다고 생각합니다. 하지만 서비스를 만드는 데 있어서 서비스의 성격을 알면 어떤 부분은 포기하고 어떤 부분은 지켜야 할 것인지 눈에 보입니다. 그래서 무조건 빠르게 만들거나, 무조건 완벽하게 만들 수가 없다는 걸 만들다 보면 알 수 있습니다. 예를 들어 초기 핀테크 스타트업이라면 사용자 유입량 증가에 대한 대응은 어느 정도 포기할 수 있지만, 결제 거래 기능은 단 한 건이라도 안전하게 거래되거나 안전하게 실패하도록 설계해야 합니다. 스타트업의 상황은 이해하지만, 무조건 서비스 개발의 속도가 정답이 아니라 서비스의 성격에 따라 방향, 비용 등에서 무엇을 중요하게 볼지가 가장 중요합니다.

실패 경험 성공 사례뿐만 아니라, 스타트업이 서비스 설계 단계에서 겪을 수 있는 실패 사례와 그에 대한 조언도 책에 담겨 있는지 궁금합니다.

대기업에서 스타트업으로 이직한 뒤에 아무것도 없는 상태에서 구축하다 보니, 초반에는 대기업에서처럼 크고 안정적으로 만들려고 하는 고정 관념이 있었습니다. 그리고 어느 정도 시간이 지나서 이런 기준을 포기하고 나니 반대로 안정적으로 만들어야 할 것을 대충 만드는 문제가 발생했던 적도 있었습니다. 서비스마다, 어느 정도는 문제를 알고 이해만 하고 넘어가야 하는 것이 있고, 어떤 것은 서비스에 맞게 안정적으로 만들어야 하는 부분이 있습니다. 그런 제 경험이 책 전체에 조금씩 담겨 있습니다.

끝으로 집필 과정은 어떠셨나요? 집필 전에 생각했던 내용이 오롯이 책에 담겨있는지 궁금하고, 감사 인사를 전할 분들이 있다면 말씀해 주세요.

집필을 시작할 때는 빠르게 집필을 끝낼 줄 알았는데, 거의 일 년이 걸렸습니다. 왜 책을 쓸 때는 항상 쓰고 난 뒤 계속 아쉬움이 생기는 건지… 책을 쓰면서, 처음 생각했던 내용에 내용이 추가되고, 또 어느 정도 쓰고 나면, 이것만으로 충분할까라는 생각이 계속 집필을 발목 잡고 심란하게 했습니다. 고생했지만 드디어 끝을 냈고, 부족한 부분은 전과 같이 온라인에서 글로 채우겠습니다.

제가 집필한다고 주말에 계속 독박 육아를 했던, 세상에서 가장 사랑하는 우리 경숙 마님과, 바빠서 놀아주지 못해도 항상 사랑한다고 말해주는 한율이, 이솔이에게 감사를 전하고 싶습니다.

이 책에 대하여

이 책은 총 여섯 개의 장과 한 개의 부록으로 이루어져 있습니다. 1~4장까지는 스타트업에서 서비스를 설계할 때 고려할 사항을 설명하고 5장에서는 앞에서 학습한 내용을 단축 URL을 만들면서 실습합니다. 각 장의 주요 내용은 다음과 같습니다.

CHAPTER 01 스타트업에서 서비스를 구현할 때 고려 사항

스타트업의 서비스 출시는 가장 큰 목표이며, 이를 위해 서비스 성격 파악, 핵심 인력 구성, 핵심 기술 선택 등의 초기 고민이 필요합니다. 1장에서는 서비스를 설계하기 전에 꼭 고민해야 할 사항들을 정리했습니다.

CHAPTER 02 인프라 구성

서비스 인프라를 구성할 때는 온프레미스 환경과 클라우드 환경 중 하나를 선택해야 하는데 대다수의 스타트업에는 클라우드 환경을 추천합니다. 왜 클라우드 환경을 추천하는지, 그리고 클라우드에서 서비스를 설계할 때는 무엇을 고려해야 하는지 설명합니다.

CHAPTER 03 배포와 테스트

빠른 MVP 개발이 중요한 스타트업이지만, 배포와 테스트 또한 간과해서는 안 됩니다. 배포와 테스트는 안정적인 서비스 운영을 위한 핵심 요소이며, 배포는 기능 개발, 빌드, 테스트, 배포, 모니터링 단계를 거칩니다. 이 장에서는 다양한 배포 전략과 자동화된 테스트 방법을 소개합니다.

CHAPTER 04 서비스 아키텍처

모놀리식과 MSA 중 어느 아키텍처가 스타트업에 더 효율적인지를 살펴보고, 서비스의 기본 기능 요소를 설명합니다. 인증, 데이터베이스, 캐시, 모니터링, 로그 수집 등의 기본 기능이 어떤 역할을 하며 왜 중요한지 설명합니다.

CHAPTER 05 단축 URL 서비스 만들기

이전까지 다뤘던 내용을 간단한 서비스인 단축 URL 서비스를 만들면서 복습합니다. 어떤 기술을 왜 선택했는지부터 실제 서비스를 하면서 일어나는 실수까지 고려해 실습 단계를 구성했습니다.

CHAPTER 06 코딩 AI의 활용

이 책의 주요 주제는 아니지만, 개발에 깊숙이 들어온 AI를 어느 정도 수준에서 활용할 수 있는지, 도입하기 전에 무엇을 주의해야 할지, 도메인이 왜 여전히 중요한지 등을 설명합니다.

APPENDIX A 서비스를 위해 더 고민할 부분

책에서 더 깊게 다루지는 못하지만, 서비스 설계 시에 고민해야 할 내용이 무엇이 더 있는지, 항상 스타트업 서비스라는 점을 기준으로 두고 선택해야 한다는 점을 설명합니다.

이 책에 대하여

질문과 학습 자료

질문이 있을 때는 질문 전에 깃허브의 issue에 같은 질문이 있는지 검색한 후에 issue에 올려 주세요.

🔗 https://github.com/charsyam/myservice-api

수도 코드를 제외한 3장과 5장의 모든 코드는 깃허브에서 확인할 수 있습니다. 각각 myservice-api와 myservice-backend로 분리했습니다. 지면상 전체 코드를 책에 담지는 못했습니다. 전체 코드는 리포지터리의 코드를 확인해 주세요.

2장 인프라 구성

🔗 https://github.com/charsyam/myservice-api/tree/main/terraform

3장 배포와 테스트

🔗 https://github.com/charsyam/myservice-api

디렉터리 구조

5장 단축 URL 서비스 만들기

https://github.com/charsyam/myservice-backend

디렉터리 구조

```
├── docker      ◀── 서비스 테스트 및 기동에 필요한 서비스 docker compose 설정
└── practice    ◀── 실제 서비스 예제에 따른 단축 URL 서비스 코드
```

이 책의 요소

- 📄 저자의 경험과 긴 팁을 다룹니다.

- ➡ 이 기호가 보이는 코드는 위의 코드와 이어진 같은 줄의 코드입니다.
     띄어쓰기와 줄 바꿈없이 한 줄로 이어서 입력하세요.

- 🐙 깃허브 URL입니다.

- ⇿ 로드밸런서 표기입니다.

- `Age: 25` 실행 결과 혹은 Bash 명령어입니다.

- 💬 프롬프트 입력문입니다.

차례

추천인의 글 iv
책 애호가의 글 vi
저자와의 인터뷰 ix
이 책에 대하여 xii

CHAPTER 01 스타트업에서 서비스를 구현할 때 고려 사항

1-1 서비스 출시 전 고려 사항 001
- **1단계** 서비스 성격 파악 003
- **2단계** 핵심 인력 구성 007
- **3단계** 핵심 기술의 구성 010
- **4단계** MVP 개발과 서비스 출시 016
- **5단계** 기술 부채 줄이기 017

CHAPTER 02 인프라 구성

2-1 서비스 운영 환경 027

2-2 클라우드 인프라 기초 033
- 2-2-1 VPC, 가상 사설 클라우드 033
- 2-2-2 IAM 038

2-3 IaC 042
- 2-3-1 IaC 종류 043
- 2-3-2 테라폼으로 환경 구성 048

2-4 단일 장애 지점 제거 061
- 2-4-1 SPOF 찾기 064

CHAPTER 03 배포와 테스트

3-1 배포 … 069
- 3-1-1 배포 자동화 … 073
- 3-1-2 배포 자동화 도구 선택 … 076

3-2 배포 전략 … 092
- 3-2-1 가장 간단한 배포 … 093
- 3-2-2 롤링 업데이트 … 095
- 3-2-3 블루그린 배포 … 098
- 3-2-4 카나리 배포 … 102
- ✅실습 AWS EC2 기반의 블루그린 배포 … 104

3-3 테스트 … 117
- 3-3-1 단위 테스트 … 117
- 3-3-2 E2E 테스트 … 121

CHAPTER 04 서비스 아키텍처

4-1 모놀리식 아키텍처와 MSA … 127
- 4-1-1 서비스를 나누는 기준 … 129
- 4-1-2 서비스 운영 환경 … 130

4-2 페일오버 … 133
- 4-2-1 액티브-스탠바이 페일오버 … 133
- 4-2-2 액티브-액티브 페일오버 … 135
- 4-2-3 페일오버의 적용 … 136

차례

4-3 요청과 응답 형식 정의 141

4-4 인증과 인가 142
    4-4-1 패스워드의 저장 145
    4-4-2 패스워드의 전달 151
    4-4-3 로그인 과정 156

4-5 데이터베이스 167
    4-5-1 데이터베이스 성능 167
    4-5-2 데이터베이스 복제 173

4-6 캐시 182
    4-6-1 캐시 키 설정의 중요성 182
    4-6-2 캐시 적용 전략 187
    4-6-3 캐시를 적용할 때 주의사항 192

4-7 데이터의 분산 저장 196
    4-7-1 데이터 분산 기초 197
    4-7-2 안정 해시 214

4-8 비동기 서비스를 통한 서비스 성능 개선 221
    4-8-1 비동기 서비스를 위한 큐 224

4-9 로그 수집 227

4-10 모니터링 230

4-11 통계 233

4-12 설정 변경 가능한 설계 236

4-13 안전한 프로토콜의 설계 239

CHAPTER 05 단축 URL 서비스 만들기

5-1 요구사항 분석과 구성 … 246
- **1단계** 회원 가입 … 246
- **2단계** 데이터베이스 스키마 … 248
- **3단계** 예제 프로젝트의 구성 … 251

5-2 구현 … 252
- **1단계** 공개키 전달 … 252
- **2단계** 회원 가입 … 254
- **3단계** 로그인 … 256
- **4단계** 인증 … 257
- **5단계** 단축 URL 생성 … 261
- **6단계** 단축 URL 이용 … 263
- **7단계** 스웨거로 API 문서화 … 263

5-3 테스트 … 265
- **1단계** 기본 기능 테스트 … 265
- **2단계** 부하 테스트 … 270

5-4 1차 성능 개선 … 272
- **1단계** 인덱스 설정 … 272
- **2단계** 로그 추가 … 276
- **3단계** 모니터링 정보 추가 … 278

5-5 2차 성능 개선 … 287
- **1단계** 캐시 도입 … 287
- **2단계** 쓰기 확장: 샤딩 도입 … 293
- **3단계** 캐시 확장: 안정 해시 도입 … 306
- **4단계** 비동기 큐 도입: 쓰기 부하 안정 … 313

차례

CHAPTER 06 코딩 AI의 활용

- 6-1 바이브 코딩과 코딩 AI의 종류 ... 327
- 6-2 코딩 AI 도입 전 주의 사항 ... 332
- 6-3 코딩 AI를 도입하면 정말 생산성이 높아질까? ... 332
  - 6-3-1 코딩 AI 사용 예 ... 334
- 6-4 코딩 AI와 도메인의 중요성 ... 336
- 6-5 코딩 AI를 잘 사용하는 법 ... 347
  - 6-5-1 프로젝트 문서의 작성 ... 348
  - 6-5-2 태스크의 분리 ... 353
- 6-6 코딩 AI와 함께 성장하기 ... 358

APPENDIX A 서비스를 위해 더 고민할 부분

- A-1 앱 개발 시 필요한 기술 ... 359
- A-2 서비스 확장을 위한 고민 ... 363
- A-3 스타트업에서 좋은 서비스 개발이란? ... 366

찾아보기 ... 368

CHAPTER 01 스타트업에서 서비스를 구현할 때 고려 사항

이제 막 창업한 스타트업에 합류해 서비스를 개발해야 한다는 말은 무에서 유를 창조해야 한다는 말과 같다. 무에서 유를 창조해야 하는 그 순간에 고려해야 할 사항은 정말 많다. 당장 생각나는 것만 나열하자면, 사업 측면에서는 아이디어를 검증하고 시장 조사를 하고, 개발 측면에서는 설계와 기술 스택을 고려해야 한다. 물론 이뿐만 아니라 협업 방식이나 개발 프로세스, 법률 검토 등 무수히 많은 내용을 사전에 준비해야 한다. 그중 이 책에서는 개발에 필요한 내용만을 다루겠다.

- 스타트업에서 서비스를 개발하고 출시하기까지 고려해야 할 사항을 다섯 단계로 나누어 단계별로 중요하게 살펴볼 점을 확인한다.

여러분이 서비스 개발을 시작하기 직전이라면 어떤 점을 고려할지 한번 떠올려 보자. 머릿속에 수많은 고려 사항이 스쳐 지나갈 것이다. 가능한 한 많이 적어 보자. 자, 이렇게 나열한 수많은 사항을 모두 고려한 뒤 개발을 시작하면, 순조롭게 서비스를 개발하고 운영할 수 있을까? 아니다. 수만 가지의 변수를 고려했어도 서비스 운영 단계에 들어서면 예상하지 못한 문제가 발생한다. 그렇기에 모든 것을 완벽히 준비한 다음에 서비스 개발을 시작하기보다는, 단계별로 변화하는 요구사항에 유연하게 대응하겠다는 자세부터 갖춰야 한다.

물론, 아무 준비도 하지 말라는 뜻은 아니다. 이제부터 단계별로 중요하게 챙겨야 할 핵심 사항을 하나씩 살펴보겠다.

1-1 서비스 출시 전 고려 사항

여러분의 스타트업 목표는 무엇인가? 이 질문에 스타트업 창업자나 재직자는 대부분 서비스의 성공을 꼽는다. 하지만 서비스를 개발하기 전인 사업 구상 단계에서의 목표는 '서비스 출시'여야 하며, 좀 더 현실적으로는 **서비스 출시 전까지의 생존**이 스타트업 대부분의 초기 목표이다.

뜻이 맞는 동료들과 사업계획서를 작성하며 멋진 서비스의 청사진을 그리겠지만, 현실에서는 사업계획서만으로 투자를 받기가 어렵다. 보통은 서비스를 출시해 제품으로 인정받은 다음에야 투자가 들어오므로 그 전까지 스타트업은 매우 제한된 자원으로 운영된다. 그리고 이 한정된 자원을 최대한 효율적으로 활용해 성과를 내야 하는 게 스타트업의 현실이다. 운영비를 절감하고 개발 시간을 단축해야 하며 모든 구성원이 서비스 출시에 역량을 집중해야 한다.

그만큼 촌각을 다투는 상황이기에 개발자들은 개발을 서두를 수밖에 없다. 그렇다면 서비스를 개발할 때 가장 먼저 무엇을 고려해야 할까? 다음 그림처럼 서버 구조를 먼저 정해야 할까?

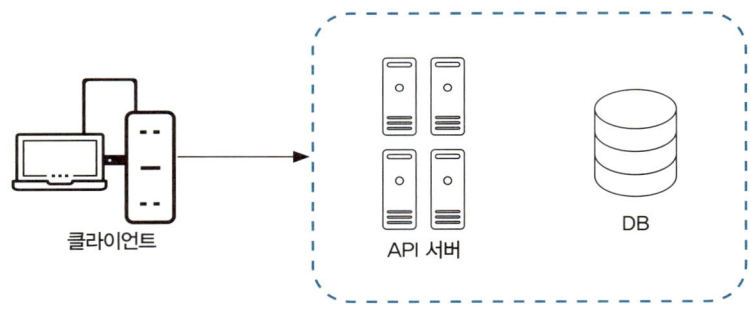

그림 1-1 가장 단순한 서비스 추상 구조

아니면 자바나 스프링과 같은 개발 언어나 플랫폼을 먼저 고민해야 할까? 물론 파이썬과 장고, 자바스크립트나 타입스크립트에 노드 등 다양한 조합을 선택할 수 있다. 이런 조합은 어디까지나 예시일 뿐이며 지금 단계에서 어떤 것이 더 낫다고 단정할 수는 없다.

그렇다면 AWS, GCP, MS 애저Microsoft Azure 등의 클라우드 서비스를 선택할지, IDC를 선택하고 서버를 구매하거나 대여해서 사용하는 온프레미스On-Premises로 구축할지를 고민해야 할까? 한발 더 나아가 서비스는 출시가 끝이 아니라 운영이 더 중요하므로, 항상 운영의 안정성을 염두에 두어야 하니, 운영의 안정성이 우선 고려 사항이 될 수도 있다.

그렇다면 지금까지 나열한 서버 구조, 개발 언어나 플랫폼, 서비스 환경 중 무엇을 먼저 선택하는 것이 정답일까? 정답은, 없다.

물론 지금까지 언급한 요소는 모두 중요하지만, 서비스를 개발하기 전에 개발자가 가장 먼저 할 일은 이런 것이 아니라, 놀랍게도 개발할 서비스의 성격을 파악하는 일이다. 서비스의 성격을 파악한 뒤에는 개발에 필요한 핵심 인력을 구성해야 하고, 그다음에서야 서비스에 맞는 기술을 선택한다. 그리고 서비스를 출시한 다음에는 그동안 쌓인 기술 부채를 줄여야 한다. 물론 이 순서가 항상 정답은 아니다. 때로는 인력을 먼저 구성한 뒤 서비스를 정하기도 하며, 상황에 따라 우선순위가 달라질 수도 있다.

이제부터 서비스 성격 파악, 핵심 인력 구성, 핵심 기술의 구성, MVP^{Minimum Viable Product} 개발과 서비스 출시, 기술 부채 줄이기 순으로 하나씩 살펴보겠다.

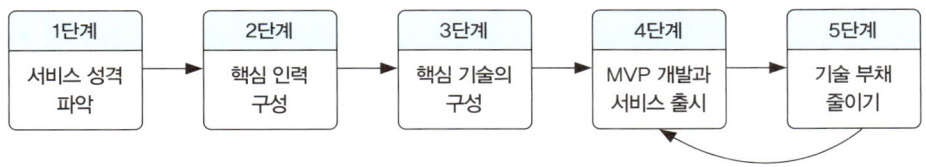

그림 1-2 스타트업 개발자가 개발 전후로 고려할 사항

1단계 서비스 성격 파악

개발자는 언제나 자신이 만드는 서비스가 무엇인지 알아야 한다. 기술을 논하기 전에 서비스 기획자와 함께 서비스의 목적과 성격을 고민하고 파악해야 한다. 도대체 왜 서비스의 성격을 파악하는 일이 개발자에게 중요할까? 그건 바로 서비스의 성격에 따라서 필요한 기능이 다르고, 필요한 기능에 따라서 우선순위가 변하기 때문이다.

서비스의 성격이란 어느 분야에서 누구를 대상으로 무엇을 제공하는가를 의미한다. 여러분은 어떤 서비스를 만드는가? 규모에 따라 다르겠지만, 만드는 서비스가 쿠팡과 같은 커머스 또는 물류 서비스인가? 혹은 카카오뱅크나 토스와 같은 핀테크 서비스인가? 아니면 카카오톡이나 라인과 같은 메신저 서비스인가? 또는 페이스북, 인스타그램 같은 소셜네트워크서비스^{SNS}이거나 유튜브, 넷플릭스 같은 동영상 서비스일 수도 있다.

서비스의 성격을 파악하고 나면 만들려는 서비스의 주요 고객층을 파악할 수 있고 그다음 주요 고객층에게 어떤 가치를 제공해야 하는지 알 수 있다. 겉으로 보기에는 같은 서비스처럼 보여도 서비스의 성격에 따라 중요하게 다뤄야 하는 지점이 다르다.

예를 들어 이미지를 올린 다음 인코딩하는 기능을 추가한다고 가정하자. 보통은 네트워크 전송 비용이나 속도를 고려해서 이미지를 Large, Medium, Small 등으로 인코딩한다. 그런데 어느 서비스에나 있을 법한 이 기능조차 서비스 성격에 따라 다르게 구현해야 한다.

커플 SNS로 유명했던 B 서비스와 페이스북을 비교해 보자. 둘 다 SNS이지만, 사용자가 올린 이미지를 페이스북에서는 다수가 보고 B 서비스에서는 사용자와 사용자의 연인만 본다.

페이스북은 다수의 타임라인에 사용자의 소식을 노출하므로 이미지를 올리며 동시에 인코딩하는 편이 유리하다. 이렇게 즉시 인코딩을 하면 항상 저장 공간을 많이 차지하므로, 비용이 많이 발생하고 작업을 최적화하기 어렵다. 대신에 서비스 속도는 굉장히 빠르다.

반면 커플 SNS인 B 서비스는 사용자가 올린 이미지를 볼 다른 사용자는 사용자의 연인 한 명이며, 이 다른 사용자가 볼 때까지 이미지를 인코딩하지 않아도 된다. 즉 이미지를 올린 시점이 아니라 다른 사용자가 이미지를 처음 로딩하는 시점에 인코딩해도 되므로 저장 공간에 투자하는 비용을 줄일 수 있다.

이처럼 겉보기에는 같은 기능이더라도 서비스의 성격에 따라서 구현이나 서비스 방식이 다르며 비용에도 차이가 생긴다.

또 다른 예를 들어 보자. 대부분 서비스에는 HA$^{\text{High Availability}}$와 같은 고가용성이 기본으로 필요하다고 생각한다. 항상 정답일까? 아니다. 트래픽을 많이 처리하는 일보다 트랜잭션 하나하나의 정합성이 훨씬 중요한 서비스도 있다. 바로 계좌 이체나 재고 관리, 의료 정보 시스템이 그렇다. 이런 기능이 필요한 서비스에는 당연히 정합성을 고가용성보다 더 먼저 고려해야 한다.

의료 서비스라면 데이터 프라이버시와 보안을, 소셜미디어 플랫폼이라면 콘텐츠 관리와 사용자 참여 등을 먼저 고려해야 한다. 이처럼 내가 개발해야 하는 서비스가 어떤 분야에 있는지, 즉 서비스의 성격에 따라서 고려할 기술적 우선순위는 변한다.

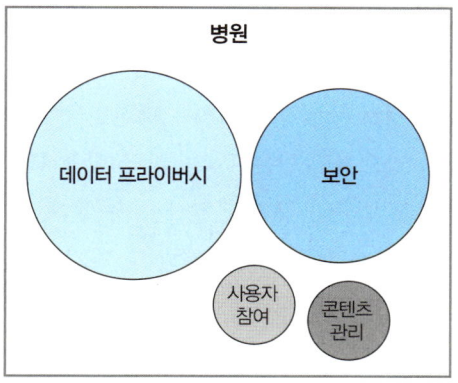
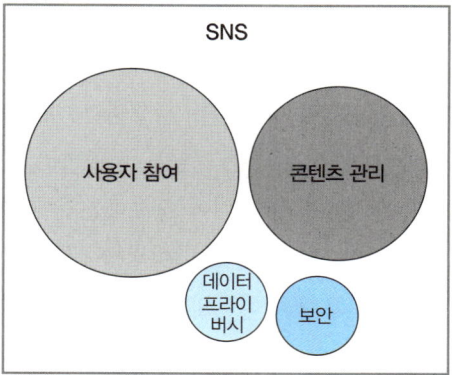

그림 1-3 서비스 성격별 중요한 기능의 예

서비스의 성격을 파악하는 단계에서 꼭 해야 할 일이 있는데 법과 규제를 확인하는 일이다. 웹사이트 대부분에는 회원 가입 페이지가 있다. 회원 가입 기능이 필요하니 당장 기술을 정하고 개발해서 회원 가입 페이지를 추가하면 될 것 같지만, 그 전에 할 일이 있다. 서비스 개발을 처음부터 해 본 사람이 아니라면 대부분 간과하는 과정인데, 회원 가입 시 입력받는 정보에 개인정보가 포함된다면 개인정보와 관련된 법률인 「개인정보 보호법」을 확인하고 준수해야 한다.

> **개인정보란?**
>
> 개인정보란 개인을 식별할 수 있는 정보를 이야기한다. 개인정보 포털(https://www.privacy.go.kr/)에 있는 개인정보의 개념을 확인하고 서비스 개발 전에 꼭 관련 법률을 확인하도록 하자.
>
> > 「개인정보 보호법」에서 정의하는 개인정보는 살아있는 개인에 관한 정보로 다음에 해당하는 정보를 의미한다.
> > ① 성명, 주민등록번호 및 영상 등을 통하여 개인을 알아볼 수 있는 정보
> > ② 해당 정보만으로는 특정 개인을 알아볼 수 없더라도 다른 정보와 쉽게 결합하여 알아볼 수 있는 정보
> > ③ ① 또는 ②를 가명처리함으로써 원래의 상태로 복원하기 위한 추가 정보의 사용, 결합 없이는 특정 개인을 알아볼 수 없는 정보(가명정보)
> >
> > 따라서 개인정보의 주체는 자연인(自然人)이어야 하며, 법인(法人) 또는 단체의 정보는 해당되지 않습니다.
> > 따라서 법인의 상호, 영업 소재지, 임원 정보, 영업실적 등의 정보는 「개인정보 보호법」에서 보호하는 개인정보의 범위에 해당되지 않습니다.

단순히 사용할 ID와 패스워드만 수집하는 회원 가입도 있겠지만, 회원 가입은 대부분 개인정보를 필수로 수집하고 처리한다. 우리나라 「개인정보 보호법」에 따르면 국내에 개인정보 데이터를 저장해야 하므로 개인정보를 저장한 서버는 대한민국에 위치해야 한다. 이러한 규제는 국가별로 차이가 있으며 유럽은 우리나라와 비슷하다. 따라서 서비스를 어디에 출시하는가에 따라서도 법률과 규제가 달라질 수 있다. 향후에 해외로 개인정보 데이터를 이전하려면 사용자의 동의를 비롯해 몇 가지 확인 단계가 필요하고 복잡해지니 처음부터 잘 알아보고 준비하는 게 좋다.

> **유럽의 개인정보 보호법**
>
> 국가마다 개인정보 보호법이 있다. 그 중 유럽 연합(EU)은 2018년 5월 25일부터 강력한 개인정보 보호법인 GDPR(General Data Protection Regulation)을 실시했다. GDPR은 유럽 연합 시민의 개인정보를 처리하는 모든 웹사이트에 효력을 발휘하며, 이는 EU 시민의 개인정보를 다루는 모든 기업에 적용된다. 어디에서 서비스하든 의도적으로 EU 시민을 대상으로 서비스를 제공하면 이 법률을 따라야 한다. GDPR에는 개인정보 최소화, 투명성, 목적 제한 등의 일곱 가지 핵심 원칙과 열람권, 데이터 이동권, 정보 제공받을 권리 등 데이터 주체의 여덟 가지 권리가 포함되어 있다.
>
> 이 법률을 어겼을 시에는 전 세계 매출의 4% 또는 2,000만 유로의 과징금을 부과한다. 2025년 1월, 메타(Meta)는 EU와 미국 간 불법 데이터 전송으로 12억 유로의 벌금을 부과받았다.
>
> 개인정보 보호법을 예로 들었지만, 해외에 통용되는 서비스를 준비한다면 반드시 서비스와 연관된 해당 국가의 법률을 검토해야 한다.

개인정보 보호법은 서비스를 개발하기 전에 기본으로 검토해야 하는 법률이다. 여기에 서비스의 성격과 연관된 법과 규제를 꼭 살펴봐야 한다.

사용자가 걷는 경로를 지도에 그려주고 걸음 수에 따라 포인트를 쌓아 물건을 구매하는 걷기 앱을 만든다고 하자. 관련된 법 중에 어떤 내용이 떠오르는가? 필자는 생각도 못 했는데 이런 서비스를 하려면 개인위치정보사업자 등록증이 필요하다. 경로를 그리는 데 필요한 개인의 GPS 정보를 서버에 저장하려면 꼭 이 등록증을 구비해야 한다. 여기서 끝이 아니다. 포인트로 물건을 구매하는 기능이 있으니 전자금융거래법을 준수해야 한다.

이는 간단한 예일뿐이다. 서비스를 개발하고 운영하는 일은 단순히 개발 기술에 국한된 일이 아니라 사업을 한다는 의미이다. 어떤 사업이든 법적인 자격을 갖춰야만

하고, 이러한 법적인 자격을 갖추려면 서비스 개발 전에 더 많은 시간이 소요된다는 점을 미리 고려하자.

> **사업은 법과 규제에 따라야 한다**
>
> 서비스 개발 전에 꼭 법과 규제를 살펴보고 법령에 따라 서비스에 필요한 요건을 구비하도록 하자. 규제를 따르려면 서비스의 일부 혹은 전부를 수정해야 하는 일도 발생한다. 하지만 출시 전에 수정하는 편이 가장 비용을 적게 들이는 일이다.
>
> 서비스 기획 단계에서 반드시 비슷한 서비스를 운영하는 사업자를 찾아 정보를 얻고, 부족한 부분은 변호사나 법무법인을 찾아 법률적 조언을 얻도록 하자.

지금까지 서비스의 성격 파악이 무엇인지 알아보고, 서비스의 성격에 따라 구현 방식이 달라질 수 있으며, 관련된 법과 규제를 반드시 확인해야 한다는 점을 배웠다. 이어서 핵심 인력을 구성하는 방법을 살펴보자.

2단계 핵심 인력 구성

서비스의 성격을 규정했다면 이제 인력을 어떻게 구성할지 고민할 차례이다. 당연하지만, 서비스는 규모에 따라 필요한 개발 인력의 수가 크게 차이 난다. 그렇다면 서비스를 개발할 때 당장 필요한 인력은 어느 분야의 인력일까?

개발 직군은 크게 서버, 클라이언트, 웹으로 나누고, 클라이언트 직군은 보통 안드로이드와 iOS로 구분 지어 채용한다. 벌써 넷이 필요한데 이뿐만이 아니다. 서비스 기획 직군과 품질 향상을 위한 QA 직군이 필요하고, 회사 전반을 운영하는 인사나 경영 직군이 필요하다. 물론 스타트업의 특성상 겸직이 번번이 있지만, 그럼에도 서비스 하나를 개발하는 데 다양한 분야의 많은 인력이 필요하다는 점은 변하지 않는다.

다시 우리가 고민하는 개발로만 한정지어 보자. 어떤 서비스를 개발하든 서버 개발자 한 명, 안드로이드 앱 개발자 한 명, iOS 앱 개발자 한 명, 웹 개발자 한 명, 이렇게 최소 네 명의 개발 인원이 필요하다. 여기에 핀테크 서비스라면 보안 인력이 추가로 필요할 수 있다.

그런데 운이 좋아 서버 개발자가 적당히 웹 프런트엔드를 개발할 수 있고, 클라이언트 개발자가 플러터나 리액트네이티브를 사용해서 안드로이드, iOS를 모두 개발할 수 있다면 서비스 개발에 필요한 인원을 최소 두 명으로 줄일 수 있다. 정말 극단적으로, 뛰어난 한 명이 혼자서 개발하는 방법도 있다. 하지만 작은 서비스 혹은 그 개발자가 대표가 아니라면 1인 개발자 체제는 추천하지 않는다. 혼자서 서버, 클라이언트를 모두 개발해야 하므로 시간이 많이 걸리고, 개발자가 아프거나 퇴사했을 때 대체할 인력이 없으므로 위험 부담이 너무 크다.

이렇게 최소한으로 줄여 인력을 구성했다면 핵심 기술을 결정하는 기준은 서비스와 기술의 적합성보다는 핵심 개발자가 해당 기술에 능숙한가에 달려 있다. 즉 개발자의 능력이 서비스 기술의 한계가 되는 셈이다.

생각해 보라. 빠르게 MVP를 출시해야 하는 상황에서 서버 개발자가 파이썬과 장고에 익숙하다면 파이썬과 장고를 선택하고, 자바와 스프링이 익숙하다면 자바와 스프링을 선택해야 한다. 자바에 익숙하면 코틀린까지는 단기간에 학습할 수도 있겠지만, 스칼라나 클로저와 같은 다른 JVM 언어를 선택하면 학습 비용[1]이 많이 필요할 것이다. 이렇게 보면 핵심 개발자의 주력 기술에 따라 서비스 기술을 선택하는 건 너무도 자명한 일이다.

> **클라이언트용 개발 언어와 플랫폼 선택**
>
> 클라이언트 개발에는 보통 기본 언어와 플랫폼이 이미 결정되어 있다. 예를 들어 안드로이드를 개발할 때는 운영체제와 무관하게 개발할 수 있지만, iOS 앱은 맥에서만 개발이 가능하다. 플러터를 사용하든 리액트네이티브를 사용하든 iOS용으로 빌드를 하려면 맥을 사용해야만 한다.
>
> 언어도 대부분 안드로이드는 코틀린을, iOS는 스위프트를 사용한다. 물론 오브젝티브-C로도 iOS용 앱을 개발할 수 있으나 거의 사용하지 않는 추세이다. 플러터를 사용하려면 다트를 알아야 하며 안드로이드나 iOS에 대한 기본 지식은 필수이다.
>
> 최근에는 iOS 개발환경인 Xcode가 안드로이드 개발 환경에 비해서 상대적으로 열악하다. 안드로이드나 iOS가 처음 나왔던 시기에는 Xcode가 압도적으로 좋은 개발 환경을 제공했었는데 요즘에는 안드로이드 개발 환경이 이를 뛰어넘었다.

---

[1] 학습하는 데 걸리는 시간

개발자가 두 명인데 이 둘의 주력 기술이 다르면 어떻게 해야 할까? 이때는 기술 숙련도가 더 높은 사람의 기술을 선택하는 편이 좋다. 물론 두 사람의 기술 숙련도가 비슷하다면 누구의 기술을 선택하더라도 문제가 없다.

기술을 선택할 때 조심할 점은 지금 유행하는 기술이 선택의 기준이 되어서는 안 된다는 점이다. 물론 유행하는 기술이 익숙하지 않더라도 학습 속도가 빠른 개발자라면 순식간에 배워서 서비스를 구현할 수 있다. 하지만 학습 속도와 문제 해결은 별개의 문제이다. 특히 1~2년 된 신기술은 공유된 자료가 적어서, 문제가 생겼을 때 해결법을 찾기 어렵다. 가급적 개발자가 능숙하게 다룰 수 있는 기술을 선택하기를 바란다.

이번에는 기술 숙련도로 눈을 돌려 보자. 무조건 기술 숙련도가 높은 개발자와 함께 일해야 좋을까? 그렇지 않다. 동료의 기술 숙련도가 높을수록 좋은 점도 있지만, 기술 숙련도 자체가 동료를 선택하는 유일한 기준이 되어서는 안 된다. 어느 조직이건 구성원을 채용할 때는 기술 숙련도는 물론이거니와 함께 일할 수 있는 사람인가를 확인해야 한다. 특히나 규모가 작은 스타트업은 개인의 업무 범위가 넓고, 동료 간 의견 교환이 중요하기에 기존 동료와 잘 어울릴 수 있는 사람을 채용해야 한다. 보통 이를 '기업 문화와 어울린다'라고 표현한다.

어느 조직이나 그렇겠지만, 별것 아닌 일이라 생각했던 작은 불화가 어느새 회사 전체의 문제로 빠르게 번진다. 서버 개발자와 클라이언트 개발자가 한 명씩인 회사에서 둘의 사이가 나쁘면 어떻겠는가? 합심해서 빠르게 의사 결정하고 개발하기에도 시간이 부족한데 둘의 사이가 나쁘면 의사 결정하는 데 시간을 대부분 소비하고 결국 서비스 개발에 차질이 발생할 가능성이 높다.

따라서 인력을 구성할 때는 구성원끼리 일을 대하는 자세나 생각이 비슷한지, 성격은 어울리는지 등 사람과 조직을 묶었을 때 조화로운 모양새인지 평가하는 일이 상당히 중요하다. 최근에 유행처럼 번지는 핏 인터뷰fit interview가 바로 지원자가 회사의 기업 문화에 어울리는지 확인하는 면접이다.

다시 강조하지만, 특히 스타트업에서 사람을 채용할 때는 기술만큼이나 기업 문화에 어울리는지를 판단하는 일 또한 중요하다.

> **구성원 간의 조화는 중요하다**
>
> 적은 인원으로 시작하는 스타트업에서 구성원 간의 조화는 여러 번 강조해도 부족할 만큼 정말 중요하다. 사람이 좋고 나쁨을 떠나서 서로 맞지 않는 사람도 있다는 점을 인정해야 한다. 개인의 호불호가 아니라 우리 기업 문화에 맞는지, 팀원들과 조화를 이룰 수 있는지를 확인하고 채용해야 한다.
>
> 기업 문화와 어울리는 사람을 채용했다면 그다음은 식사를 같이 하거나 커피 또는 차를 함께 마시며 친밀감을 쌓는 일이 중요하다. 무언가를 먹지 않고 소소한 대화를 나눠도 좋다. 중요한 것은 친밀감을 쌓는 일이다. 친밀해진 다음에는 가볍게 오가는 대화에도 많은 정보가 있음을 쉽게 알 수 있다. 이는 업무에 있어 분명 큰 도움이 된다.

3단계 핵심 기술의 구성

인력을 구성했다면 드디어 핵심 기술을 선택할 차례이다. 구성원이 잘 다루는 기술을 선택하는 것이 가장 유리하다는 건 두말할 필요가 없다. 하지만 스타트업의 소수 인력이 서비스 개발에 필요한 모든 기술을 알 수는 없다. 원하지 않더라도 때로는 구성원 모두가 모르는 기술을 선택해야 할 수도 있다.

예를 들어 팀에 안드로이드 네이티브 개발자가 있는데 iOS 개발이 필요할 때는 어떻게 해야 할까? iOS 개발자 채용이 가장 좋은 방법이지만, 스타트업에서 신규 직원 채용은 대체로 녹록지 않다. 경우에 따라서는 구성원 모두가 모르는 기술이어도, 사업적으로 꼭 필요한 일이라면 현재 구성원 중 한 명 이상이 필요한 기술을 배워서 개발해야 한다.

> **클라이언트 플랫폼은 네이티브가 좋을까, 크로스 플랫폼이 좋을까**
>
> 앱을 개발하는 데 있어서 네이티브 개발인지 크로스 플랫폼 개발인지는 중요한 문제이다.
>
> 네이티브 개발은 당연히 성능에서 이점이 크고, 경험자가 있다면 개발 속도도 빠르다. 그러나 운영체제별로 개발해야 하므로 크로스 플랫폼에 비해 개발 인력이 더 필요하고, 플랫폼 간의 개발 일정이 차이 나서 기능 출시 시점이 달라질 수도 있다. 실무에서는 기능 출시 일정이 변경되면 마케팅 일정이나 서비스 운영에 차질을 빚는다. 예를 들어 신기능 론칭 이벤트를 하는데 iOS와 안드로이드를 따로 할 수는 없지 않은가.

> 크로스 플랫폼의 장점은 일단 개발하면 두 개의 플랫폼에서 동작한다는 것이다. 물론 심사 일정에 따라 일정이 달라질 수 있으나, 이 점은 별도로 생각하자. 그러나 크로스 플랫폼을 사용하더라도 네이티브 개발이 필요할 수 있으며, 플랫폼에 따라서 처리 방식이 다른 부분이 발생하기도 한다.
>
> 그럼에도 경험상, 반드시 네이티브 개발을 해야 할 특수한 목적이 있는 게 아니라면 크로스 플랫폼을 선택하라고 권하고 싶다. 이전 회사에서 보안 도구를 사용하는 문제로 스타트업 초기에 네이티브 개발을 선택했는데, 서비스를 운영할수록 적은 인원으로 많은 기능을 개발하려면 네이티브보다는 크로스 플랫폼이 유리하다는 사실을 깨달았다.

지금부터 설명할 순서는 언어와 플랫폼, 데이터 스토어, 서버, 인프라 구축 방법, 로그와 배포 방식 순이다. 길을 잃지 않고 잘 따라오길 바란다.

기술을 선택할 때 가장 먼저 고민하는 지점은 대개 언어와 플랫폼이다. 언어와 플랫폼 중 클라이언트 개발은 그나마 고민이 적다. 안드로이드 앱 개발은 코틀린, iOS 앱은 스위프트로 정해져 있다시피 해서 고민할 필요가 거의 없다. 하지만, 프런트엔드 웹이나 백엔드 서버 개발은 선택지가 굉장히 다양하다.

앞서 이야기했지만 기술을 선택할 때는 현재 구성원이 가장 잘하는 기술을 선택하는 게 유리하다. 다만, 너무 소수만 사용하는 기술은 조금 더 고민해야 한다. 서비스가 성공해서 확장해야 하는 순간, 그 기술을 사용하는 인력을 충원하기가 어려울 수 있다. 우리나라에서 서버 개발에 자바, 스프링을 가장 많이 선택하는 이유도 사용자가 많아 인원 충원이 쉽기 때문이다. 덧붙여 사용자가 많다 보니 관련 자료 또한 많아서 문제 해결 시에 큰 도움이 된다.

언어와 플랫폼 선택 기준

1. 현재 구성원이 잘 다루는 언어와 플랫폼
2. 이미 기존 사용자가 많아서 기술 조언을 쉽게 구할 수 있는 언어와 플랫폼

언어와 기본 플랫폼을 선택했다면 이제 적합한 데이터 스토어^{data store}를 선택해야 한다. 다양한 RDBMS나 NoSQL이 있는데 스타트업은 대체로 몽고DB^{MongoDB}를 많이 선택한다. 그러나 의료 서비스나 금융 서비스처럼 정합성^{consistency}이 중요한 서비스라면 NoSQL보다는 RDBMS를 주로 선택한다.

> ### 🗐 RDBMS와 NoSQL 중에 무엇을 선택할까?
>
> RDBMS는 전통적인 데이터 스토어로, 데이터를 테이블의 행 데이터(row data)로 저장하며 참고자료가 풍부하고 사용자 경험이 축적되어 있어 범용으로 활용하기에 적합하다.
>
> 초기 NoSQL은 SQL과 다른 쿼리 방식을 사용했으나, 최근에는 일부 NoSQL 데이터베이스에서 SQL 쿼리와 유사한 쿼리를 지원하기도 한다. 하지만 데이터 처리 방식은 RDBMS와 완전히 다르므로 액세스 패턴에 따라서 성능 차이가 발생할 수 있다. 따라서 NoSQL을 SQL처럼 사용해서는 안 된다.
>
> NoSQL은 분산 환경에서의 확장성과 가용성, 대용량 데이터 처리에 초점을 맞춰 설계한 특수 데이터 스토어이다. NoSQL은 종류가 다양하며 저마다 특성이 다르므로 NoSQL로 한 데 묶어서 특성을 구분 짓기는 어려운 면이 있다. 예를 들어 레디스는 키-값 쌍을 읽고 쓰는 데 최적화되어 있고, 몽고DB는 JSON이나 XML 같은 반구조화된 데이터를 저장하는 데 유리하다.
>
> 필자는 스타트업 서비스 초기에는 RDBMS를 권장한다. 국내에서는 MySQL을 가장 많이 사용하지만, PostgreSQL을 사용해 본 경험자가 있다면 이를 선택해도 무방하다. 그외 다른 RDBMS도 괜찮다. 이는 NoSQL에서 RDBMS로 이전하는 일이 RDBMS에서 NoSQL로 바꾸는 일보다 훨씬 어렵기 때문이다. 또 문제가 발생했을 때 트러블 슈팅 정보를 얻는 것도 NoSQL보다는 RDBMS가 훨씬 쉽다.

이제 서비스 운영에 필요한 서버를 어떻게 해결할지 고민할 차례이다. 과거에는 서버를 대여하거나 구매해서 IDC나 회사 서버실에서 서비스를 운영하는 온프레미스 방식을 사용했는데, 근래에는 아무래도 클라우드 환경이 대세이다. 인력이 적은 스타트업에는 특히나 클라우드 환경을 추천한다.

클라우드 환경은 크게 퍼블릭 클라우드와 프라이빗 클라우드로 나눌 수 있으며 책에서 언급하는 클라우드는 모두 퍼블릭 클라우드이다. 프라이빗 클라우드는 프라이빗 클라우드라고 명시하겠다.

스타트업에 클라우드를 추천하는 가장 큰 이유는 초기 비용을 절감할 수 있다는 점이다. 또한 클라우드는 확장이 쉽고 유연해 서비스 성장 속도를 예측하기 어려운 스타트업에 잘 맞는다. 또 클라우드는 배포와 운영을 신속하게 할 수 있고, 유지보수와 관리 부담도 물리 서버에 비하면 상대적으로 낮은 편이다. 그래서 스타트업에는 대부분 클라우드를 추천한다. 이 책에서도 클라우드를 기준으로 설명한다.

이제 수많은 클라우드 서비스 중 어느 클라우드 서비스를 사용할지 선택해야 한다. 국내 클라우드 서비스로는 네이버 클라우드 플랫폼, kt cloud, NHN Cloud 등이 있고, 해외 클라우드 서비스로는 AWS(Amazon Web Service), MS 애저(Microsoft Azure),

GCP^Google Cloud Platform, 오라클 클라우드^Oracle Cloud 등이 있다. 이외에도 Linode, Vultr, DigitalOcean 등이 있다.

표 1-1 국내외 클라우드 서비스

국내외	업체명	URL
국내	네이버 클라우드 플랫폼	https://www.ncloud.com/
	kt cloud	https://www.ktcloud.com/
	NHN Cloud	https://www.nhncloud.com/
해외	AWS	https://aws.amazon.com/ko/
	MS 애저	https://azure.microsoft.com/ko-kr/
	GCP	https://cloud.google.com/
	오라클 클라우드	https://www.oracle.com/kr/cloud/
	Linode	https://www.linode.com/
	Vultr	https://www.vultr.com/
	DigitalOcean	https://www.digitalocean.com/

클라우드를 사용할지, 직접 서버를 운영할지 결정할 때 또다시 법과 규제를 검토해야 한다. 법적으로 클라우드 사용을 제재하는 업종도 있는데, 특히 금융 서비스는 법적 규제가 강한 분야이다. 최근에는 금융 서비스에 걸린 규제가 조금씩 풀리고 있다지만 보험, 은행 등은 여전히 클라우드 서비스를 사용하지 않고 있다. 그 외에도 반드시 국내에 데이터 센터가 있는 클라우드 서비스를 사용해야만 하는 분야도 있으니 서비스 성격에 따른 법과 규제를 꼼꼼하게 검토해야 한다. 2장에서 좀 더 깊게 다루겠다.

어느 클라우드 서비스를 사용할지 선택한 다음에는 콘솔과 IaC^Infrastructure as Code 중 무엇으로 인프라를 구축해야 할지가 관문이다. 서비스 개발 초기에는 설정을 바꿀 일이 적고 웹 콘솔로 설정하는 편이 훨씬 더 편하다. 그러다 보니 IaC와 같은 새 도구를 도입하고 배우는 일이 업무 증가로만 느껴지고 큰 이득은 없어 보인다.

큰 이득이 없어 보이는데도 클라우드 서비스와 함께 으레 IaC 도구를 도입하는 회사가 많은데, IaC를 적용하면 어떤 장점이 있을까? 일단은 IaC는 코드로 인프라를 표현하므로 개발자가 이해하기 쉽다. 웹 콘솔로 작업하면 최종 결과만 알 수 있지만, IaC 도구를 사용하면 형상 관리 도구를 이용해서 인프라의 변경 내역을 확인할 수 있다. 더 매력적인 점은 IaC 도구를 사용하면 반복 가능하고 일관된 인프라를 자동으로 구성할 수 있다는 점이다. 과거에는 동일한 서버를 추가하려면 체크리스트를 하나씩 확인하며 인프라를 구성했다. 하지만 IaC 도구를 사용하면 기존 설정을 사용해 자동으로 신규 서버를 구성할 수 있어 인프라 구성을 추가하는 시간을 획기적으로 줄일 수 있다.

무엇보다 SaaS를 활용할 때 IaC는 더 빛을 발한다. 최근에는 이미지에서 OCR로 텍스트를 추출하거나, 음성을 인식해서 텍스트로 변경하는 SaaS도 있을 만큼 SaaS의 종류가 다양하다. 이렇게 SaaS의 종류가 다양하다 보니, 요즘에는 서비스의 모든 기능을 직접 구현하지 않고 다양한 SaaS를 활용해 기능 중 일부를 구현하고 핵심 기술만 개발하는 추세이다.

아예 발상을 전환해서 기술 구현은 SaaS에 맡기고 아이디어를 서비스로 구현하는 일에 집중한 서비스도 있다. 코로나 시기에 인기를 끌었던 클럽하우스ClubHouse가 이런 방식으로 개발한 서비스이다. 클럽하우스의 주요 기능은 음성 채팅인데, 음성을 전달하고 제어하는 기능을 직접 구현하지 않고 외부 서비스를 이용해 기능을 빠르게 구축하고 회사의 역량은 서비스를 제공하는 데 집중했다. 음성 채팅 서비스이지만, 개발사인 알파 익스플로레이션Alpha Exploration Co.은 음성 채팅 자체를 이 서비스의 핵심 기술이라고 생각하지 않았다. 이들은 오히려 시기적 특수성을 고려해 빠른 시간 안에 서비스를 출시하는 일이 더 중요하다고 판단했고, 단 일주일 만에 서비스를 구축했다고 한다. 이 서비스는 대면 교류가 단절되었던 코로나 시기에 엄청난 인기를 누리며 빠르게 성장했다.

인프라 구축 방법을 정했다면 다음으로 로그와 배포 방식을 고민해야 한다. 개발하기에 정신없는 초기에는 당연히 로그와 배포 방식이 그리 중요해 보이지 않는다. 하지만 로그를 쉽게 확인하고 배포를 쉽게 하는 것만으로도 개발 기간을 단축시킬 수 있다는 사실을 알면 생각이 달라진다.

로그를 수집해서 검색할 수 있다는 의미는 서비스 정보를 쉽게 조직화해서 볼 수 있다는 뜻이다. 그러나 시간에 쫓기다 보면 서버에 접속해서 로그를 열어 필요한 정보만 찾고 로그를 수집하는 일은 등한시하기 마련이다. 필자도 서비스 개발 초기에 로그 수집을 게을리한 적이 많았다. 서비스 출시 직전에서야 로그 수집과 검색을 떠올리고 부랴부랴 구축하고는 했다. 하지만 서비스 개발 시작부터 로그 수집과 검색을 염두에 두고 개발하면, 개발 중에 더 쉽게 버그나 정보를 확인할 수 있어 장기적으로 개발 기간을 단축시키는 효과가 있다. 특히 서버 생성과 삭제가 쉬운 클라우드를 사용한다면 더욱더 로그 수집이 필요하다. 의도치 않게 서버를 삭제해서 로그가 유실될 수도 있는 터라 로그를 따로 수집해 둘 필요가 있다.

배포를 고민할 때는 **배포는 쉬워야 한다**는 전제를 꼭 기억하자. 배포 도구를 무엇으로 할지, 롤링 업데이트Rolling Update를 할지, 블루그린 배포Blue-Green Deployment를 할지와 같은 지점도 중요하지만, 가장 중요한 점은 쉬운 배포여야 한다는 점이다. 명령어 한 줄, 버튼 클릭 한 번, 또는 깃Git에 푸시하는 행위만으로 배포를 진행할 수 있어야 한다. 그리고 배포를 진행하면 배포의 성공 여부와 진행 사항을 함께 알 수 있도록 배포 방식을 구축해야 한다. 배포는 3장에서 자세히 다룬다.

> **기술 스택은 최대한 단순하게**
>
> 과거에 MySQL, 카산드라(Cassandra), HBase, 몽고DB, 레디스(Redis), 멤캐시드(Memcached), 엘라스틱서치(ElasticSearch) 등 굉장히 많은 기술 스택을 동시에 사용한 적이 있었다. 또 언어도 자바, 파이썬 등 다양하게 사용했다. 돌이켜 보면 큰 규모의 서비스를 만드는 대기업에 다니던 시절이었기에 가능한 일이었다. 회사 내에 기술 전문가가 있거나 이를 관리할 수 있는 시니어들이 많았기에 문제가 되지 않았다.
>
> 하지만 인원이 적은 스타트업에서는 최대한 단순하게 기술 스택을 구성해야 한다. 당면한 문제를 해결하는 데에 꼭 필요한 기술이라고 판단되면 그제야 기술 하나를 추가해야 한다. 하지만 이렇게 특별하고 예외적인 기술은 드물고, 대체로 처음 정한 기술 스택으로 큰 무리 없이 개발할 수 있다. 기술 스택에 새 기술을 추가하기보다는 지금 가진 기술 스택으로 개발하는 데 더 집중하기를 권한다.

지금까지의 내용을 정리하면 핵심 기술의 구성에서는 다음과 같은 내용을 정해야 한다.

1. 언어와 플랫폼을 선택한다.
2. 데이터 스토어를 선택한다.
3. 서버를 별도로 운영할지 클라우드 서비스를 사용할지 선택한다. **스타트업에는 클라우드 서비스를 권장한다.**
4. 인프라 관리 방식을 웹 콘솔과 IaC 도구 중 선택한다. **스타트업에는 IaC를 권장한다.**
5. SaaS 사용 여부를 선택한다.
6. 시작부터 로그 수집과 검색을 설정하고 배포 방식을 구축한다.

상황별로, 서비스별로 사용할 기술과 플랫폼은 달라지므로 책에서 특정 기술을 정할 수는 없지만, 무엇을 고려해야 하는지를 살펴보고 각자 필요한 기술을 선택할 수 있는 계기가 됐기를 바란다. 이어서 MVP 개발과 서비스 출시에 대해 알아보겠다.

4단계 MVP 개발과 서비스 출시

과거에는 서비스를 완벽하게 개발한 다음에 출시했으나 이 방식은 사용자의 의견을 듣고 문제점을 보완하기가 어려운 단점이 있다. 근래에는 MVP$^{\text{Minimum Viable Product}}$를 개발하고 공개한 다음에 사용자의 의견을 듣고 서비스를 보완하는 방식으로 개발한다.

이런 MVP 개발 방식이 좋아 보이지만, 스타트업에서의 MVP 개발 과정이 녹록할 리 없다. 개발 중에 MVP에 필요한 기능이 수시로 바뀌는 일은 다반사라서 일정, 개발 인력, 개발 과정을 모두 잘 관리해야 한다. 물론 실제 고객에게 서비스하는 단계가 아니므로 서비스의 성격을 벗어나지 않는 한 기능 변경이 자유로운 편이다. 이는 MVP의 장점이자 단점이기도 하다. 그리고 당연하게도 서비스를 출시한 다음부터는 코드에 관한 모든 수정 하나하나를 조심해야 한다.

QA는 스타트업에 있어 늘 고민의 요소이다. 안정적으로 서비스를 하려면 배포 전 QA는 필수이다. 유닛 테스트, E2E 테스트 등의 자동화된 테스트부터 QA 엔지니어를 통한 QA 절차가 꼭 필요하다. 하지만, QA에서 발견한 문제를 당장 고쳐야 하거나 혹은 고칠 수 있는 건 아니다. 치명적인 문제가 아니라면 수정보다는 빠른 출시가 더 중요할 때도 있다.

예를 들어 카드 서비스를 개발하는데 두 가지 문제가 발생했다고 하자. 첫 번째는 가게에서 입력한 결제 금액과 다른 금액이 카드사에 전달되는 문제이다. 두 번째는 고객이 입력한 카드 별칭이 서버에 저장되지 않는 문제이다. 첫 번째 문제는 차라리 카드가 결제되지 않는 편이 나을 정도로 심각한 문제이나 두 번째 문제는 주요 정보가 아니기에 긴급하게 수정할 정도는 아니다.

이처럼 발견한 문제의 경중을 따져서 수정하는 시점을 조절할 수 있다. 특히 출시 시점이 중요한 서비스는 문제를 인지하고도 출시하고 나중에 수정하기도 한다.

5단계 기술 부채 줄이기

클라우드 시대가 도래하면서 창업하고 서비스를 출시하는 일이 이전보다 훨씬 쉬워졌다. 중소벤처기업부에서 발표한 보도자료[2]에 따르면 2023년 창업기업 수는 123만 8,617개라고 한다. 물론 모든 기업이 서비스를 개발하는 스타트업은 아니다. 이렇게 많은 스타트업의 운명은 어떠할까? 서비스 출시가 쉬워진 만큼 생존하고 성공한 스타트업도 많을까? 중소벤처기업부의 또 다른 보도자료[3]를 보면 2020년 기준 5년 차 스타트업의 생존율은 29.2%이다. 열 개 중 살아남는 기업이 세 개에 미치지 못하고, 1년 내 사라지는 기업은 무려 25%, 네 개 중 하나이다. 왜 스타트업의 초기 목표가 생존이라 했는지 이 숫자를 보면 느낄 수 있으리라 본다.

스타트업의 초기 목표인 생존에 도달하려면 빠른 MVP 출시가 필수 조건이다. 보통 스타트업은 최소한의 기능을 구현한 MVP를 출시하는 목표 기간을 3개월에서 6개월 이내로 계획한다. 3개월에서 6개월은 아주 짧은 기간이다. 서비스를 개발해 봤다면 잘 알겠지만, 서비스를 바닥부터 개발하기에는 턱없이 부족한 기간이다.

생존이 목표일 정도로 자금이나 인력이 부족한 스타트업에 시간마저 부족하니, 스타트업에 있어 기술 부채는 필연적 부산물이다. 좋은 코드를 작성하고 안정적인 아키텍처를 구축하는 일이 중요하고 필요하지만, 스타트업에는 MVP를 빠르게 출시하고 서비스로 고객을 만나는 일이 더 중요하다. 물론 서비스의 기본 안정성은 갖춰야 하는데 이 안정성의 기준 또한 서비스의 성격에 따라서 다르다. 핀테크 서비스를 만들고 전자금융 라이선스를 획득한 회사라면, 라이선스 요건에 따라 서비스의 고가용성 HA 구성이 기본으로 요구되며 장애가 10분 이상 지속되면 금융감독원에 보고해야 한다. 반면 소셜네트워크서비스 SNS에서는 핵심 기능이 아닌 추천 기능에 일시적인 장애가 발생하더라도 다른 주요 기능이 정상으로 동작한다면 서비스 전체에 큰 문제가 되지 않을 수 있다.

기술 부채는 필연적 부산물이지만, 그렇다고 기술 부채를 당연히 여겨서는 안 된다. 시간이 흐를수록 기술 부채는 결국 전체 서비스의 개발 속도를 지연시키는 원인이

---

[2] 중소벤처기업부, 〈2023년 연간 창업기업동향〉,
https://mss.go.kr/site/smba/ex/bbs/View.do?cbIdx=86&bcIdx=1048565
[3] 중소벤처기업부, 〈2021년 기준 창업기업실태조사('23년 조사) 결과 발표〉,
https://www.mss.go.kr/site/smba/ex/bbs/View.do?cbIdx=86&bcIdx=1046902

되기 때문이다. 그렇기에 적절한 시기마다 기술 부채를 조금씩 줄여가야 한다. 기술 부채를 줄이는 동안에도 새로운 기술 부채가 생기는 터라 기술 부채를 완벽하게 제거하기보다는 적절히 관리 방법을 찾는 것이 서비스 개발의 중요한 요소이다.

스타트업에서 발생할 수 있는 기술 부채를 크게 일곱 가지로 분류할 수 있다. 각 내용을 확인하고 자신의 서비스에서 어떻게 관리할지를 정리하도록 하자.

- 잘못된 선택과 오버 엔지니어링
- 스파게티 코드/빈약한 예외 처리
- 자동화된 테스트 케이스의 부족
- 로그 수집 또는 확인 방법
- 모니터링의 부족
- 수동 배포나 서비스 설정 변경
- 통계 정보

잘못된 선택과 오버 엔지니어링

서비스 개발 초기 단계에서 선택한 기술이나 아키텍처가 실제 개발 단계에서 요구사항에 적합하지 않을 수 있다. 기술 부채라기보다는 기술 스택을 잘못 선택한 것이다. 특히 경험이 부족한 개발 팀에서 일어날 수 있는 일이다. 예를 들어 MSA를 한 번도 해보지 않은 상태에서 서비스 개발로 MSA를 선택하면 대부분 개발 과정에서 어려움을 겪을 것이다.

그렇다고 경험 부족만으로 일어나는 실수는 아니다. 도리어 경험 많은 시니어 개발자도 이런 실수를 많이 할 수 있다. 이유는 서비스 개발을 시작할 때는 모두가 서비스의 성공을 가정하기 때문이다. 서비스가 성공하면 상당수의 고객이 방문할 거라는 가정하에 대규모 서비스를 설계한다. 대부분은 오버 엔지니어링이다.

성공할 거란 믿음이 있다고 하더라도 무조건 확장성이나 고가용성을 높이는 방향으로 아키텍처를 복잡하게 설계하는 일은 좋은 선택이 아니다. MSA 경험이 아무리 많아도 트래픽량을 예측할 수 없는 서비스 초기부터 MSA를 선택하는 일은 서비스의 복잡성만 높이는 결과를 초래할 뿐이다.

분명 아키텍처는 서비스의 규모나 특성에 영향을 받는다. 만약 출시하자마자 100만 명 이상이 방문하는 서비스라면 MSA가 적합할 수 있겠지만, 미래가 불분명한 스타트업에 있다. GRPC 대신에 HTTP API를 사용하고, MSA 형태로 분리하지 않고 모놀리식monolithic으로 구축해도 스타트업 서비스 초기에는 대부분 충분하다. 스타트업의 기술적 고민 사항은 대체로 가장 간단한 기술을 선택하는 쪽이 더 좋다.

> **스타트업 서비스는 무조건 모놀리식이어야 하는가?**
>
> 그렇지 않다. 무조건 모놀리식으로 구축하라는 말은 아니다. 스타트업 초기에는 모놀리식이 더 좋다고 했지만, 서비스 도메인이 아주 명확하게 분리되어 있다면 이를 분리하는 것이 더 적합할 수 있다. 커머스 서비스를 개발할 때 결제와 장바구니는 하나의 모놀리식한 서비스로 운영하는 게 관리와 개발 측면에서 효율적이다. 그러나 커머스 사이트와 내부용 교육 사이트처럼 완전히 다른 성격의 서비스가 함께 있다면 처음부터 이 둘을 별도의 서비스로 분리하고, HTTP API 등으로 통신하도록 설계하는 편이 관리와 개발 측면에서 유리할 수 있다.
>
> 특히 형상 관리 도구에서 프로젝트를 별도로 분리해야 할 정도로 독립적인 성격이라면 서비스도 분리하는 걸 권장한다.

급급한 기능 구현과 빈약한 예외 처리

개발 팀을 구성하고 나면 눈 깜짝할 새 MVP 출시 시기가 다가온다. MVP 출시까지 시간은 생각보다도 더 빠르게 흘러간다. 그러다 보니 변경 사항을 고려하지 못하고 딱 현재 상황에 필요한 기능만 구현하고 MVP를 출시하는 일이 빈번하다. 하지만 그 시점에 누군가는 MVP, 그 이상을 고려해야 한다.

사용자에게 할인 쿠폰을 제공하고 상품에 적용하는 기능이 당장 필요해서 개발한다면, 여기에 더해 발급 조건, 유효 기간 관리, 결제 취소 시 사용한 쿠폰 회수 등 할인 쿠폰 기능에 필요할 법한 추가 기능을 미리 염두에 두고 개발해야 한다. 이런 변경 사항을 사전에 고려해서 개발하면 향후 추가 기능을 개발할 때는 코드 변경을 최소화하거나 데이터베이스에 데이터를 추가하는 것만으로도 기능을 추가할 수 있다.

이런 고민 없이 당장 필요 기능만 구현하면 서비스는 도중에 더 많은 코드를 수정할 상황이 벌어진다. 최악의 상황에선 모든 코드의 품질이 나빠지고 수정하고 개발할수록 스파게티 코드가 될 수도 있다. 언젠가는 리팩토링을 하겠다고 생각하지만,

그 언젠가는 대개 오지 않는다. 현실에서는 MVP 개발 기간에 작성한 코드를 꽤 오랫동안 서비스에서 사용하므로, 자칫 이후 추가되는 코드 또한 가독성과 효율성이 떨어지는 스파게티 코드가 될 가능성이 높다.

예외 처리 또한 중요하다. 개발을 서두르면서 서비스 런칭 후 운영하며 처리하겠다는 생각으로 예외 처리를 포기할 수도 있다. 물론 이렇게 결정할 수도 있는데, 이렇게 결정할 때는 반드시 기획 팀, 서비스 운영 팀, 개발 팀이 함께 정해야 한다. 모여서 개발 팀에서 예외 처리를 포기했을 때 어떤 문제가 생길지, 문제가 생겼을 때 어떻게 처리할지를 모든 팀이 함께 논의해야 한다.

자동화된 테스트 케이스의 부족

서비스를 출시하기 전에는 항상 테스트 과정을 거쳐야 한다. 그러나 사람에게만 테스트를 맡기면 누가 테스트하냐에 따라서 테스트 품질이 달라진다. 또 다양한 상황을 모두 테스트하지 못하고 놓치는 일이 발생할 수 있다. 좀 더 솔직하자면 스타트업 초기에 QA 전문가를 따로 채용하기는 어렵고, 개발 시간도 부족하기에 개발자는 테스트에 소홀하기 마련이다.

자동화된 테스트가 필요한 이유는 말 그대로 자동으로 일정 수준의 테스트를 진행할 수 있기 때문이다. 유닛 테스트든, 통합 테스트든 자동화된 테스트라면 언제든지 수행할 수 있다. 신규 기능 테스트는 사람이 직접 진행하는 편이 유리하지만, 그 외 반복해서 진행해야 하는 테스트는 사람이 진행하기에는 비효율적이다.

자동화된 테스트의 장점은 리그레션 테스트에 있다. **리그레션 테스트**regression test란 코드를 변경한 다음 기존 기능이 여전히 올바르게 작동하는지 확인하는 테스트이다. 코드를 변경하면 기존 코드의 동작에 영향을 주는데, 이때 언제든지 부작용이나 오류가 발생할 수 있다. 이런 오류는 원인을 찾기 쉽지 않은데 자동화된 테스트를 통해 이런 문제를 미리 발견할 수 있다.

한 가지 팁을 주자면 PR Pull Request을 할 때마다 자동화된 테스트를 모두 수행하도록 하자. 이 방법이야말로 배포 때 문제가 덜 발생하게 하는 최고의 방법이다. 자동화된 테스트를 작성할 때는 다음 사항을 염두에 두자.

1. 모든 테스트를 작성할 수는 없다. 특히 안드로이드 앱이나 iOS 앱을 개발할 때 UI 테스트는 자동화가 어렵다.
2. 일부 기능은 테스트를 작성하기 복잡한 케이스가 있다. 아키텍처를 잘못 구성하면 테스트 코드 작성이 어렵다.
3. 시간이 부족해서 기능만 개발해서 바로 출시해야 하는 일도 발생한다.
4. 테스트가 많아지면 테스트를 수행하는 시간이 너무 길어져서 점점 테스트하기가 힘들다.

이런 어려움이 있기에 자동화된 테스트는 조금만 관리를 소홀히 하면 금방 기술 부채가 된다.

로그 수집과 분석 방법

로그는 서비스에 문제가 발생했을 때 원인을 파악할 수 있는 좋은 방법이다. 대부분은 서버 여러 대로 서비스를 운영하므로 각 서버의 로그를 어떻게 수집하고 기록하고 분석할지도 고민해야 한다.

서비스 초반에야 운영하는 서버 수가 적을 테니 모든 서버에 접속해서 로그를 직접 확인할 수 있지만, 서버 수가 증가하면 서버마다 직접 접속하는 방법은 비효율적이다. 또 단순히 '로그를 볼 수 있다'와 '제대로 된 로그 수집/분석 시스템을 갖춘다'라는 말은 차이가 크다. 로그를 검색해서 유사한 로그를 살펴보고, 관련된 여러 로그를 한 번에 볼 수 있어야 문제의 원인을 찾기 쉽다. 따라서 서버를 추가하더라도 쉽게 로그를 수집하고 검색할 수 있도록 미리 제대로 된 로그 수집/분석 시스템을 준비해야 전체 생산성을 유지할 수 있다.

> **다양한 로그 수집/분석 시스템을 비교하고 선택하자**
>
> 로그를 수집하고 검색하는 시스템으로 엘라스틱서치나 AWS 오픈서치(OpenSearch)를 많이 사용한다. 엘라스틱서치가 좋은 검색 시스템이지만, 아쉽게도 스타트업에서 사용하기에는 비용이 많이 들고 관리도 생각보다는 어렵다. 그라파나 로키(Grafana Loki)나 그레이로그(Graylog) 등 다른 시스템도 많이 사용하니, 여러 시스템을 살펴보고 각 서비스에 맞는 로그 수집/분석 시스템을 선택하도록 하자.

모니터링 부족

모두가 알듯이 서비스 장애는 위험하다. 하지만 더 위험한 일은 장애가 발생했는데도 감지하지 못하는 일이다. 운영 팀이나 개발 팀에서 사전에 장애를 인지하면 사용자에게 공지하고 대처할 수 있지만, 사용자가 고객센터에 장애를 수십 건 신고할 때까지 회사에서 장애를 몰랐다면 어떨까? 서비스 신뢰도는 하락하고 서비스를 떠나는 사용자가 발생할 게 자명하다.

그래서 서비스의 상태를 바로 판단할 수 있는 시스템이 꼭 필요하다. 굳이 서비스의 상태를 상세하게 볼 필요는 없고, 현재 장애가 있는지, 장애가 있다면 어떤 오류인지, 장애 발생 정도는 어느 정도인지 알 수 있도록 서비스를 처음 개발할 때부터 함께 설계해야 한다. 서비스 상태 상황판dashboard은 보통 다음을 포함하며 문제가 발생했을 때는 바로 알리도록 설정한다.

1. **CPU 사용량**: CPU 로드를 살펴본다.
2. **메모리 사용량**: 기준을 두고 기준보다 높을 시에 알람을 설정한다.
3. **디스크 사용량**: 기준을 두고 기준보다 높을 시에 알람을 설정한다.
4. **네트워크 사용량**: IN/OUT 사용량을 모니터링한다.
5. **서버의 예외 발생량**: 특정 예외(Exception)가 N개 이상이면 알람이 발생하도록 설정한다. 로그 수집/분석 시스템에 대부분 있는 기능이다.
6. DB 서버의 CPU 사용량과 Slow Log 등

클라우드에서 기본으로 제공하는 모니터링 도구를 활성화하고, 부족한 부분이 있다면 추가한다. 예를 들어 AWS를 사용하면 클라우드와치CloudWatch가 기본 모니터링 도구로 제공되는데, 클라우드와치로는 메모리 사용량이나 디스크 사용량을 확인할 수 없으니 반드시 추가로 설정해야 한다.

모니터링에서 가장 중요한 점은 모니터링되는 정보와 모니터링되지 않은 정보를 파악하는 일이다. 모든 것을 완벽하게 모니터링할 수는 없다는 점을 인정하자. 당장은 서비스에 장애나 문제가 발생했다고 사내에서 알 수 있는 수준으로 설정하고, 놓친 부분이 있을 때마다 추가하도록 하자.

> **실수도 경험이다**
>
> 필자는 디스크 사용량을 모니터링하지 않았다가 디스크 용량 부족으로 장애가 발생한 경험이 있다. 물론 이후에는 반드시 모니터링에 디스크 사용량을 추가했다. 대부분 이렇게 실수를 통해서 모니터링의 필요성을 체득했다. 실수가 가장 큰 경험이니, 실수를 통해 꼭 배우는 바가 하나씩은 있기를 바란다.

수동 배포와 서비스 설정 변경

서버 수가 적을 때는 서비스를 수동으로 배포할 수 있다. 서버에서 새로운 빌드 결과물을 복사하고 다시 실행시키는 방식을 사용해도 금방 배포할 수 있다. 하지만, 이 방식은 서비스 기능이 많아지고 사용자가 늘어 서비스가 거대해지면 문제가 생길 수도 있다. 수동으로 배포하려면 아무래도 전체 시스템에 대한 이해도가 높아야 하므로, 결국에는 특정 인원만 배포하는 분위기가 자연스럽게 조성된다. 그래서 클릭 한 번으로 배포할 수 있는 자동화된 배포 시스템을 만드는 일이 중요하다. 배포가 빠르다는 의미는 문제가 발생했을 때 롤백rollback도 빠르게 할 수 있다는 의미이다.

서비스 설정도 마찬가지이다. 배포와 동일하게 자동화하거나 자주 변경되는 값을 동적으로 변경하도록 자동화한다면, 실수의 여지가 줄어서 누구나 쉽게 변경할 수 있다. 다만 서비스 초기에는 설정이 많지 않아 굳이 자동화하지 않고, 수동으로 소스 코드를 수정하고 배포할 수도 있다. 이렇게 수동으로 소스 코드를 수정해 서비스 설정을 변경할 때는 실수하지 않도록 주의해야 한다.

통계 정보

서비스를 운영할 때는 반드시 확인해야 하는 정보가 있는데 이를 정리해서 통계로 관리한다. 서비스의 성장 지표를 확인할 수 있는 DAU일일 활성 사용자, MAU월간 활성 사용자처럼 서비스를 사용하는 사용자의 정보를 추적해야 한다. 회사의 규모가 크면 데이터 팀에서 이런 정보를 구성하지만, 스타트업 초기에는 대체로 개발 팀 중 누군가가 맡아서 데이터를 추출하고 정리한다. 전문 영역이 아니다 보니 모든 데이터를 조직화해서 분석하기 어렵고, 지속적으로 요청하는 정보를 쉽게 제공하기도 어렵다. 이때는 최소한의 노력으로 정보를 제공할 수 있는 방법을 찾아야 한다.

예를 들어 당장 오늘 서비스 매출 중 특정 사용자군의 매출만 확인하고 싶다면, 단순히 전체 매출 데이터를 조회하는 것이 아니라 해당 사용자군을 먼저 선별해야 한다. 이 작업을 개발자가 직접 처리해야 한다면, 개발 리소스가 부족해지거나 필요한 순간에 개발자가 없어 확인하지 못할 수도 있다. 따라서 통계 제공 방법을 고민해야 한다.

> **통계 정보 제공의 필요성**
>
> 통계 정보가 서비스 운영에 중요하다는 점은 모두가 알고 있다. 필요한 정보를 빠르게 구하려면 직접 원하는 정보를 추출하고 정리할 수 있어야 한다. 따라서 많이 사용하는 SQL 문을 정리해 템플릿으로 제공하고, 통계를 봐야 하는 직군에 SQL을 교육하는 방법을 권한다. 또 타 직군이 SQL을 사용할 수 있게 테이블과 컬럼을 설명한 문서와 샘플 SQL을 반드시 공유해야 한다. 이때 SQL 접근 권한은 데이터베이스 복사본(replica)에 읽기 용도로만 주도록 한다. 메인 데이터베이스에 권한을 주면, 데이터를 추출하다가 문제가 발생할 수 있다.
>
> 다른 직군이 좀 더 편리하게 이용할 수 있는 웹용 전용 도구를 만들거나 아파치 슈퍼셋(Apache Superset)과 같은 BI 도구를 제공하는 방법도 있다(https://superset.apache.org).

기술 부채는 단기간에는 문제가 없어 보이지만, 시간이 지나면서 기하급수적으로 누적되어 결국에는 막대한 시간과 인적 자원을 요구한다. 스타트업에서의 시간과 인적 자원은 가장 핵심 자산이자 동시에 주요 비용 요소이다. 이러한 귀중한 자원을 반복적이거나 비생산적인 업무에 할당하면 스타트업의 생산성은 필연적으로 저하된다. 따라서 이론적으로는 기술 부채의 최소화가 스타트업의 장기적 성공에 유리하다.

그러나 현실적으로 모든 기술 부채를 제거하면서 동시에 신속하게 MVP를 출시하는 일은 극도로 어려운 과제이다. 실제 스타트업 환경에서는 정해진 일정 내에 MVP를 개발하여 시장에 진입해야 하는 압박이 있고, 서비스 출시는 분명 최우선 목표이다. 그렇다고 해서 모든 기술적 고려 사항을 무시한 채 서비스를 출시한다면, 출시 직후 서비스 장애가 발생할 위험이 높다. 이러한 부실한 출시는 사용자 신뢰도를 심각하게 훼손하여 결과적으로 의미 없는 노력으로 귀결될 수 있다.

따라서 스타트업은 적절한 기술 부채 관리와 신속한 시장 진입 사이에서 전략적 균형점을 찾아야 한다. 핵심 기능의 안정성은 보장하되, 일부 기술 부채는 계획적으로 수용하는 접근법이 현실적인 해결책이다. 적절한 서비스 출시는 '안정적 운영'이라는 전제가 붙고, 이를 위해서 무엇을 우선으로 할 것인지 끊임없이 고민해야 한다.

지금까지 정리한 기술 부채의 원인을 적절히 각자의 서비스에 맞춰 제거하고 안정성을 갖춘 서비스를 출시하길 바란다.

> **서비스 출시 전 체크리스트**
>
> - 개발하는 서비스가 무엇인가?
>   - 서비스 대상은 누구인가?
>   - 서비스 국가는 어디인가?
>   - 서비스와 관련된 법률을 확인했는가?
> - 핵심 인력은 구성했는가?
>   - 우리 서비스에 맞는 기술의 전문가가 있는가?
>   - 최소한의 인원 구성이 되었는가?
>   - 개발자가 백엔드, 프런트엔드 개발이 모두 가능한가?
>   - 백엔드 담당자와 프런트엔드 담당자가 있는가?
>   - 서비스에 필요한 로그는 모두 저장되고 검색할 수 있는가?
>   - 서비스 요청 로그
>   - 에러 로그
> - 핵심 기술은 선택했는가?
>   - 언어와 플랫폼, 데이터 스토어를 선택했는가?
>   - 클라우드 혹은 서버를 별도로 운영할지 선택했는가? (스타트업에는 클라우드를 권장한다.)
>   - 인프라 관리 방식을 웹 콘솔과 IaC 도구 중 선택했는가? (스타트업에는 IaC를 권장한다.)
>   - 로그 수집과 검색을 설정하고 쉬운 배포 방식을 구축했는가?
> - 서비스 성장 등에 필요한 지표를 쉽게 추출할 수 있는가?

CHAPTER 02

인프라 구성

서비스에 필요한 하드웨어, 소프트웨어, 네트워크 구성을 IT 인프라라 한다(이하 인프라). 1장에서 다룬 핵심 기술의 구성이 바로 인프라와 연관된 내용이다. 인프라는 한번 구성하면 쉽게 변경하기 어려우니 서비스를 개발하기 전에 인프라를 어떻게 구성할지를 심사숙고해야 한다.

인프라를 구성할 때는 먼저 어디에 서비스 운영 환경을 구축할지를 결정하고, 그다음 어떻게 구축하고 운영할지를 결정한다.

- 서비스 운영 환경을 살펴보고 인프라 구성에 필요한 VPC, IAM과 같은 클라우드 인프라의 기초를 이해한다.
- IaC 종류와 각 도구의 장점을 이해하고 SPOF를 찾고 제거하는 방법을 학습한다.

2-1 서비스 운영 환경

인프라 구성의 첫 번째는 서비스의 운영 환경을 결정하는 일이다. IDC나 사내 서버실에서 직접 서버를 운영하는 온프레미스^{On-Premises}와 클라우드 서비스를 활용하는 클라우드 컴퓨팅(이하 클라우드) 중 하나를 선택해야 한다.

온프레미스 환경에서 서비스를 운영하려면 사용할 장비부터 결정해야 하는데, 이는 단순히 서버 사양을 정하고 구매하는 데서 끝나지 않는다. 온프레미스 환경을 구축한다는 의미는 서버뿐만 아니라 스위치, 라우터 등 다양한 네트워크 장비를 포함한 환경을 구축한다는 의미이다.

그러나 사용할 장비를 결정하기 전에 더 근본적인 질문부터 답해야 한다. 조직 내에 인프라를 관리할 수 있는 전문 인력이 있는지, 혹은 회사에 관리 인력을 충원할 여력이 있는지부터 판단해야 한다. 인프라 관리 인력의 존재 여부는 온프레미스를 채택하는 가장 중요한 결정 요인이다. 적절한 관리 인력을 확보한 다음에야 비로소 필요한 장비의 종류와 사양을 결정할 수 있다.

온프레미스 환경의 장점

- **낮은 운영비**: 초기 구축 비용과 인건비를 제외하면 월 운영 비용이 클라우드 비용의 30% 이하이다.
- **고성능 장비**: 클라우드와 온프레미스의 장비가 동일하다면 리소스 독점, 동일 네트워크 사용 등의 이유로 온프레미스 환경에서의 장비 성능이 더 높다.
- **환경 구축의 유연성**: 필요한 형태로 환경을 구축할 수 있다.

온프레미스 환경의 단점

- **높은 초기 비용**: 서버와 네트워크 장비 등을 구입해야 하므로 초기 구축 비용이 높다. 비용 절감이 중요한 스타트업에서는 초기 투자 비용이 높다는 점이 가장 큰 기피 요인이다.
- **관리 인력 필요**: 네트워크, 스토리지, 서버 등 인프라를 담당할 전문 관리 인력이 필요하다. 스타트업에서 전문 인력을 배치하는 일은 부담스러운 요인이다.
- **장비 증설의 어려움**: 서비스 사용량이 갑자기 증가하거나 신규 서비스를 출시할 때는 장비를 증설해야 하는데, 증설할 장비 수량을 예측하기 어렵다. 또, 증설할 장비 수량을 정하더라도 하드웨어 시장 상황에 따라 바로 구매하기 어려울 수도 있다.
- **여유 장비**: 장비에 문제가 생겼을 상황을 대비해 여유 장비를 구비해야 한다.

비용 절감에 민감한 스타트업은 이런 단점 때문에 대개 클라우드 서비스를 선택한다. 클라우드 서비스를 선택한다고 모든 문제점이 사라지는 건 아니다. 많이 간과하지만 꼭 확인해야 할 사항이 있는데 준비하는 서비스가 법적으로 클라우드를 사용할 수 있는가이다. 설마 클라우드 서비스를 사용하지 못하는 서비스가 있겠냐 싶지만, 금융이나 공공 기관 등 몇몇 특정 분야에서 사용하는 서비스는 법적 제재가 있을 수 있다. 또는 분야에 따라서 클라우드 서비스를 허용하되 서버가 반드시 한국 리전에 있어야 한다는 등의 제약이 있기도 하다. 그러니 서비스 환경을 선택하기 전에 관련 사항을 반드시 확인하도록 하자.

클라우드를 선택했다면 또다시 많은 클라우드 서비스 중 어느 서비스를 사용할지 선택할 차례이다. 해외 클라우드 서비스로는 AWS^{Amazon Web Service}, MS 애저^{Microsoft Azure}, GCP^{Google Cloud Platform}, 오라클 클라우드^{Oracle Cloud}가 널리 이용되는 서비스이다.

그림 2-1 다양한 클라우드 서비스

- **AWS** https://aws.amazon.com/
  - 아마존에서 운영하는 클라우드 서비스로 국내 점유율이 가장 높다. 덕분에 사용기나 운영 팁 등 관련 정보가 많이 공유되어 있다. 이 책에서도 주로 AWS를 예시로 사용한다.

- **MS 애저** https://azure.microsoft.com/
  - 마이크로소프트에서 운영하는 클라우드 서비스로 온프레미스와 클라우드 환경을 통합하는 하이브리드 클라우드에 강점이 있다.

- **GCP** https://cloud.google.com/
  - 구글에서 운영하는 클라우드 서비스로 빅 쿼리(Big Query)를 사용한 데이터 분석에 강점이 있다.

국내에도 네이버 클라우드 플랫폼, kt cloud, NHN Cloud, 카카오클라우드 등과 같은 클라우드 서비스가 있다.

- **네이버 클라우드 플랫폼** https://www.ncloud.com/
  - 네이버에서 운영하는 클라우드 서비스로 국내 리전이 두 곳 있어 해외 서비스에 비해 속도가 빠른 편이다.

- **kt cloud** https://cloud.kt.com/
  - KT에서 운영하는 클라우드 서비스로 국내에서는 가장 먼저 서비스를 시작했으며 클라우드, IDC, 네트워크를 모두 보유한 국내 유일의 서비스이다.

- **NHN Cloud** https://www.nhncloud.com/
  - NHN에서 운영하는 클라우드 서비스로 오픈스택 기반으로 운영된다.

- **카카오클라우드** https://kakaocloud.com/
  - 카카오에서 운영하며 네트워크 오프로딩 기술을 구현하여 CPU를 100% 활용할 수 있고 국내 서비스 중 가장 다양한 GPU 서비스를 제공한다.

프로모션에 따라 사용 조건이 달라지므로 서비스를 단순 비교하기는 어렵다. 어떤 클라우드 서비스를 선택할지는 서비스의 안정성을 비롯한 사용자 수, 이용하려는 기능, 제공하는 프로모션 등 다양한 방면으로 검토한 다음에 결정하도록 한다.

클라우드를 선택했을 때의 장점은 무엇이 있을까? 클라우드 서비스의 최대 장점은 API로 인프라를 운영할 수 있다는 점이다. 서버를 생성하고, 삭제하고, 서버의 설정을 변경하는 일을 API 호출만으로도 할 수 있다. 단순히 서버를 복사한다는 개념이 아니라, 예를 들어 설정 파일을 수정하지 않고 API 호출로 로드밸런서의 라우팅 경로를 수정할 수 있다. API 호출로 인프라를 운영한다는 의미는, 다시 말하면 인프라를 자동으로 관리할 수 있다는 의미이다.

온프레미스 환경에서 장비를 추가해야 하는 상황은 언제인가? 장애를 대비해 여유 장비를 구비하고, 신규 서비스를 출시하거나 서비스 트래픽이 증가하면 장비를 추가한다. 장비를 구매하기 전에 사전 테스트를 하고, 회사마다 기간 차이가 있겠지만 사용 2개월 전에 수량을 정확히 예측해서 구매과에 장비 구매 신청서를 제출한다. 이 과정에서도 구매과와 꽤 실랑이해야 할 때가 있다. 절차에 따라 서류를 제출하고 꼼꼼하게 사전 테스트를 했어도, 때로는 운이 나빠서 구입한 장비가 쉽게 고장 나거나 불량률이 높은 생산 기간의 제품을 구입할 수도 있다. 온프레미스를 선택했을 때는 이런 예측하기 어려운 상황까지도 고려해야 한다.

> **예측하기 어려운 장애, 불량률과 반도체 대란**
>
> 이전 회사에서의 일이다. 서비스에 서버 100여 대를 투입했는데 불량률이 높아 결국 다른 제품으로 전량 교체를 해야 했다. 확인해 보니 모두 특정 기간 생산된 제품으로 이 기간에 생산된 제품은 불량률이 높기로 악명이 자자했다.
>
> 또 이런 일도 있었다. 2020년에서 2022년 사이에 반도체 대란이 있었는데, 반도체 품귀 현상은 컴퓨터 부품 수급에도 영향을 미쳤다. 이 시기에 필자는 사내 랜 스위치를 주문했는데 정확하게 1년 4개월 만에 제품을 받았다. 반도체 대란이 스위치 생산에도 영향을 끼쳤던 사건이다.
>
> '설마 이런 일이 있겠어?'라고 생각할 수도 있지만, 모두 필자가 경험한 일이다. 이 모든 일은 필자가 예상하지 못한 범주의 '장애'였다.

반면 클라우드 서비스를 이용하면 서버가 필요한 순간에 API 호출만으로 바로 서버를 생성할 수 있다. 그리고 더 이상 서버가 필요 없어지면 서버를 삭제하면 그만이다.

필요에 따라 메모리가 부족하다 싶으면 메모리를 증가하고, 더 나은 사양의 GPU가 필요하다면 GPU 사양만 변경할 수도 있다. 또는 고성능 장비를 사용하다가 서비스에 비해 사양이 높다고 판단하면 한두 단계 낮은 장비로 바로 이전할 수 있다.

인프라를 구축할 때는 서버 말고도 네트워크 대역폭^{bandwidth}도 고민해야 한다. 캐시 서비스를 구축한다고 가정해 보자. 1,000명의 사용자가 인당 데이터 100KB씩 사용한다면 실제 네트워크로 전송되는 데이터는 얼마일까? 대략 100MB가 전송된다(1,000x100KB). 사용자가 10,000명이면 약 1GB(1,000MB)의 데이터가 전송된다(단위가 바이트^{byte}라는 점을 기억하자).

보통의 네트워크 장비는 바이트가 아니라 비트^{bit} 단위를 사용하는데 우리가 주로 사용하는 대중적인 장비는 1Gb 스위치이다. 1Gb는 대략 125MB로, 스위치가 한 번에 처리할 수 있는 데이터가 125MB라는 말이다. 즉 동시 전송량이 125MB를 초과하면 초과한 만큼의 데이터는 전송되지 않고 손실된다.

1Gb 스위치를 사용하던 온프레미스 환경에서 갑자기 동시에 200MB가 전송된다면 어떻게 될까? 갑자기 늘어난 대역폭 문제를 해결할 네트워크 전문가가 없다면 서비스 장애로 이어질 수 있다.

같은 상황에서 클라우드 서비스는 개별 서버의 네트워크 대역폭 한계만 알고 있으면 API로 설정을 수정해서 간단하게 이 문제를 해결할 수 있다. 단, 클라우드 서비스에서는 서버 사양이 낮을수록, 사용할 수 있는 네트워크 대역폭도 낮다는 제약만 기억하자.

클라우드의 또 다른 장점은 관리 서비스이다. 데이터베이스, 큐, 캐시, 로드밸런서와 같은 다양한 기능을 제공한다. 특히 장애가 발생했을 때 빠르게 대응할 수 있다. 예를 들어 클라우드의 데이터베이스 서비스에서 장애가 발생하면 자동으로 복제본을 메인 서버로 대체해서 동작한다.

물론 클라우드 서비스에 장점만 있는 건 아니다. 가장 큰 단점은 바로 비용이다. 운이 좋으면 초기에는 크레딧을 제공하는 업체를 선택해서 몇 개월간 비용을 지불하지 않고 사용할 수 있지만, 오래 운영할수록 온프레미스에 비해 지불해야 하는 비용이 훨씬 크다. **핀옵스**^{FinOps}라는 클라우드 비용 최적화 방법론이 생길 만큼 비용 문제는 클라우드 서비스 사용자 모두의 골칫거리이다.

다음은 지금까지 살펴본 온프레미스와 클라우드의 장단점을 정리한 표이다.

표 2-1 온프레미스와 클라우드의 장단점 비교

온프레미스 환경	항목	클라우드 환경
서비스에 필요한 서버, 스위치, 라우터, 랙 등의 장비를 구매해야 하므로 초기 구매 비용이 높다.	인프라 구축 비용	장비 구매가 필요 없으며 클라우드 서비스에서 제공하는 스타트업 크레딧을 활용하면 초기 몇 개월분의 비용을 절약할 수 있다.
구매 비용을 제외하고 월 단위 운영 비용은 같은 사양의 클라우드 비용의 30% 수준이다.	인프라 운영 비용	장기간 운영하면 단위 운영 비용이 높다.
장비를 구성하고 유지보수할 수 있는 인프라 엔지니어가 필요하다.	인프라 관리	API로 관리하며 문제가 발생했을 때는 삭제 후 재생성으로 쉽게 문제를 해결할 수 있다.
장비를 구입해야 하므로 정확한 수량 예측이 필요하고 구매 후 사용까지 평균 2개월이 소요된다.	장비 증설	API를 사용해 즉시 추가하거나 삭제할 수 있다.
개발에 사용한 모든 프레임워크를 직접 관리해야 한다.	서비스 프레임워크	클라우드에서 자체 관리 서비스가 제공된다. 장애 복구 서비스가 기본으로 있어 장애 시에 원활한 복구가 가능하다.
네트워크 사용량을 계산해서 서버의 물리적 연결을 배치해야 한다.	네트워크	서버의 네트워크 대역폭 한계만 알아두면 된다. 대역폭은 클라우드 플랫폼에서 자동으로 처리한다.

표를 보면 스타트업에서는 클라우드를 사용하는 편이 조금 더 유리하다. 이후로는 클라우드를 기준으로 설명하겠다.

> **클라우드 비용 아끼기**
>
> 클라우드 서비스마다 장기 계약을 체결하면 비용을 할인하는 제도로 장기 계약을 유도한다. 예를 들어 AWS는 RI(Reserved Instance)나, SP(Savings Plan) 같은 EC2 장비를 할인하는 제도가 있다. 이런 제도를 잘 이용하면 비용의 20~30%를 절감할 수 있으므로, 필요한 장비의 수량과 사양을 결정한 다음에는 이런 제도를 적극적으로 알아보자.

2-2 클라우드 인프라 기초

클라우드를 사용하려면 기본으로 알아야 하는 개념이 있다. 특히 네트워크나 스토리지, 권한 관리는 꼭 알아야 한다. 이 책에서 모든 내용을 다루기는 어렵고 반드시 필요하다고 생각하는 VPC와 IAM만 설명하겠다.

2-2-1 VPC, 가상 사설 클라우드

VPCVirtual Private Cloud, 가상 사설 클라우드는 퍼블릭 클라우드 내에서 격리된 자신만의 네트워크 공간을 제공하는 서비스이다. 비교하자면 온프레미스 환경에서의 내부 네트워크망이다. 해당 네트워크 내에서만 연결할 수 있으며 사설 IP 대역을 할당한다. 예를 들어 AWS는 VPC 안에 서브넷을 여러 **가용 영역**AZ, Availability Zone(이하 AZ)으로 나눠서 고가용성을 확보할 수 있다.

다음은 VPC를 구성하는 요소이다.

표 2-2 VPC의 구성 요소

요소	설명
네트워크 분리와 보안	• VPC는 퍼블릭 클라우드 환경에서 격리된 네트워크 공간을 제공한다. 네트워크를 분리하여 보안을 강화한다.
서브넷	• VPC 내에서 네트워크를 더 작은 단위로 나눈 영역이다. VPC 하나를 여러 서브넷으로 나누면 네트워크 트래픽을 물리적으로나 논리적으로 분리할 수 있다. 분리된 서브넷은 정책, 트래픽 제어, 라우팅 설정을 각각 적용할 수 있다. • 가장 많이 사용하는 예시를 들면 퍼블릿 서브넷과 프라이빗 서브넷으로 나눈 다음, 서비스에 필요한 웹 서버는 퍼블릭 서브넷으로, 데이터베이스와 스토리지는 프라이빗 서브넷으로 나눌 수 있다.
인터넷 게이트웨이	• VPC 내의 퍼블릭 서브넷에서 외부 인터넷과 통신하는 연결을 담당하는 게이트웨이이다.
NAT 게이트웨이	• 프라이빗 서브넷의 리소스가 인터넷과 통신할 수 있도록 하는 게이트웨이이다. NAT은 프라이빗 서브넷에서 외부로 나가는 요청을 공인 IP로 변환하며, 아웃바운드 트래픽만 허용하고 외부에서 들어오는 인바운드 트래픽은 차단한다.
라우팅 테이블	• 네트워크 트래픽을 목적지로 보내기 위한 경로를 정의한 테이블로 각 서브넷은 라우팅 테이블과 연결된다.

AZ와 리전

AZ(가용 영역)와 리전은 어떤 차이가 있을까? AZ는 하나 이상의 데이터 센터로 구성된 논리적 구역이고, 리전은 같은 지역 내의 여러 AZ를 묶은 데이터 센터 클러스터이다. 보통 리전은 서울 리전처럼 지리적 구분된 영역이다. 리전 내에서는 관리 정보나 네트워크 정보가 모두 공유되지만, 각 리전 간에는 대부분의 리소스가 분리되어 있다. 예를 들어 AWS 서울 리전은 리전 코드가 ap-northeast-2이며, 서울 리전에 있는 AZ는 ap-northeaset-2a, ap-northeast-2b, ap-northeast-2c 등이 있다.

그럼 왜 AZ만 사용하지 않고 리전을 사용할까? 하나의 데이터 센터만 사용하면 화재나 정전 등으로 전체 시스템의 장애가 발생할 수 있기 때문이다. 여러 AZ를 포함하는 리전 구조를 사용하면 장애에 더 견고한 서비스를 운영할 수 있다. 같은 리전은 하나의 데이터 센터처럼 통신하므로 내부 속도는 빠르지만, 네트워크 비용이 발생할 수 있다. 동일 리전 내의 같은 AZ끼리는 네트워크 비용이 무료이며, 다른 AZ 간 통신에는 네트워크 비용이 발생한다. 다른 리전 간 통신에는 당연히 네트워크 비용이 추가로 발생한다.

다음 그림은 VPC의 기본 개념도로 VPC를 사용해서 고가용성을 확보한 네트워크 아키텍처이다. VPC에 AZ가 두 개 있고, AZ마다 퍼블릭 서브넷과 프라이빗 서브넷이 하나씩 있다. 이때 프라이빗 서브넷의 네트워크는 퍼블릭 서브넷의 NAT 게이트웨이를 통해 외부와 통신하도록 라우팅 테이블을 설정한다. 그림에서 프라이빗 서브넷 #0에서 외부 통신을 하려면 퍼블릭 서브넷 #0의 NAT 게이트웨이를 통해야 한다.

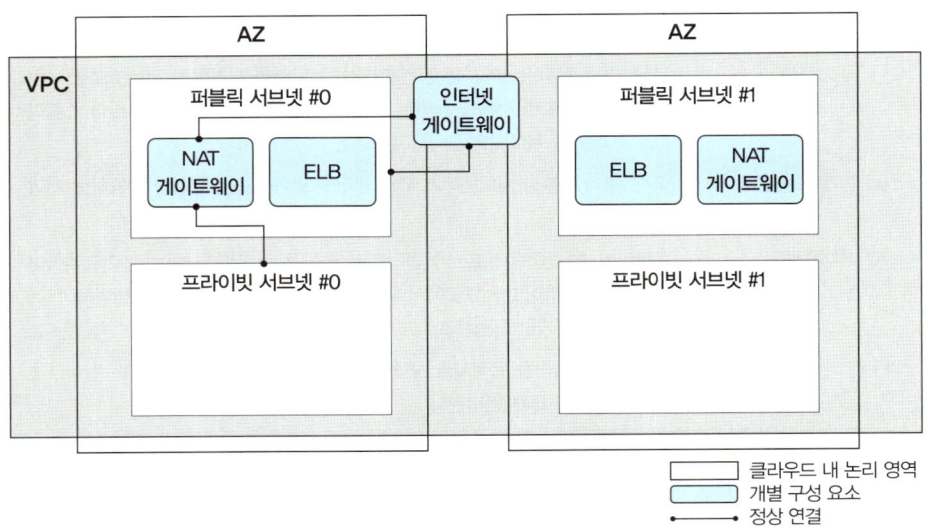

그림 2-2 VPC 기본 개념도

그러면 왜 클라우드 환경에서 VPC와 네트워크를 이해해야 할까? 실제 서비스 운영 시 VPN이나 전용선 또는 특정 IP와만 통신을 해야 하는 상황을 자주 마주치기 때문이다. 이때 네트워크 개념을 제대로 이해하지 못하면 잘못된 설정으로 인해 서비스 장애나 보안 문제 등이 발생할 수 있다.

보통 클라우드에서는 서버에 공인 IP와 사설 IP를 모두 할당하므로 네트워크 개념을 모르고 설정하려면 더 복잡하다. 예를 들어 병원의 환자 데이터를 가져와 분석한다고 가정해 보자. 환자 데이터는 보안이 중요하므로 보통 세 가지 방법으로 데이터를 전송받는다. 전용선을 사용하거나, VPN으로 연결하거나, 또는 공인 IP로 연결한다. 그런데 이때 내가 연결해야 하는 IP를 모른다면 데이터를 받아오지 못해서 서비스를 제대로 제공하지 못할 것이다. 일례이지만 서비스 운영 중에 빈번하게 발생하는 일이므로 VPC를 사용할 때는 네트워크 개념과 기본 라우팅에 대한 최소한의 지식을 갖추도록 하자.

다음 상황을 보고 직접 **공개 서버로 병원에 연결할 때**와 **내부 서버로 병원에 연결할 때** 병원에서 어떤 IP를 허용해야 할지 적어 보자.

- 공개 서버로 병원에 연결할 때 허용 IP:
- 내부 서버로 병원에 연결할 때 허용 IP:

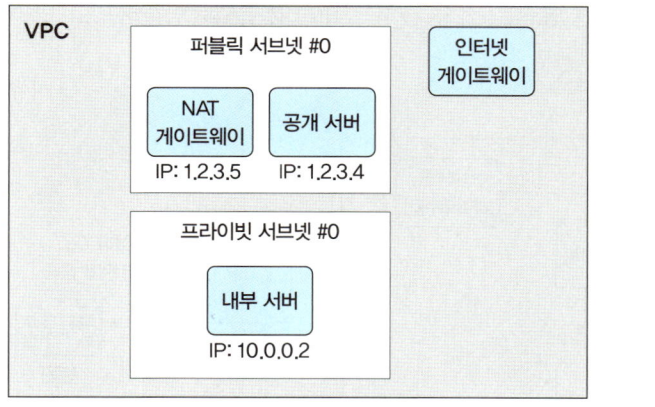

그림 2-3 병원에서 허용할 IP는 무엇일까?

먼저 공개 서버(IP 1.2.3.4)로 병원에 연결할 때를 살펴보자(그림 2-4). 공개 서버는 퍼블릭 서브넷에 있으므로 일차적으로 인터넷 게이트웨이를 통해서 병원에 연결이 된다. 따라서 외부 업체에서는 해당 접속의 출처를 IP 1.2.3.4로 인식하므로 병원에서 허용할 IP는 1.2.3.4이다.

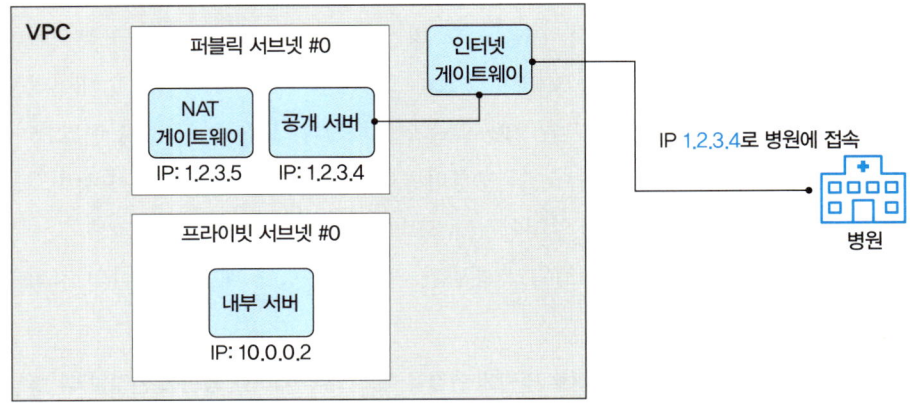

그림 2-4 공개 서버로 병원에 연결할 때 허용 IP는 1.2.3.4

이번에는 내부 서버에서 병원을 연결할 때를 살펴보자(그림 2-5). 내부 서버(IP 10.0.0.2)는 NAT 게이트웨이를 통과하면서 IP가 1.2.3.5로 변환된 상태로 인터넷 게이트웨이를 통과한다. 이러면 병원은 접속 출처를 IP 1.2.3.5로 인식하므로 병원에서 허용할 IP는 1.2.3.5이다.

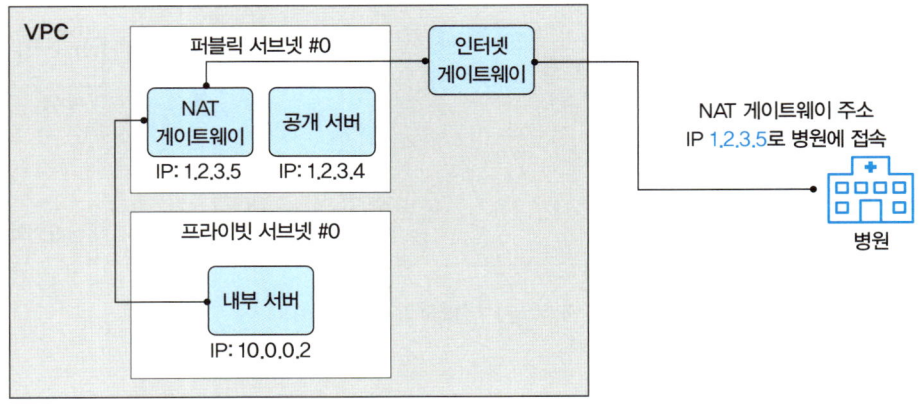

그림 2-5 내부 서버로 병원에 연결할 때 허용 IP는 1.2.3.5

VPN이나 전용선으로 직접 접속하면 병원에서는 접속한 IP를 내부 서버의 본래 주소인 10.0.0.2로 받아들일 수도 있다. 이처럼 현재 네트워크 상황을 제대로 이해해야만 제대로 된 통신 설정이 가능하다.

실제 VPC를 구성할 때는 네트워크를 다음과 같은 형태로 구성한다. 프라이빗 서브넷을 하나 추가해서 하나는 NAT 게이트웨이와 연결하고, 다른 하나는 NAT 게이트웨이와 연결할 수 없도록 설정해 보안을 강화한다.

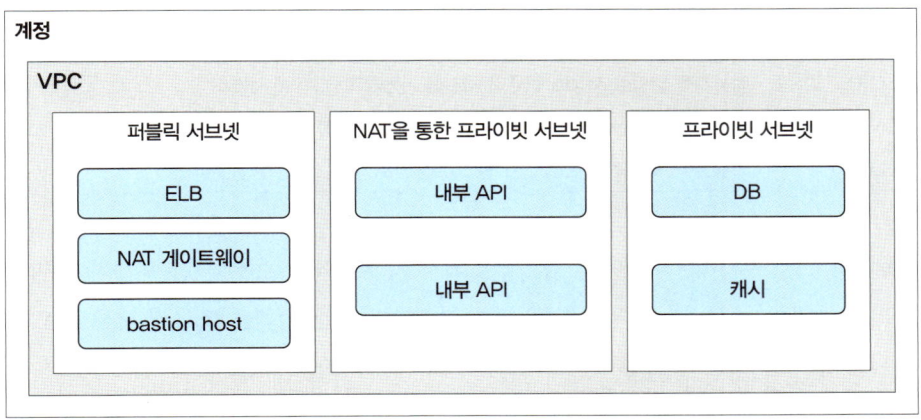

그림 2-6 서비스에 도입하는 VPC 기본 구성도

이렇게 구현하면 퍼블릭 서브넷에서는 ELB$^{Elastic\ Load\ Balancer}$, NAT 게이트웨이처럼 고정 IP가 필요하거나 통신에 사용하는 특수 목적의 서버만 둘 수 있다. NAT 게이트웨이에 접근할 수 있는 프라이빗 서브넷에는 ELB를 통해야만 연결되는 API 서버를 둔다. API 서버는 ELB를 통해야 연결하도록 NAT을 통한 프라이빗 서브넷에 실제 내부 API 서버가 존재한다. 그리고 NAT 게이트웨이와 연결되지 않은 프라이빗 서브넷에는 외부에서 접근하면 안 되는 데이터베이스나 캐시 등의 중요 서버를 둔다.

2-2-2 IAM

이 책의 예시는 대부분 AWS를 중심으로 하고 있어서 IAM을 설명하기에 앞서 앞으로 자주 등장하는 용어 몇 가지를 익히고 넘어가자.

표 2-3 자주 등장하는 AWS 용어

용어	설명
S3	• 객체(파일)를 저장하고 읽을 수 있는 확장 가능한 스토리지 서비스
S3 버킷 (Bucket)	• S3에서 파일을 저장하는 폴더 같은 개념 • 버킷명은 전체 AWS 서비스 내에서 중복되지 않는 고유한 이름이어야 한다.
SQS	• 메시지를 임시로 저장해 비동기 처리를 가능하게 하는 큐 서비스
SNS	• 여러 수신자(Email, Lambda, SQS 등)에 메시지를 동시에 전파하는 푸시 알림 서비스
ELB	• 외부 트래픽을 여러 EC2 인스턴스로 분산해 주는 로드밸런싱 서비스

IAMIdentity and Access Management은 클라우드에서 사용자와 리소스의 접근 제어와 권한 관리를 제공하는 서비스이다. 클라우드 플랫폼마다 접근 정책은 조금씩 다른데 AWS에서는 IAM을 이용해 특정 S3Simple Storage Service 버킷이나 SQSSimple Queue Service 등에 접근할 수 있는 EC2 인스턴스나 계정을 지정할 수 있다. 또는 S3 전체에 대한 접근 권한을 줄 수도 있고 필요한 버킷에 대한 권한을 따로 설정할 수도 있다.

다음 그림과 같이 test-myservice와 test-myservice2 버킷이 있고 개별로 접근 권한을 만들어서 EC2 인스턴스에 서로 다르게 부여한다고 하자. s3://test-myservice 버킷에 접근 권한이 있는 EC2 #0은 해당 버킷에 접근할 수 있다. 하지만 EC2 #0은 s3://test-myservice2 버킷에는 권한이 없으므로 접근할 수 없다.

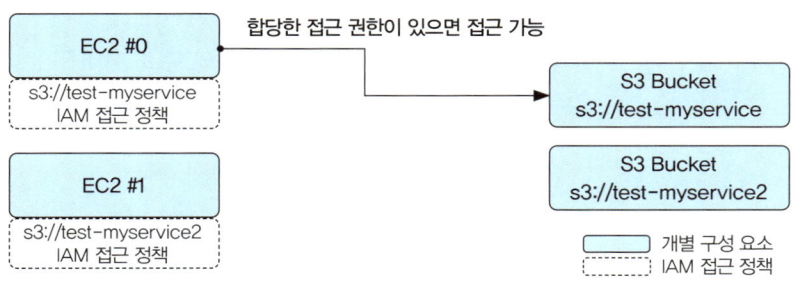

그림 2-7 EC2의 접근 IAM 정책별 접근 가능한 S3 버킷

IAM을 잘 설정하면 더 안전하게 인프라를 구성할 수 있는데 계정에서 권한을 분리하는 정책도 있다.

다음은 VPC를 DEV(개발), PRODUCTION(운영), INFRA(인프라)로 나눈 구성도이다. VPC를 하나로만 구성할 수도 있지만, 작은 회사에서도 대부분 이렇게 용도별로 VPC를 구성한다. 그리고 이 세 개의 환경에서 myservice 계정 하나를 사용한다고 가정하자.

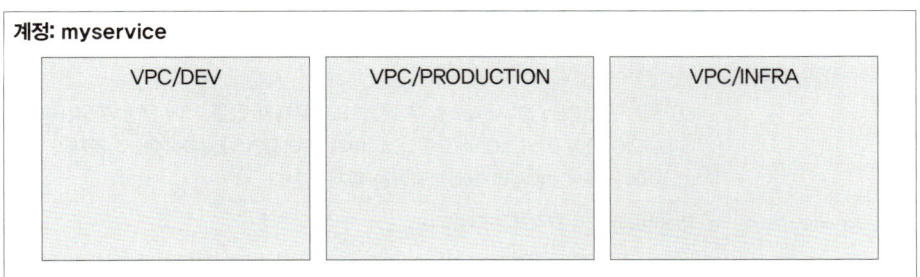

그림 2-8 루트 계정 하나로 VPC 세 곳에 접근

개발에 큰 문제가 없어 보이는 이 구조에는 어떤 문제가 있을까? 계정 하나로 모든 VPC에 접근하면 VPC별로 권한을 분리해서 부여하기 어렵다. 권한이 조금만 잘못 할당되더라도, 아무나 DEV(개발), PRODUCTION(운영), INFRA(인프라)의 리소스에 접근할 수 있다. 단순히 데이터베이스에서 접속자 데이터를 추출하려는 기획자의 계정으로도 개발 서버에 접근할 수 있다는 의미기도 하다. 물론 각 VPC에 쉽게 연결할 수 있는 장점도 있겠지만, 권한이 집중되면 언제든지 문제가 발생할 수 있는 여지가 있는 법이다.

그렇다면 무엇이 좋은 구조일까? 지금부터 좋은 구조의 예를 들어 보겠다. AWS에서는 보통 관리용(마스터), 개발 환경, 운영 환경, 인프라 관리 등의 목적에 맞게 계정을 분리한다. 각 계정에는 루트 계정이 존재하나 운영상 대부분의 작업은 IAM 사용자 계정에 부분적 권한을 부여해서 수행한다. 보통 계정 분류 시에는 **서비스명-환경**으로 생성한다.

표 2-4 계정 분류와 권한

환경별 계정	설명
myservice-id	• 보통 관리용(마스터) AWS 계정으로 사용한다. • 이 계정 아래에 여러 IAM 사용자를 생성한다. 예를 들어 charsyam이라는 IAM 사용자가 myservice-id 계정에 소속되어 있으면 charsyam은 자신의 인증 정보로 myservice-id에 로그인한다. • myservice-id 계정에서는 개발자 계정은 개발 환경(DEV)의 모든 권한을 부여하고, 운영 환경(PRODUCTION)에서는 서버에 접근만 가능하고 관리자 권한은 없도록 설정할 수 있다. 또 devops 계정은 모든 환경에서 루트 계정 수준의 전체 접근 권한을 갖도록 설정할 수 있다.
myservice-dev	• 서비스의 개발 환경용 계정이다. • 개발 환경(DEV)에서 테스트를 진행하고, 문제가 없을 시에 운영 환경(PRODUCION)에 서비스를 배포한다. 이렇게 분리하면 개발 계정에서 문제가 발생하더라도 실제 서비스에는 영향을 주지 않는다.
myservice-prod	• 서비스 운영 환경용 계정이다. • 고객이 실제로 사용하는 서비스 환경으로, 문제가 발생하면 바로 서비스 장애로 이어진다. 서비스에 영향을 줄 수 있는 중요한 정보도 저장되어 있다.
myservice-infra	• 서비스 인프라 관리용 계정으로 빌드나 일부 환경을 위한 추가 계정이다.

이처럼 AWS에서는 환경별로 계정을 분리해 각 계정의 역할을 정의한다. 계정별 역할은 읽기 전용부터 전체 권한까지 다양하게 구분할 수 있다.

표 2-5 AWS 계정별 역할 구분

계정	역할	내용
myservice-dev	assume-dev-user	dev 계정에 읽기만 가능한 권한 제공(Read Only)
	assume-dev-admin	dev 계정에 모든 권한 제공(FullAccess)
myservice-prod	assume-prod-user	prod 계정에 읽기만 가능한 권한(Read Only)
	assume-prod-admin	prod 계정에 모든 권한 제공(FullAccess)

관리용 AWS 계정(myservice-id)에서 필요한 IAM 사용자와 역할을 생성하고, 교차 계정 접근이 필요하면 AssumeRole 정책을 통해 권한을 할당한다. 새로운 IAM 사용자를 추가할 때도 역할 기반 정책을 적용해 IAM 사용자마다 환경과 업무에 맞는 권한을 설정할 수 있다.

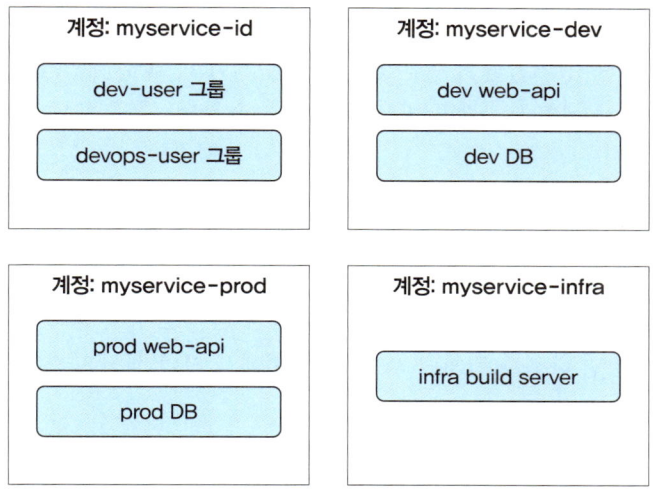

그림 2-9 계정별 역할 구성 정보

IAM 사용자 계정은 관리용 AWS 계정인 myservice-id 내에서 그룹에 속하거나 개별 계정으로 생성할 수 있다. 이렇게 생성된 IAM 사용자는 역할(AssumeRole)을 이용해 다른 AWS 계정의 리소스에 접근할 권한을 부여받을 수 있다.

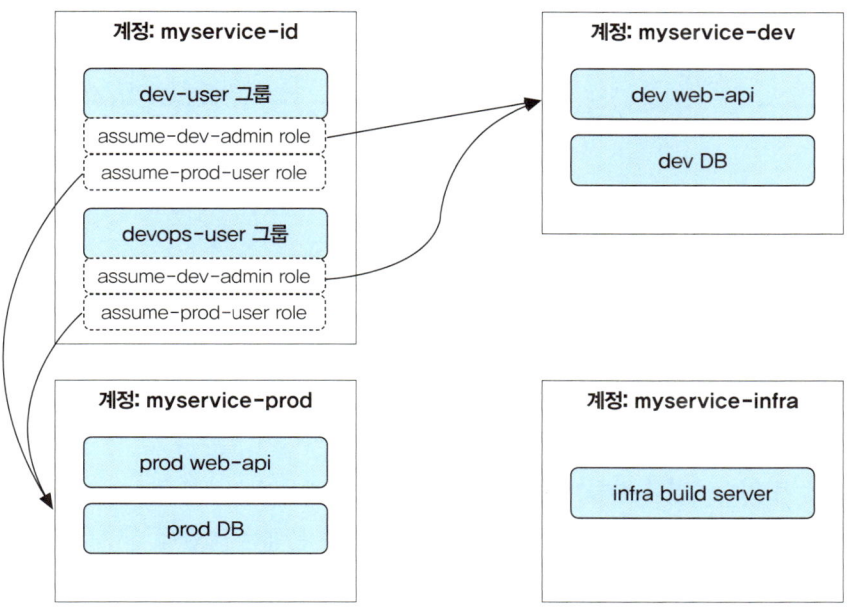

그림 2-10 계정별 사용 역할

예를 들어 [그림 2-10]에서 dev-user 그룹에 속한 IAM 사용자는 dev의 어드민 역할과 prod의 사용자 역할을 부여받았다. 즉 myservice-dev 계정의 어드민 권한과 myservice-prod 계정의 사용자 권한이 있다는 의미이다.

2-3 IaC

IaC^{Infrastructure as Code}는 코드를 통해서 인프라를 구축하는 것을 의미한다. AWS에서 서버를 추가하려면 다음 그림처럼 AWS 웹 화면에서 서버 생성을 요청해야 한다.

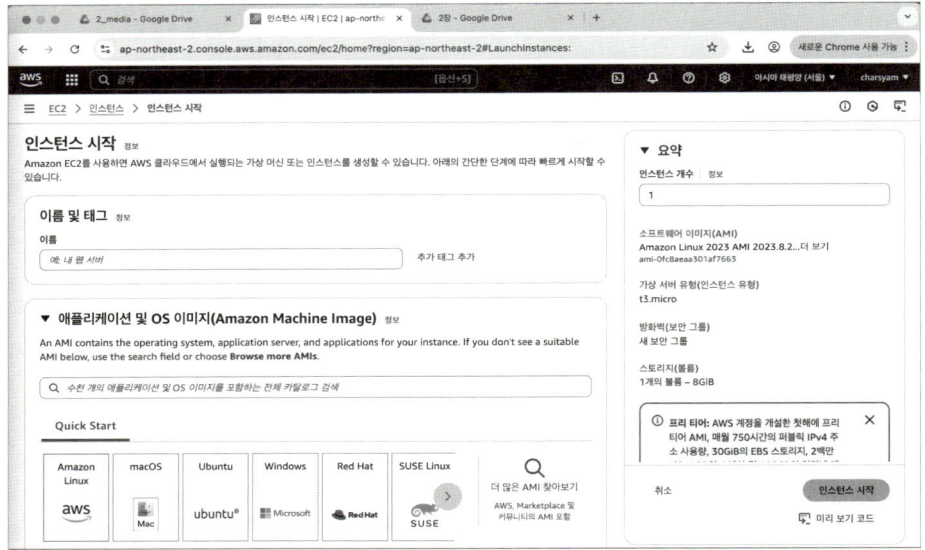

그림 2-11 AWS 서버 생성 화면

이렇게 서버를 생성하고 설정할 때 처음 고려해야 할 부분이 바로 자동화와 일관성이다. 서버를 한 번만 생성한다면 자동화와 일관성을 신경 쓸 필요가 없다. 하지만, 서버를 여러 대 생성하고 설정할 때는 작업을 반복하다가 실수를 할 수 있다. 또 아무리 손에 익숙해졌다 한들 매번 일정 시간을 투자해야 하고, 실수가 발생했을 때는 문제점을 찾는 데에도 시간을 투자해야 한다. 더 큰 문제는 초반에 실수를 발견하지 못하고 한참 뒤 장애로 나타났을 때이다.

이렇게 발생할 수 있는 실수와 반복 작업 시간을 줄이는 대표적인 방법이 스크립트이다. 스크립트를 사용할 때는 예외 처리를 신경 써야 하는데, 고려하지 못한 예외로 인해 스크립트 일부만 실행되어서 전혀 다른 서버를 생성할 수 있다. 이런 문제를 모두 해결할 수 있는 도구가 바로 IaC이다.

IaC를 사용하면 생성과 설정뿐만 아니라 인프라 버전 관리까지 한 번에 해결할 수 있다. 인프라 버전 관리라는 말이 낯설 수도 있다. 인프라 상태를 A에서 B로 변경하고 시간이 흐른 뒤 A를 기억하는 개발자가 모두 퇴사했다고 가정하자. 훗날 B로 변경한 이유와 변경 사항을 확인해야 할 때, 퇴사자에게 연락해야 할까? 이때 IaC가 빛을 발한다. IaC는 코드로 인프라를 관리하므로 깃Git과 같은 형상 관리 도구를 사용하면 인프라의 변경 사항을 소프트웨어 버전처럼 관리할 수 있다. 어느 시점에 어떤 이유로 무엇을 변경했는지를 코드 관리하듯이 확인할 수 있다는 점이 IaC의 큰 장점이다.

물론 IaC 사용에 장점만 있지는 않다. 아무래도 IaC는 클라우드에 종속되어 있다 보니 클라우드 기능 변경에 따라서 IaC 코드를 유지보수해야 한다. 유지보수를 소홀히 하다가는 기존 코드가 동작하지 않을 수도 있다.

또, IaC를 적용하다가 일부분에 적용하지 않으면 현재 인프라와 IaC 코드가 일치하지 않아서 오히려 관리가 어려워질 수도 있다. 한번 IaC를 적용하면 이후로도 끊임없이 유지보수하며 인프라 전체에 적용해야 한다.

2-3-1 IaC 종류

여러 IaC 도구 중에 개발자가 선호하는 도구는 하시코프Hashcorp 사의 테라폼Terraform이다. 고Go 언어로 만들어진 테라폼은 윈도우, 맥, 리눅스 등 대부분의 운영체제에서 사용할 수 있다. AWS에서도 CloudFormation이라는 IaC 도구를 제공하지만, 대체로 AWS에서도 테라폼을 사용한다. 참고로 오픈소스 진영에서 테라폼을 포크해서 OpenTofu라는 도구를 개발하고 있다.

- **테라폼**: https://www.terraform.io/
- **OpenTofu**: https://opentofu.org/

인프라 구성부터 패키지 관리까지 IaC로 작업할 수 있으나 보통은 인프라 생성, 제거,

변경 등의 인프라 구성 도구로 일컫는다. IaC는 크게 선언형 IaC와 절차형 IaC로 나 눌 수 있다. 이 둘의 차이는 표로 간단히 정리했다.

표 2-6 선언형 IaC와 절차형 IaC 비교

특징	선언형 IaC	절차형 IaC
목표 상태 정의	최종 상태만 정의	해당 절차의 결과로 최종 상태가 만들어짐
도구의 역할	목표 상태 달성 절차 자동 결정	사용자가 정의한 절차 수행
장점	일관성 있고 유지보수 용이	절차 제어 가능하며 소규모 수정 적합
단점	절차 제어 어려움	복잡한 환경 관리가 번거롭고 구성 드리프트 취약
대표 도구	테라폼, AWS CloudFormation	Pulumi, 앤서블, 셰프

선언형 IaC와 절차형 IaC의 대표 도구인 테라폼과 Pulumi의 차이를 EC2 인스턴스를 생성하는 코드로 알아보자.

다음은 테라폼으로 EC2를 생성하는 코드이다. 코드를 보면 us-west-2에 t3.micro 인스턴스를 생성하고 있다. resource는 생성할 리소스를 정의하는 키워드이다.

코드 테라폼으로 AWS EC2 인스턴스 생성

```
# AWS 프로바이더 설정
provider "aws" {
  region = "us-west-2"
}

# 보안 그룹 생성
resource "aws_security_group" "instance_sg" {
  name        = "allow_ssh"
  description = "Allow SSH inbound traffic"
  ingress {
    from_port   = 22
    to_port= 22
    protocol    = "tcp"
    cidr_blocks = ["0.0.0.0/0"]
  }
  egress {
    from_port   = 0
    to_port= 0
```

```
    protocol    = "-1"
    cidr_blocks = ["0.0.0.0/0"]
  }
}

# EC2 인스턴스 생성
resource "aws_instance" "example" {
  ami = "ami-0c55b159cbfafe1f0" # Amazon Linux 2 AMI(us-west-2)
  instance_type = "t2.micro"
  # 인스턴스에 SSH로 접속할 수 있도록 보안 그룹 설정
  vpc_security_group_ids = [aws_security_group.instance_sg.id]
  # SSH 키 설정
  key_name = "my-key-pair"
  # 태그 추가
  tags = {
    Name = "TerraformSampleInstance"
  }
}
```

다음은 Pulumi로 EC2 인스턴스를 생성하는 파이썬 코드이다. Pulumi는 다양한 프로그래밍 언어를 지원하므로 개발자가 익숙한 언어를 선택할 수 있는 장점이 있다.

코드 Pulumi로 EC2 인스턴스 생성하는 파이썬 코드

```
import pulumi
import pulumi_aws as aws

# AWS 보안 그룹 생성(SSH 허용)
security_group = aws.ec2.SecurityGroup('instance_sg',
    description='Allow SSH inbound traffic',
    ingress=[
        {
            'protocol': 'tcp',
            'from_port': 22,
            'to_port': 22,
            'cidr_blocks': ['0.0.0.0/0'],
        },
    ],
    egress=[
        {
```

```python
            'protocol': '-1',
            'from_port': 0,
            'to_port': 0,
            'cidr_blocks': ['0.0.0.0/0'],
        },
    ],
)

# EC2 인스턴스 생성
instance = aws.ec2.Instance('example',
    instance_type="t2.micro",
    vpc_security_group_ids=[security_group.id],
    ami="ami-0c55b159cbfafe1f0",  # Amazon Linux 2 AMI(us-west-2)
    key_name="my-key-pair",
    tags={
        'Name': 'PulumiSampleInstance',
    },
)

# Pulumi 출력
pulumi.export('instance_id', instance.id)
pulumi.export('public_ip', instance.public_ip)
```

테라폼 코드와 Pulumi 코드는 겉보기에는 비슷해 보인다. 하지만 선언형 IaC인 테라폼은 조건을 따로 정의하기 어렵다. 따라서 EC2 인스턴스를 다섯 개 생성하려면 테라폼은 선언을 다섯 번 해야 한다. 물론 count 메타 인자를 사용해서 구현할 수는 있다. 반면 Pulumi는 반복문을 추가하면 된다. Pulumi가 반복 작업에 더 편해 보이지만, 선언형 IaC인 테라폼이 명확하기에 오히려 실수할 일이 드문 편이다.

선언형 IaC는 현재의 상태를 정의하고 절차형 IaC는 절차를 정의하므로 무엇이 더 우위에 있는가를 따지기보다는 상황에 맞게 사용을 결정하면 된다. 다만 테라폼 사용자가 많아서 자료는 테라폼이 압도적으로 많다.

표 2-7 테라폼과 Pulumi 비교

	테라폼	Pulumi
언어	HCL	파이썬, 자바 등의 일반 프로그래밍 언어 지원
정의 방식	최종 상태를 정의	실행 절차와 로직 정의
복잡한 로직 표현	제한적으로만 가능	조건, 반복 등 일반 프로그래밍 언어와 같이 사용 가능
멱등성	기본적으로 보장	작성하는 형태에 따라서 보장되지 않을 수 있음

다른 IaC 도구

테라폼과 Pulumi는 인프라 구성에 초점을 맞추고 있어서 패키지 관리는 취약하다. 이 두 도구로 패키지 관리를 하려면 특정 이미지에 해당 패키지와 설정을 미리 설치해서 해당 내용을 AMI로 만들고 이를 IaC 도구에서 설치하는 형태로 구성해야 한다.

이런 방식은 서비스 운영에서 실제 사용하는 만큼의, 즉 다수의 패키지를 관리하려면 부족한 면이 있다. 그래서 관리할 패키지가 많다면 앤서블^{ansible} 같은 도구를 추가로 사용하고 반대로 관리할 패키지가 많지 않다면 골든 이미지^{Golden Image}를 만들어 사용하기도 한다. 예를 들어 자바, 파이썬 버전을 이미 설치해 놓은 AMI, 또는 카프카^{Kafka}나 특정 패키지가 설치된 AMI를 생성에 이용하는 것이다. 이를 자동화할 때는 Packer와 같은 도구를 사용한다.

- **Packer**: https://www.packer.io/

> ### 골든 이미지와 AMI
>
> AWS와 같은 클라우드나 온프레미스 환경에서 OS를 설치할 때, 서비스 용도에 맞춰 기본으로 필요한 프로그램을 설치하고 설정해 둔 이미지를 골든 이미지라고 한다. 예를 들어 OS를 설치하고 자바를 설치한 다음 로그 수집 도구를 설치하고 모니터링 설정을 하는 등 운영에 필요한 설치와 설정을 매번 새롭게 하지 않고 미리 이미지로 만들어놓고 이를 사용하는 것이다.
>
> 골든 이미지를 구성하면 추가 작업이 줄고, 이미 테스트 된 상태의 이미지를 사용하므로 실수도 줄일 수 있다. 골든 이미지는 필요와 목적에 맞게 여러 개를 만들어서 사용한다.
>
> 특히 AWS에서는 AMI(Amazon Machine Image)라는 기능으로 골든 이미지를 구현하고 활용할 수 있다. AMI는 운영체제와 필수 소프트웨어, 각종 설정이 미리 반영된 상태로 저장되며, 원하는 만큼 여러 EC2 인스턴스에 동일한 환경을 신속하게 배포할 수 있게 해 준다.

2-3-2 테라폼으로 환경 구성

테라폼으로 AWS 환경을 구성한다고 가정해 보자. AWS를 비롯한 클라우드 서비스를 이해하려면 리전과 AZ를 정확하게 이해해야 한다.

리전region은 특정 지리적 위치에 있는 AWS 데이터 센터의 집합이다. 예를 들어 Asia/Seoul 리전은 아시아 지역 내 서울에 있는 리전을 뜻하며, 하나의 리전에는 여러 데이터 센터가 포함된다. 리전은 물리적, 논리적으로 분리된 데이터 센터 단위이다. 리전에 장애가 발생하면 해당 리전에서는 서비스가 되지 않는다. 또 리전마다 사용할 수 있는 서비스가 다를 수도 있다.

AZAvailability Zone는 가용 영역이라고도 하며, 하나의 리전 내에서 물리적으로 분리된 데이터 센터 단위이다. 각 AZ는 서로 고속 네트워크로 연결되어 있어서 서로 분리되어 있으면서도 지연 없이 통신이 가능하다. 이를 통해 리전은 마치 커다란 하나의 데이터 센터처럼 동작할 수 있다. AZ는 물리적 단위이므로, AZ 한 곳에 화재나 장애가 발생하더라도, 다른 AZ에서는 계속 서비스할 수 있다. 하나의 리전은 최소 두 개 이상의 AZ가 존재하고, AZ가 세 개 이상인 리전도 존재한다.

서비스의 안정성에 따라서 다중 AZ 배포와 다중 리전 배포를 선택할 수 있다. **다중 AZ 배포**는 고가용성이 필요한 서비스에서 사용하며, 여러 AZ에 인스턴스나 데이터베이스를 배포하여 장애에 대비할 수 있다. 서비스의 고가용성을 위해서 최소 두 대 이상의 서버를 갖춰야 하는데, 클라우드에서는 AZ를 서로 다르게 구성하는 방식으로 이를 구현한다. 데이터베이스도 다중 AZ 옵션을 설정하면 주 데이터베이스main database 또는 primary database 와 복제본replica이 서로 다른 AZ에 배포되어 한 AZ에 장애가 발생해도 데이터 손실 없이 서비스를 지속할 수 있다.

다중 리전 배포는 자동으로 활성화되는 기능이 아니다. 리전 단위의 장애에 대비하려면 각 리전에 동일한 서비스를 수동으로 복제하거나 IaC를 활용해 구성해야 한다.

AWS 인프라는 사용자가 원하는 리전(Asis/Seoul)을 선택하고, 해당 리전 내에서 VPC를 구성하는 방식으로 동작한다. 계정을 생성하면 각 리전에 기본 VPC가 자동으로 생성되므로, 다중 리전을 활용한 초기 아키텍처 구성을 비교적 쉽게 시작할 수 있다.

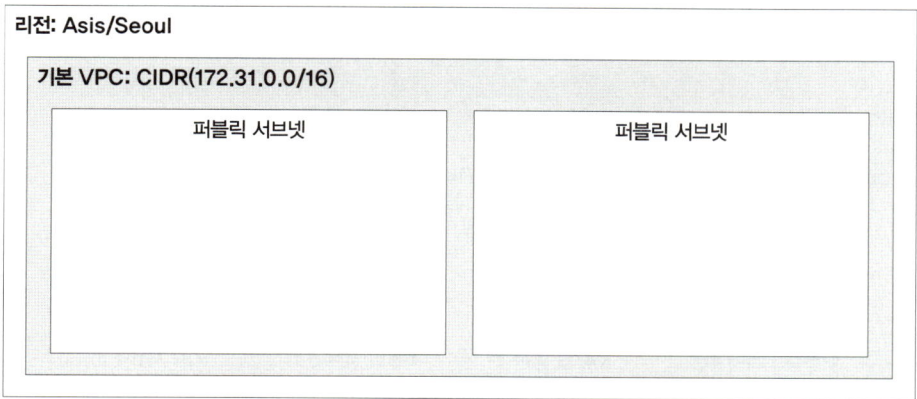

그림 2-12 기본 AWS 구성

[그림 2-12]와 같은 기본 구성은 모든 서버가 외부와 연결되어 있어서 보안 문제가 발생할 수 있다. 따라서 보통은 프라이빗 서브넷을 구성한다.

프라이빗 서브넷의 구성

처음에는 VPC 내에 추가로 서브넷을 구성한다. 외부와 연결은 퍼블릭 서브넷에서 담당하고, 내부망에서의 접근은 프라이빗 서브넷이 담당한다.

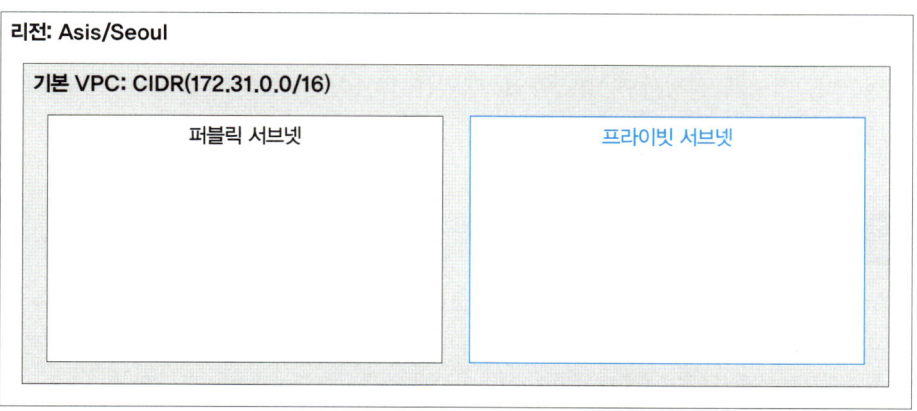

그림 2-13 프라이빗 서브넷 추가

이때 AZ를 두 개 이상 사용하려면 다음과 같은 구조로 구성한다.

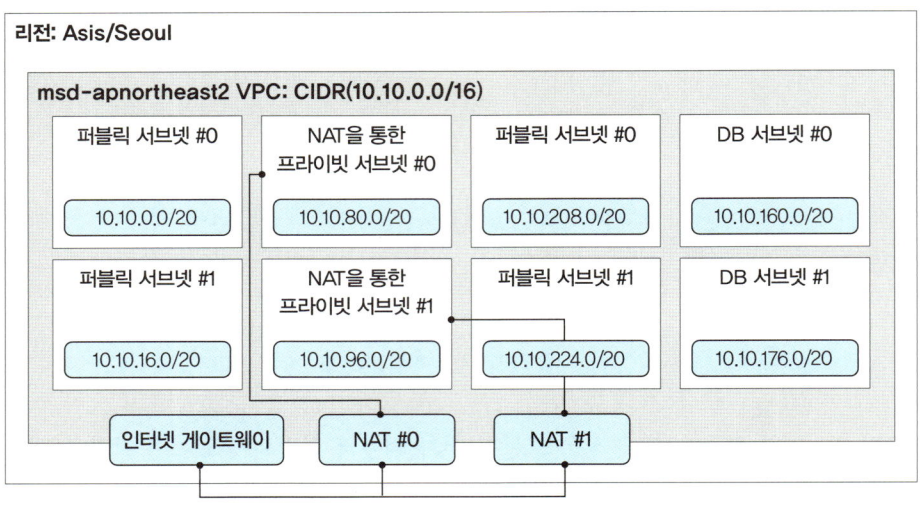

그림 2-14 AZ를 두 개 이상 사용한 구성

VPC를 새로 생성해서 IP 대역을 확장한다. VPC 이름인 msd-apnortheast2는 myservice dev 환경을 줄인 msd와 리전을 나타내는 apnortheast2를 더해서 명명했다. 이후 나오는 msd는 myservice dev를 줄인 단어이다.

VPC IP 대역은 CIDR$^{\text{Classless Inter-Domain Routing}}$ 방식을 이용해서 10.10.0.0/16으로 설정한다. 이렇게 설정하면 VPC의 IP 대역은 10.10.0.0~10.10.255.255까지 지정된다.

> **CIDR**
>
> CIDR(Classless Inter-Domain Routing)은 IP 주소와 서브넷 마스킹 방식을 더 효율적으로 관리하고 할당하기 위해 개발된 네트워크 주소 지정 방식이다. 기존 클래스 기반(Class A, B, C) IP 주소 체계의 한계를 극복하고 IP 주소를 유연하게 사용하고자 도입되었다.
>
> IPv4는 8비트씩 네 개의 그룹으로 구성되어 총 32비트 주소 체계를 가진다. 각 그룹은 0~255까지 표현할 수 있는데, 8비트는 2^8으로 256가지 값을 가질 수 있다.
>
> CIDR 표기는 **네트워크 주소/서브넷 마스크 비트** 형태로 사용한다. 예를 들어 192.168.10.0/24는 네트워크 주소가 192.168.10.0이고, 서브넷 마스크가 24비트라는 뜻이다. 서브넷 마스크는 앞에서부터 24비트가 네트워크를, 32비트에서 24비트를 뺀 나머지 8비트가 호스트를 나타낸다. 즉 뒤에서부터 8비트가

> 호스트 영역이며, 8비트는 2^8으로 256개의 주소를 의미한다. 따라서 192.168.10.0~192.168.10.255의 IP가 할당되며, 실제 사용할 수 있는 IP는 192.168.10.1부터 192.168.10.254까지이다.
>
> 만약 192.168.10.0/26이면 26비트가 네트워크를 나타내고 6비트가 호스트 비트이며, 2^6은 64이므로 네트워크 범위는 192.168.10.0~192.168.10.63이고, 실제 사용할 수 있는 IP는 192.168.10.1부터 192.168.10.62까지이다.

다음은 테라폼으로 VPC를 생성하는 코드이다. 다음 코드부터 54쪽까지의 테라폼 코드는 다음 깃허브 주소에서 전체 코드를 확인할 수 있다.

 https://github.com/charsyam/myservice-api/blob/main/terraform/vpc/msd-ap-northeast2/vpc.tf

코드 테라폼 코드로 VPC 생성

```
resource "aws_vpc" "default" {
  cidr_block         = "10.10.0.0/16" # Please set this according to your company size
  enable_dns_hostnames = true

  tags = {
    Name = "vpc-msd-apnortheast2"
  }
}
```

그리고 서브넷은 다음 표처럼 총 네 가지로 분류한다. 각각의 대역은 /20으로, 12비트가 호스트에 할당되므로 대략 각 서브넷은 4,094개의 IP를 사용할 수 있다. 만약 이보다 더 많은 IP가 필요하면 네트워크 마스크를 조절하고 대역을 조정하여 대역의 크기를 늘리거나 줄일 수 있다.

표 2-8 서브넷의 종류

종류	설명
퍼블릭 서브넷	• 외부에서 접근할 수 있는 대역 • ELB나 외부에서 접속이 필요한 서버를 두는 용도로 사용한다.

종류	설명
NAT을 통하는 프라이빗 서브넷	• 외부에서는 접근할 수 없지만, 외부 서버에 호출해야 할 경우 사용하는 대역 • 예를 들어 휴대폰 본인 인증처럼 외부 서비스를 호출해야 한다면 NAT가 연결된 서브넷을 사용한다.
프라이빗 서브넷	• 내부에서 중요한 스토리지(데이터베이스나 캐시) 등에 접근해야 하는 서버가 위치하는 서브넷 대역 • 이 경우, 해당 서버는 외부와 직접 통신하지 않으며 필요할 경우 NAT가 적용된 서버를 통해 외부 서비스를 호출할 수 있다.
데이터베이스 서브넷	• 데이터베이스나 캐시 서버 등 데이터 서버만 위치하는 서브넷 대역 • 프라이빗 서브넷과 기능은 같지만, 접근이 가능한 서버와 접근이 불가능한 영역으로 나누는 것으로 좀 더 구역을 나눌 수 있다.

테라폼에서는 count 옵션으로 반복 작업을 할 수 있다.

서브넷을 설정하고 네트워크를 연결하는 과정을 순서대로 살펴보자. 먼저 서브넷을 생성해야 한다. 다음은 퍼블릭 서브넷 생성과 생성에 필요한 값을 정의한 내용이다.

코드 퍼블릭 서브넷 자동 생성

```
#### PUBLIC SUBNETS
resource "aws_subnet" "public" {
  count  = length(var.availability_zones)
  vpc_id = aws_vpc.default.id
  cidr_block = "10.${var.cidr_numeral}.${var.cidr_numeral_public[count.
➥ index]}.0/20"
  availability_zone = element(var.availability_zones, count.index)
  map_public_ip_on_launch = true

  tags = {
    Name = "public${count.index}-${var.vpc_name}"
  }
}
```

코드 퍼블릭 서브넷용 CIDR 블록 변수 정의

```
variable "cidr_numeral_public" {
  default = {
    "0" = "0"
    "1" = "16"
```

```
    }
}

# Availability Zone list
availability_zones = ["ap-northeast-2a", "ap-northeast-2c"]
```

서브넷을 생성했으면 다음으로 라우팅 테이블을 구축해 네트워크에 연결해야 한다.

코드 퍼블릭 서브넷용 라우팅 테이블 생성

```
# Route Table for public subnets
resource "aws_route_table" "public" {
  vpc_id = aws_vpc.default.id

  tags = {
    Name = "publicrt-${var.vpc_name}"
  }
}
```

이어서 외부와 인바운드, 아웃바운드 트래픽을 처리할 수 있도록 50쪽의 [그림 2-14]처럼 인터넷 게이트웨이Internet Gateway(이하 IGW)와 NAT을 생성하고 연결을 설정해야 한다. IGW는 VPC에서 외부와 인바운드, 아웃바운드 트래픽을 처리하며, NAT은 프라이빗 서브넷의 아웃바운드 트래픽을 IGW로 연결해 외부로 전달한다.

코드 IGW와 NAT 게이트웨이 생성

```
# Internet Gateway
resource "aws_internet_gateway" "default" {
  vpc_id = aws_vpc.default.id

  tags = {
    Name = "igw-${var.vpc_name}"
  }
}

## NAT Gateway
resource "aws_nat_gateway" "nat" {
  count = length(var.availability_zones)
  allocation_id = element(aws_eip.nat.*.id, count.index)
  subnet_id = element(aws_subnet.public.*.id, count.index)
```

```
  lifecycle {
    create_before_destroy = true
  }

  tags = {
    Name = "NAT-GW${count.index}-${var.vpc_name}"
  }
}
```

이어서 라우팅 테이블을 수정해야 한다. IGW와 NAT을 만들었어도 서브넷에서 IGW와 NAT을 이용해서 네트워크 패킷을 보내려면 라우팅 테이블에 추가해야 한다. IGW는 public에서 사용하고, NAT은 private_subnet_with_nat에서만 연결할 수 있으면 된다.

코드 퍼블릭 서브넷용 인터넷 라우트와 프라이빗 서브넷용 NAT 라우트 추가

```
# routes for internet gateway which will be set in public subent
resource "aws_route" "public_internet_gateway" {
  route_table_id         = aws_route_table.public.id
  destination_cidr_block = "0.0.0.0/0"
  gateway_id = aws_internet_gateway.default.id
}

# routes for NAT gateway which will be set in private subent
resource "aws_route" "private_nat" {
  count                  = length(var.availability_zones)
  route_table_id         = element(aws_route_table.private.*.id, count.index)
  destination_cidr_block = "0.0.0.0/0"
  nat_gateway_id         = element(aws_nat_gateway.nat.*.id, count.index)
}
```

이렇게 IGW와 NAT을 라우팅 테이블에 추가해야 드디어 서브넷에서 외부와 통신할 수 있다.

지금까지 테라폼 코드로 프라이빗 서브넷을 구성해 봤다. 이렇게 테라폼을 사용할 때는 모든 코드를 파일 하나나 디렉터리 하나에 모으지 않고, 보통 기능이나 리전별로 구분한다. 개발할 때 파일을 분리하는 것과 유사하다.

다음은 VPC 단위로 구성할 때 자주 사용하는 기본 구조이다.

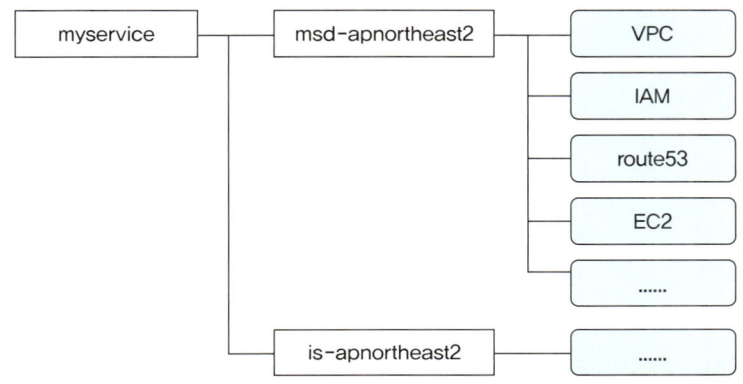

그림 2-15 VPC 단위의 기본 구조

기능 단위로 구성할 때는 다음과 같은 구조를 기본으로 사용한다.

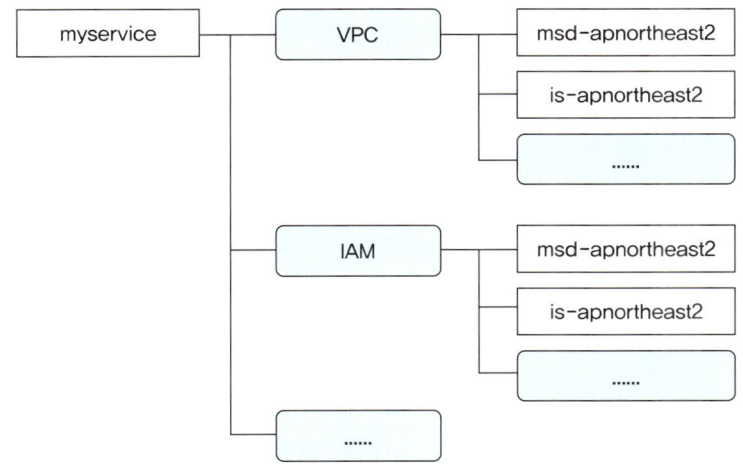

그림 2-16 기능 단위의 기본 구조

테라폼 실행

다음은 테라폼 코드의 기본 실행 단계이다. 그림처럼 init, plan, apply 순으로 진행된다.

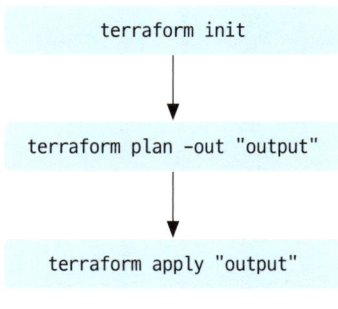

그림 2-17 테라폼 실행 단계

테라폼을 사용하려면 최소한 자주 사용하는 다음 다섯 가지 명령어는 알아야 한다.

테라폼 명령어 다섯 가지

`init`

- 현재 테라폼 디렉터리를 초기화하는 명령어
- 필요한 프로바이더 플러그인과 모듈을 내려받고 환경을 설정한다.

`plan`

- 인프라 변경 사항을 미리 확인할 수 있게 실행 계획을 출력하는 명령어
- 테라폼이 현재 인프라 상태와 코드의 차이를 분석해 어떤 변경이 발생할지 알려준다.
- `-out` 옵션을 사용해서 현재 `plan` 결과(실행 계획)를 저장하고 이 파일을 `apply` 명령에서 사용할 수 있다.

`apply`

- 실행 계획에 따라 인프라 변경을 적용하는 명령어
- `plan`으로 계획을 만들어야 실행할 수 있다. `plan` 없이 바로 `apply`를 하면 `plan`을 확인하라고 안내하며 보통은 `plan`, `apply` 순으로 명령한다.

`state`

- 테라폼 상태 파일을 조회하고 관리하는 명령어
- 현재 인프라 상태를 조회할 수 있다.

`destroy`

- 테라폼 설정으로 관리하는 인프라를 삭제하는 명령어
- 이 명령어를 사용하면 해당 디렉터리 형태로 구성된 인프라가 모두 사라진다.

> **plan 단계를 꼼꼼하게 살피자**
>
> 테라폼은 AWS나 GCP 등의 클라우드 API를 호출하여 리소스를 생성하거나 변경한다. 따라서 습관적으로 plan으로 변경되는 결과를 항상 확인해야 한다. 잘못된 설정이나 코드로 인해서 설정만 바뀔 일이 리소스를 제거하고 재생성하거나 다른 부분을 변경하기도 하므로 반드시 계획을 검토하고 진행해야 한다.
>
> 또한 plan 단계까지는 문제없이 진행되다가 apply 단계에서 실패하는 일이 있으니 결과를 꼼꼼하게 확인해야 한다.

bastion host 구축

다음과 같은 구조에서 EC2 인스턴스에는 외부에서 접속할 수 없다.

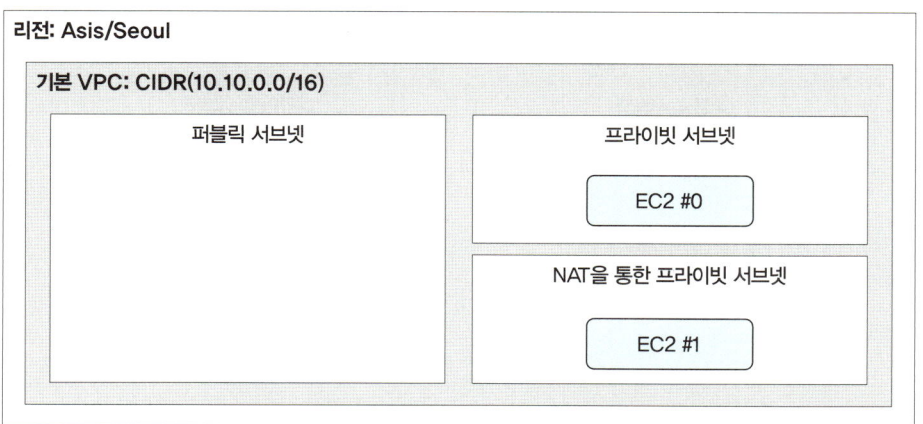

그림 2-18 bastion host 도입 전 프라이빗 서브넷의 외부 접근 제한 구조

외부에서 EC2 인스턴스에 직접 접속하려면 EC2 인스턴스는 퍼블릭 서브넷에 위치해야 한다. NAT을 통한 프라이빗 서브넷 구조에서는 내부에서 외부로 요청할 수는 있어도, 외부에서 내부로 들어올 수는 없다.

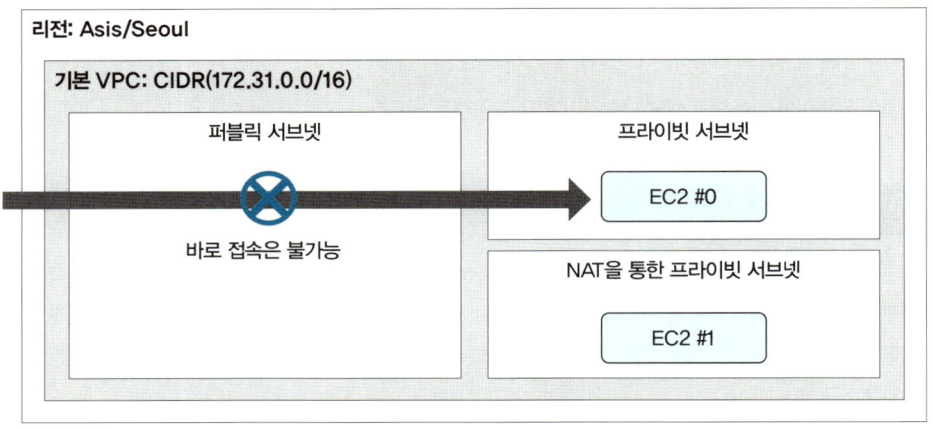

그림 2-19 외부에서 프라이빗 서브넷 EC2 인스턴스로의 직접 접근 차단

외부에서 접속해야 하는 모든 서버를 퍼블릭 서브넷에 배치하면 관리가 복잡해지고 보안 취약점이 증가한다. 물론 SSH 키를 이용해서 접속하면 보안 수준이 조금 향상되지만, 외부에 노출되는 서버 수를 최소화하는 편이 보안상 더욱 안전하다.

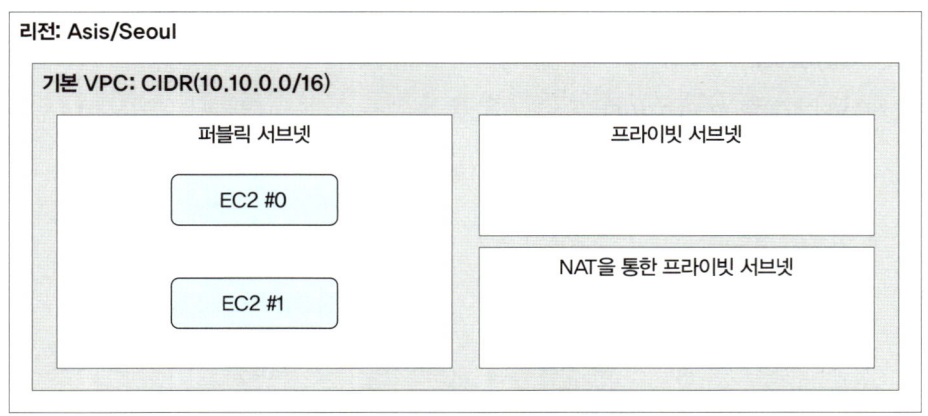

그림 2-20 퍼블릭/프라이빗 서브넷 구성과 외부 접근 제한 구조

이때 필요한 게 바로 bastion host이다. 퍼블릭 서브넷에 외부에서 접속할 수 있는 서버를 한 대 두고, 이 서버를 통해서만 다른 서버에 접속하도록 설정하면 된다. 외부에서 내부로의 접근을 중계하는 서버를 바로 **bastion host** 혹은 점프 서버라고 한다.

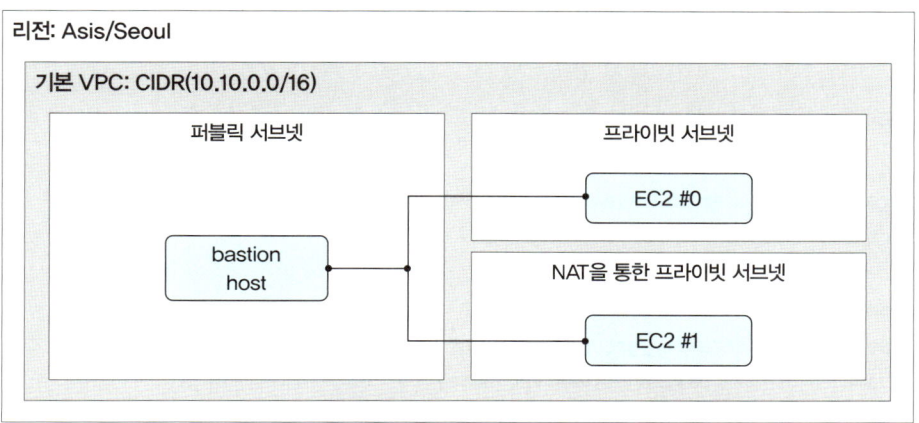

그림 2-21 bastion host를 통한 프라이빗 서브넷 접근 구조

bastion host는 퍼블릭 서브넷에 위치하고 공인 IP가 할당되어야 한다. 다음처럼 사설 IP(`private_ip`)를 10.10.10.10으로 지정하고 퍼블릭 서브넷에 배치하면 공인 IP가 자동으로 할당된다. 사양은 t4g.nano이며, AMI는 아마존 리눅스를 사용한다.

코드 퍼블릭 서브넷의 bastion host EC2 인스턴스 생성

```
/*
https://github.com/charsyam/myservice-api/blob/main/terraform/ec2/msd-ap-
northeast2/bastion.tf
*/
resource "aws_instance" "bastion" {
    ami = "ami-02eb6e33da0d2c404"
    key_name = "msd-dev"
    instance_type = "t4g.nano"
    vpc_security_group_ids = [data.terraform_remote_state.
➥ vpc.outputs.\aws_security_group_bastion_id]
    private_ip = "10.10.10.10"
    subnet_id = data.terraform_remote_state.vpc.outputs.public_subnets[0]

  tags = {
```

```
      Name = "bastion"
  }
}
```

이어서 보안 그룹(security_group)도 설정해야 하는데 보안 그룹은 22번 포트만 외부에서 허용하고, 그 외의 포트는 내부망에서만 접근할 수 있도록 설정한다.

코드 bastion host용 SSH 허용 보안 그룹 설정

```
/*
https://github.com/charsyam/myservice-api/blob/main/terraform/vpc/msd-ap-
northeast2/sg.tf
*/
# Security Group to the bastion server
resource "aws_security_group" "bastion" {
  name        = "bastion-${var.vpc_name}"
  description = "Allows SSH access to the bastion server"

  vpc_id = aws_vpc.default.id

  ingress {
    from_port = 22
    to_port = 22
    protocol = "tcp"

    cidr_blocks = [ "0.0.0.0/0" ]
  }

  ingress {
    from_port = 0
    to_port   = 0
    protocol  = "-1"

    cidr_blocks = ["10.10.0.0/16"]
  }

  egress {
    from_port    = 0
    to_port      = 0
```

```
    protocol    = "-1"
    cidr_blocks = ["0.0.0.0/0"]
  }

  tags = {
    Name = "bastion-${var.vpc_name}"
  }
}
```

2-4 단일 장애 지점 제거

인프라를 구성하면서 항상 주의해야 할 점은 단일 장애 지점 제거이다. **단일 장애 지점**은 **SPOF**라고도 하는데, Single Point Of Failure의 약자로 시스템 내에서 특정 지점에 장애가 발생하면 전체 서비스의 운영에 큰 영향을 주는 부분을 말한다(이하 SPOF). SPOF는 하드웨어, 소프트웨어, 네트워크 등 어디에서나 발생할 수 있으며, SPOF의 발생 요인을 제어하지 못하면 서비스의 안정성은 저하될 수밖에 없다.

가장 기본 서비스 구성으로 예를 들어 보자. 다음처럼 물리 서버 한 대에 데이터베이스와 API 서버가 올라가는 형태의 서버가 있다고 가정하자.

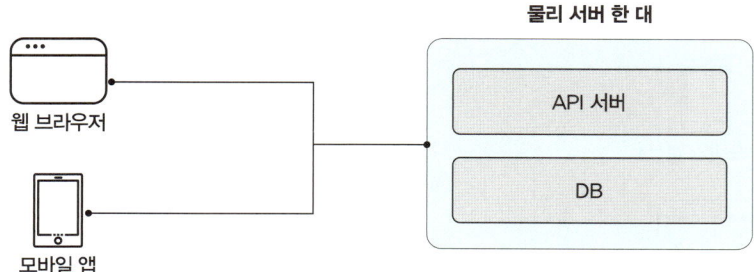

그림 2-22 가장 기본 서비스 구성

이렇게 물리 서버 한 대로 서비스를 운영할 때 정상적인 서비스 운영을 막는 SPOF는 무엇이 있을 수 있을까? 일단 물리 서버에 문제가 생기면 서비스는 무조건 동작하지 않는다. 데이터 센터의 전원이 끊겼어도 문제, 하드 디스크 오류로 읽기가 안되는 문제 등등 일어날 수 있는 일은 다양하다.

물리 서버 한 대로 운영하는 서비스는 이 서버에 문제가 생기는 모든 요인이 SPOF라 할 수 있다. 클라우드로 생각하면 가상 머신VM, Virtual Machine에 장애가 발생했을 수도 있고, 가상 머신이 있는 물리 서버에 장애가 발생했을 수도 있다.

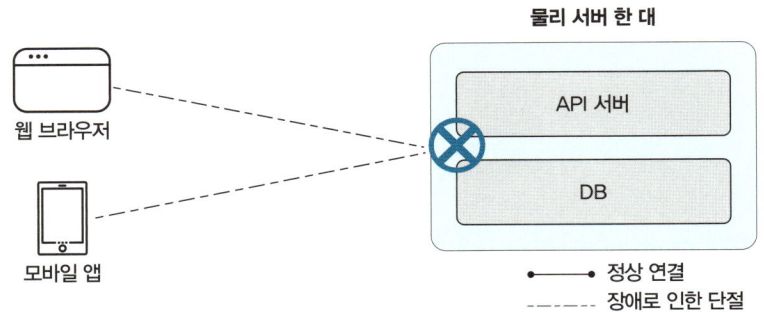

그림 2-23 물리 서버가 한 대일 때 물리 서버 장애로 인한 SPOF의 발생

물론 물리 서버의 장애가 아니더라도 SPOF가 발생할 여지는 어디에도 있다. API 서버에 장애가 발생하거나 데이터베이스에 장애가 나면 모두 서비스의 운영이 불가능하다.

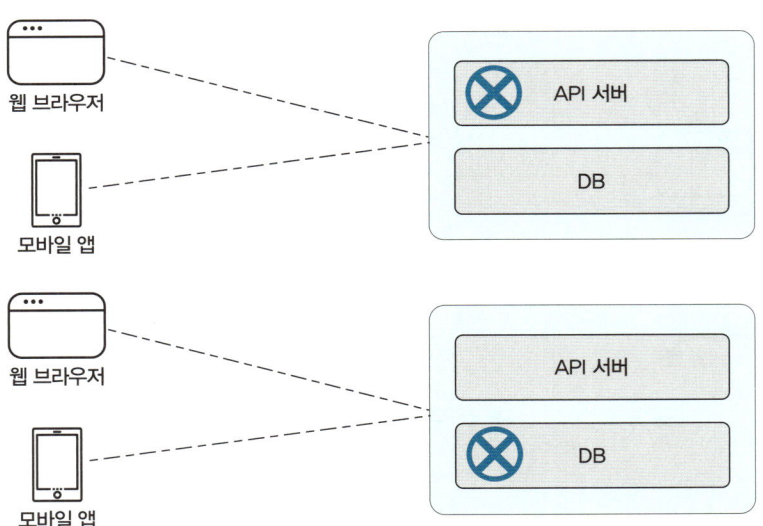

그림 2-24 물리 서버가 한 대일 때 API 서버 또는 데이터베이스 장애로 인한 SPOF 발생

즉 물리 서버 한 대에서는 아무리 열심히 대비해도 SPOF가 발생할 수밖에 없다. 그러면 다음처럼 서버를 두 대로 분리하면 어떨까? 데이터베이스의 하드 읽기 오류가 발생하면 어떻게 할 것인가? 서버가 두 대여도 결국 SPOF는 여전히 발생할 수 있다.

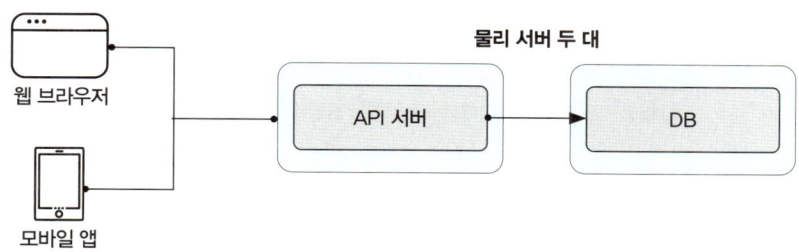

그림 2-25 물리 서버를 두 대로 구성

그래서 SPOF를 제거하려면 보통 다음과 같이 API 서버를 두 대로 구성하고, 데이터베이스를 백업하는 형태로 구성해야 한다.

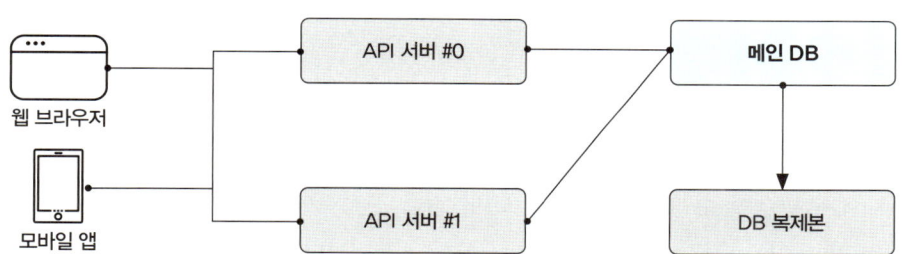

그림 2-26 SPOF를 피하기 위한 최소한의 구성

이렇게 구성하면 API 서버 한 대에 장애가 발생하거나 데이터베이스에 장애가 발생하더라도 실제 서비스는 조금 느려질 수는 있어도 정상으로 동작한다.

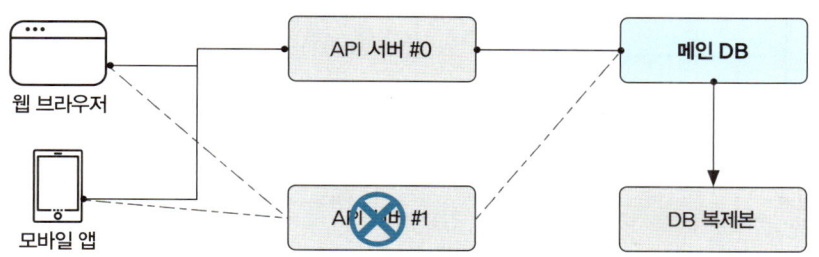

그림 2-27 API 서버 한 대에 장애가 발생해도 서비스 운영 가능

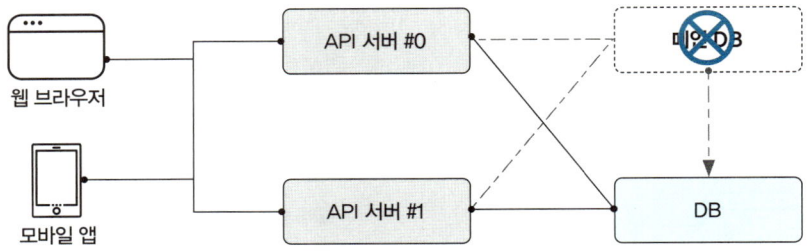

그림 2-28 메인 데이터베이스에 장애가 발생해도 서비스 운영 가능

> **SPOF의 대상은 꼭 소프트웨어만은 아니다**
>
> 온프레미스 환경에서 스위치나 라우터 같은 하드웨어도 SPOF가 될 수 있다. AWS와 같은 클라우드에서는 직접 하드웨어를 다루지는 않지만, ALB(Application Load Balancer)와 같은 로드밸런서가 SPOF가 되지 않도록 이중화한다. 실제로 DNS 질의를 해보면 두 대 이상의 ALB가 운영되고 있는 것을 확인할 수 있다.

2-4-1 SPOF 찾기

그렇다면 서버 구성만 보고도 SPOF를 찾을 수 있을까? 다음 그림을 보고 SPOF가 어디에서 발생할 수 있는지 생각해 보자. 다음 구성도에서 서비스 #N은 단순 물리 서버 한 대이고, 각각 다른 서비스를 제공하는 서버이다. 다음 그림에서 SPOF가 발생할 수 있는 부분은 어디일까?

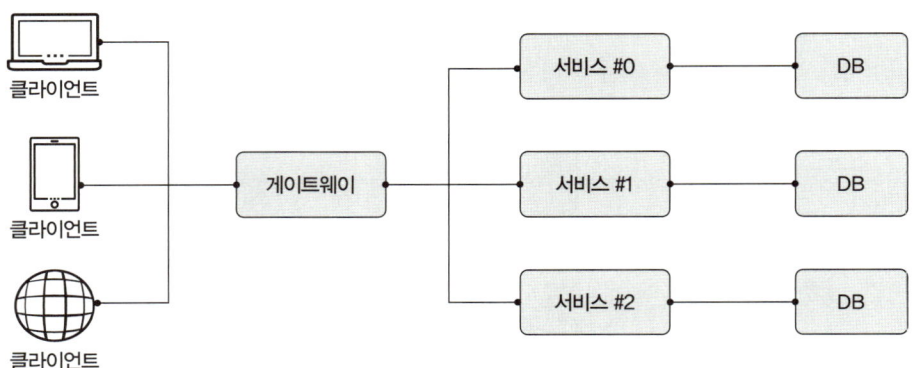

그림 2-29 잠재적인 SPOF를 가진 서비스 예

필자 생각에는 총 일곱 개의 SPOF가 존재한다.

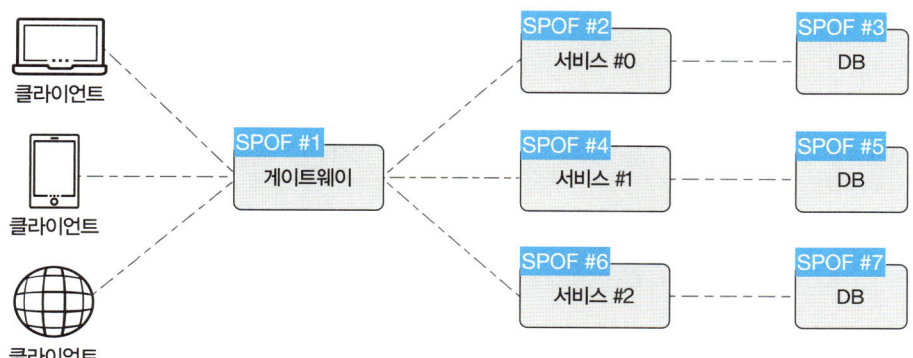

그림 2-30 잠재적인 SPOF

그럼 이제 각각의 SPOF를 제거하려면 어떻게 구성해야 할지 생각해 보자. 먼저 SPOF #1을 제거하기 위해서는 어떻게 해야 할까? 다음처럼 게이트웨이를 두 대 이상으로 구성해야 SPOF #1을 제거할 수 있다. 게이트웨이 #0에 장애가 발생하더라도 게이트웨이 #1이 나머지 트래픽을 처리하는 형태이다.

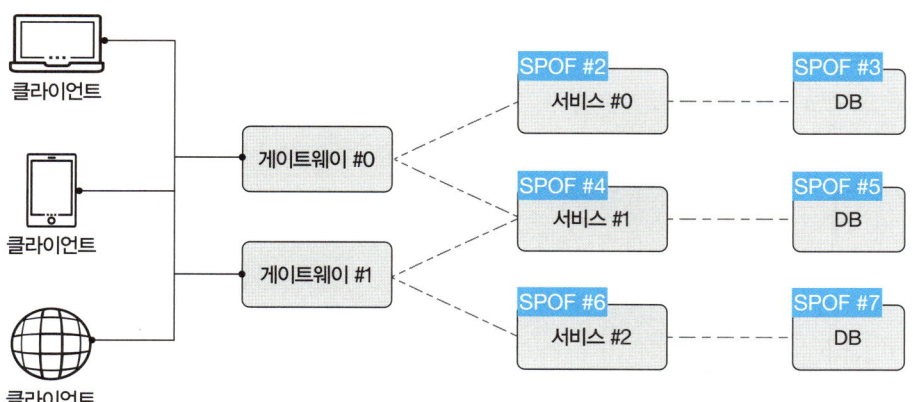

그림 2-31 게이트웨이 SPOF 제거

이제 SPOF #2를 제거해 보자. SPOF #2를 제거하려면 서비스 #0을 두 대 이상으로 늘려야 한다. 서버 두 대로 운영하다가 한 대에 장애가 발생하면 다른 서버로만 운영하는 형태이다.

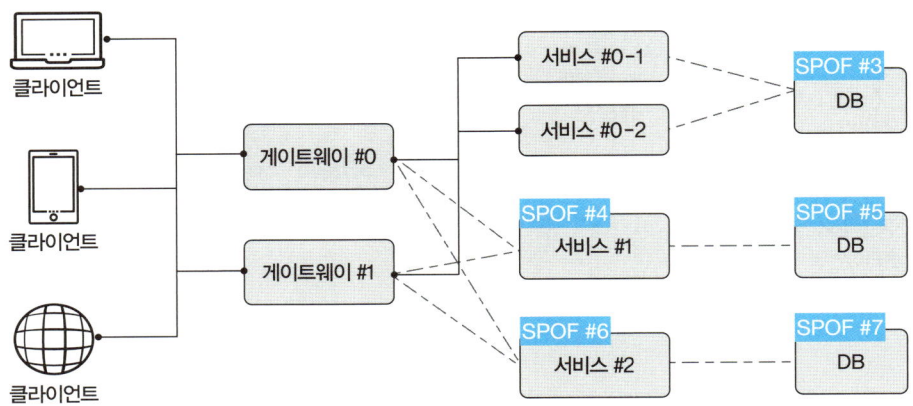

그림 2-32 서비스 #1 SPOF 제거

SPOF #2를 제거했지만 여전히 SPOF #3이 남아있는데 앞서처럼 데이터베이스 복제본을 추가해서 SPOF #3을 제거할 수 있다.

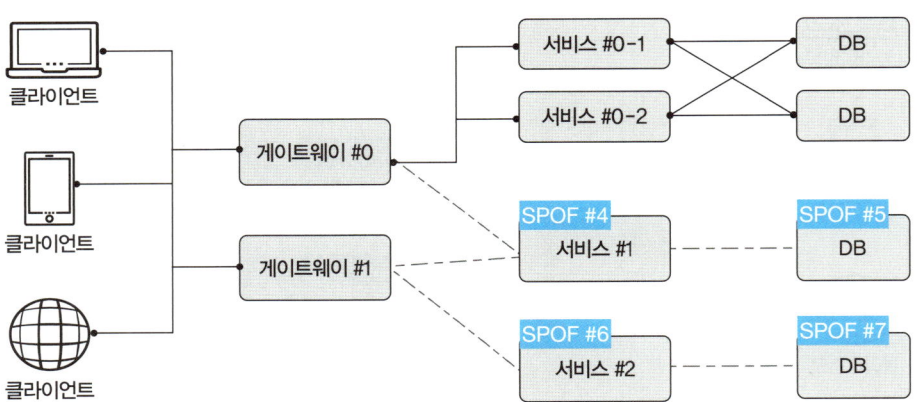

그림 2-33 데이터베이스의 SPOF 제거

이 과정을 직접 반복해서 그림을 그려 보자. SPOF #4, #5, #6, #7을 모두 제거한 그림은 다음과 같은 구조가 된다.

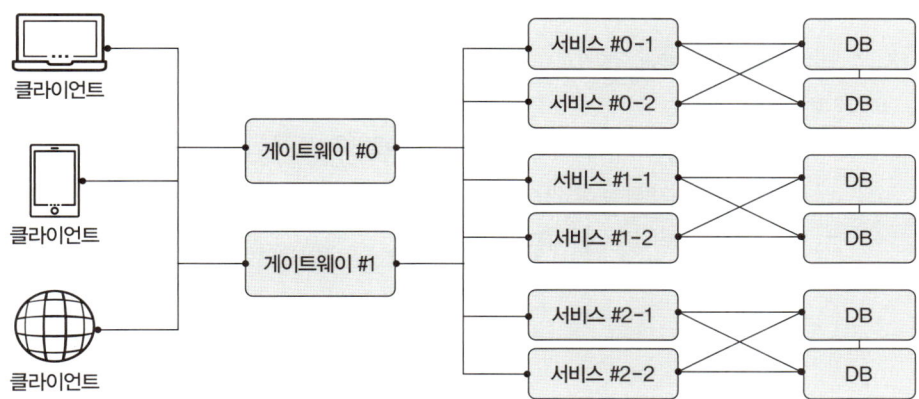

그림 2-34 모든 SPOF를 제거

서비스의 안정성은 결국 SPOF에 달려 있다. SPOF에 문제가 발생하면 서비스가 중단되고, 문제가 없다면 정상 운영된다. 이는 SPOF가 있는 (거의 모든) 시스템의 단순한 인과 관계이다. 서비스를 확장할수록 필연적으로 SPOF는 늘어나고 당연히 전체 서비스의 안정성은 위협받는다.

AWS를 예로 들면, AZ를 하나만 사용했을 때 사용 중인 AZ에 장애가 발생하면 서비스 운영이 중단되므로 멀티 AZ를 사용해야 한다. 또, 멀티 AZ를 사용하더라도 리전 장애가 발생하면 영향을 받아 서비스 운영이 중단되니, 결국 다중 리전 사용을 권장한다. 아예 AWS 장애를 대비해서 AWS, GCP, MS 애저 중에 둘 이상을 사용하는 멀티 클라우드를 이용하는 방법도 있다. 결국은 운영 팀과 함께 서비스의 안정성을 어디까지 보장할지 기준을 정한 다음, 기준에 따라 SPOF를 어디까지 제거할지를 결정해야 한다.

중요한 점은 서비스를 구성할 때 각각의 구성 API 서버가 최소한 두 대 이상이 되도록 구성해야 한다는 점이다.

> ### 인프라 구성을 위한 체크리스트
>
> **인프라 관리**
> - 인프라 구성을 IaC로 할 것인가?
> - 어떤 IaC 방식을 이용할 것인가?
>
> **SPOF의 제거**
> - 우리 인프라에서 SPOF가 발생할 수 있는 부분은 어디일까?
>   - API 서버 이중화가 되어 있는가?
>   - 데이터베이스 이중화가 되어 있는가?

CHAPTER 03 배포와 테스트

서비스를 개발하고 운영하면서 개발 초기에는 크게 신경 쓰지 않지만, 기능 개발만큼 중요한 부분이 배포와 테스트이다. 배포는 서비스를 실제로 이용할 수 있는 곳에 배치하고 투입하는 단계이고, 배포 전에 정확하게 동작하는가를 보장하는 단계가 테스트이다. 지금부터 배포와 테스트에 대해 알아보겠다.

- 배포의 정의를 알고 안정적인 서비스를 위해서 필요한 배포 자동화 방법과 배포 전략을 이해한다.
- 테스트의 필요성과 자동화 테스트 방법을 알아본다.

3-1 배포

서비스의 기본 배포 과정은 서비스를 실행할 서버에 새로운 기능을 구현한 서버 프로그램을 복사하고, 기존 프로그램을 종료한 후에 새로운 프로그램을 실행하는 과정이다. 배포 후부터는 사용자가 네트워크를 통해서 서비스에 접속할 수 있다.

서비스는 단순히 내 PC에서만 동작하는 것이 아니라 [그림 3-1]처럼 사용자가 네트워크(인터넷)를 통해서 서비스에 접속하고 이용한다.

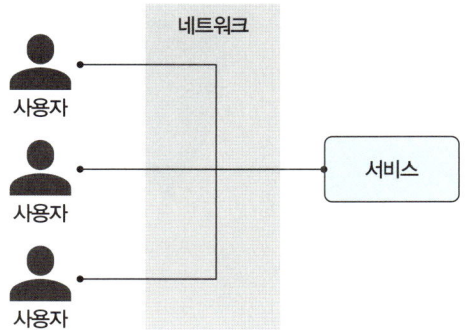

그림 3-1 아주 간단한 인터넷 서비스의 모습

과거에는 사용자가 새로운 기능을 사용하려면 새 버전의 앱을 내려받아서 자신의 PC에 설치하는 형태였다면, 오늘날에는 서비스에 새로운 기능을 추가하는 배포를 통해서 사용자가 서비스의 기능 변화를 경험할 수 있다.

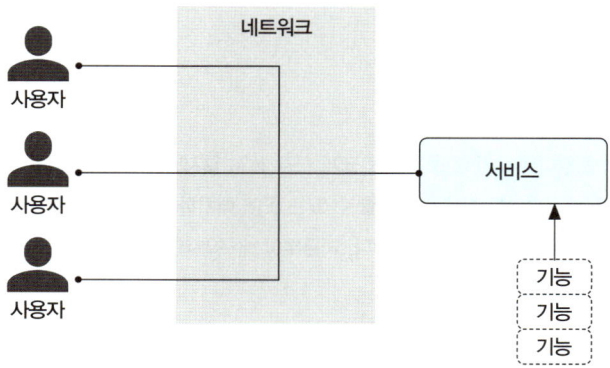

그림 3-2 배포를 통한 서비스 기능 추가

그래서 배포는 결국 개발 프로세스에서 상당히 중요한 부분을 차지한다. 보통 배포는 다음과 같은 단계를 거친다.

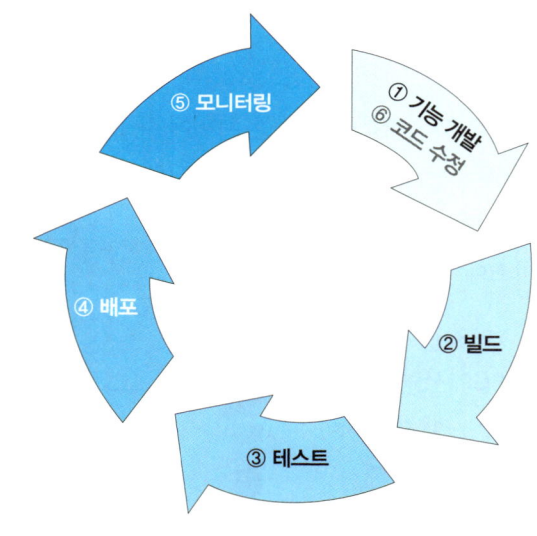

그림 3-3 기본 배포 단계

① **기능 개발 단계**는 크게 세 가지로 나눌 수 있다. 새로운 기능에 대한 시스템 디자인, 코딩 또는 설정과 같은 구현 작업, 자동화 테스트 코드이다. 기능 개발 단계가 단순히 기능을 구현하는 데에서 끝나지 않고 기능을 테스트하는 과정까지 포함한다는 사실을 꼭 기억하자.

예를 들어 블로그의 댓글 기능을 구현하려면 이를 위한 데이터베이스 테이블을 설계하고, API 엔드포인트endpoint를 정의하며 댓글을 추가하는 기능을 어떻게 구현할지 고민한 뒤 코드를 작성한다. 코드로 구현한 다음에는 해당 기능의 유닛 테스트를 함께 작성한다. 이때 유닛 테스트는 기본 기능을 자동으로 검증하도록 자동화하도록 한다.

② **빌드 단계**는 실제로 패키징이나 실제로 동작할 수 있는 형태로 만드는 단계이다. 개발 언어에 따라서 빌드의 결과물은 다르다. 자바나 코틀린 같은 JVM 계열 언어로 개발했으면 JAR 파일이, 고Go나 러스트로 개발했으면 실행 파일이나 라이브러리가 빌드의 결과물이다.

③ **테스트 단계**에서는 빌드의 결과물을 실행해서 기능이 정상 동작하는지를 확인한다. 앞서 기능 개발 단계에서도 자동화 테스트를 해야 한다고 했다. 차이는 기능 개발 단계에서는 유닛 테스트를 통해 단위 기능을 검증하고, 테스트 단계에서는 테스트 엔지니어가 E2EEnd to End 테스트처럼 주어진 기능 스펙에 따라서 검증한다.

예를 들어 테스트 엔지니어가 블로그에 댓글을 작성하고 댓글이 제대로 추가되거나 삭제되는지, 이미지나 이모티콘을 댓글에 삽입했을 때 제대로 저장되는지를 확인한다. 테스트 후 기능 명세와 일치하지 않는 버그가 있으면 중요도별로 단계를 나눈다. 발생한 버그는 기능 개발 단계에서 수정하고, 빌드 단계를 거쳐서 다시 테스트 단계로 돌아온다.

④ **배포 단계**는 고객이 사용할 수 있도록 제품에 기능을 추가하는 작업이다. 배포 시스템을 사용해서 운영 서버에 빌드 결과물을 올리면 이때부터 사용자가 직접 사용할 수 있다. 이 과정은 테스트 단계에서 발견한 큰 버그를 모두 해결한 다음에 비로소 진행해야 한다.

배포 단계까지가 개발 프로세스의 전부라 생각할 수도 있지만, 배포한 기능이 제대로 동작하는지 확인하는 ⑤ **모니터링 단계**가 개발 프로세스의 진짜 마지막 단계이다. 모니터링을 통해서 의도하지 않은 오류를 발견할 수 있고 예상보다 오류가 많이 발생하는지 확인할 수 있다.

그 밖에도 배포 후에 서버의 CPU나 메모리 사용량이 급증하지는 않는지, 배포 기능 외에 다른 오류가 평소보다 많이 발생하는지 등의 상태를 확인할 필요가 있다. 이런 증후는 배포에 문제가 있다는 신호로 원인을 파악해서 다시 기능 개발 단계(⑥ **코드 수정**)로 돌아와 진행해야 한다.

지금부터 ④ **배포**에만 집중하자. **배포**deployment는 새로운 기능을 서비스에 포함되도록 새로운 바이너리를 옮기는 과정이다. 그래서 제품/서비스를 개발하는 곳에서는 배포 단계가 반드시 있고, 회사별로 배포 방식도 매우 다양하다. 예를 들어 다음 두 가지도 배포 방식이라 할 수 있다.

- **A 회사**: 운영하는 서비스 서버의 코드를 서버에 접속해서 서버에서 바로 수정하는 방식으로 배포한다.
- **B 회사**: 운영하는 서비스 서버에 SSH나 FTP로 접근해 이전 파일에 개발된 파일을 덮어쓰는 방식으로 배포한다.

이 두 방식 모두 배포이다. 하지만, 필자 입장에서는 생각만 해도 아찔할 만큼 실수를 유발하기 쉬운 방식이다. 배포는 최종 서비스에 반영해 사용자에게 기능을 노출하는 단계이므로 다른 어느 단계보다도 실수가 장애로 연결되기 쉽다. 당장 떠오르는 상황만 나열해 보겠다.

1. 파일을 여러 개 서버에 복사해야 하는데 몇몇 파일을 복사하지 않았다. 혹은 순서대로 복사하다가 중단되었는데 어떤 파일까지 복사되었는지 알기 어렵다.
    - 파일을 복사하는 방식으로 배포하는 B 회사는 파일을 복사하다가 문제가 발생하면 최신 파일과 이전 파일이 뒤섞여 존재할 수 있다. 이때는 파일이 서로 일치(동기화)하지 않아서 장애가 일어날 가능성이 높다.
2. 여러 서버에 동일 파일을 복사하다가 특정 서버를 빠뜨리고 복사할 수도 있다. 이러면 특정 서버에서는 구버전의 내용을, 다른 서버는 최신 서버 내용을 서빙하는 문제가 발생한다. 어떤 서버가 문제가 되는지 확인하기가 어려울 수 있다.
3. 배포 후에 서버 재시작이 필요하다면 어떤 서버가 재시작되었는지 알기 어려울 수 있다.
4. 배포 작업을 사람이 수동으로 진행하므로 시간이 더 많이 걸린다.

이런 문제가 발생했을 때는 되돌리기가 어렵기에 미연에 방지해야 한다. 이때 필요한 기법이 바로 배포의 자동화이다.

> **왜 배포는 쉬워야 할까?**
>
> 배포는 결국 사용자에게 변화를 주는 일이다. 즉 사용자가 장애를 겪기에 가장 쉬운 순간이라는 말과도 같다. 배포 과정에서 발생한 문제가 직전까지 작동하던 서비스에 치명적인 불편을 초래할 수도 있다는 압박감을 배포 때마다 느끼는데, 배포 과정마저 복잡하다면 어떨까? 새로운 기능과 상관없이 배포 과정에서 실수할 여지가 있다면 그 누구도 배포를 담당하려 하지 않을 것이다.
>
> 배포 과정이 쉬울수록 개발 팀은 개발 그 자체에 집중할 수 있기에 배포는 개발자에게 가장 쉬운 기능이어야 한다. 그리고 배포 과정에서 발견한 문제가 사용자에게 제공되지 않아야 좋은 배포 시스템이라 할 수 있다.
>
> 국내 핀테크 중 사용자 편의성이 높기로 유명한 T사는 하루에 40회 이상 라이브로 배포한다고 들었다. 독자 여러분이라면 난해한 배포 시스템으로 하루에 40회 이상 배포해야 한다면 어떻겠는가?

3-1-1 배포 자동화

회사 상황에 따라서 최선의 배포 방법은 다르겠지만, 수동으로 할지, 자동화해야 할지를 고민할 필요는 없다. 배포는 무조건 자동화해야 한다. 설사 배포를 일 년에 한두 번만 하더라도 수동 배포 방식에서 일어날 수 있는 문제점을 고려한다면 배포는 최대한 자동화해야 한다.

일단 배포 자동화는 당연히 수동으로 하던 일을 자동으로 한다는 의미이지만, 단순히 '자동으로 실행만 한다'라는 의미는 아니다. 배포 자동화는 다음과 같이 정의한다.

1. 배포 명령의 자동 실행
2. 단계별 성공 여부 보고와 재실행 시 같은 결과 보장

배포 명령의 자동 실행을 먼저 알아보자. 배포 명령을 자동화하려면 먼저 기존 수동 배포 단계를 잘 정리해야 한다. 배포 자체의 방식은 어떤 방식으로 하는가에 따라서 다 달라질 수 있기 때문이다.

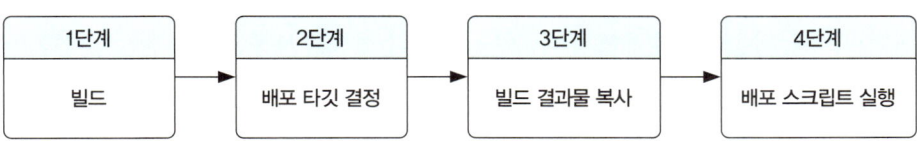

그림 3-4 자동화된 배포 실행 순서

다시 B 회사를 예로 들어 보자.

- **B 회사**: 운영하는 서비스 서버에 SSH나 FTP로 접근해 이전 파일에 개발된 파일을 덮어쓰는 방식으로 배포한다.

B 회사의 배포 과정을 자동화하려면 빌드 결과물이 있어야 하므로 빌드 과정을 포함해야 한다. 빌드는 언어에 따라 결과물이 다른데, JVM 계열의 언어를 사용했다면 라이브러리가 포함된 하나의 JAR로 만들 수 있다. 빌드 과정도 복잡도가 높을 수 있으니 배포 환경에 따라서 설정값이 달라질 수 있다. 이때 설정 정보는 JAR 파일 안에 넣거나, 따로 환경 변수 형태로 추가하거나, 배포 작업을 수행할 빌드 스크립트 형태로 포함할 수 있다.

컴파일 과정이 없는 언어라면 어떻게 해야 할까? PHP나 파이썬 같은 언어는 빌드 과정을 패키징 과정이라고 생각하자. 전체 코드, 설정 파일, 스크립트 파일 등을 하나로 묶어서 압축 파일을 만드는 패키징 과정이 바로 빌드 과정이다.

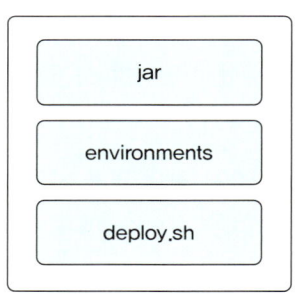

그림 3-5 자바 빌드 결과물의 내용

서비스를 도커^{Docker}로 운영하면 JAR이나 패키징 파일이 아니라 도커 이미지^{Docker Image}를 사용해야 할 수도 있다. 이때는 빌드 이후에 도커 이미지를 만드는 추가 작업이 필요하다. 개별 환경에 따라 작업에 차이가 있을 텐데 책에서는 압축해서 배포하는 방식을 예로 들겠다.

이어서 배포 타깃을 선정해야 한다. 배포 타깃의 선정은 배포 환경, 배포 전략과 연관이 있다. 배포 전략은 뒤에서 설명할 테니 지금은 간단하게 이미 운영 중인 서버에 배포한다고 가정한다. 서버 세 대가 있으면 어떤 서버에 배포해야 하는지를 결정해야 한다. 푸시 서비스, 블로그 서비스 등으로 서비스 그룹이 여러 가지라면, 배포 때 어떤 서비스 그룹의 서버에 배포해야 하는지, 해당 서비스에는 어떤 서버가 있는지에 대한 정보 체계가 잘 관리되어야 한다.

다음을 보면 서버 목록만으로도 서비스 그룹은 푸시 서비스와 블로그 서비스가 있고 각각 세 개의 서버가 있다는 걸 알 수 있다. 이렇게 잘 정리된 서버 정보와 어느 서버에 배포할지에 대한 정보가 필요하다.

코드 서비스별 배포 대상 서버 정보

```
{
    "services": {
        "push": {
            "servers": [
                10.10.10.10,
                10.10.10.11,
                10.10.10.12
            ]
        },
        "blog": {
            "servers": [
                10.10.20.10,
                10.10.20.11,
                10.10.20.12
            ]
        }
    }
}
```

어느 서비스의 서버에 배포할지 정해졌다면 배포 스크립트를 실행할 차례이다. 배포에 필요한 작업이 있는데 ZIP으로 압축된 빌드 결과물을 서버의 특정 디렉터리에 옮기고 압축을 푼 다음 JVM 프로세스를 종료하고 재시작하는 등 순서대로 실행해야 할 작업을 스크립트로 작성해서 실행한다.

다음은 배포 스크립트 실행에서 일어나는 기본 작업인데, 회사마다 더 적거나 더 많을 수도 있다.

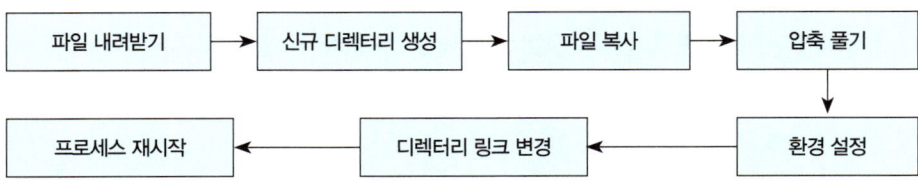

그림 3-6 배포 스크립트 실행에서 일어나는 기본 작업

배포 자동화는 스크립트 실행이 끝이 아니다. 세부 단계, 즉 파일 내려받기나 신규 디렉터리 생성 등의 단계별 성공 여부를 확인하고, 명시적으로 어떤 부분에 오류가 발생했는지 알리는 작업도 포함되어야 한다.

3-1-2 배포 자동화 도구 선택

배포 자동화가 어떤 과정인지 알았으니 이제 배포를 도울 도구를 확인해 보자. 가장 많이 사용하는 깃허브 액션과 젠킨스를 차례대로 알아보겠다.

깃허브 액션

깃허브 액션GitHub Actions은 깃허브GitHub에서 제공하는 CI/CDContinuous Integration and Continuous Deployment 도구로, 소프트웨어 개발 워크플로를 자동화하는 도구이다. 이를 통해 코드의 빌드, 테스트, 배포 등의 작업을 깃허브에서 손쉽게 자동화할 수 있다. 사용법은 간단한데 깃허브 리포지터리 안에 .github/workflows 폴더를 생성하고, 필요한 작업이 정의된 YAML 파일을 추가하면 된다. 깃허브 액션은 컨테이너와 같은 가상의 실행 환경을 생성한 해당 환경에서 YAML 파일의 정의된 워크플로를 실행하고 그 결과를 제공한다.

깃허브 액션을 사용하려면 다음 용어를 알아야 한다. 자세한 내용은 홈페이지를 참고하자(https://docs.github.com/ko/actions).

- **워크플로(workflow)**: 작업의 집합이다. CI 파이프라인을 하나의 워크플로로 설정할 수 있다.
- **이벤트(event)**: 워크플로를 트리거 하는 조건이다. 푸시, PR(Pull Request), 이슈 생성 등이 주요 이벤트이다.

- **잡(job)**: 워크플로의 작업 단위이다. 잡은 병렬로 실행되거나 순차적으로 특정 잡이 완료된 다음 다른 잡이 실행될 수 있다.
- **스텝(step)**: 잡에서 실행되는 개별 실행 단위(명령어 또는 스크립트)이다. 특정 환경을 설정하거나 특정 스크립트를 실행하는 등 명령어를 실행하거나 액션을 호출해 다양한 작업을 수행한다.
- **액션(action)**: 특정 작업을 수행하는 재사용 가능한 코드의 단위이다. 워크플로 내의 스텝에서 호출되며 마켓플레이스에서 다양한 액션을 내려받을 수 있다. 예를 들어 Checkout은 코드 저장소를 가져오는 액션이고, setup-node는 Node.js 환경을 구축하는 액션이다.

다음과 같이 구조가 간단한 파이썬 프로젝트가 있을 때 이 파이썬 프로젝트에 깃허브 액션을 몇 가지 적용해 보자.

코드 파이썬 프로젝트 구조 예시

```
├── src/
│   ├── __init__.py
│   ├── add.py
│   ├── main.py
│   └── templates/
│       └── calu.html
└── tests/
    ├── __init__.py
    ├── test_add.py
    └── test_minus.py
```

이 프로젝트를 기준으로 깃허브 브랜치에 PR이 될 때마다 자동으로 다음 테스트 코드를 실행하는 깃허브 액션 예제를 만들어 보자.

코드 add.py

```python
def add(num1, num2):
    return num1+num2
```

add.py에는 더하기만 실행하는 간단한 add 함수만 있고 다음은 테스트 코드이다.

코드 test_add.py

```python
import pytest
from src.add import add
```

```
def test_add_true():
    assert add(1, 2) == 3
    assert add(2, 3) == 5

def test_add_false():
    assert add(4, 4) != 3
```

cli 환경에서 테스트를 하려면 pytest가 필요하니 pytest를 설치한 다음 `pytest tests` 명령으로 작성한 테스트 코드를 실행할 수 있는 상태로 만든다.

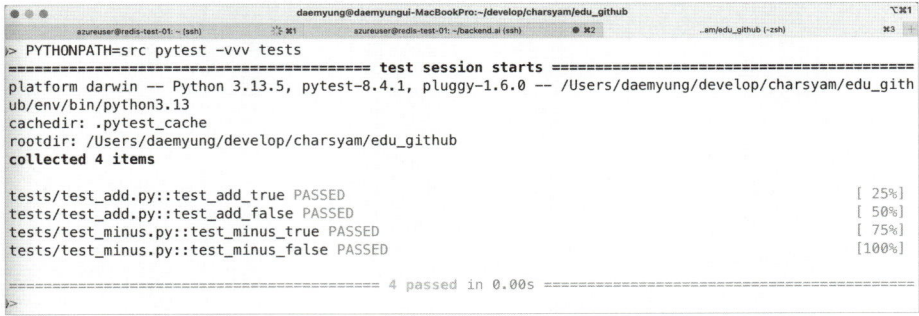

그림 3-7 pytest를 활용한 단위 테스트 실행 결과

이제 이 테스트를 자동으로 실행시켜 주는 깃허브 액션을 작성해야 하는데 파일 이름은 .github/workflows/ci.yaml이고 내용은 다음과 같다.

코드 github/workflows/ci.yaml

```
01  name: UnitTest
02  on: # 액션을 시작하는 조건
03    push:
04      branches:
05        - main
06    pull_request:
07      branches:
08        - main
09    workflow_dispatch:
10  jobs: # 액션 실행 시 진행 과정
11    build:
12      runs-on: ubuntu-latest
```

```
13      steps:
14        - uses: actions/checkout@v2
15        - name: Install Python 3
16          uses: actions/setup-python@v1
17          with:
18            python-version: 3.12
19        - name: Install dependencies
20          run: |
21            python -m pip install --upgrade pip
22            pip install -r requirements.txt
23        - name: Run tests with pytest
24          run: pytest tests
```

단계별로 분석해 보자. 01행에서 name:을 사용해서 액션 이름을 UnitTest로 설정한다.

02행에서 09행까지는 워크플로를 수행하는 조건인 이벤트 영역으로 on:으로 구분한다. 트리거 조건은 main 브랜치에 푸시가 발생하거나 main 브랜치로 PR이 발생한 때로 설정한다.

```
on: # 다음 상황에서 액션을 시작한다.
  push:
    branches:
      - main
  pull_request:
    branches:
      - main
  workflow_dispatch:
```

10행에서 24행까지는 jobs:을 정의하고 jobs:에서 실행되는 개별 실행 단위인 스텝을 정의하는 구간이다. 먼저 10~12행에 build라는 잡을 정의하고 실행 환경은 우분투 최신 환경(ubuntu-latest)으로 지정한다.

```
jobs: # 액션이 시작될 경우 진행될 과정
  build:
    runs-on: ubuntu-latest
```

jobs:을 정의했으니 이제 jobs: 아래의 13~24행에 steps:을 정의한다.

```
  steps:
    - uses: actions/checkout@v2              # ① checkout
    - name: Install Python 3                 # ② Install
      uses: actions/setup-python@v1
      with:
        python-version: 3.12
    - name: Install dependencies             # ③ Install dependencies
      run: |
        python -m pip install --upgrade pip
        pip install -r requirements.txt
    - name: Run tests with pytest            # ④ pytest
      run: pytest tests
```

각 스텝의 단계는 다음과 같다.

① 저장소의 코드를 가상 환경으로 가져온다.

② 파이썬 3.12를 설치한다.

③ 프로젝트가 의존하는 라이브러리를 설치한다. 세세하게는 pip를 업그레이드하고 의존성을 확인한 다음 필요한 라이브러리를 설치한다.

④ pytest를 사용해 테스트 코드를 실행한다.

결과는 깃허브의 repository의 actions 탭에서 볼 수 있는데 그림과 같이 단계별로 실행한 내용을 알려준다.

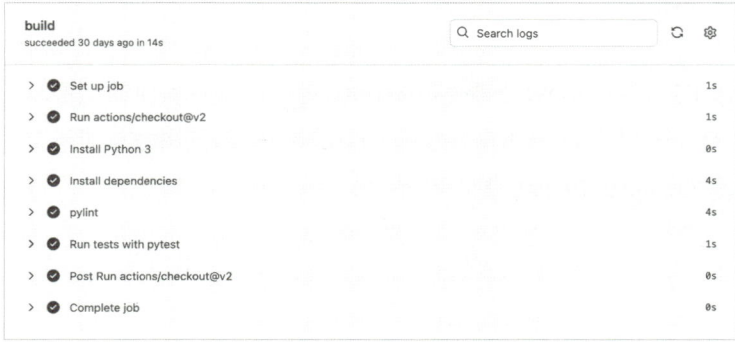

그림 3-8 깃허브의 액션을 단계별로 실행한 내용

다음처럼 각 단계를 클릭하면 세부 진행 결과를 볼 수 있다.

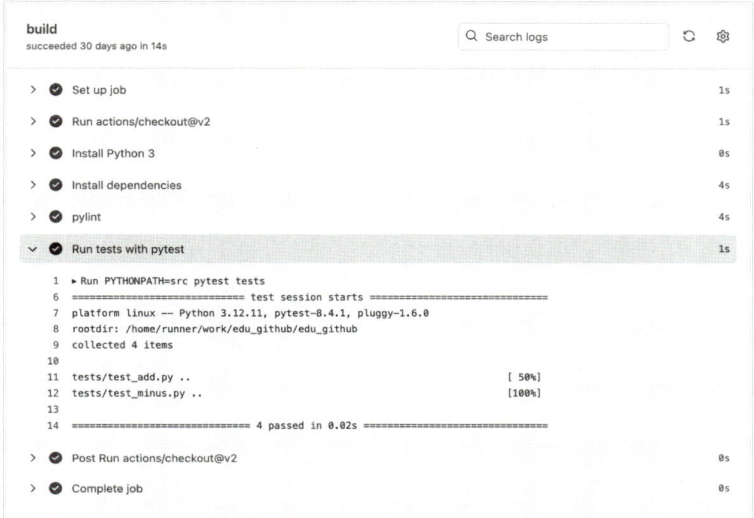

그림 3-9 단계별 세부 진행 결과

새로운 단계를 추가해 테스트가 실패한 상황을 구현해 보겠다. 새로운 단계를 추가하는 방법은 스텝에 명령할 내용을 추가하면 된다. 오타나 에러를 유닛 테스트에 추가하고 싶은데 파이썬은 소스 코드를 컴파일하지 않아서 자체 기능이 없다. 대신 Lint를 이용하겠다. .github/workflows/ci.yml 파일에 다음과 같이 `pylint`를 추가한다.

```
10  jobs: # 액션이 시작될 경우 진행될 과정
11    build:
12      runs-on: ubuntu-latest
13      steps:
14        - uses: actions/checkout@v2
15        - name: Install Python 3
16          uses: actions/setup-python@v1
17          with:
18            python-version: 3.12
19        - name: Install dependencies
20          run: |
21            python -m pip install --upgrade pip
22            pip install -r requirements.txt
```

```
23       - name: pylint        # 새로 추가한 pylint 실행
24         run: |
25           pylint src
26           pylint tests
27       - name: Run tests with pytest
28         run: pytest tests
```

pylint를 추가한 뒤 깃허브 액션을 실행하면 에러가 있다며 해당 깃허브 액션 과정이 실패한다. 15행을 보면 import-error가 발생했다는 문구가 있다.

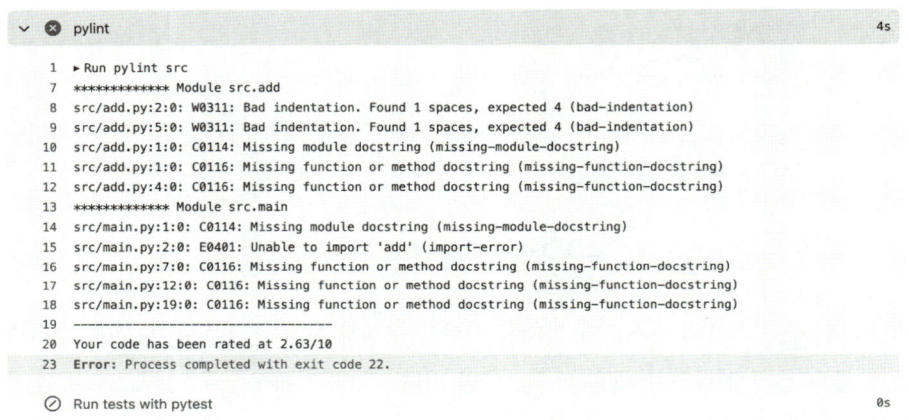

그림 3-10 실패한 깃허브 액션 과정

이 에러는 PYTHONPATH를 잘못 지정해서 발생한 에러이므로 다음과 같이 25~26행의 PYTHONPATH를 수정한 다음 풀리퀘스트를 생성하자. 이번에는 main 브랜치에 풀리퀘스트가 있을 때 깃허브 액션이 실행되는 것을 확인하기 위해서 hotfix/fix-import-error라는 브랜치를 만들고 여기서 풀리퀘스트를 생성한다.

```
10 jobs: # action이 시작될 경우 진행될 과정
11   build:
12     runs-on: ubuntu-latest
13     steps:
14       - uses: actions/checkout@v2
15       - name: Install Python 3
```

```
16        uses: actions/setup-python@v1
17        with:
18          python-version: 3.12
19    - name: Install dependencies
20      run: |
21        python -m pip install --upgrade pip
22        pip install -r requirements.txt
23    - name: pylint         ──▶ PYTHONPATH를 추가하고 disable 옵션을 추가해 실
24      run: |                    제로 실행 오류가 있을 때만 에러 발생
25        PYTHONPATH=src pylint src --disable=C,R,W
26        PYTHONPATH=src pylint tests --disable=C,R,W
27    - name: Run tests with pytest
28      run: PYTHONPATH=src pytest tests
```

실행 후 pylint를 클릭하면 다음과 같이 pylint가 추가되고 정상적으로 깃허브 액션이 통과된 것을 확인할 수 있다.

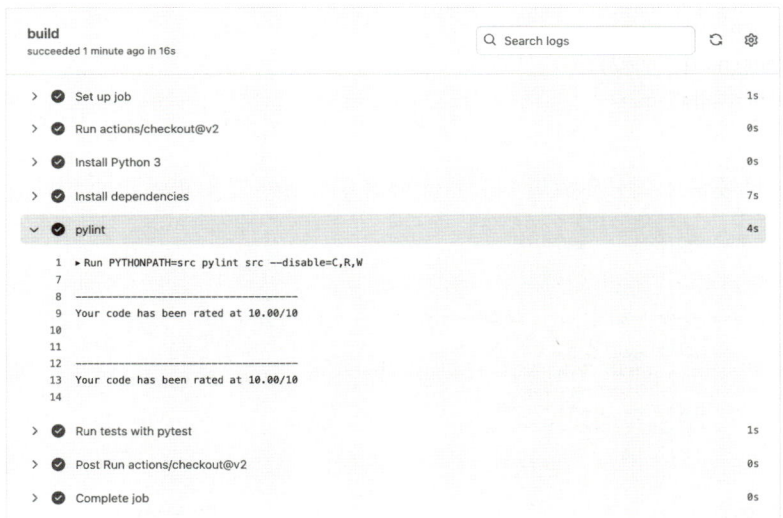

그림 3-11 정상적으로 깃허브 액션 통과

[그림 3-12](invalid_pathpath)를 보면 깃허브 액션이 설정한 대로 main에 PR이 발생했을 때도 동작한 것을 확인할 수 있다.

그림 3-12 main에 PR 발생 시 실행

이어서 머지를 한 다음에 의도적으로 오류를 만들어서 실제로 실패하는지 다시 한번 확인해 보자. feature/force-error 브랜치를 만들고 add.py의 함수를 수정해서 존재하지 않는 라이브러리를 import하는 형태로 강제 에러를 발생시키겠다.

코드 강제 에러 발생 코드

```python
import abcdefg   # 강제 에러 발생 코드
def add(num1, num2):
    return num1+num2
def minus(num1, num2):
    return num1-num2
```

실행한 뒤 깃허브 액션을 보면 다음처럼 에러가 발생한 것을 확인할 수 있다.

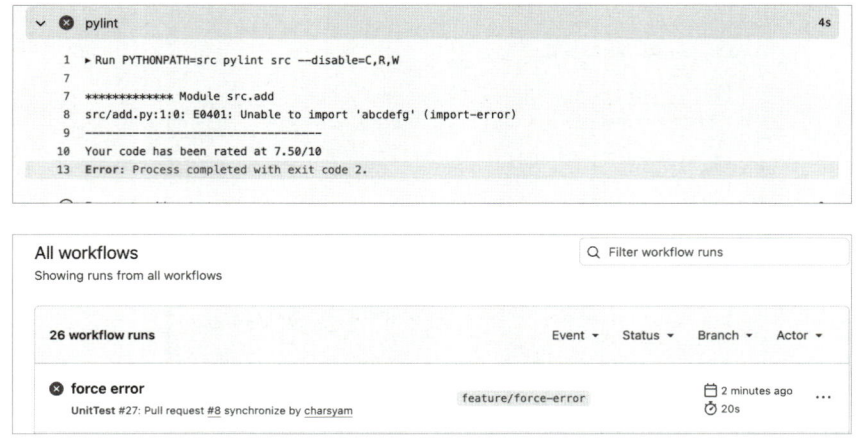

그림 3-13 강제로 에러가 발생한 화면

젠킨스

깃허브 액션은 깃허브 내에서 동작하지만, 젠킨스Jenkins는 직접 설치해서 사용한다. 젠킨스도 빌드와 배포를 위한 도구로 알려졌지만, 엄밀하게 보면 젠킨스는 워크플로를 실행하는 도구이다.

- **젠킨스 홈페이지**: https://www.jenkins.io/

젠킨스의 사용법은 셸 스크립트와 유사하다. 젠킨스 설치는 독자에게 맡기고 이 책에서는 젠킨스를 어떻게 깃허브와 연동해서 푸시 때마다 빌드하는지만 설명한다.

젠킨스에서 깃허브의 변경 사항을 받으려면 젠킨스의 웹훅 주소를 깃허브에 설정하기만 하면 된다.

깃허브의 메뉴에서 상단의 [Settings]을 클릭하면 좌측에 설정 메뉴가 나오는데 여기서 [Webhooks]을 클릭한다.

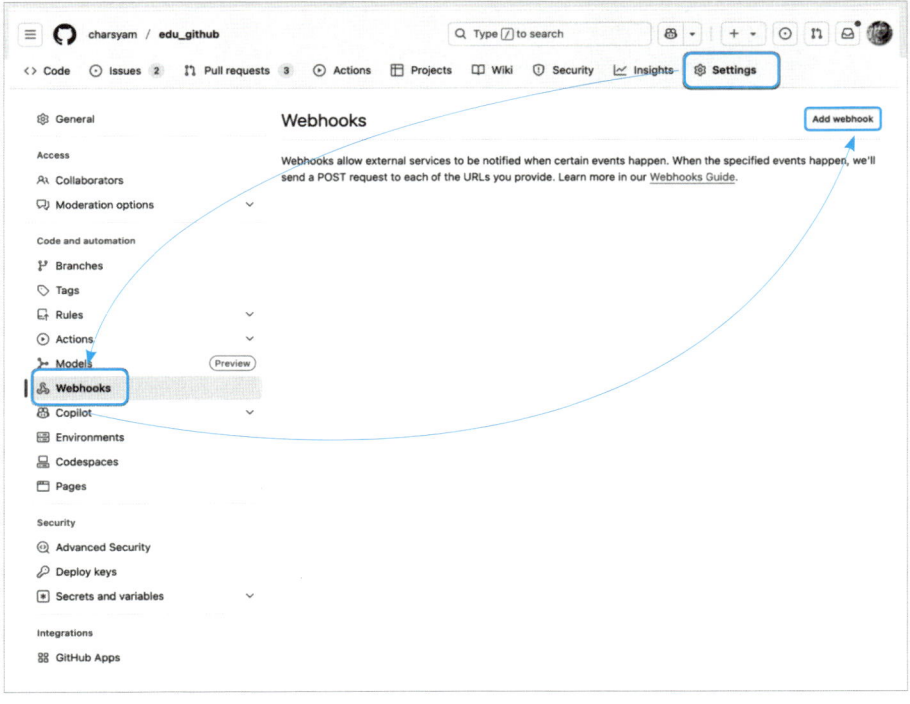

그림 3-14 깃허브의 설정 화면

오른쪽 상단의 [Add webhook]을 클릭하면 [그림 3-15] 화면이 보이는데 Payload URL에 ❶ 웹훅을 처리할 서버의 URL을 입력하고, Content type에 ❷ 깃허브가 전송할 데이터 타입을 입력한다. 그다음 ❸ [Add webhook]을 클릭하면 푸시 이벤트가 발생할 때마다 젠킨스의 웹훅을 호출한다.

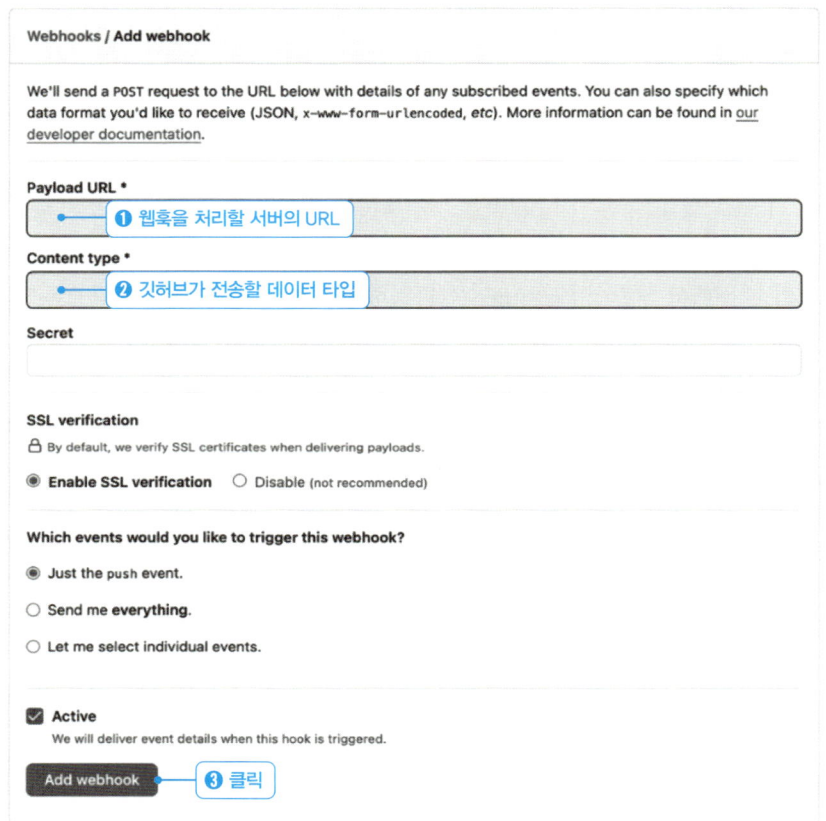

그림 3-15 웹훅 설정 화면

깃허브에서 커밋을 푸시하면 웹훅을 호출하는 과정을 간략하게 도식으로 표현하면 다음과 같다.

그림 3-16 깃허브에서 커밋을 푸시하면 웹훅을 호출하는 과정

그런데 이 방식에는 큰 문제가 있다. 회사에서는 대부분 젠킨스를 회사 내부망에 설치하는데, 회사 내부망에서 젠킨스를 열어주지 않으면 깃허브에서 웹훅을 호출할 수가 없다.

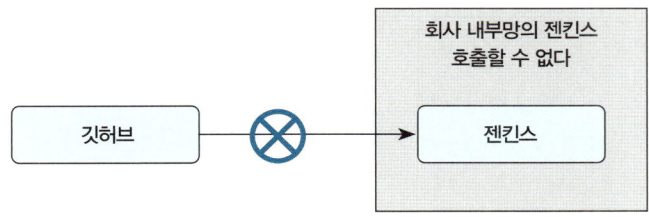

그림 3-17 회사 내부망을 열어주지 않으면 호출 못 함

외부에서 접근할 수 있게 젠킨스를 설정하는 방법도 있지만, 이 방법은 보안에 문제가 있을 수 있어 절대 사용하면 안 되는 방법이다. 그러면 회사 내부망에서 깃허브와 통신하려면 어떻게 해야 할까?

먼저 깃허브 엔터프라이즈 버전이나 깃랩GitLab 오픈소스 버전, 깃랩 엔터프라이즈 버전을 사용하는 방법이 있다. 많이 사용하는 방법이나 추가로 깃랩을 설치해야 해서 부담스럽다. 당장 시스템에서 변화가 가장 적은 방법은 젠킨스의 폴링 기능을 이용하는 방법이다. 이 방법을 이용하면 깃허브 저장소의 변경 사항을 감지하여 자동으로 빌드를 실행할 수 있다.

젠킨스의 폴링 기능을 사용하려면 깃허브의 프로젝트에서 먼저 깃허브 저장소에 접근하는 데 사용하는 SSH 키, 배포 키deploy key를 등록해야 한다. [그림 3-18]처럼 깃허브에서 [Settings] → [Deploy keys]를 클릭한다.

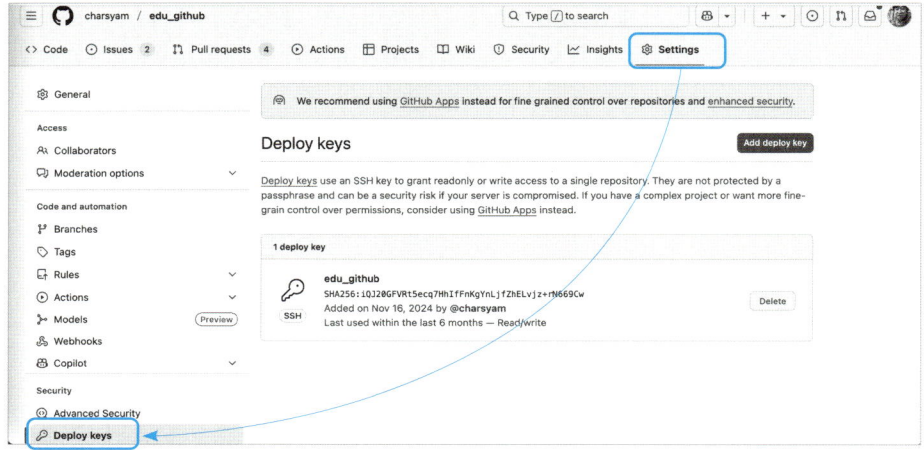

그림 3-18 배포 키 등록 화면

이때 등록하는 배포 키는 깃허브 사용자의 키가 아니라 깃허브 리포지터리에 접근할 수 있는 SSH 키이다. SSH 키로 깃허브 프로젝트를 복제(`git clone`)하거나 접근한다. SSH 키는 사용자의 키보다 보안성이 높고 키 유출 시에 피해를 최소화할 수 있다.

SSH 키를 입력하고 [Add deploy key]를 클릭해 배포 키를 등록한다. 이때 배포 키는 SSH 키의 공개키여야 한다. 깃허브에는 공개키를, 젠킨스에서는 비밀키를 사용한다.

깃허브에 등록을 했으면 이제 젠킨스에 배포 키를 추가할 차례이다. [Jenkins 관리] → [Credentials] → [System]에서 [Global Credentials]을 클릭한다.

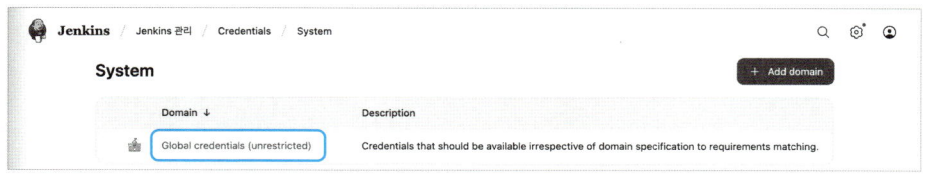

그림 3-19 젠킨스에서 배포 키 추가 화면

Global Credentials 화면에서 오른쪽에 있는 [Add Credentials]을 클릭하면 [그림 3-20]과 같은 화면이 나온다. 상단의 Kind는 'SSH Username with private key'를 선택하고 깃허브에서 등록한 배포 키의 비밀키를 등록한다.

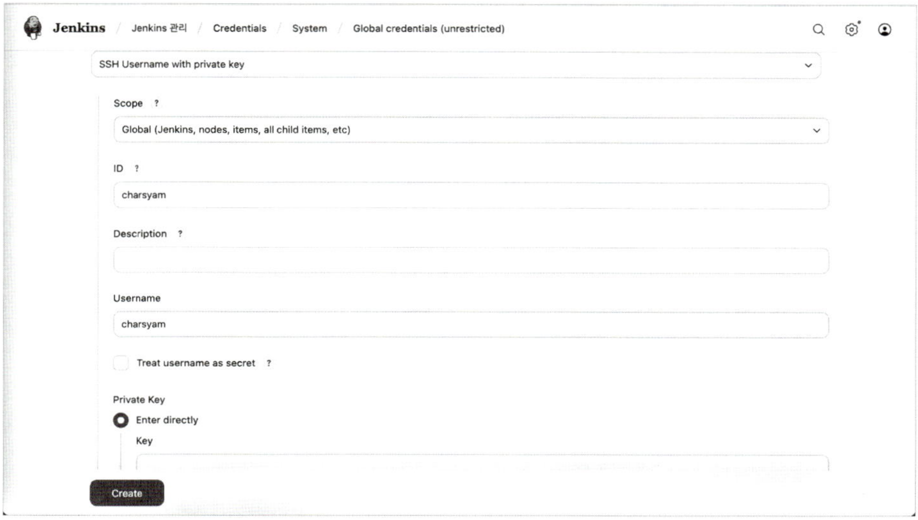

그림 3-20 배포 키와 비밀키 등록 화면

이제 프로젝트 설정의 소스 코드 관리에서 해당 깃허브 주소를 등록하고 해당 자격 증명credential을 설정하면 된다. 이때 주의할 점이 있다. 깃허브의 기본 브랜치는 현재는 main 브랜치이므로 빌드해야 할 브랜치Branches to build가 */master로 되어있으면 `git clone` 명령이 실패할 수도 있다(예전에는 기본 브랜치가 master로 생성되었고 현재는 main이다).

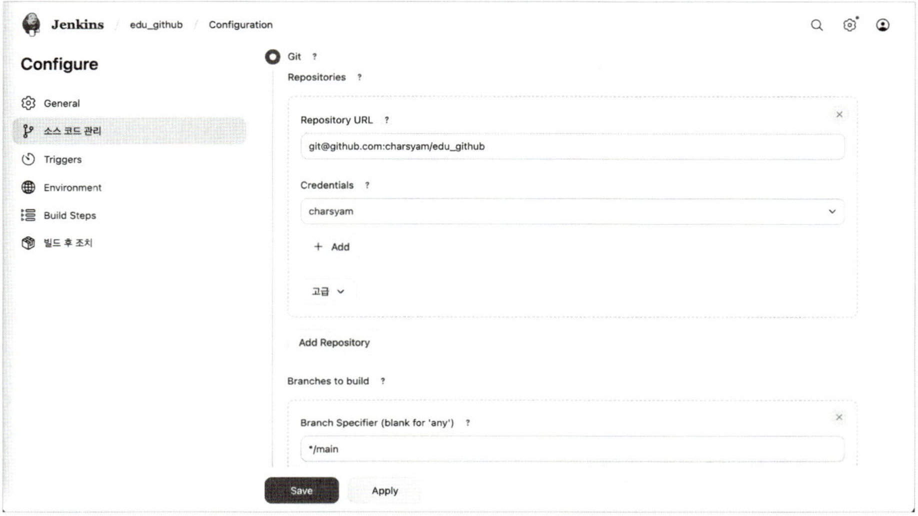

그림 3-21 프로젝트 설정에서 깃허브 주소 등록하기

다음으로 빌드가 일어나면 매분 해당 리포지터리를 확인하도록 설정한다. [Poll SCM]을 선택하고 확인 시간을 크론 표현식^{cron expression}으로 저장한다. 다음 그림에서 * * * * *이 매분을 의미하는 크론 표현식이다. 굳이 빌드를 매분 확인할 필요가 없다면 확인 시간을 좀 더 길게 설정해도 된다. 다만 확인 시간을 길게 설정하면 푸시 후에 바로 동작하지 않고 잠시 뒤에 동작한다.

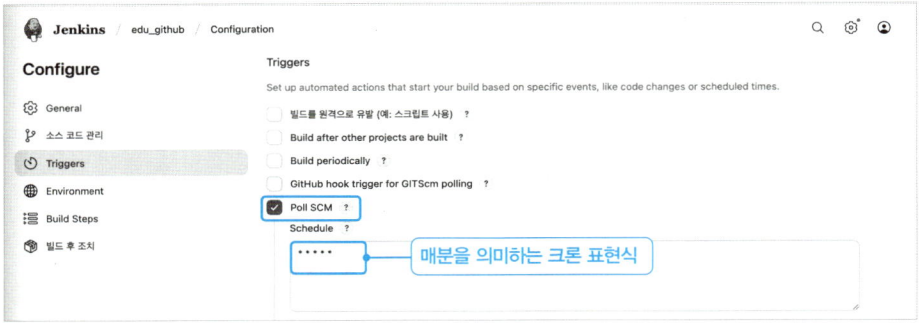

그림 3-22 빌드 시 repo 확인 설정

크론 표현식

cron은 주로 유닉스 계열 운영체제에서 사용하는 작업 스케줄러 데몬인데 이 크론 작업을 정의하는 문자열 형식이 바로 크론 표현식이다. 특정 시간 간격이나 요일 등을 표현할 수 있다. 크론 표현식은 다섯 개가 기본이며, 옵션으로 연도를 지정할 수 있다. 순서는 다음과 같다.

- **분 시 일 월 요일 (연도)**
- **분:** 0~59 (예: 0, 15, 30, 45)
- **시:** 0~23 (예: 0, 6, 12, 18)
- **일:** 1~31 (예: 1, 15, 30)
- **월:** 1~12 (또는 Jan, Feb, Mar, ... Dec)
- **요일:** 0~7 (0과 7은 일요일, 또는 Sun, Mon, Tue, ... Sat)
- **연도(옵션)**: 특정 연도를 지정 가능(예: 2023)

앞서 매분을 * * * * *로 표현했는데 분, 시, 일, 월, 요일 모두 *로 표기했다. *는 크론 표현식에서 지원하는 모든 값을 의미하는 특수 문자이다. 이외에도 의미가 있는 특수 문자가 몇 가지 더 있다.

- *: 모든 값. 예로 매분, 매시간, 매월 등 의미
- ,: 특정값 나열. 예로 1,15는 1일과 15일

- -: 범위 지정. 예로 1-5는 1부터 5까지
- /: 주기. 예로 */5는 5단위 간격
- ?: 특정값 없음. 주로 요일과 날짜 필드에서 사용
- L: 마지막. 예로 L은 마지막 날 또는 마지막 요일
- W: 가장 가까운 평일. 예로 15W는 15일과 가까운 평일
- #: 특정 요일의 몇 번째 주. 예로 3#2는 둘째 주 수요일

확인 시간을 * * * * *이 아니라 */5 * * * *로 기입하면 5분마다 확인한다. 크론 표현식은 의외로 자주 사용하니 연습삼아 매일 오전 9시에 진행을 크론 표현식으로 표현해 보자. 분, 시, 일, 월, 요일 순서에서 9:00이니 분 자리에는 0, 시 자리에는 9를 입력해야 한다. 매일이니 일, 월, 요일은 모두 *를 입력하면 된다.

정답은 0 9 * * *이다.

이제 실제로 빌드 또는 테스트 코드를 실행하는 부분을 설정한다. [Build] → [Add Build Step] → [Execute Shell]을 클릭해서 셸과 유사한 환경인 'Execute shell'에서 실행 명령어를 입력한다. 이 방법으로도 명령 중에 에러가 하나라도 발생하면 빌드가 실패했다고 젠킨스가 알려준다. 다음 코드가 Execute shell의 명령어인데 앞에서 살펴본 깃허브 액션과 유사하다.

```
PYTHONPATH=src pylint src --disable=C, R, W
PYTHONPATH=src pylint tests --disable=C, R, W
PYTHONPATH=src pytest tests
```

그림 3-23 Execute shell에서 명령어 입력

이제 지정한 브랜치에 푸시를 하면 자동으로 젠킨스가 다음처럼 실행되는 것을 볼 수 있다.

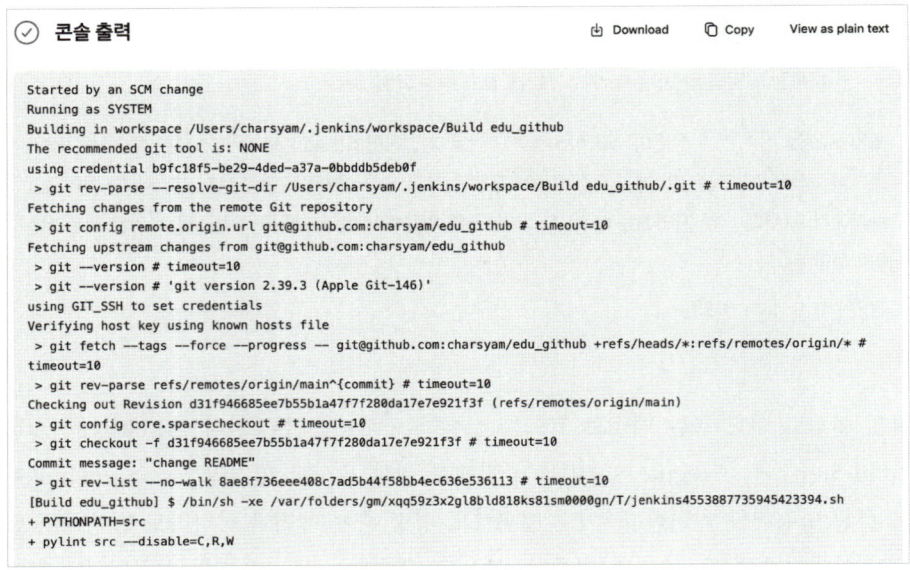

그림 3-24 푸시 후 자동으로 젠킨스가 실행되는 화면

> **깃허브 액션과 젠킨스의 차이**
>
> 깃허브 액션과 젠킨스는 모두 CI/CD 자동화에 사용하지만, 둘의 차이는 빌드한 작업이 다음 실행에 영향을 미치는지 여부이다. 깃허브 액션은 매번 새로운 컨테이너 환경에서 실행하므로 이전 빌드의 설정이나 라이브러리가 다음 빌드에 영향을 주지 않는다. 반면, 젠킨스는 동일한 서버 환경에서 프로세스를 실행하므로 이전 빌드의 설정이나 설치한 라이브러리가 다른 빌드 작업에 영향을 줄 수 있다. 물론 젠킨스도 도커 환경에서 빌드를 실행하면 깃허브 액션처럼 빌드 간 격리를 보장할 수 있다.

3-2 배포 전략

배포 전략 Deployment Strategy은 빌드로 만들어진 새 버전의 결과물을 실제 서비스에 어떻게 배포할까에 대한 접근 방법이다. 간단하게 생각해 보자. 이미 동작하고 있는 서버에 새로운 버전을 배포하려면 어떻게 해야 할까?

지금부터 가장 간단한 배포부터 롤링 업데이트, 블루그린 배포 등 다양한 배포 전략을 살펴보겠다.

3-2-1 가장 간단한 배포

대부분은 다음과 같은 전략이 당장 떠오를 것이다.

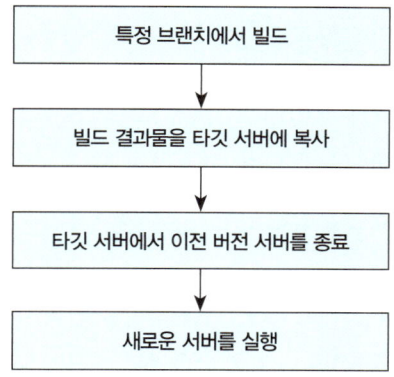

그림 3-25 가장 간단한 배포 전략

빌드하고 복사하고 재시작한다는 이 간단한 방식으로 아무 문제없이 배포할 수 있을까? 이 방식의 문제점은 이전 버전 서버를 종료하고 새로운 서버를 실행하는 사이에는 사용자에게 서비스를 제공할 수 없다는 점이다. 이때 들어오는 사용자의 요청은 전부 실패한다.

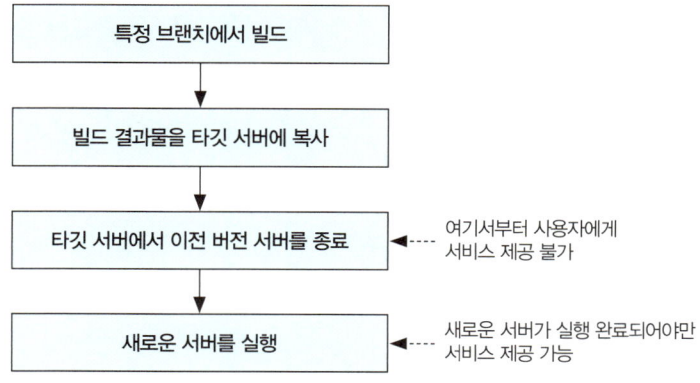

그림 3-26 가장 간단한 배포 전략의 문제점

이 방식이 나쁘거나 사용할 수 없는 방식은 아니다. 서비스가 일정 시간 중단되는 배포 방식도 서비스 종류에 따라서 충분히 사용할 수 있다. 정기점검으로 서비스 사용 정지 시간을 미리 공지하고 해당 시점에 서버를 내리고 새로운 버전을 배포하는 방식은 게임 서버에서 많이 사용한다. 보통은 다음과 같은 과정으로 배포를 진행한다.

01 최초에는 Version 1.0.0인 서버가 세 대 존재한다.

02 새로운 Version 1.0.1을 배포한다. 이때 서버를 먼저 내리지 않고 Version 1.0.1을 먼저 배포하는 이유는 서버의 다운 시간을 최소화하기 위한 방편이다.

03 이제 1.0.0을 먼저 종료한다. 서비스에 제공하는 포트가 충돌할 수 있으므로 Version 1.0.1을 먼저 실행시킬 수는 없다. 이때는 모든 서버를 종료하므로 서비스가 불가능한 시점이다.

04 Version 1.0.1을 실행한다. Version 1.0.1을 완전히 서비스할 수 있는 시점 전까지 사용자는 서비스를 제공받지 못한다. 서비스 중단 시간을 줄이고 사용자 불편을 최소화할 수 있도록 점검 공지를 안내하거나 사용자가 적은 시간에 배포한다.

05 Version 1.0.1이 실행되면, 서비스는 새로운 Version 1.0.1로 동작한다.

Version 1.0.2를 배포할 때도 **01**~**05**단계를 반복해서 배포하면 된다.

3-2-2 롤링 업데이트

가장 간단한 배포 전략의 단점은 아무리 짧아도 서비스가 제공되지 않는 공백 시간이 생긴다는 점이다. 그렇다면 개선할 수 있는 방법은 없을까? 이러한 관점에서 나온 방식이 롤링 업데이트이다. **롤링 업데이트**Rolling Update는 가장 간단한 배포 방식을 한 대 또는 N 대씩 배포를 진행하는 방식이다.

01 서버 #0에만 먼저 새로운 버전을 복사한다.

02 서버 #0에 Version 1.0.1을 모두 복사했다면 이 서버만 Version 1.0.0을 종료한다. 나머지 서버 #1, #2는 Version 1.0.0을 계속 실행하고 있으므로 사용자는 서비스를 계속 사용할 수 있다.

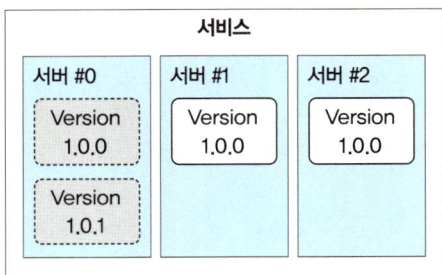

03 서버 #0의 Version 1.0.1을 실행한다. 이때 사용자의 접속이 서버 #0으로 연결되면 Version 1.0.1을 실행하고, 서버 #1, #2로 연결되면 이전 버전인 Version 1.0.0을 실행한다.

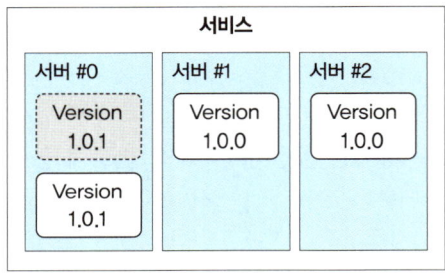

04 다른 서버에도 **01~03**단계를 순차적으로 반복하면 모든 서버에서 Version 1.0.1이 동작한다.

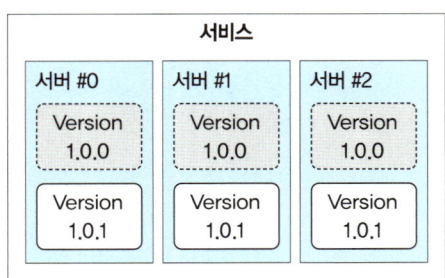

롤링 업데이트는 서비스 정지 없이 배포를 진행할 수 있는 방법이므로 많은 곳에서 사용하고 있다.

무정지 배포의 의미

메타나 구글, 네이버, 카카오 등의 서비스는 점검 시간 없이 계속 새로운 기능을 업데이트하는 무정지 배포 방식을 이용하고 있다. 그런데 롤링 업데이트를 이용하더라도 각 서버를 내리거나 올릴 때 약간의 오류는 발생할 수도 있다. 무정지 배포 방식은 일말의 어떤 오류도 발생하지 않는 방식이 아니라, 오류가 아주 짧게만 발생하는 방식이라는 의미이다. 짧은 시간 안에 서비스를 정상으로 제공하면 장애로 인식하지 않는다.

또는 롤링 업데이트를 진행할 차례의 서버를 로드밸런서에서 제외해서 장애가 발생할 수 있는 작은 가능성까지도 최소화할 수도 있다. 다음을 보면 로드밸런서가 서버 #0~2까지 제어하고 있다.

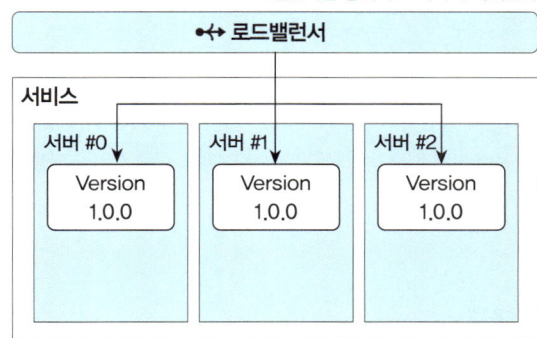

로드밸런서에서 서버 #0을 제거하면 이 서버에는 더 이상 트래픽이 흘러가지 않으므로 안전하게 서버를 내릴 수 있다.

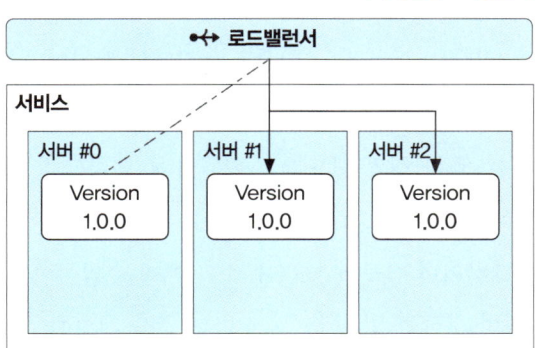

이제 서버 #0에서 Version 1.0.0을 안전하게 내리고 새로운 버전으로 업데이트할 수 있다.

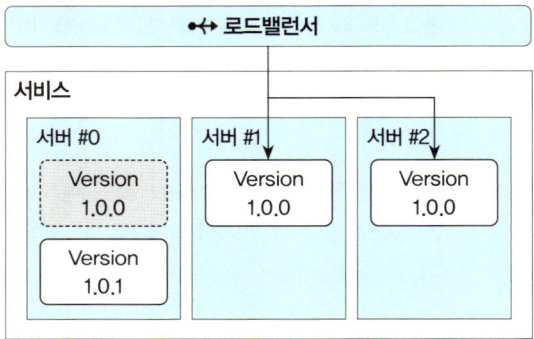

서버 #0에 Version 1.0.1이 성공적으로 작동하면 다시 로드밸런서에 서버 #0을 연결한다. 이제 다시 서버 #1에는 트래픽이 들어간다. 이렇게 서버 #0의 배포가 끝났으니 서버 #1을 로드밸런서에서 제거하고 같은 작업을 반복한다. 서버 #1의 배포가 완료되면 서버 #2에도 같은 작업을 반복한다.

3-2-3 블루그린 배포

롤링 업데이트는 무정지로 서비스를 배포할 수 있지만, 한 대 또는 서비스에 영향을 주지 않을 선에서 N 대씩 배포하려면 시간이 오래 걸린다. 그런데 배포 후에 갑자기 문제가 발생해서 이전 버전으로 롤백rollback해야 한다면 어떨까? 롤백한다는 말은 전 버전으로 돌아간다는 말인데, 이 말은 이전 버전으로 새로 배포해야 한다는 의미이다. 그래서 배포가 느리다는 것은 결국 롤백도 느리다는 의미이다.

블루그린 배포 Blue-Green Deployment는 서버의 다운타임을 최소화하는 배포 방식이다. 롤링 업데이트는 한 번에 한 대씩 배포를 진행하지만, 블루그린 배포는 필요한 서버에 모두 한 번에 배포하고 서버를 실행할 수 있다.

블루그린 배포를 이해하려면 블루와 그린에 대한 개념을 알아야 한다. 우선 이 배포 방식에는 두 개의 서버 그룹이 있는데, 그게 바로 블루 그룹과 그린 그룹이다. 블루 그룹은 이미 배포되어서 운영하는 기존 서버 그룹이고, 그린 그룹은 이번에 새롭게 배포될 버전이 올라간 새 서버 그룹을 의미한다. 블루는 기존 버전, 그린은 새 버전이라고 외우자.

01 현재 운영하는 서버 #0, #1, #2는 다음과 같이 블루 그룹이다.

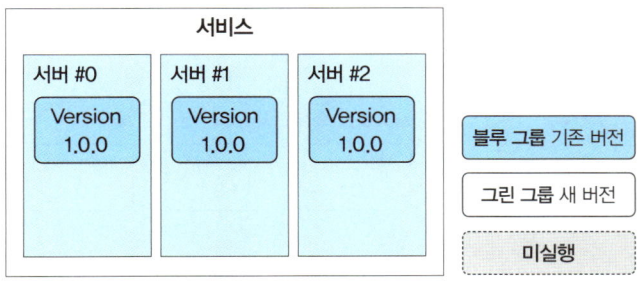

02 A는 기존 서버 블루 그룹에 새로운 그린 그룹 서버(서버 #3, #4, #5)를 마련한 그림이다. 그린 그룹이 준비되면 B처럼 새 버전을 배포하고 실행한다. B처럼 두 서버를 모두 띄워두는 건 아니다. 지금부터 중요한데 블루그린 배포의 핵심은 B처럼 그린 그룹의 새 버전을 모두 실행하면 트래픽을 그린 그룹으로 변경하는 데 있다. 꼭 블루그린에서 트래픽을 넘기는 방식이 아니라, 동시에 트래픽을 받게 할 수도 있다. 예를 들어 처음에는 그린 그룹에 트래픽을 10%만 전달하고, 점진적으로 50%, 100%로 늘려서 전달하면, 그린 그룹 배포에 오류가 발생하더라도 오류를 확인한 순간 다시 블루 그룹으로 트래픽을 전달해서 배포를 정지할 수 있다.

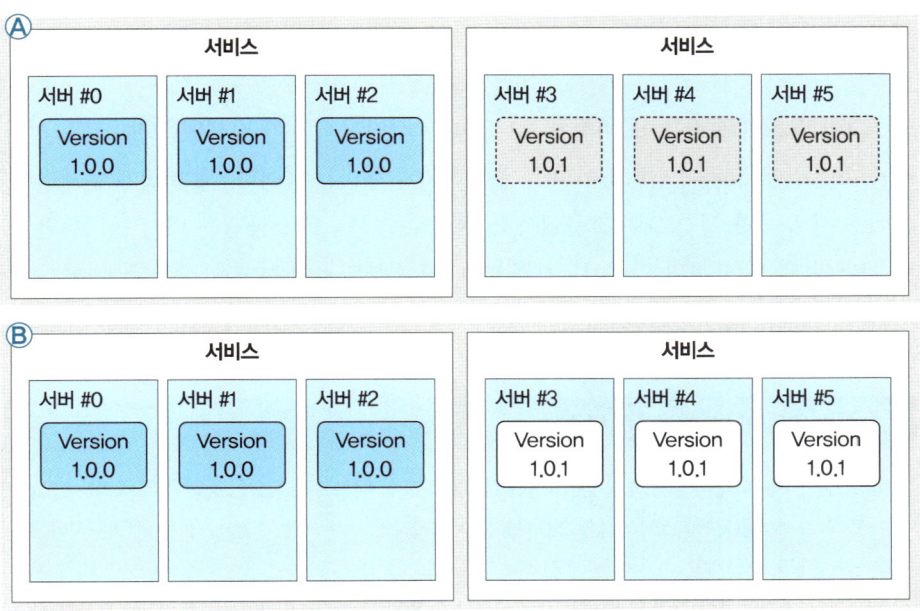

03 새롭게 배포한 그린 그룹에 **문제가 없으면** 이제 그린 그룹을 서비스에 이용하고 블루 그룹 서버를 종료한다.

 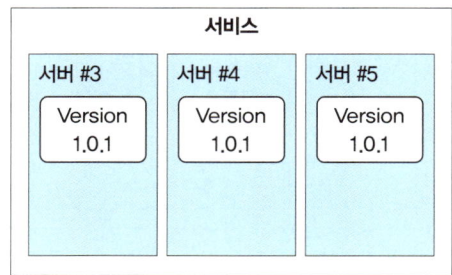

04 서버 #0, #1, #2를 모두 종료하고 기존 블루 그룹을 제거하면 배포가 완료된다. 이렇게 배포가 끝나면 기존 그린 그룹(서버 #3, #4, #5)은 이제 다음 배포에서 블루 그룹 역할을 한다.

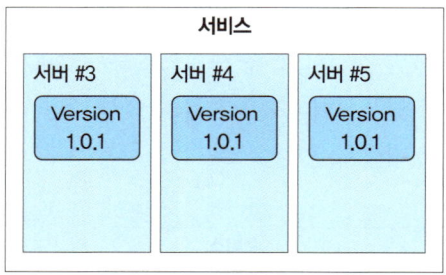

블루그린 배포의 장점은 새 버전을 서비스하는 서버에 문제가 발생했을 때, 기존 서비스를 하던 블루 그룹이 남아있어 바로 롤백하기가 쉽다는 점이다. 새 버전에 문제가 발생했을 때 문제가 생긴 그린 그룹에서 기존 블루 그룹으로 트래픽을 다시 돌려주면 바로 롤백된다. 또한 롤링 업데이트처럼 한 대씩 실행되는 방식이 아니라 한 번에 모든 서버를 되돌리므로 이전 버전으로 재배포하는 시간이 롤링 업데이트보다 훨씬 빠르다.

> **롤링 업데이트와 블루그린 배포**
>
> 블루그린은 배포나 롤백 속도에서 월등히 롤링 업데이트보다 빠르지만, 필요한 장비가 두 배라는 단점이 있다. 그래서 온프레미스에서 블루그린 배포를 사용하려면 서비스하는 서버 수의 두 배만큼 서버를 추가하는 일도 어렵지만, 이 서버를 배포 외에 다른 용도로 사용하지 못한다는 측면에서 보면 비용 손실도 크다. 하지만, 서버가 필요 없으면 바로 삭제할 수 있는 클라우드 환경에서는 블루그린 배포를 사용해도 비용 문제가 거의 없어 블루그린 배포가 오히려 유리한 방식이다.

온프레미스에서의 블루그린 배포

블루그린은 온프레미스에서 사용하기 어렵지만, 몇 가지 불편한 점을 감수하면 두 배의 서버를 사용하지 않고 온프레미스에서도 충분히 사용할 수 있다.

01 최초에는 롤링 업데이트와 유사하게 블루 그룹만 있다. 이때 중요한 점은 로컬에 서비스를 위한 로드밸런서가 각각 있다는 점이다. nginx나 HAProxy와 같은 소프트웨어 로드밸런서를 사용한다고 가정하자.

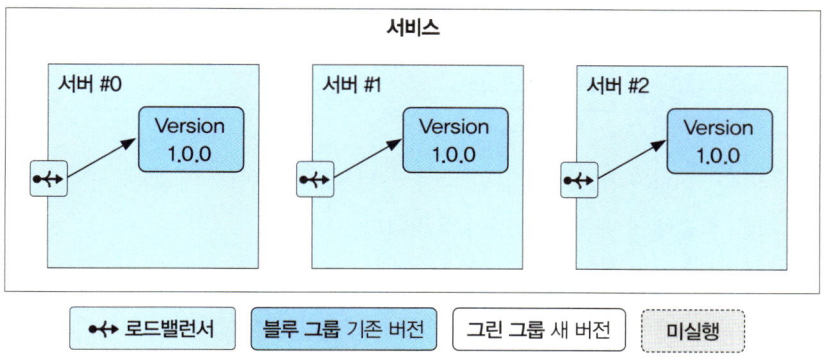

02 이제 그린 그룹을 위해서 새로운 버전을 배포한다.

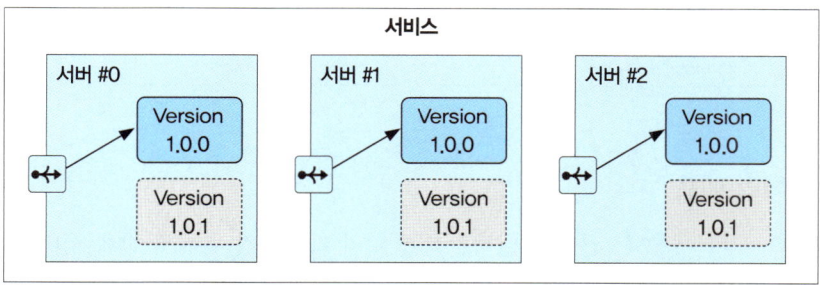

03 배포 후에는 Version 1.0.1의 그린 그룹도 실행해서 서버마다 블루 그룹과 그린 그룹 모두 운영한다. 이때 이 배포 방법의 가장 큰 문제가 발생하는데 한 서버에 두 버전을 모두 실행할 수 있을 만큼 서버의 리소스가 충분해야 한다.

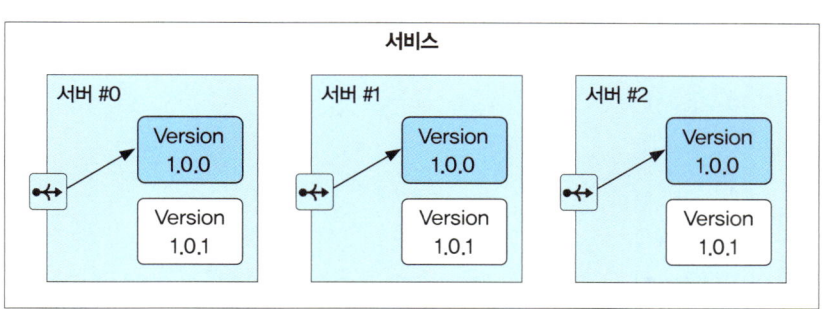

04 그린 그룹이 배포되면 로드밸런서의 방향을 블루 그룹에서 그린 그룹으로 변경한다. 로드밸런서가 변경하면 즉시 그린 그룹이 서비스를 처리하며, 그린 그룹이 안정적으로 서비스를 처리하면 블루 그룹을 종료한다.

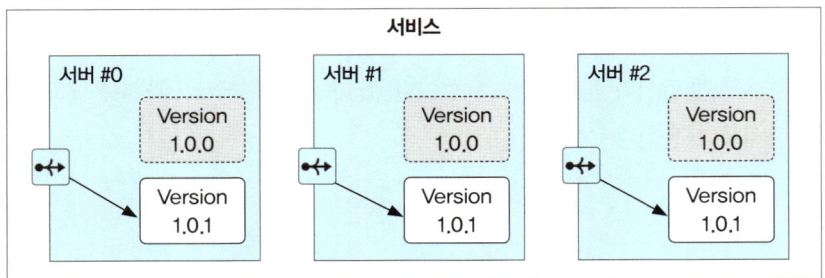

05 최종적으로는 Version 1.0.1의 그린 그룹만 남긴다. 이 배포 방식은 서비스 사용량이 가장 적은 시간대에 배포하는 것이 유리하다.

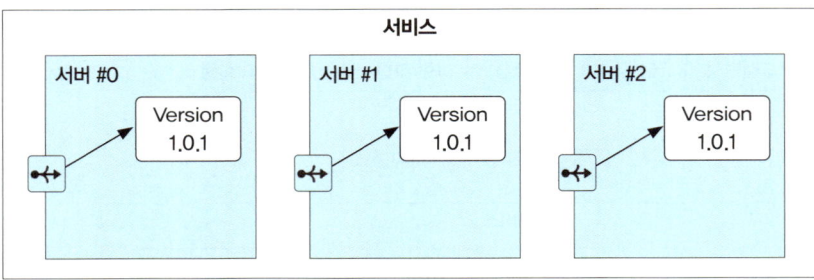

3-2-4 카나리 배포

카나리 배포 Canary Deployment는 문제가 발생할지를 미리 확인하기 위해서 전체 서버 중 일부 서버에 새 버전을 먼저 배포하고 문제가 발생하는지 확인하는 방법이다. [그림 3-27]처럼 전체에 영향을 주지 않을 정도의 수량(한 대나 N 대)만 배포한 후에 신규 버전의 서버가 잘 동작하는지 관찰하고 문제가 없을 시에 다른 서버에 롤링 업데이트나 블루그린과 같은 배포 전략을 사용해 배포한다.

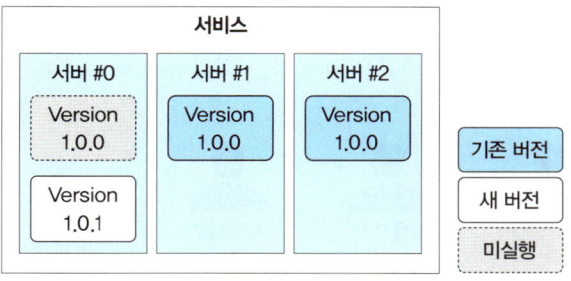

그림 3-27 서버 #0에만 카나리 서버 배포

카나리 배포 방식은 광부들이 유독 가스에 민감한 카나리아를 데리고 갱도에 내려간 '탄광의 카나리아'에서 유래했는데, 이 말은 다가오는 위험을 먼저 알려주는 대상을 가리키는 말이다. 카나리 대상으로 지정된 일부 카나리 서버의 로그나 에러 등을 확인해 새 버전이 잘 동작하는지를 확인하는 과정이 탄광의 카나리아와 같아서 붙여진 이름이다.

안드로이드 앱에서 단계적 배포를 통해서 배포 비율을 조절할 수 있는데, 이 역시 카나리 배포 방식과 유사하다. 일정 비율을 배포한 후에 상황을 확인하고 나머지를 모두 배포하거나 5%부터 점진적으로 10%, 40% 식으로 서버 비율을 늘려가며 배포할 수도 있다.

카나리 배포가 쉬워 보이지만 실제로는 기반 시스템이 꽤 많이 필요한 배포 방식이다. 물론, 단순히 해당 서버의 동작만 확인한다면 한 대에 미리 배포하고 나머지를 배포하면 쉽겠지만, 실제로는 다음과 같은 상황이 일어난다.

사용자의 프로필 이미지를 이름 앞에 보여 주는 기능을 추가했다고 가정하자. 이 기능을 카나리 배포로 추가했을 때 사용자는 카나리 서버로 접속하면 프로필 이미지가 보이고, 기존 서버로 접속하면 보이지 않을 것이다. 그래서 카나리 배포를 할 때에는 카나리 서버에 접속한 사용자는 카나리 서버로만 접속하는 기능이 있어야만 한다. 즉 일부 사용자군만 배포의 영향을 받도록 조절해야 한다.

또 다른 예로 쇼핑몰의 API를 변경해서 기존에 없던 구매 후 10% 페이백 기능을 구현했다고 하자. 그럼 카나리 배포를 했을 때 카나리 서버로 접속해서 구매한 사용자는 10% 페이백을 받는데, 기존 서버에 접속해서 구매한 사용자는 페이백을 받지 못할 것이다. 그래서 카나리 배포를 할 때에는 카나리 서버에 접속한 사용자는 카나리 서버로만 접속하는 기능이 있어야만, 일부 사용자군만 해당 영향을 받도록 조절할 수 있다. 이런 방식은 A/B 테스트를 제공하는 것과 유사하다.

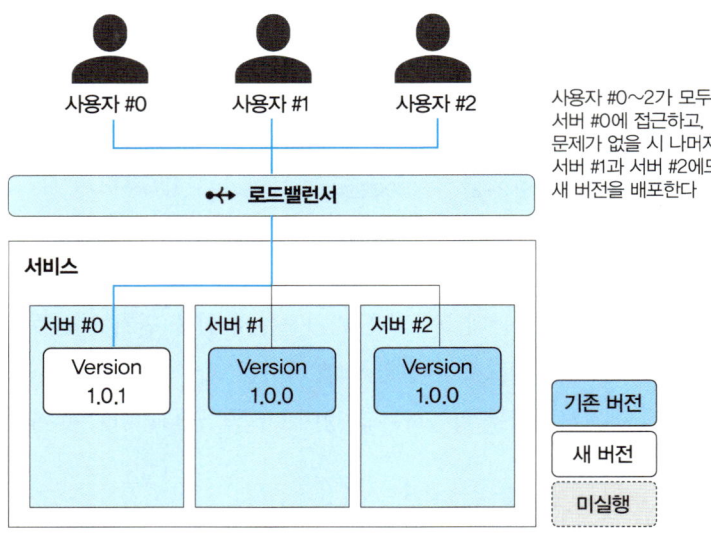

그림 3-28 순차적인 카나리 배포

✅실습 AWS EC2 기반의 블루그린 배포

이번에는 AWS EC2 기반에서 블루그린 배포를 실습해 보자. AWS EC2에서 블루그린을 구현하려면 **AWS ALB**^{Application Load Balancer}를 알아야 한다. ALB는 AWS에 제공하는 로드밸런싱 서비스로, 애플리케이션 계층(OSI 7계층)에서 작동하며 HTTP/HTTPS와 웹소켓^{WebSocket}을 지원한다. ALB는 EC2 말고도 ECS^{Elastic Container Service}, EKS^{Kubernetes} 등도 지원한다.

ALB의 구성 요소는 다음과 같다.

표 3-1 ALB의 구성 요소

구성 요소	내용
리스너(Listener)	• 요청을 수신하는 엔드포인트이다. • 80(HTTP), 443(HTTPS) 등의 포트에서 대기한다.

구성 요소	내용
라우팅 규칙(Rule)	• 리스너의 요청을 처리하기 위한 규칙 집합이다. • 규칙은 조건(URL 경로 등)과 조건에 따른 해당 작업(특정 그룹으로 전달)으로 구성된다.
대상 그룹(Target Group)	• 요청을 전달할 리소스 그룹이다. • 리소스 그룹은 EC2 인스턴스나 컨테이너, Lambda 함수 등이다.
상태 확인(Health Check)	• 대상이 정상적으로 동작하는지 가용성을 체크한다.

블루그린 배포를 하려면 먼저 ALB 하나와 대상 그룹 두 개를 생성해야 한다. 인프라에서 정적인 리소스는 테라폼으로 생성한다. 생성/삭제가 손쉬운 테라폼의 모듈 기능을 이용해서 만들면 재활용이 쉽다.

다음은 테라폼 모듈의 주요 구성 파일인 main.tf 파일인데 AWS 리소스를 생성, 업데이트, 삭제하는 설정을 정의하는 파일이다. 실행 흐름은 ALB를 생성하고, 대상 그룹을 각각 블루, 그린으로 지정한다. 그리고 리스너를 생성해서 처음에는 블루 그룹에 요청을 100% 전달하고, 그린 그룹에는 0% 전달한다. 테라폼의 모듈은 언어의 함수와 유사한데, 해당 모듈에 정의된 작업을 전달받은 변수를 이용해서 한 번에 적용하는 기능이다.

코드 main.tf

```
/*
https://github.com/charsyam/myservice-api/blob/main/terraform/platform/
module/platform/main.tf
*/

# 로드밸런서를 적용하려면 ELB, 리스너(listener), 대상 그룹(target group)을
# 생성해야 한다.

# ELB 생성
resource "aws_lb" "service_lb" {
  name = var.name
  load_balancer_type = "application"
  internal = var.internal
  security_groups = var.security_groups
  subnets = var.subnets
  tags = {
```

```hcl
      Service = var.name
    }
  }


# 로드밸런서 리스너를 등록한다.
# 리스너는 대상 그룹과 연결해서 배포 때마다 블루, 그린 중에 어디로 보낼지를
# 결정한다.
# 가중치(weight)가 100이면 100% 전달하고, 50, 50이면 반반씩 전달한다.
resource "aws_lb_listener" "service_listener" {
  load_balancer_arn = aws_lb.service_lb.arn
  protocol = var.lb_protocol
  port = var.lb_port
  default_action {
    type = "forward"
    forward {
      target_group {
        arn = aws_lb_target_group.service_target_blue_group.arn
        weight = 100
      }
      target_group {
        arn = aws_lb_target_group.service_target_green_group.arn
        weight = 0
      }
    }
  }
}

# 블루 대상 그룹(target_blue_group)을 생성한다.
resource "aws_lb_target_group" "service_target_blue_group" {
  name = "${var.name}-blue"
  protocol = var.target_protocol
  port = var.target_port
  target_type = "instance"
  vpc_id = var.vpc_id
  deregistration_delay = var.deregistration_delay
  depends_on = [
    aws_lb.service_lb
  ]
  lifecycle {
    create_before_destroy = true
```

```
  }
}

# 그린 대상 그룹(target_green_group)을 생성한다.
resource "aws_lb_target_group" "service_target_green_group" {
  name = "${var.name}-green"
  protocol = var.target_protocol
  port = var.target_port
  target_type = "instance"
  vpc_id = var.vpc_id
  deregistration_delay = var.deregistration_delay
  depends_on = [
    aws_lb.service_lb
  ]
  lifecycle {
    create_before_destroy = true
  }
}
```

모듈의 main.tf를 설정했으면 이제 **module** 키워드를 이용해서 ELB, 리스너, 대상 그룹을 생성하는 실제 테라폼 코드를 작성한다.

코드 module 키워드로 생성하는 테라폼 코드

```
/*
https://github.com/charsyam/myservice-api/blob/main/terraform/platform/msd-ap-northeast2/myservice-api/main.tf
*/

module "platform" {
  source = "../../module/platform"
  name             = "platform-${var.name}"
  internal         = false
  security_groups  = [data.terraform_remote_state.vpc.outputs.alb_security_
↪group_id]
  subnets          = data.terraform_remote_state.vpc.outputs.public_subnets
  lb_protocol      = "HTTP"
  lb_port          = 80
  target_protocol  = "HTTP"
  target_port      = 8080
```

```
    vpc_id               = data.terraform_remote_state.vpc.outputs.vpc_id
    deregistration_delay = 300
}
```

이제 인프라 구성을 완료했으니 배포의 흐름을 다시 정리해 보자.

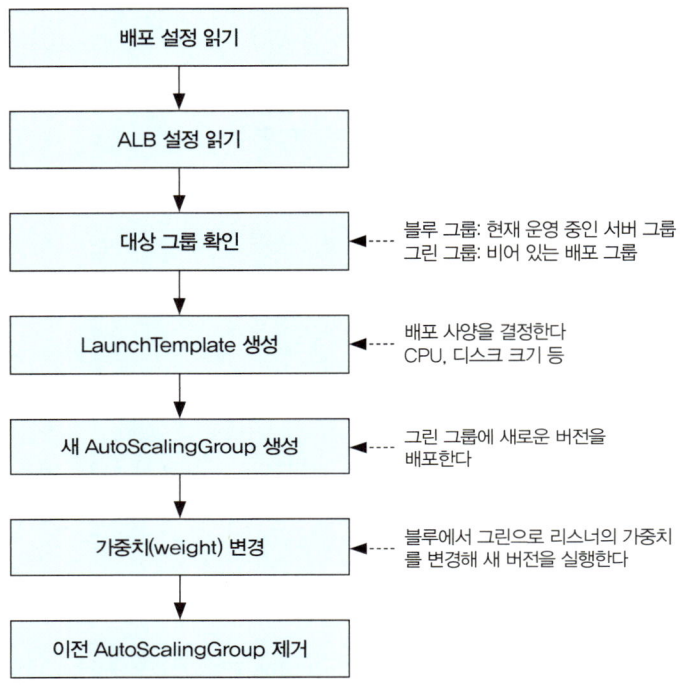

그림 3-29 배포의 흐름

배포 설정은 다음과 같은 형태로 구성한다. target_group과 배포할 서버의 사양, 어떤 subnet을 이용할지를 yaml 파일로 구성을 하고 이를 읽어서 블루그린으로 배포한다. yaml 안에 subnets와 security_groups는 자신의 AWS 환경에 생성된 subnet과 security_group id 값으로 설정해야 한다.

코드 blue-green-deployment.yaml

```
project: myservice-api
regions:
  - region: ap-northeast2
    asg_prefix: platform-myservice-api-asg
```

```yaml
    alb_name: platform-myservice-api
    listener_policy:
      port: 80
      protocol: HTTP
    target_groups:
      - platform-myservice-api-blue
      - platform-myservice-api-green
    spec:
      instance_type: t3a.nano
      key_name: msd-dev
      ami_id: ami-0f1e61a80c7ab943e
      block_devices:
        - device_name: /dev/xvda
          volume_size: 8
          volume_type: gp3
      user_data: ./scripts/myservice-api.sh
    subnets:
      - subnet-043cc060ba07779de
      - subnet-030069e2cc736a03d
    autoscaling_policy:
      desired_capacity: 1
      min: 1
      max: 1
    security_groups:
      - sg-03c0ba8b7403d0d13
```

user_data 부분은 AWS 인스턴스를 생성할 때 실행하는 스크립트이다. 보통 다음과 같이 구성되어 있다. 필요한 라이브러리를 설치하고 프로그램을 실행한다.

코드 run_myservice-api.sh

```bash
#!/bin/bash
sudo yum update - y
sudo yum install python3-pip git-core -y
cd /home/ec2-user/
git clone https://github.com/charsyam/myservice-api
cd /home/ec2-user/myservice-api/
pip3 install -r /home/ec2-user/myservice-api/requirements.txt
cd /home/ec2-user/myservice-api/src
gunicorn main:app -b 0.0.0.0:8080
```

실제 서비스에서는 필요한 라이브러리를 설치하는 시간을 줄이려고 AMI에 미리 필요한 라이브러리를 설치해두고 AMI를 이용하며 배포 스크립트를 구성한다. 설명하는 코드는 모두 하나로 연결된 배포 스크립트이다. 120쪽까지 설명하는 배포 스크립트의 전체 코드는 다음 깃허브 주소에서 확인할 수 있다.

 https://github.com/charsyam/insight-api/blob/main/deploy/deploy.py

단계별로 확인하면 먼저 설정을 읽어온다.

```
# deploy.yaml에서 설정을 가져온다.
conf = read_config(sys.argv[1])
deploy(conf)
```

read_config는 yaml 파일을 읽는 간단한 코드로 구성된다.

```
def read_config(path):
    with open(sys.argv[1], 'r') as stream:
        conf = yaml.safe_load(stream)
    return conf
```

실제 배포는 **deploy_region** 함수로 진행한다. 먼저 해당 ALB가 있는지 확인한다. AWS의 기능을 이용하기 위해서 boto3 라이브러리를 이용한다.

```
    # ALB 정보를 가져온다. 없으면 에러가 발생한다.
    lb = get_alb_info(alb_name)
    lb_arn = lb["arn"]
```

get_alb_info는 해당 이름으로 ALB를 읽어온다.

```
def get_alb_info(alb_name):
    try:
        lbs = get_lbs(elb_client, alb_name)
        lb = lbs[0]
        print(lb)
    except Exception as e:
        print(str(e))
```

```
            sys.exit(-1)
    return {
        'dns': lb["DNSName"],
        'arn': lb["LoadBalancerArn"],
        'vpc_id': lb["VpcId"]
    }

def get_lbs(client, name: str):
    lbs = client.describe_load_balancers(Names=[name])["LoadBalancers"]
    return lbs
```

이제 설정된 대상 그룹이 제대로 있는지 확인한다.

```
# 대상 그룹이 있는지 체크한다. 없으면 에러가 발생한다.
# ALB와 대상 그룹은 최초에 테라폼 등으로 만든다고 가정한다.
target_group_map = build_target_group_map(target_group_names)

# 첫 배포면 기존 autoscaling group을 지우지 않아도 되므로 체크한다.
first_deploy = False
(blue, green, none_count) = get_blue_green_none_count(target_group_map)
target_group_weights = build_target_group_new_weight(green, target_
                          group_map)
```

build_target_group_map 함수는 설정에 등록된 이름으로 target group의 ARN을 가져온다.

```
def build_target_group_map(target_group_names):
    target_group_map = {}
    for name in target_group_names:
        target_group = get_target_group(name)
        target_group_map[name] = target_group[0]
    return target_group_map
def get_target_group(target_group_name):
    try:
        return get_tgs_by_name(elb_client, [target_group_name])
    except Exception as e:
        print(str(e))
        sys.exit(-1)
```

```python
def get_tgs_by_name(client, names):
    tgs = client.describe_target_groups(Names=names)["TargetGroups"]
    return tgs
```

get_blue_green_none_count를 이용해서 해당 대상 그룹에 인스턴스가 존재하는지 체크한다. 둘 다 없으면 첫 배포로 가정한다. check_target_health 함수는 해당 target_group에 정상 인스턴스가 몇 개가 있는지를 체크하는 함수이다.

```python
def get_blue_green_none_count(target_group_map):
    blue = None
    green = None
    none_count = 0
    for key in target_group_map.keys():
        target_group = target_group_map[key]
        arn = target_group["TargetGroupArn"]
        resp = check_target_health(elb_client, arn)
        if len(resp) > 0:
            blue = target_group
        if len(resp) == 0:
            green = target_group
            none_count += 1
    return (blue, green, none_count)
def check_target_health(client, tg_arn):
    response = client.describe_target_health(
        TargetGroupArn=tg_arn,
    )
    return response["TargetHealthDescriptions"]
```

이제 실제로 어떤 스펙으로 배포할지를 결정하는 AWS의 Launch Template을 작성한다.

```python
# launch template을 구성한다.
# spec에 따라서 디스크 사이즈와 서버 스펙 등을 지정한다.
tpl = build_launch_template(alb_name, spec, security_group_ids)
tpl_id = tpl["LaunchTemplateId"]
```

build_launch_template은 다음과 같이 구성된다. 스펙이 변경될 수 있으므로, 매번

지우고 같은 이름으로 다시 생성한다. 최초 생성 시에는 런치 템플릿Launch Template
이 없을 수도 있으므로, 런치 템플릿을 지울 때 발생하는 에러는 무시한다. create_
launch_tpl는 생성 스펙을 결정하기 때문에 설정해야 할 값이 많다. 특히 Security
Group, 디스크 사이즈, AMI 종류, AWS 인스턴스 스펙, SSH 키가 중요하며 인스턴
스가 시작할 때 사용하는 userdata 값도 설정한다.

```python
def build_launch_template(name, spec, security_group_ids):
    try:
        delete_launch_tpl(ec2_client, name)
    except Exception as e:
        pass
    try:
        return create_launch_tpl(ec2_client, name, spec, security_group_ids)
    except Exception as e:
        print(str(e))
        sys.exit(-1)
def delete_launch_tpl(ec2_client, name):
    try:
        response = ec2_client.delete_launch_template(
            DryRun=False,
            LaunchTemplateName=name
        )
        return response
    except Exception as e:
        return {}
def create_launch_tpl(client, tpl_name, tpl_conf, security_group_ids):
    block_devices = tpl_conf["block_devices"]
    BlockDeviceMappings = []
    for device in block_devices:
        device_info = {
            "DeviceName": device["device_name"],
            "Ebs": {
                'VolumeSize': device["volume_size"],
                'VolumeType': device["volume_type"]
            }
        }
        BlockDeviceMappings.append(device_info)
    response = client.create_launch_template(
```

```
        LaunchTemplateData={
            'Monitoring': {
                'Enabled': False
            },
            'KeyName': tpl_conf["key_name"],
            'DisableApiTermination': False,
            'ImageId': tpl_conf["ami_id"],
            'InstanceType': tpl_conf["instance_type"],
            'SecurityGroupIds': security_group_ids,
            'BlockDeviceMappings': BlockDeviceMappings,
            'UserData': load_userdata(tpl_conf["user_data"])
        },
        LaunchTemplateName=tpl_name,
    )
    return response['LaunchTemplate']

# userdata는 Base64로 인코딩해서 전달해야 한다.
# 인스턴스가 실행될 때 해당 userdata가 실행된다.
def load_userdata(path):
    with open(path, 'r') as stream:
        conf = stream.read()
        return base64.b64encode(conf.encode('UTF-8')).decode('ascii')
    return ""
```

이제 새롭게 배포를 진행할 오토스케일링 그룹Auto Scaling Group을 생성한다. 오토스케일링 그룹을 생성하면 인스턴스 개수를 맞추고 **userdata**가 실행되면서 배포가 진행된다.

```
asgs = create_asg(asg_client, tpl_id, tg_arn, asg_name, autoscaling_policy,
                  subnets)
    set_version(alb_name, next_version)

# 배포가 완료되는지 확인한다.
# 상태 확인을 통과한 서버 수가 desired_capacity와 동일해야 끝난다.
check_deploy(tg_arn, autoscaling_policy)
```

create_asg 함수는 서버의 min/max 사이즈를 결정하는데 조금 전에 생성한 런치 템플릿을 사용한다. **check_deploy** 함수는 요청한 개수만큼의 서버가 정상적으로

그린 그룹에 할당되면 종료한다.

```python
def create_asg(client, tpl_id, tg_arn, name, asg_conf, subnets):
    vpc_zone_ids = ','.join(subnets)
    response = client.create_auto_scaling_group(
        AutoScalingGroupName=name,
        LaunchTemplate={
            'LaunchTemplateId': tpl_id,
            'Version': '$Latest',
        },
        TargetGroupARNs=[tg_arn],
        HealthCheckType="ELB",
        HealthCheckGracePeriod=300,
        MaxInstanceLifetime=2592000,
        MaxSize=asg_conf["max"],
        MinSize=asg_conf["min"],
        DesiredCapacity=asg_conf["desired_capacity"],
        VPCZoneIdentifier=vpc_zone_ids,
    )
    return response
def check_deploy(target_group_arn, autoscaling_policy):
    while True:
        targets = check_target_health(elb_client, target_group_arn)
        print(targets)
        tc, hc, new_targets = get_target_instances(targets)
        if hc >= autoscaling_policy["desired_capacity"]:
            print("target group is healty")
            break
        else:
            print(f"total: {tc}, current_healthy_count: {hc}")
        time.sleep(5)
```

성공적으로 배포하면 이제 `modify_listener_weight` 함수로 블루로 연결하는 가중치를 100%에서 0%로, 그린으로 연결하는 가중치를 0%에서 100%로 수정한다.

```
modify_listener(elb_client, listener_policy, listener_arn,
                target_group_weights)
```

리스너의 가중치를 바꾸는 함수는 다음과 같다.

```python
def modify_listener_weight(client, listener_conf, lb_arn, tg_weights):
    response = client.modify_listener(
        DefaultActions=[
            {
                'Type': 'forward',
                'ForwardConfig': {
                    'TargetGroups': tg_weights
                }
            },
        ],
        ListenerArn=lb_arn,
        Port=listener_conf["port"],
        Protocol=listener_conf["protocol"],
    )
    return response
```

이전 오토스케일링 그룹을 삭제한다. 해당 그룹이 삭제되면, 안에 들어있는 인스턴스도 자동으로 삭제된다. 즉 인스턴스를 명시적으로 지울 필요는 없다.

```
delete_previous_autoscaling_group(first_deploy, old_asg_name)
```

`delete_previous_autoscaling_group`은 다음과 같이 구현한다.

```python
def delete_previous_autoscaling_group(first_deploy, previous_asg_name):
    if first_deploy == False:
        delete_asg(asg_client, previous_asg_name)
        while True:
            asg = get_asg(asg_client, previous_asg_name)[0]
            size = len(asg["Instances"])
            print(f"old asg {previous_asg_name} has {size} Instances")
            time.sleep(5)
            if size == 0:
                break

def delete_asg(client, asg_name, force_delete=True):
    response = client.delete_auto_scaling_group(
        AutoScalingGroupName=asg_name,
        ForceDelete=force_delete
    )
    return response
```

3-3 테스트

안정적으로 서비스를 배포하려면 배포 시스템 자체에 문제가 없어야 한다. 배포 시스템의 정확성과 안정성을 보장하는 방법이 바로 테스트이다. 테스트에는 두 가지 방식이 있는데 QA^{Quality Assurance} 조직을 통해서 전문 테스터가 직접 테스트를 진행하는 방식과 테스트 로직을 통해서 진행하는 자동화 테스트가 있다. QA는 꼭 필요하지만, 작은 스타트업에서 QA 조직을 갖추는 일은 비용 측면에서 어렵다. 이 책에서는 QA가 없는 조직에서 최소한으로 반드시 진행해야 하는 자동화 테스트만 다룬다. 시작하기 전에 자동화 테스트를 추가하는 일도 매우 많은 시간이 필요하다는 점을 알아두자.

자동화 테스트는 용어 그대로 사람의 개입이 없는 상태에서 자동으로 실행되는 테스트이다. 여러 테스트 개념 중에 단위 테스트와 E2E 테스트 두 가지만 다루겠다.

3-3-1 단위 테스트

단위 테스트는 **유닛 테스트**^{unit test}라고도 하며 가장 작은 단위인 개별 메서드, 함수, 클래스가 의도한 대로 정확하게 작동하는지 검증하는 테스트이다. 복잡한 기계를 조립하기 전에 각 부품별 품질을 검사하는 일과도 같다.

서비스의 기능^{Feature}은 작은 단위 기능의 조합으로 구성된다. 대체로 서비스는 수많은 메서드, 함수, 클래스가 상호작용을 해 복잡한 기능을 구현하는데, 로직이 복잡해질수록 디버깅이 어렵다. 이렇게 복잡한 로직 속에서 단위 테스트가 잘 구축되어 있으면 문제의 원인을 빠르게 파악하고 더 복잡한 부분에 집중할 수 있다.

사람의 이름에 '은' 또는 '는'을 붙이는 함수를 만든다고 하자. '은'과 '는'의 구분은 종성의 유무로 결정하는데, 이름이 '영자'면 종성이 없으니 '는'을 붙이고, 이름이 '경숙'이면 종성이 있으니 '은'을 붙인다. 종성을 확인하는 데 필요한 한글 자소 구분 클래스는 이미 구현되어 있다. 다음이 한글 자소를 분리하는 파이썬 코드인데 이 코드는 유니코드일 때만 제대로 동작한다. 이제 이 클래스를 활용해서 '은', '는'을 붙이는 함수를 작성하자.

코드 한글 자소 분리 파이썬 코드

```
class KoreanUtils:
    first_code = [
        chr(0x3131), chr(0x3132), chr(0x3134), chr(0x3137), chr(0x3138),
```

```python
        chr(0x3139), chr(0x3141), chr(0x3142), chr(0x3143), chr(0x3145),
        chr(0x3146), chr(0x3147), chr(0x3148), chr(0x3149), chr(0x314a),
        chr(0x314b), chr(0x314c), chr(0x314d), chr(0x314e)
    ]
    middle_code = [
        chr(0x314f), chr(0x3150), chr(0x3151), chr(0x3152), chr(0x3153),
        chr(0x3154), chr(0x3155), chr(0x3156), chr(0x3157), chr(0x3158),
        chr(0x3159), chr(0x315a), chr(0x315b), chr(0x315c), chr(0x315d),
        chr(0x315e), chr(0x315f), chr(0x3160), chr(0x3161), chr(0x3162),
        chr(0x3163)
    ]
    last_code = [
        chr(0), chr(0x3131), chr(0x3132), chr(0x3133), chr(0x3134),
        chr(0x3135), chr(0x3136), chr(0x3137), chr(0x3139), chr(0x313a),
        chr(0x313b), chr(0x313c), chr(0x313d), chr(0x313e), chr(0x313f),
        chr(0x3140), chr(0x3141), chr(0x3142), chr(0x3144), chr(0x3145),
        chr(0x3146), chr(0x3147), chr(0x3148), chr(0x314a), chr(0x314b),
        chr(0x314c), chr(0x314d), chr(0x314e)
    ]
    first_korean = 0xAC00   # \uAC00: 가
    last_korean = 0xD7A3    # \uD7A3: 힣
    @staticmethod
    def has_last_code(msg: str) -> bool:
        if not msg:
            return False
        ch = msg[-1]
        jaso = KoreanUtils.as_jaso(ch)
        return len(jaso) == 3
    @staticmethod
    def as_jaso(msg: str) -> str:
        result = ""
        for ch in msg:
            if KoreanUtils.first_korean <= ord(ch) <= KoreanUtils.last_\
korean:   # 한글 범위면 분리
                base = ord(ch) - KoreanUtils.first_korean
                first_idx = base // (len(KoreanUtils.middle_code) *
                            len(KoreanUtils.last_code))
                middle_base = base % (len(KoreanUtils.middle_code) *
                              len(KoreanUtils.last_code))
                middle_idx = middle_base // len(KoreanUtils.last_code)
                last_idx = middle_base % len(KoreanUtils.last_code)
```

```
                    result += KoreanUtils.first_code[first_idx] + KoreanUtils.\
middle_code[middle_idx]
                    if last_idx != 0:
                        result += KoreanUtils.last_code[last_idx]
                else:
                    result += ch
            return result
        @staticmethod
        def get_converted_name(name: str, first: str, second: str) -> str:
            if KoreanUtils.has_last_code(name):
                return name + first
            else:
                return name + second
# 예제 사용
print(KoreanUtils.as_jaso("가나다"))  # 결과: ㄱㅏㄴㅏㄷㅏ
print(KoreanUtils.get_converted_name("사람", "은", "는"))  # 결과: 사람은
```

그런데 '은', '는'을 붙이는 함수에 문제가 있을 때마다 매번 이 코드를 디버깅에서 확인해야만 할까? 이 코드에 문제가 없다고 확신하지 않으면 이 코드도 항상 확인할 수밖에 없다. 하지만, 이 기능에 대한 단위 테스트가 잘 작성되어 있다면 문제가 발생했을 때 이 코드 외의 다른 부분을 먼저 확인할 수 있을 것이다.

단위 테스트를 추가해 보자. 기본 테스트 케이스에는 성공, 실패, 경계 조건을 항상 추가하는 것이 좋다. 경계 조건은 '10보다 커야 한다'라는 조건이 있으면 9, 10, 11 등 기준의 경계에 들어가는 값을 테스트하는 것이다. 다음은 각 요구 조건에 맞는 케이스를 검증하는 테스트 케이스를 추가한 것이다.

코드 단위 테스트 코드

```
import pytest
from korean_utils import KoreanUtils
def test_as_jaso_강대명():
    expected = "ㄱㅏㅇㄷㅐㅁㅕㅇ"
    results = KoreanUtils.as_jaso("강대명")
    assert(expected == results)
def test_as_jaso_이경숙():
    expected = "ㅇㅣㄱㅕㅇㅅㅜㄱ"
    results = KoreanUtils.as_jaso("이경숙")
    assert(expected == results)
```

```python
def test_as_jaso_not_이경숙_1():
    expected = "ㅇㅣㄱㅕㅇㅅㅜㄱ"
    results = KoreanUtils.as_jaso("이경수")
    assert(expected != results)
def test_as_jaso_not_이경숙_2():
    expected = "ㅇㅣㄱㅕㅇㅅㅜㄱ"
    results = KoreanUtils.as_jaso("이경숙이")
    assert(expected != results)
def test_as_get_converted_name_강대명은():
    expected = "강대명은"
    results = KoreanUtils.get_converted_name("강대명", "은", "는")
    assert(expected == results)
def test_as_get_converted_name_이영자는():
    expected = "이영자는"
    results = KoreanUtils.get_converted_name("이영자", "은", "는")
    assert(expected == results)
```

이런 테스트를 추가하면 빌드 때마다 단위 기능을 검증하므로 이 기능은 어느 정도 정상적으로 동작한다고 보장할 수 있다.

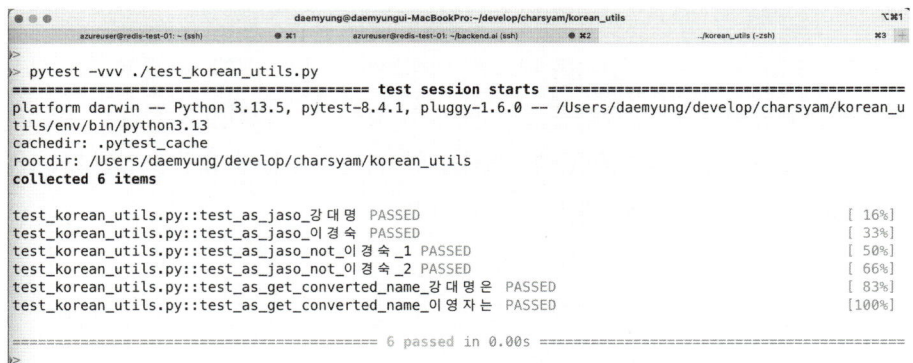

그림 3-30 단위 테스트 실행 화면

단위 테스트의 또 다른 장점은 다른 개발자가 단위 테스트를 보면서 해당 단위 기능의 사용법을 알 수 있는 점이다. 앞의 테스트를 보면 어떤 파라미터를 넘겨야 하는지 어떤 값이 리턴되는지 등, `as_jaso`나 `get_converted_name` 함수를 어떻게 호출해야 하는지를 바로 알 수 있다.

3-3-2 E2E 테스트

단위 테스트를 통과해 작은 테스트 단위로 전부 동작한다고 해서 이를 조합한 복잡한 기능이 제대로 동작한다는 보장은 없다. 개별로는 잘 동작하는 단위 동작이지만, 결합하니 파라미터가 잘못 들어가거나, 호출 순서가 잘못되었거나 등, 여러 문제가 존재할 수 있다. 이때 필요한 테스트가 실제로 동작이 그대로 동작하는지를 확인하는 **E2E 테스트**end-to-end test이다. E2E 테스트는 엔드투엔드 테스트 또는 **종단 간 테스트**라고도 한다.

E2E 테스트는 사용자 관점에서 서비스의 전체 동작을 테스트해서 서비스가 제대로 동작하는지를 확인하는 방법이다. E2E 테스트는 실제 사용자 시나리오를 두고 시뮬레이션해서 최종 사용자 경험을 검증하는 방식이라 원칙상 UI 동작까지 모두 테스트해야 하지만, 책에서는 백엔드 동작 부분만 설명한다.

> **E2E 테스트의 목적**
> - **서비스의 신뢰성 보장**: 모든 구성 컴포넌트가 통합적으로 작동하고 기대한 결과대로 동작하는지 테스트하므로 서비스의 신뢰성 보장으로 이어진다. 다만 서비스의 신뢰성 보장은 E2E 테스트를 위한 테스트가 얼마나 정밀하게 존재하는가에 비례한다.
> - **개별 워크플로 검증**: 각각의 시나리오별로 제대로 동작하는지 확인이 가능하다.
> - **회귀 방지**: 테스트가 많아질수록 새로운 기능이 기존 동작을 변경해서 문제가 발생하는지도 미리 확인할 수 있다.

E2E 테스트를 하려면 테스트 전에 전체 시스템이 구성되어 있어야 한다. 전체 시스템이 다음과 같이 API 게이트웨이, myservice API 서버, 외부 서버, 데이터베이스 서버, 캐시 서버로 구성되어 있다.

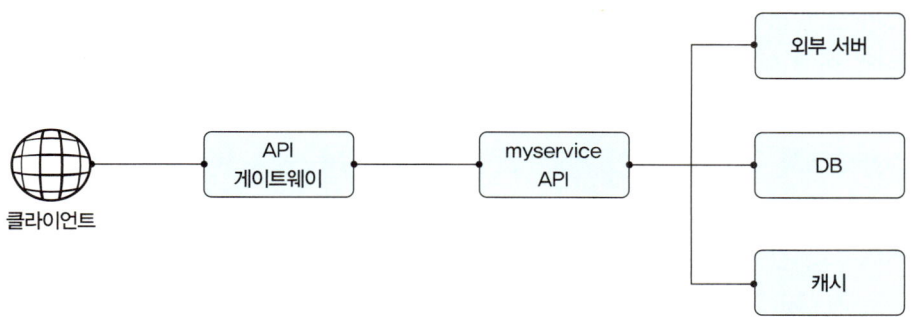

그림 3-31 전체 시스템 구성

E2E 테스트를 위해서 개별로 각 서버를 구축하면 좋겠지만, 개별로 구축하려면 시스템 구성에 너무 많은 자원(서버)이 필요하다. 이럴 때는 개발자의 장비에서 한 번에 E2E 테스트를 진행하는 것이 좋다. 개발자의 장비에서 한 번에 진행한다는 말은 결국 테스트 서버 한 대 또는 빌드 서버 한 대에서 테스트할 수 있다는 의미이다.

E2E 테스트 구성에 필요한 조건

한 대에서 모두 테스트하려면 몇 가지 고려할 점이 있다. 바로 설정, 서비스 목킹, 테스트 환경을 위한 지원, 테스트 시나리오 작성이다. 하나씩 차례로 살펴보자.

첫 번째로 **설정**을 살펴보자. 한 대에서 모두 테스트하려면 환경에 따라서 설정값을 다르게 설정할 수 있어야 한다. 예를 들어 보통의 서버는 HTTP는 80번 포트를, HTTPS는 443번 포트를 사용하도록 설정한다. 그런데 한 대에서 모든 서버가 동작하므로 각 서버가 모두 같은 포트를 사용하려고 하면 포트가 충돌한다. 결국 한 서버만 제대로 실행되고 다른 서버는 실행되지 않아 전체 서비스가 제대로 실행되지 않는다. 이런 문제를 피하려면 보통 다음과 같이 설정해야 한다.

- **포트 번호**: 각 서버의 컴포넌트 실행 포트가 다 달라야 한다.
- **로그 파일 위치**: 동일한 파일에 로그를 기록하는 위험을 피하려면 각 서비스 컴포넌트가 로그를 저장하는 위치도 설정할 수 있어야 한다.
- **호출하는 외부 컴포넌트의 주소**: 예에서는 API 게이트웨이로 myservice API를 호출해야 하므로 myservice API의 주소를 알아야 한다. myservice API는 외부 서버와 데이터베이스, 캐시 서버의 주소를 알아야만 서비스에서 연결이 가능하다.

다음은 **서비스 목킹**service mocking이다. 서비스의 모든 부분을 직접 개발하면 좋겠지만 서비스를 개발하다 보면 어쩔 수 없이 외부 서비스를 사용해야 할 때가 있다. 예를 들어 결제 서비스나 SMS 발송 서비스는 직접 구축하지 않고 외부 서비스를 사용하는데, 이때 외부 서버를 호출해야만 한다. 해당 서비스를 호출해서 값을 얻을 수 있으면 좋지만, 개발 환경과 실제 운영 환경에서의 사용자 정보 차이라든지, 해당 서비스를 호출할 수 없는 상황이 발생하면 이를 처리해 주는 목킹 서버를 만들 필요가 있다. 특정값에 대해서는 특정 결과를 돌려주는 형태로 아주 간단한 서버를 만들어서 띄워주고, 값에 따라서 실제 서버가 보내야 하는 응답과 비슷하게 돌려주는 서버를 구축하는 것이다.

이때 최대한 비슷한 응답을 전달할 수 있다면 좀 더 다양하게 테스트할 수 있겠지만, E2E 테스트의 목적이 해당 외부 서비스의 기능 검증이 아니므로 우리 서비스에 필요한 응답 중 일부를 전달하는 형태로 최대한 간단하게 만들도록 하자.

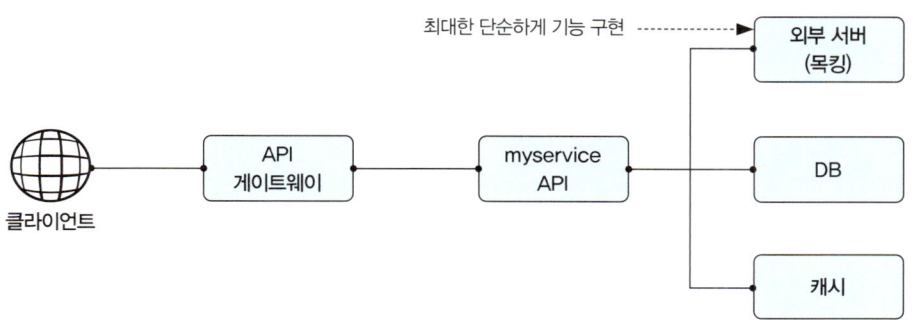

그림 3-32 목킹 서버 구성

세 번째는 **테스트 환경을 위한 지원**이다. 테스트 환경과 서비스 환경을 같게 구축하려면 개발과 테스트에 드는 비용이 증가하고, 외부 요청이나 인증 등 일부 요소는 실제 서비스 환경과 유사하게 구현하기가 어렵다. 특히 스타트업은 테스트 환경 구축에 큰 비용을 투자하기가 쉽지 않다. 그래서 테스트 환경에서만 특정 보안을 완화하는 방식으로 테스트를 조금 더 수월하게 돕는다.

- **UserID 등으로 인증 토큰 우회**: 인증 과정을 매번 거치지 않고 UserID를 전달하면 테스트 모드나 개발 모드에서만 해당 UserID로 바로 인증되도록 지원한다. 인증 과정의 복잡함을 피해서 테스트를 쉽게 구성할 수 있으며 인증 과정 테스트는 따로 진행해야 한다.
- **외부 서버 호출 무시**: 목킹 서버를 이용하는 방법도 있지만, 유사하게 구현하기도 복잡하다면 테스트 환경에서는 호출하지 않고 특정값을 사용하도록 대체할 수도 있다.

이처럼 테스트 환경을 위해서 수정한 부분이 있으면 해당 부분이 개발 환경 또는 테스트에만 적용된다는 점을 항상 인지해야 한다. 실수로 서비스 환경에 해당 기능이 노출되면 큰 문제가 발생할 수 있다. 인증 과정 없이 바로 인증되는 서비스를 생각하면 아찔하다.

마지막은 **테스트 시나리오 작성**이다. E2E 테스트에서 테스트 시나리오는 클라이언트의 호출과 동일한 형태로 테스트를 작성해야 한다. 사용자가 가입하는 시나리오를 예로 들겠다. 가입을 하려면 다음과 같은 API를 호출한다고 가정하자. register API는 사용자 등록용 API이다.

endpoint	/api/v1/user/register
method	POST
| parameters | ```
{
  "body": {
    "name": "강대명",
    "email": "charsyam@naver.com",
    "password": "password",
    "term_ids": [
       1, 2, 3
    ]
  }
}
``` |
name	사용자 이름
email	사용자 이메일
password	사용자 암호
term_ids	가입 시 사용자가 선택한 약관 리스트

이 API를 호출하기 전에 약관 리스트를 가져와서 해당 term_ids를 전달해야 하면 약관 API도 호출해서 결과를 받아와야 한다.

endpoint	/api/v1/terms
method	GET
| response | ```
{
  "type": "REGISTER"
  "terms": [
     {"id": 1, "type": "mandatory", "text": "가입 약관 필수1"},
     {"id": 2, "type": "mandatory", "text": "가입 약관 필수2"},
     {"id": 3, "type": "optional", "text": "가입 약관 선택1"},
  ]
}
``` |

이를 기반으로 이제 다음과 같은 테스트 시나리오를 구성할 수 있다. 먼저 정상 케이스를 만들어 보자.

정상 케이스 #1 모든 약관에 동의

1. 약관 리스트(term list)를 조회하기 위해 /api/v1/terms 엔드포인트를 호출한다.
2. 응답 결과에서 약관 아이디(term_ids)를 추출한다.
3. 모든 약관에 동의했다고 가정하고 추출한 약관 아이디(term_ids) 1, 2, 3을 선택한다.
4. 사용자 register API를 호출한다.
5. 정상적으로 성공 응답(OK)을 받는지 확인한다.

정상 케이스 #2 필수 약관에만 동의

1. 약관 리스트(term list)를 조회하기 위해 /api/v1/terms 엔드포인트를 호출한다.
2. 응답 결과에서 약관 아이디(term_ids)를 추출한다.
3. 필수 약관에만 동의했다고 가정하고 선택 약관은 제외하고 필수 약관 ID(1, 2)만 전달한다.
4. 사용자 register API를 호출한다.
5. 정상적으로 성공 응답(OK)을 받는지 확인한다.

이제 실패 케이스를 구성해 보자.

실패 케이스 #1 필수 약관이 모두 누락

1. 약관 리스트(term list)를 호출(/api/v1/terms)해서 가져온다.
2. 응답 결과에서 약관 아이디(term_ids)를 추출한다.
3. 필수 약관을 모두 누락하여 빈 term_ids를 전달한다.
4. 사용자 register API를 호출한다.
5. 정상적으로 실패 응답이 반환되는지 확인한다.

실패 케이스 #2 일부 약관에만 동의

1. 약관 리스트(term list)를 호출(/api/v1/terms)해서 가져온다.
2. 응답 결과에서 약관 아이디(term_ids)를 추출한다.
3. 필수 약관 중 하나만 추가해서 전달한다.

4. 사용자 register API를 호출한다.

5. 정상적으로 실패 응답이 반환되는지 확인한다.

실패 케이스 #3 이미 가입한 경우

1. 약관 리스트(term list)를 호출(/api/v1/terms)해서 가져온다.
2. 응답 결과에서 약관 아이디(term_ids)를 추출한다.
3. 모든 약관 ID(1, 2, 3)를 정상적으로 전달한다.
4. 사용자 register API를 호출한다.
5. 정상적으로 성공 응답이 반환되는지 확인한다.
6. 동일 API를 동일한 데이터로 다시 호출한다(첫 번째 호출은 성공해야 한다).
7. 중복 가입 에러로 실패 응답이 반환되는지 확인한다.

실패 케이스 #3은 가입 정책에 따라 달라질 수 있다. 이미 가입한 사용자에 대한 호출이 실패하지 않았다고 규정하는 정책이라면 실패 케이스 대신에 정상으로 응답이 처리되는지 확인한다. 이런 테스트 케이스가 끝나면 데이터베이스 안에 새로 가입한 사용자 정보와 전달한 정보가 같은지를 확인한다.

E2E 테스트의 핵심은 테스트의 정교함에 있다. 그래서 가능하면 모든 시나리오에 대해서 E2E 테스트를 진행하는 게 좋다. 다만 E2E 테스트를 서비스 개발의 초창기에 작성하면 서비스 개발 중에 API 변경이나 응답 변화가 많을 수도 있어서 꽤 많은 부분을 수정할 수 있다. 그만큼 시간이 오래 걸린다는 점도 알아두길 바란다.

서비스를 변경할 때 큰 변화가 생기면 결국 테스트에도 큰 변화가 생긴다. 그래서 서비스가 지속적으로 발전할수록 테스트도 계속 유지보수를 해야 한다. 또한 테스트가 많아질수록 전체 테스트를 수행하는 데에도 시간이 오래 걸린다. 그래서 자동화 테스트의 성능도 지속해서 개선해야 한다. 규모가 큰 기업에서는 빌드 과정과 테스트 과정을 개선하는 전문 엔지니어 포지션도 있을 만큼 자동화 테스트의 유지보수는 중요한 일이다.

CHAPTER 04

서비스 아키텍처

서비스를 개발하려면 서비스 아키텍처의 구성과 각 기능을 어떻게 구현할지가 중요하다. 서비스의 성격과 별개로 기본으로 구현해야 하는 기능 요소가 있다. 인증, 데이터베이스와 캐시, 모니터링, 로그 수집, 통계 정보 추출이 바로 서비스의 기본 기능 요소이다.

인증으로 사용자를 확인하고, 데이터베이스와 캐시로 정보를 저장하고 제공하며, 모니터링을 통해 서비스의 안정성을 확보한다. 모니터링 과정에서 나온 문제 상황을 해결하려면 로그 수집이 필요하고, 서비스가 목표한 지표를 따라가는지 확인하려면 통계 정보가 필요하다.

- 서비스 개발에 필요한 기본 인증과 인가에 대해서 이해한다.
- 데이터의 분산 저장 방식에 대해서 이해한다.
- 캐싱의 필요성과 방식에 대해서 이해한다.

4-1 모놀리식 아키텍처와 MSA

서비스 아키텍처를 구성할 때는 모놀리식 아키텍처와 MSA 중 하나를 선택해서 구성한다. **모놀리식 아키텍처**monolithic architecture는 전통 아키텍처로, 하나의 서비스 또는 애플리케이션을 거대한 하나의 아키텍처로 구성하는 방식이다. [그림 4-1]의 왼쪽이 모놀리식 아키텍처이다.

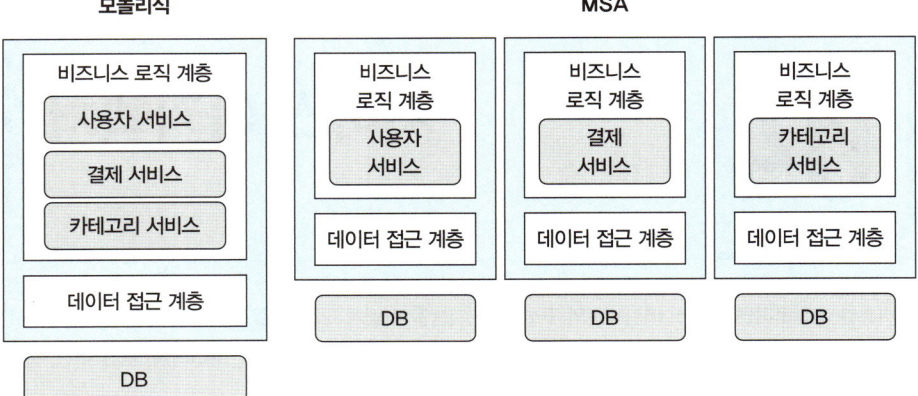

그림 4-1 모놀리식 아키텍처와 MSA

모놀리식 아키텍처와 반대로, 서비스를 기능별로 분할하여 개발하고 각각의 독립 서비스가 서로 통신하는 아키텍처가 바로 **MSA**MicroService Architecture이다.

다음은 모놀리식 아키텍처와 MSA를 간단하게 비교한 표이다.

표 4-1 모놀리식 아키텍처와 MSA 비교

기준	모놀리식 아키텍처	MSA
배포	초기 배포와 테스트가 간단하고 빠르며, 변경 사항도 일괄적으로 적용되어 일관성이 높다. 하지만 하나의 작은 변경도 전체를 재배포해야 할 수 있다.	서비스 단위로 독립 배포가 가능해 빠른 수정과 롤백이 가능하지만, 서비스별 배포 자동화 및 연동 구성이 복잡할 수 있다.
유지보수	단일 코드베이스로 전체를 파악하기가 쉬워서 작은 팀에 유리하다. 하지만 시간이 지날수록 코드가 복잡해지고, 변경 시 의도치 않은 영향이 생길 수 있다.	서비스가 분리되어 있어 개별 기능 유지보수가 쉽고 팀 간 책임이 명확하다. 반면, 서비스 간 연동 이슈나 중복된 로직 관리가 어려울 수 있다.
신뢰성	구조가 단순하고 일관되어 테스트가 용이하지만, 하나의 에러가 전체 시스템 장애로 이어질 수 있는 SPOF(단일 장애 지점)가 존재한다.	장애가 발생해도 대부분 해당 서비스에 국한되어 전체 시스템에는 영향이 적다. 그러나 서비스 간 의존성에 따라 장애 전파 가능성도 존재한다.
확장성	수직 확장이 용이하고 초기 운영 비용이 적지만, 특정 기능만 확장하기는 어렵다. 전체 시스템을 확장해야 하므로 비효율적일 수 있다.	서비스별로 독립해서 확장할 수 있어 리소스를 효율적으로 사용할 수 있다. 하지만 분산 환경 관리 비용과 복잡도가 높다.

기준	모놀리식 아키텍처	MSA
개발	동일한 코드 기반에서 작업하므로 협업 시 충돌이 잦을 수 있지만, 개발 환경 통일성과 디버깅이 쉬운 장점이 있다.	서비스별로 독립된 개발이 가능해 병렬 개발이 유리하지만, 통합 시 인터페이스 설계와 테스트가 더 복잡해질 수 있다.
릴리스	한 번에 전체 시스템을 배포하므로 일관성과 안정성이 있지만, 릴리스 주기가 길어지고 일부 지연이 전체 일정에 영향을 줄 수 있다.	서비스 단위로 기능을 빠르게 릴리스할 수 있어 민첩성이 높지만, 서비스 간 종속성을 잘 조율하지 않으면 릴리스 충돌 가능성이 있다.
비용	초기 개발 및 운영 비용이 비교적 낮고 단일 인프라로 운영이 간단하다. 그러나 장기적으로 유지보수와 확장에 따른 기술 부채가 커질 수 있다.	초기 구축 및 인프라 비용이 높고 운영 복잡도가 있지만, 장기적으로는 확장성과 유지보수 효율성이 좋아져 비용 절감 가능성이 있다.

4-1-1 서비스를 나누는 기준

모놀리식 아키텍처와 MSA 중 정답이 있는 건 아니고 상황에 따라 장단점을 비교하고 선택하면 된다. 다만 경험이 적은 팀이거나 스타트업이라면 서비스 초기 개발에는 모놀리식 아키텍처를 강력하게 권한다. 서비스 개발 초기에는 기능이나 요구사항 변경이 잦은데, MSA에서는 작은 변경조차도 전체에 영향을 미친다. 더군다나 MSA는 기본 성능에서도 통신 비용이 발생할 수 있는 터라 변경 사항이 많은 개발 초기에는 모놀리식 아키텍처를 선택하는 편이 유리하다. 이런 이유로 필자는 스타트업 초기에는 모놀리식 아키텍처를 권장한다.

물론 무조건 모놀리식 아키텍처일 필요는 없다. 명확하게 구분되는 서비스가 있다면 처음부터 서비스를 분리하는 편이 좋다. 쇼핑몰의 결제 서비스와 검색 서비스는 하나로 연결되어 있는 편이 좋지만, 완전 별개의 서비스라면 스타트업일지라도 처음부터 분리하는 것이 좋다.

예를 들어 한 기업에서 쇼핑몰, OTT, 배달 주문 서비스를 준비한다면 이 셋을 별개의 서비스로 봐야 한다. 회원정보는 공유할 수 있겠지만, 각 서비스의 기능이 연동될 필요는 없다. 이렇듯 서비스의 성격이 다를 때는 아예 서비스를 분리하는 편이 사용자의 관심도가 분산되지 않아 좋다. 쇼핑몰과 OTT, 배달 주문 서비스는 전혀 어울리지 않을 것 같지만 실제 이를 서비스하는 곳이 있다. 바로 쿠팡이다.

반대로 서비스 초반에 MSA 형태로 서비스를 구성한다고 가정해 보자. 다음 그림은 간략한 MSA 구성도이다. MSA에서는 인프라를 간단하게 구성하더라도 서비스마다 데이터베이스 서버를 별도로 설치하고, 서비스 간 데이터 교환에는 API를 사용해야 한다. 그림의 HTTP API 외에도 성능 향상을 위해 GRPC나 Thrift 등의 다른 통신 방식을 사용할 수도 있다. 이렇게 개별로 서버를 구축하면 문제 발생 요인을 찾거나 호출의 순서를 확인하는 일 등 여러 면에서 복잡도가 증가한다.

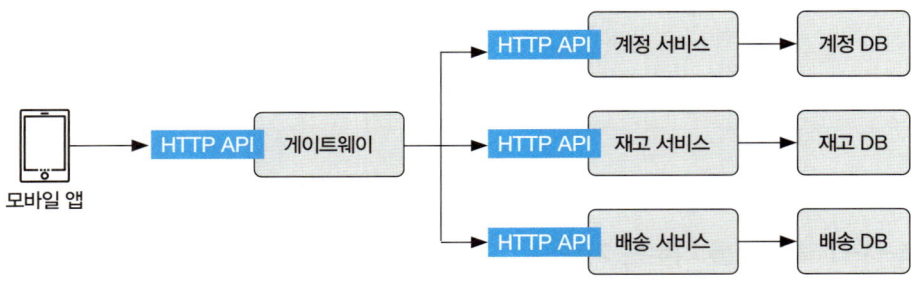

그림 4-2 간단한 MSA 구성도

포털업체에서 새로 추가하는 서비스나 사용자가 대규모라고 확신하는 서비스라면 처음부터 MSA 형태로 새로운 서비스를 출시할 수도 있다. 이미 충분한 경험이 있거나 서비스의 안정성이나 확장성이 서비스 출시만큼 중요한 서비스라면 MSA를 마다할 필요는 없다.

하지만 인적자원과 자본이 모두 부족하고 서비스 개발과 출시가 최우선인 스타트업에서는 정말 특수한 상황이 아니라면 초기에 MSA를 권장하지 않는다. 페이스북을 개발해 운영하는 메타에서도 스레드[1]를 개발할 때 빠르게 출시하고자 인스타그램의 모놀리식 아키텍처를 활용했다고 들었다. 개발 기간은 7개월이었다.

4-1-2 서비스 운영 환경

처음 서비스를 배포하기 전까지는 사용자가 없으므로 어떤 식으로 개발하거나 배포하든 문제가 되지 않는다. 하지만, 첫 배포 이후로 사용자가 이용하는 운영 환경에서 계속 개발하고 배포해도 괜찮을까?

---

1 메타에서 운영하는 소셜네트워크서비스. https://www.threads.com/

당연히 괜찮지 않다. 서비스를 개발하는 환경(dev)과 운영하는 환경(production)은 서로 분리해야 한다. 개발 환경에서 개발과 테스트를 진행하고 배포는 운영 환경으로 진행하는 것이다.

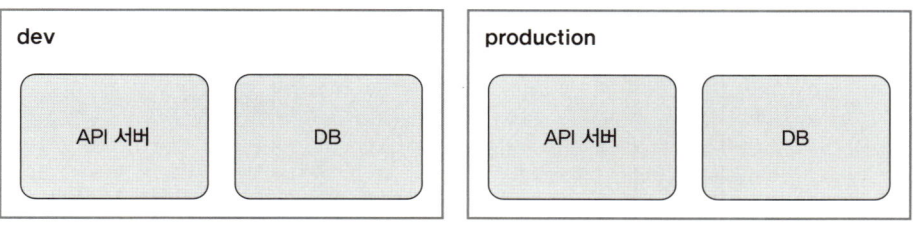

그림 4-3 개발 환경과 운영 환경

2장에서 계정 권한을 다음과 같이 분리했는데 바로 이 구성도가 운영 환경을 나눈 구성도이다. dev, prod가 각각 개발과 서비스 운영 환경이다.

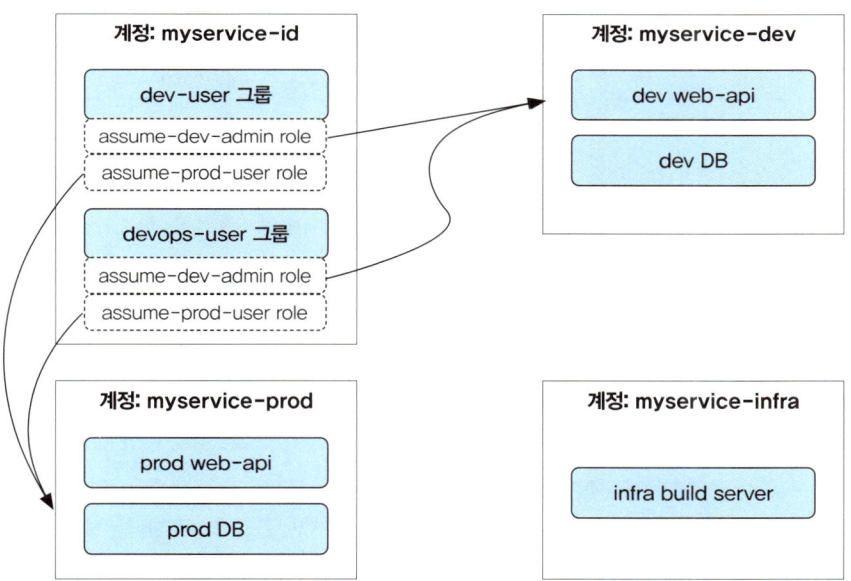

그림 4-4 계정별 사용 역할

여기에 운영 테스트 환경(stage)을 추가해야 한다. 기능을 추가하다 보면 실제 운영 환경의 데이터로 테스트해야 할 순간이 있다. 하지만 운영 환경에서 테스트하면 모든 고객이 영향을 받는다. 이때 필요한 환경이 바로 운영 테스트 환경이다. 서비스 운영을 시작한 다음부터는 개발과 운영을 어느 DB에 연결하는지가 중요한데, 보통 다음과 같이 구성한다. 이때 호스트는 api-{환경}.myservice.com이거나 api.{환경}.myservice.com 등으로 주로 구성한다.

표 4-2 개발 환경과 운영 환경에 연결되는 DB 구성

환경	설명	사용하는 DB와 호스트	
local	개인 개발 환경으로 개발 머신과 DB, API 서버가 모두 하나	DB	local
		호스트	api.local.myservice.com
localdev	개발 환경 내에 공용 개발 DB가 있고, 개발 머신과 API 서버가 같은 머신	DB	dev
		호스트	api.localdev.myservice.com
dev	개발 환경 내에 공용 개발 DB와 API 서버가 있고, 개발 환경에서 테스트하는 상태	DB	dev
		호스트	api.dev.myservice.com
stage	운영 환경 내에 운영 DB가 있고, 운영 테스트 환경 내에 API 서버가 있는 상태	DB	production
		호스트	api.stage.myservice.com
production	DB는 운영 환경 내에 있고, 고객에게 API 서버가 서빙하는 상태	DB	production
		호스트	api.myservice.com

이렇게 구성하려면 환경을 어떻게 나눠야 할까? 코드에 환경을 지정하면 매번 애플리케이션을 수정해서 실행해야 하므로 환경 설정은 환경 변수로 한다. 프로그래밍 언어는 대부분 환경 변수를 읽을 수 있으므로 환경 변수의 설정에 따라서 실행 환경이 변한다.

> **운영 테스트 환경 구성의 어려움**
>
> 개발 환경이나 운영 환경과 다르게 운영 테스트 환경(stage)은 구성이 조금 복잡할 수 있다. 개발 환경과 운영 환경이라면 네트워크 환경을 구분 지어 구성할 수 있지만, 운영 테스트 환경은 보통 운영 환경의 데이터베이스와 연결되어야 하므로, 환경을 독립적으로 구성하기가 어려워 대부분 운영 환경 안에 구성한다. 이럴 때는 host를 api-stage.myservice.com으로 구성하기도 한다. 또 서비스가 연동되어 있다면 연동된 서비스 양쪽에 운영 테스트 환경이 있어야 한다. 서비스 A와 B가 연동되어 있고 A에만 A-Stage 환경이 있다면 A-Stage에서 테스트하는 걸 서비스 B는 전혀 인지하지 못하고 A-Production으로 요청을 보낸다. 이렇게 테스트 환경이 서로 일치하지 않으면 문제가 생길 수 있다.

4-2 페일오버

서비스 아키텍처의 중요한 목표는 안정적인 서비스 운영에 있다. 서비스를 안정적으로 운영하려면 2장에서 설명한 SPOF(단일 장애 지점)를 없애야 한다. 이때 필요한 기술이 바로 페일오버이다.

서비스 장애가 발생하는 원인은 다양한데 그중 가장 큰 원인은 사람의 실수이다. 보통 새로 추가한 신규 기능의 로직에 오류가 있어서 장애가 발생한다. 테스트를 통해서 이런 실수를 줄일 수는 있지만, 항상 100% 방지할 수는 없다. 테스트에서 발견하지 못한 장애라면 장애를 감지한 뒤 빠르게 수정하거나 롤백rollback하는 방법이 최선이다. 이런 장애는 보통 배포와 함께 발생하므로 배포 후에 모니터링을 강화해서 빠르게 발견해야 한다.

그다음으로 많이 발생하는 장애의 형태는 시스템에서 자연적으로 발생하는 장애이다. 예를 들어 로그가 많이 쌓여서 하드 디스크 용량이 부족하거나, 급증한 사용량으로 CPU나 메모리를 많이 사용하거나, 하드웨어에 문제가 발생하는 일도 있다. 이런 시스템 장애는 예기치 못하게 발생하는 장애라서 대응이 어렵다. 이때 사용하는 기술이 페일오버이다. **페일오버**failover란 장애가 발생한 서비스 컴포넌트의 장애를 인지하고 해당 기능을 대신하는 새로운 컴포넌트를 동작하게 하는 기술이다.

4-2-1 액티브-스탠바이 페일오버

액티브-스탠바이 페일오버active-standby failover는 가장 기본적인 페일오버이다. 서비스를 하지 않는 대기 서버standby server를 준비해 두고, 서비스 중인 서버active server에 장애가 발생하면 바로 대기 서버로 대체하는 형식이다.

이런 액티브-스탠바이 페일오버의 가장 대표적인 예가 데이터베이스의 읽기 복제본이다. 데이터베이스 서버는 보통 읽기 복제본을 함께 운영하다가 메인 데이터베이스primary database에 장애가 발생하면 읽기 복제본을 메인으로 대체해 서비스를 안정적으로 유지한다.

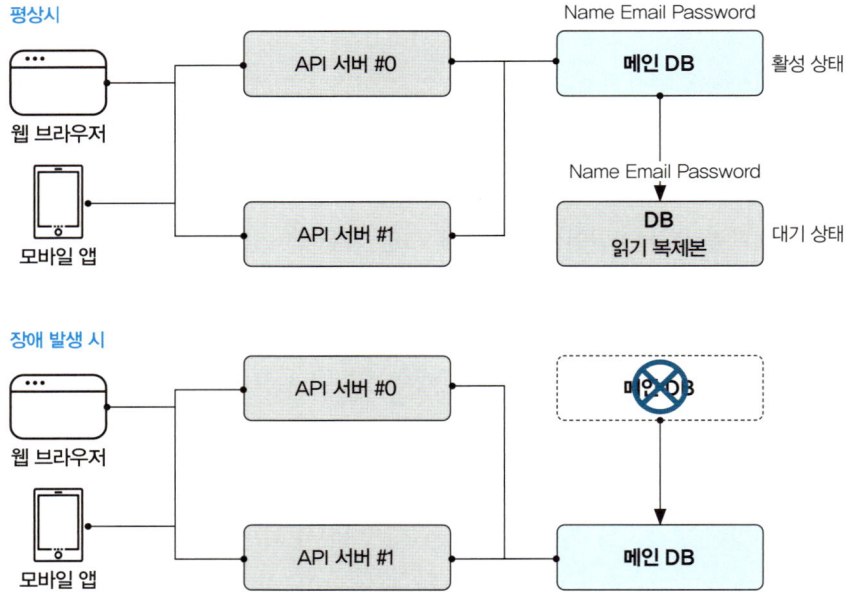

그림 4-5 평상시(위)와 장애 발생 후(아래) DB 서버 운영

그런데 대기 서버를 서비스 서버로 바로 바꾸는 일이 쉬울까? 몇 가지 고려해야 할 점이 있다. 먼저 메인 서버로 변경할 대기 서버 선정이다. 앞서 예시로 데이터베이스의 읽기 복제본이 한 대라고 가정했는데, 다음 그림처럼 두 대 이상일 수도 있다. 그러면 #0과 #1 중 어느 쪽을 메인 서버로 변경해야 할까?

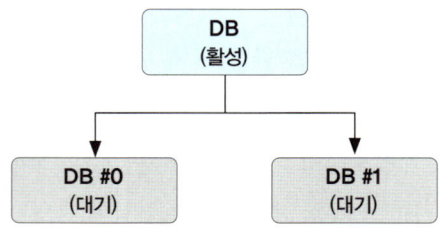

그림 4-6 두 대 이상의 복제본

대기 서버를 메인 서버로 변경하는 일을 **승격**promotion이라고 한다. 두 대의 복제본 중 가장 최신의 데이터가 저장된 서버를 승격해야만 데이터 유실이 없거나 적다. 이 방식은 데이터베이스의 복제 방식에 따라서 차이가 발생할 수 있는데 이 부분은 뒤에서 설명하겠다.

예를 들어 다음과 같은 상황에서는 메인 서버의 포지션이 1,000이므로 같은 포지션에 있는 데이터베이스 #1을 승격 후보로 선택하는 것이 좋다.

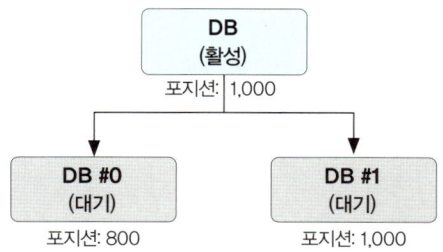

그림 4-7 여러 복제본 중 포지션이 높은 서버를 승격

다음으로 고려할 점은 실제로 데이터 복제를 메모리에 반영했는가 여부이다. 데이터베이스마다 구조가 조금씩 다르지만, MySQL이라면 메인 서버가 빈로그Binlog에 순차적으로 기록한 데이터 변경 내용을 복제본 서버에서 읽어와 자신의 데이터베이스에 동일한 변경 사항을 모두 적용해야 한다. 그래야만 해당 데이터를 사용자에게 제공(서빙)할 수 있다.

그런데 복제할 데이터의 양이 많아지면 복제본 서버가 빈로그를 저장만 하고 메모리에 반영하지 못하는데, 이 경우 복제본 서버는 메인 서버보다 데이터가 뒤처진 지연 상태가 된다. 복제본 서버가 빈로그의 모든 변경 내용을 메모리에 반영해야 비로소 메인 서버와 같은 상태를 유지하므로, 데이터 일관성이 중요한 작업에서는 메모리 반영까지 기다려야 한다.

장애가 발생한 서버의 종류에 따라서 페일오버 시에 해야 하는 작업이 달라진다. 특히 데이터 스토어 계열의 시스템은 추가 작업을 해야 할 수도 있다.

4-2-2 액티브-액티브 페일오버

활성화된 서비스 서버(이하 서비스 서버)와 대기 서버가 있는 액티브-스탠바이 구조 이외에 모두 서비스에 참여하고 있는 액티브-액티브 페일오버active-active failover도 있다. 로드밸런서 뒤에 있는 API 서버가 대표적인 액티브-액티브 구조로 동작한다.

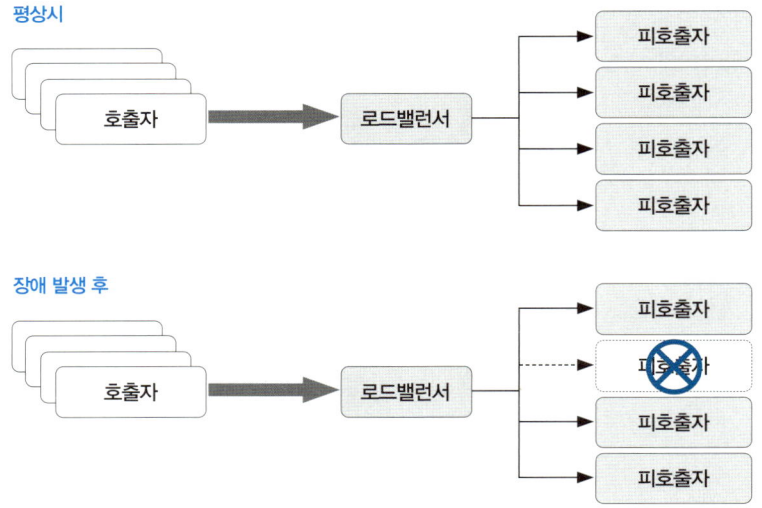

그림 4-8 액티브-액티브 페일오버의 평상시 운영(위)과 장애 발생 시 제거한 운영(아래)

이렇게 로드밸런서 뒤에 API 서버를 구현하면 장애가 발생한 API 서버 한 대만 로드밸런서가 제외하므로 장애에 안정적으로 대응할 수 있다. AWS와 같은 클라우드에서 같은 서버를 두 대 이상 사용하는 이유는 이런 액티브-액티브 페일오버를 이용하기 위해서이다.

4-2-3 페일오버의 적용

액티브-액티브 페일오버의 예시에서는 장애가 발생하면 로드밸런서가 장애가 발생한 API 서버를 제외하는 방식으로 자동으로 페일오버가 적용되지만, 액티브-스탠바이는 페일오버가 어떻게 적용이 될까?

가장 단순한 방법은 장애가 발생하면 발견하는 즉시 설정을 바꿔서 재배포하는 방법이다. [그림 4-9]처럼 서비스 서버 10.0.1.100이 있고 대기 서버가 10.0.1.101일 때, 서비스 서버(10.0.1.100)에 장애가 발생하면 설정 파일의 값을 대기 서버(10.0.1.101)로 변경해서 재배포하는 것이다. 이러면 이제 10.0.1.101이 서비스 서버가 되면서 정상적으로 서비스가 가능하다.

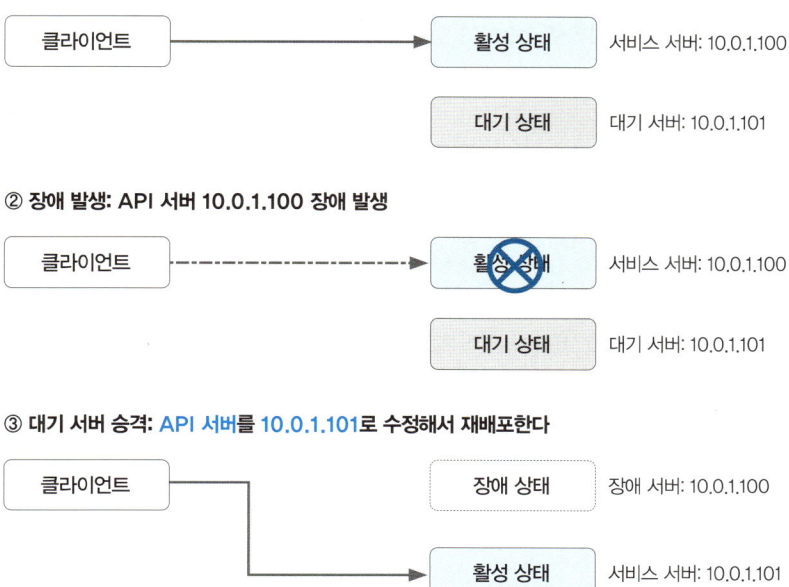

그림 4-9 장애가 발생했을 때 설정을 변경해 대기 서버를 승격한 예

그런데 이 방법에는 개발자가 반드시 있어야 하며 재배포까지 시간이 오래 걸리고, 장애를 인지하지 못하면 문제를 해결하지 못하는 단점이 있다. 좀 더 빠르게 페일오버를 하려면 결국 자동화된 페일오버 방식을 적용해야 한다.

자동화된 페일오버

가장 좋은 페일오버 방식은 클라이언트(사용자)가 페일오버를 눈치채지 못하는 방법이다. 문제가 발생했을 때 클라이언트에는 재시도(재접속)하는 로직만 있어서 재접속만으로 자동으로 페일오버된 서버를 제공하는 것이다. 이를 **기술적 투명성**transparent을 제공한다고 한다.

두 가지 방식으로 기술적 투명성을 제공할 수 있는데 VIP^{Virtual IP} 페일오버 방식과 DNS 페일오버 방식이다.

VIP 페일오버는 IP가 논리적 할당 정보라는 점을 이용해 가상 IP를 특정 서비스 용도로 추가 할당하는 방식이다. 예를 들어 다음 [그림 4-10]의 ①과 같은 구성도를 생각해 보자. 서비스용 VIP는 10.0.1.1이고, 서비스 서버(10.0.1.100)와 대기 서버

(10.0.1.101)가 있다. 서비스 서버와 대기 서버는 각각 상태 확인에 연결되어 있다. 클라이언트(사용자)가 접속한 10.0.1.1은 VIP이므로 실제 클라이언트의 요청은 서비스 서버, 10.0.1.100으로 보내진다.

서비스가 정상적으로 운영되다가 서비스 서버인 10.0.1.100에 장애가 발생하면 상태 확인이 제일 먼저 장애 상황을 확인한다. **상태 확인**이란 서버의 상태를 주기적으로 확인해 정상 작동 여부를 판단하는 도구이며 **헬스체커**HealthChecker라고도 한다.

서비스되던 10.0.1.100 서버가 장애가 났다고 상태 확인이 판단하면 서비스용 VIP를 대기 서버였던 10.0.1.101로 할당한다. 대기 서버였던 10.0.1.101이 서비스 서버로 승격해 클라이언트의 요청을 처리하지만, 클라이언트는 이를 인지하지 못한다. 클라이언트 입장에서는 하던 대로 10.0.1.1로 계속 요청할 뿐 따로 바뀌는 부분은 없다.

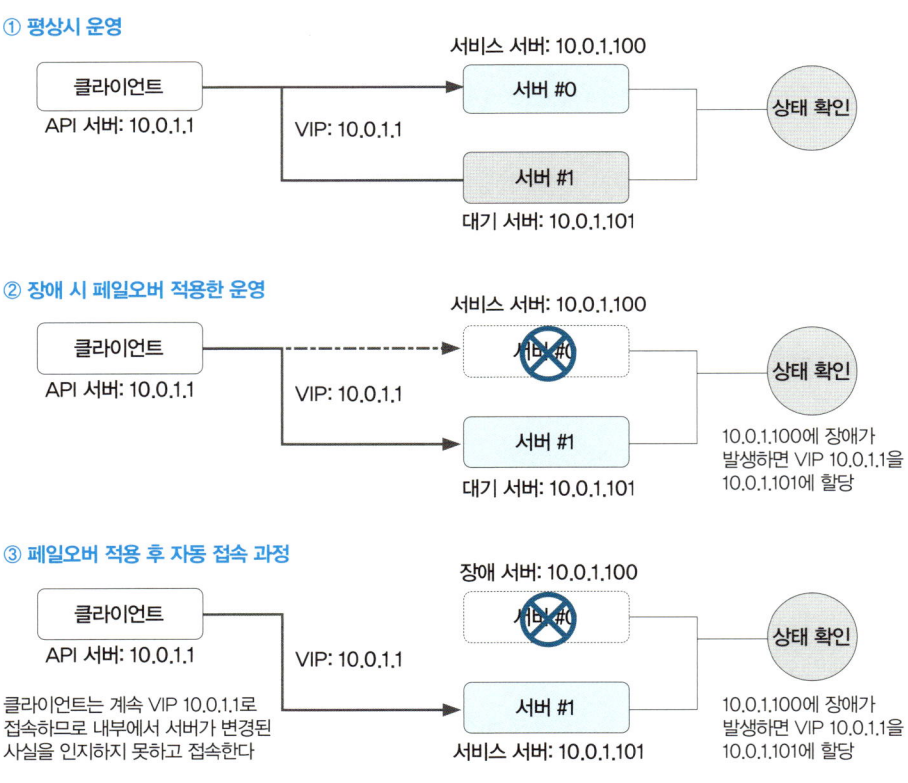

그림 4-10 VIP를 이용한 페일오버

VIP 페일오버 방식은 클라이언트 입장에서는 편리하지만, 몇 가지 제약 사항이 있다. VIP 페일오버를 사용하려면 같은 L2 네트워크 내에 있어야 하고, BGP와 같은 라우팅 프로토콜을 사용해야 하므로 서비스를 운영하는 입장에서는 설정이 복잡하다. 이를 보완한 게 DNS 페일오버 방식이다. AWS나 대부분의 클라우드 서비스 제공업체는 DNS 페일오버를 제공한다.

DNS 페일오버의 기본 개념은 VIP 페일오버와 같다. [그림 4-11]의 ①처럼 서비스 서버인 10.0.1.100에 surl.myservice.com 도메인을 할당한다. ②처럼 서비스 중이던 10.0.1.100 서버에 장애가 발생하면 상태 확인은 10.0.1.100의 장애를 확인하고, DNS surl.myservice.com 도메인을 10.0.1.101에 할당한다. 이제 ③을 보면 클라이언트는 계속해서 같은 surl.myservice.com으로 요청하지만, 자동으로 페일오버된 10.0.1.101로 접속한다.

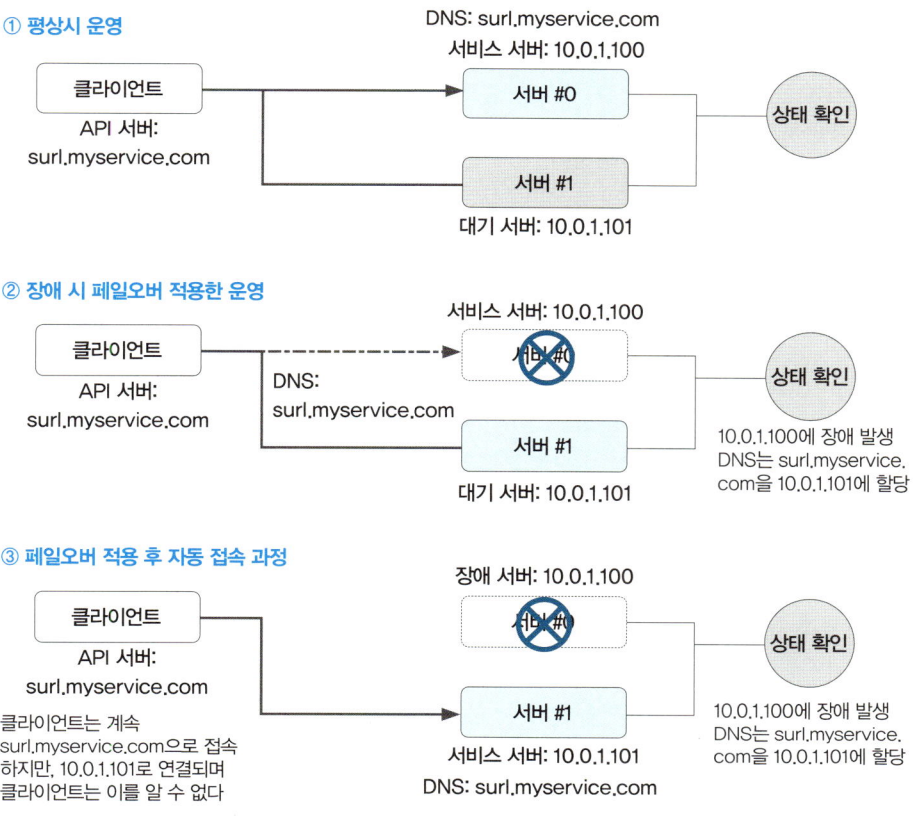

그림 4-11 DNS를 이용한 페일오버

DNS 페일오버 방식을 사용할 때는 TTL$^{Time-To-Live}$ 정보 변화에 주의해야 한다. DNS의 TTL은 클라이언트가 DNS 레코드 정보를 얼마나 캐시해 둘지(캐시 유효 시간)에 대한 정보이다. TTL이 길면 클라이언트가 오랫동안 이전 정보를 그대로 사용해서 DNS 정보를 변경하더라도 페일오버가 늦게 동작할 수 있다.

또한, DNS 쿼리는 비교적 비용이 큰 작업이라서 일부 소프트웨어는 도메인을 내부적으로 캐싱하고 TTL에 상관없이 계속 사용하기도 한다. 이때에는 DNS 페일오버가 제대로 동작하지 않을 가능성이 높다.

> **nginx를 리버스 프록시로 사용하고 ELB를 upstream으로 사용할 때 주의하자**
>
> DNS 페일오버의 DNS 캐싱 문제는 AWS를 사용하면서 발생할 수 있는 문제와도 크게 연관이 있다. 드물지만 ELB를 바로 호출하지 않고 nginx를 reverse-proxy로 설정해서 ELB를 호출해야 하는 일이 있다. nginx는 IP, 포트 등이 제한된 상태에서 외부와 연동하며 동시에 내부 ELB를 연동할 때 다음과 같이 설정한다.
>
> ```
> http {
>     upstream backend {
>         server elb_address;
>     }
>     location /myservice {
>         proxy_pass         https://backend;
>     }
> }
> ```
>
> 이때 backend는 DNS 쿼리를 한 번만 호출하고 캐싱하므로 ELB 도메인에 연결된 IP가 변경되면 접속 에러가 발생한다. 그럴 때는 일정 시간마다 DNS 쿼리를 하도록 옵션을 설정해야 한다.
>
> ```
> http {
>     resolver 10.0.0.2 valid=1s;
>
>     set $backend "elb-address";
>
>     location /myservice {
>         proxy_pass         https://$backend;
>     }
> }
> ```

10.0.0.2는 자신의 DNS 서버 주소이다. set을 통해서 backend는 변수 형태로 ELB의 도메인 주소를 적어준다. 최신 nginx 버전에서는 set을 사용하지 않아도 쿼리를 하도록 변경되었지만, 이전 버전과의 호환성을 위해서 이대로 사용하는 것이 좀 더 안전하다.

- **참고 URL**: https://blog.nginx.org/blog/dynamic-dns-resolution-open-sourced-in-nginx

4-3 요청과 응답 형식 정의

서비스를 개발하기 전에 가장 먼저 해야 할 일은 공통된 요청과 응답 형식의 정의이다. gRPC^{Google Rmote Procedure Call}와 같은 바이너리 프로토콜을 이용하려면 사용 전에 설정 파일을 생성해 형식을 먼저 정의해야 한다. 하지만 HTTP API를 사용할 때는 대부분 요청과 응답 형식을 정의하지 않은 채 JSON 형식을 이용한다.

다음은 JSON 형식으로 회원 정보를 전달한 예인데, 보통은 응답을 그대로 전달한다.

코드 JSON 형식으로 전달하는 회원 정보

```
{
  "id": 1,
  "email": "charsyam@naver.com",
  "age": 30
}
```

단순히 이렇게 정보를 보낼 수도 있지만 이러면 제어 정보가 누락된 상태라 데이터 간의 일관성이 깨지거나 서비스 제공이 어려워질 수 있다. API의 응답마다 당연히 형식은 다를 수 있으나 서버에서 클라이언트로 보내는 정보에 제어 정보가 포함되어야 서비스를 원활하게 운영할 수 있다. 그래서 JSON 형식으로 보낼 때도 제어 정보와 데이터를 구분 지어 보내야 한다.

코드 제어 정보와 데이터를 구분한 JSON

```
{
  "header": {
    "code": 0,
    "msg": "OK",
```

```
    },
    "body": {
        "user": {
            "id": 1,
            "email": "charsyam@naver.com",
            "age": 30
        }
    }
}
```

보통 이렇게 제어 정보는 header에, 응답 데이터는 body에 분리해 정보를 전달한다. 놓치기 쉽지만, HTTP API를 사용할 때는 이렇게 요청과 응답 형식을 지정해야 한다. 예외가 발생했을 때 예외 응답도 일반 형식을 따른다.

서비스 운영에서 예외 처리를 효율적으로 하려면 서버에서 결정해서 클라이언트로 전달하는 방식이 유용하다. 예를 들어 클라이언트에서 처리할 에러 메시지를 팝업 메시지로 할지, 토스트 메시지로 할지와 같은 방식과 에러 메시지의 내용을 서버에서 전달하는 편이 좋다. 이렇게 서버에서 에러 메시지의 종류와 내용을 관리하면 서버에서 수정할 때 일괄적으로 변경할 수 있어 관리가 편리하다.

4-4 인증과 인가

서비스 아키텍처에서 구현하는 가장 기본 기능은 인증과 인가이다. **인증**authentication 은 사용자가 누구인지 확인하는 과정이고, **인가**authorization는 사용자가 어떤 기능을 수행할 권한이 있는지를 확인하는 과정이다.

인증의 목적은 사용자 신원 확인인데 흔히 접할 수 있는 인증 과정이 로그인이다. 인가의 목적은 특정 권한의 유무인데 서비스의 관리자 권한을 생각해 보자. 대부분의 서비스는 가입해서 로그인하는 데는 큰 제약이 없지만, 관리자 권한을 아무에게나 주지는 않는다. 관리자라고 인가를 받은 사람만이 그 권한을 행사할 수 있다. 간단하게 표로 이 내용을 정리했다.

표 4-3 인증과 인가

구분	인증	인가
목적	사용자의 신원을 확인	사용자에게 리소스에 대한 접근 권한 부여
순서	최초에 수행	인증 후에 수행
질문	우리 사용자가 맞는가?	해당 작업을 수행할 권한이 있는가?
초점	사용자의 신원	권한과 접근 가능 범위
기술	로그인, 패스워드, 생체 인증	권한 부여, 접근 제어 정책

인증에는 ID와 패스워드가 필요하다. 최근에는 본인 인증을 더 강화하는 용도로 2차 인증two factor을 진행하는 추세이다.

그림 4-12 인증 과정

인증을 구현할 때 가장 먼저 할 일은 사용자의 ID와 패스워드를 저장하는 일이다. myservice를 구축한다고 가정하고 서비스의 정보를 저장하는 myservice_user 테이블을 설계해 보자. 어떤 컬럼이 필요할지만 고민하자.

표 4-4 myservice_user 테이블

이름	속성	목적
id	primary key, bigint	사용자가 생성될 때 생성된 데이터베이스의 고유 값
uid	unique, varchar(36)	사용자의 고유 아이디 값을 추가로 나타내는 유니크한 문자열
email	unique, varchar(255)	사용자가 로그인에 사용할 ID
password	varchar(512)	사용자의 패스워드
status	varchar(32)	REGISTERED, UNREGISTERED 등 사용자의 정상/삭제 등의 상태를 나타냄
registered_at	datetime	사용자가 가입한 날짜
created_at	datetime	데이터베이스의 생성 시간
updated_at	datetime	데이터베이스의 수정 시간

myservice_user 테이블을 보면 email이 유니크한 사용자 ID의 역할을 하는데 id와 uid를 추가했다. 왜 id와 uid를 추가했을까? 서비스에 따라 다르겠지만, 서비스를 하려면 user 테이블 외에도 사용자와 연결된 댓글 테이블, 구매 테이블 등 다양한 테이블이 필요하다. 어느 날 사용자가 email을 변경하고는 지난 구매 목록을 모두 복구해달라고 요청하면 어떻게 해야 할까? 간단하게 모든 테이블에서 해당 email을 업데이트할 수도 있으나 의외로 이 방법은 실수가 일어날 수 있다.

하지만 myservice_user 테이블처럼 설계하면 id에 변경한 email을 연결하면 손쉽게 처리할 수 있다. 이것이 **정규화**[2]의 힘이다.

그럼 uid는 왜 필요할까? 보통 숫자는 1씩 증가한다. 사용자 ID도 1, 2, 3, 4, 5,....N 이런 식으로 증가한다. 만약에 사용자 프로필 정보를 찾을 수 있는 공개된 API가 있고 여기에 사용자 ID가 파라미터로 들어간다면 1씩 입력해서 전체 사용자를 쉽게 확인할 수 있을 것이다. 그래서 공개되는 사용자 ID는 규칙성이 없고 추정하기 어려운 값이어야 한다. uid가 바로 그런 역할을 한다. 보통 연속성 없이 uid를 생성하여 유저를 추측하기 어렵게 만들고 외부에는 uid를 전달해 사용자를 추측할 수 없게 한다.

그러면 왜 registered_at과 created_at은 따로 존재할까? 서비스 운영 중에 문제가 생겨 종종 수동으로 데이터를 수정하는 일이 있다. 예를 들어 사용자가 1월 10일에 등록했는데 문제가 생겨서 2월 10일에 관리자가 보정했다면 시스템에는 이런 정보를 기록해 둬야 한다. 이러한 정보를 외부에 별도로 저장할 수도 있지만, 데이터베이스에도 남기려고 별도로 컬럼을 추가해서 관리한다.

토큰을 보정했을 때는 보정 정보가 중요하지 않은 것처럼 서비스 성격에 따라서 이런 보정 정보를 관리할 필요가 없을 수도 있다.

> **📋 데이터의 물리적 삭제와 논리적 삭제**
>
> 데이터를 삭제하는 방법은 두 가지가 있는데 실제로 데이터를 삭제하는 물리적 삭제(hard delete)와 삭제한 척하는 논리적 삭제(soft delete)가 있다. 보통 데이터의 중요성에 따라서 물리적 삭제를 할지, 논리적 삭제를 할지 결정짓는다. 예를 들어 사용자 정보나 거래 정보 등은 논리적 삭제를 통해서 실제 데

---

2 normalization. 데이터를 효율적이고 일관성 있게 관리하기 위해 테이블을 나누고, 각 테이블에 의미 있는 데이터를 원자적으로(쪼개서) 저장하는 방법론이다.

이터를 남겨두는 편이 안전하다. 히스토리를 확인해야 하거나 복구가 필요할 수 있는 민감한 데이터는 데이터를 지우지 않고 삭제 플래그만 업데이트하는 방식으로 논리적 삭제를 하는 편이 유용하다.

다만 논리적 삭제를 하면 이전 데이터가 남아 있으므로 현재 데이터의 상태를 나타내는 컬럼을 추가해야 한다. 또 데이터가 삭제되지 않고 남아 있는 상태라 데이터 용량을 더 많이 차지한다는 점을 유의해야 한다.

이 user 테이블에서 패스워드는 두 가지를 더 고민해야 한다. 하나는 '패스워드를 어떻게 저장할 것인가'이고 나머지는 '패스워드를 어떻게 전달할 것인가'이다. 먼저 패스워드를 어떻게 저장할지 생각해 보자.

4-4-1 패스워드의 저장

패스워드를 저장하는 가장 간단한 방법은 평문 저장이다. 평문으로 패스워드를 저장하면 관리자가 사용자의 패스워드를 볼 수 있고 앞서 JSON 형식처럼 데이터를 전달하는 과정에서도 쉽게 노출될 수 있다. 즉 절대로 사용해서는 안 되는 방법이다.

> **패스워드 평문 저장의 위험성**
>
> 패스워드 유출의 문제점은 단순히 사이트 하나의 정보 유출로 끝나지 않는다는 점이다. 믿기지 않겠지만, 경험상 80%의 사용자가 모든 사이트의 패스워드를 하나로 사용한다. 패스워드를 평문으로 저장했다가 유출된 A 사이트가 있다고 했을 때, A 사이트의 사용자 80%는 다른 모든 사이트의 패스워드가 유출되었다는 의미이다. 여러분이 아무리 보안을 철저하게 관리했더라도 A 사이트에서 유출된 ID와 패스워드를 사용해서 접근한다면 여러분의 사이트 정보도 유출될 수밖에 없다. 이런 사고는 실제로 종종 발생한다.

다시 강조하지만, 패스워드를 평문으로 저장해서는 절대 안 된다. 다른 방법을 생각해 보자. 패스워드를 암호화해서 저장하는 방법이 있다. 패스워드는 중요한 데이터이므로 암호화하는 일이 언뜻 적절해 보인다.

하지만, 암호화 또한 올바른 방법은 아니다. **암호화**encryption는 정보를 보호하기 위해서 특정 알고리즘을 통해서 원래 데이터를 다른 형식으로 변환하는 과정이고 올바른 키를 가진 사용자가 **복호화**decryption하면 데이터를 복원할 수 있다. 즉 서비스 운영 측에서 원래 패스워드로 복원할 방법이 있다는 의미이다.

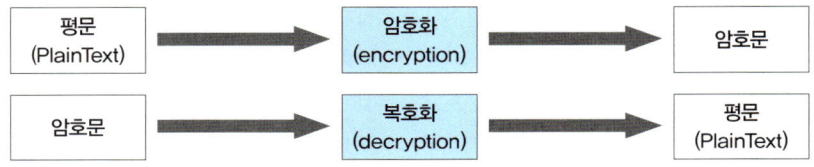

그림 4-13 암호화와 복호화

그런데 서비스 운영 측에서 사용자의 원래 패스워드를 알 필요가 있을까? 전혀 없다. 그런데 패스워드를 모르면 사용자가 입력한 패스워드가 정확한지 어떻게 확인해야 할까? 사용자의 패스워드가 맞는지만 확인하면 된다. 패스워드를 알 수 없는 형태로 만들고 결과가 같은지만 비교할 수 있으면 패스워드의 동일성을 확인할 수 있다.

그래서 **단방향 해시 함수**one-way hash function를 이용해서 그 결과를 저장하는 방법을 사용한다. 단방향 해시 함수를 사용하면 수학적 연산을 통해서 원본 데이터를 고정된 길이의 해시 값으로 변환하는데 이 해시 값은 원본 데이터로 복호화할 수 없다.

단방향 해시 함수는 다음과 같은 특징을 가진다.

표 4-5 단방향 해시 함수의 특징

특징	내용
단방향성 (One-Way Property)	해시 값에서 원래 입력 값을 복원하는 것이 수학적으로 불가능하거나 극도로 어렵다.
충돌 회피 (Collision Resistance)	서로 다른 두 입력 값이 동일한 해시 값을 가지는 것을 충돌(Collision)이라고 하는데, 이 충돌 가능성이 매우 낮다.
고속 계산(Efficiency)	입력 값의 크기와 상관없이 해시 계산이 빠르게 수행된다.
고정된 출력 길이 (Fixed Output Length)	입력 데이터의 크기가 얼마든지 일정한 길이의 해시 값이 생성된다. MD5는 항상 128비트 크기가, SHA256은 항상 256비트의 결과가 나온다.
미세한 변화에 대한 민감도 (Avalanche Effect)	입력 값이 조금만 변해도 해시 값이 크게 달라진다.

그렇다면 이렇게 단방향 해시 함수로 패스워드를 저장하면 문제가 없을까? 이 방식도 사실 문제가 있다. 함수의 특성상 $f(x) => y$라는 결과가 발생한다. 이 말은 같은 해시 함수 $f(x)$는 x가 같으면 항상 같은 결과 y로 변환한다는 말이다.

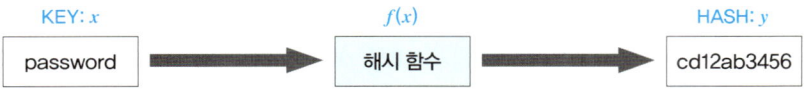

그림 4-14 원본 데이터가 단방향 해시 함수로 변환되는 과정

다음은 'This is password'를 SHA256 해시 함수로 변환하는 코드인데, 실행하면 'bf00e103b9d596180c34175a71c75eb4c4e18cc844bf1dd16a06db00b5cc8c15'를 결과로 얻는다.

코드 SHA256 해시 함수로 문자열을 변환하는 코드

```python
import hashlib

def sha256(x):
    encoded_string = x.encode()
    sha256_hash = hashlib.sha256()
    sha256_hash.update(encoded_string)
    hash_result = sha256_hash.hexdigest()
    return hash_result

input_string = "This is password"
print(sha256(input_string))
```

이제 우리는 'This is password' 문자열을 SHA256으로 변환하면 'bf00e103b9d-596180c34175a71c75eb4c4e18cc844bf1dd16a06db00b5cc8c15'라는 사실을 아는데, 이는 'bf00e103b9d596180c34175a71c75eb4c4e18cc844bf1dd16a06db-00b5cc8c15'이 'This is password'라는 것도 안다는 의미이다. SHA256으로 나오는 모든 결과를 미리 저장하거나 기억할 수는 없지만, 많이 사용하는 단어의 해시 값을 저장하는 일은 가능하다. 단어와 해시 값을 미리 저장해 둔 것을 **레인보우 테이블**Rainbow Table이라고 하는데, 이 레인보우 테이블을 활용하면 패스워드의 원형을 추출할 수 있다. 암호화가 깨질 수 있다는 의미다.

그럼 어떻게 이 문제를 해결할 수 있을까? 단방향 해시 함수를 사용하여 나온 해시 값에 랜덤으로 다른 값을 추가하면 된다. 이때 추가하는 값을 **솔트**Salt라고 한다. 솔트를 추가하면 다음과 같은 장점이 있다.

- **레인보우 테이블 공격 방지**: 해시 함수는 입력이 같으면 항상 값도 같은데, 솔트를 추가하면 결과 값이 달라지므로 레인보우 테이블을 작성하기 어렵다. 레인보우 테이블을 작성하더라도 원본 값과 같다고 가정하기 어렵다.
- **같은 패스워드라도 다른 해시 값을 생성**: 두 사용자가 같은 패스워드를 사용하더라도 솔트가 다르면 서로 해시 값이 다르므로 두 사용자의 패스워드가 같다라는 사실을 알 수 없다.

유의할 점은 솔트의 값이 항상 같으면 같은 해싱에 대한 결과는 항상 같으므로 이 또한 유추하기 쉽다는 점이다. 따라서 솔트는 랜덤 값을 사용해야 한다.

그런데 솔트를 랜덤 값으로 사용하면 입력된 데이터가 해시된 결과와 같은지 어떻게 비교할 수 있을까? 그래서 솔트를 사용할 때는 솔트를 함께 저장한다. 데이터베이스에 솔트를 컬럼으로 저장하거나 해시된 결과물 앞에 솔트를 붙이는 방식으로 해결한다.

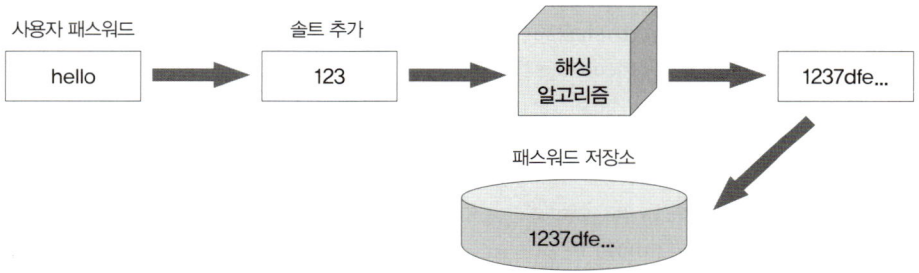

그림 4-15 해시 함수에 솔트를 사용하는 방법

코드 솔트를 추가한 해시 함수

```python
import hashlib

def sha256(x, salt):
    encoded_string = salt.encode() + x.encode()
    sha256_hash = hashlib.sha256()
    sha256_hash.update(encoded_string)
    hash_result = sha256_hash.hexdigest()
    return salt + hash_result

input_string = "hello"
print(sha256(input_string, "123"))
```

이 코드는 솔트를 123으로 지정한 해시 함수 코드로 실행하면 '1237dfe54ea69b-2d07a597952e49374a1aebf3c10689444a83f0a084761c8a1c626'처럼 결과에 솔트가 붙어 있다.

키 유도 함수

솔트를 추가하면서 패스워드를 훨씬 더 안전하게 저장했다. 그러나 솔트를 어떻게 적용할지, 어떤 해시 알고리즘을 써야할지 등 아직 결정할 사항이 많다. 다행히 수많은 개발자가 고심 끝에 **키 유도 함수**Key Derivation Function 알고리즘을 만들었다.

키 유도 함수는 패스워드, 난수 시드와 같은 입력 값으로부터 보안성이 강화된 암호화 키를 생성하는 함수이다. 다음은 키 유도 함수의 목적이다.

- **안전한 암호 키 생성**: 사용자가 입력한 패스워드는 짧거나 자주 사용하는 단어 등을 활용하는 터라 예측이 가능하거나 취약할 수 있으므로 사용자가 입력한 패스워드로부터 암호화에 적합한 강력한 키를 생성한다.
- **키 스트레칭(Key Stretching)**: 입력 패스워드가 짧거나 숫자로만 구성되는 등 보안에 취약할 수 있는데, 반복 연산 등 복잡한 방식을 취해서 연산량을 증가시키면 공격자의 무차별 대입 공격(Brute-Force Attack)이나 레인보우 테이블 공격을 어렵게 만들 수 있다.
- **키 다변성(Key Diversification)**: 동일한 입력 값을 사용하더라도 다른 상황에서 서로 다른 키를 생성할 수 있도록 지원한다.
- **확장성**: 랜덤한 솔트 값을 추가하여 동일한 입력 값에 항상 다른 출력 키를 생성한다.

이러한 목적에 맞게 정의된 키 유도 함수는 다음과 같은 특성을 지녔다.

- **솔트 사용(Non-Deterministic Output)**: 입력 값이 같더라도 솔트에 의해서 다른 출력 키를 생성할 수 있어야 한다.
- **연산 비용 증가(Computationally Expensive)**: 일반적으로 다중 반복(iteration) 연산을 수행하여 연산량을 증가시키는 방법으로 연산 비용을 증가시킨다.
- **출력 키의 고유성(Unique Key Outputs)**: 주어진 입력에서 예측 가능한 고유한 키를 생성해야 한다.
- **충분한 출력 길이(Sufficient Output Length)**: 생성된 키의 길이는 암호화 알고리즘에서 요구하는 키 길이를 만족해야 한다(AES-256의 경우는 256비트).
- **비가역성(Irreversibility)**: 한 번 생성된 키에서 원래 입력 값을 복원하는 것은 불가능해야 한다.

다음은 많이 사용하는 키 유도 함수 목록이다.

표 4-6 많이 사용하는 키 유도 함수

알고리즘	출시연도	특징
PBKDF2	2000	• HMAC 기반 반복 연산, NIST 표준 • 장점: 보편적으로 지원, 간단한 구현 • 단점: GPU 병렬 처리에 취약
Bcrypt	1999	• 블로피시 암호화 알고리즘 기반(Blowfish), 속도 조절 가능 • 장점: 솔트 포함, 속도 조절 가능 • 단점: 연산 속도가 상대적으로 느림
Scrypt	2009	• 메모리 사용량 높음, GPU 병렬화 저항 • 장점: GPU/ASIC 공격 방어 강력 • 단점: 높은 메모리 사용량 요구
Argon2	2015	• 메모리/연산량 조절 가능, 최신 패스워드 해싱 표준 • 장점: 가변적인 보안성, 현대적 설계 • 단점: 최신 기술이라 일부 시스템에서 미지원 가능
Balloon Hashing	2016	• 메모리하드 함수(memory-hard funcion), 저메모리 • 장점: 적은 메모리로 높은 보안성 제공, 유연한 파라미터 조정 가능 • 단점: Argon2에 비해 상대적으로 덜 검증됨

이 중 필자는 가장 최신 알고리즘이면서도 사용처가 많아 검증된 Argon2를 권장한다. 과거에는 Bcrypt와 scrypt를 많이 사용했지만, 성능이 더 좋은 키 유도 함수가 나왔으니 Argon2를 사용하도록 하자. 사용하는 곳이 많다 보니 대부분의 언어에서 이미 해당 라이브러리를 제공한다. 대표 Argon2 라이브러리는 다음과 같다.

- 자바 / BouncyCastle
  - https://www.bouncycastle.org
- 파이썬 / Argon2 cffi
  - https://pypi.org/project/argon2-cffi
- 고
  - https://pkg.go.dev/golang.org/x/crypto/argon2
- 러스트
  - https://docs.rs/argon2/latest/argon2/#rustcrypto-argon2

- **노드**
  - https://www.npmjs.com/package/argon2

다음은 파이썬에서 Argon2 cffi를 이용해 암호화한 코드와 실행 결과이다.

코드 Argon2 cffi를 이용한 암호화 코드

```
from argon2 import PasswordHasher
ph = PasswordHasher()

input_string = "This is password"
h = ph.hash(input_string)
print(h)
print(ph.verify(h, input_string))
```

```
$argon2id$v=19$m=65536,t=3,p=4$1YvgjLCbkWsJ9dxcQtypsg$M4MpQYRk9lgeVc+frc
wUJK9rkFPA47QybRijscAdYkY
True
```

4-4-2 패스워드의 전달

패스워드를 저장했으면 이제 로그인마다 패스워드를 전달해야 한다. 그렇다면 패스워드는 어떻게 전달해야 할까? 보통 HTTPS 프로토콜을 사용해 서비스한다. HTTPS는 HTTP + S(Secure)로 HTTP에 보안 계층이 하나 추가되어 암호화된 상태라 생각해서 패스워드를 그냥 전달해도 큰 문제가 없을 거라고 생각한다. 그리고 그것은 크게 틀린 생각은 아니다.

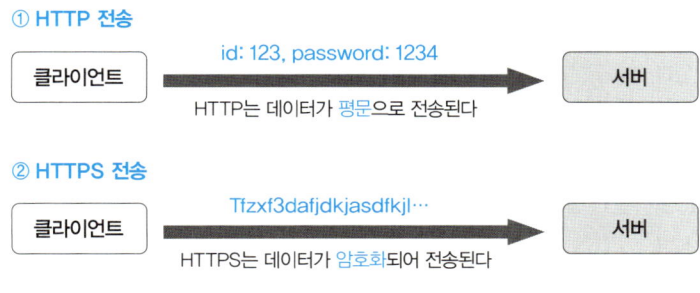

그림 4-16 HTTP와 HTTPS의 데이터 전달 차이

HTTPS가 이미 암호화된 프로토콜인데도 포털 사이트처럼 보안에 신경 쓰는 회사에서는 패스워드나 중요한 데이터를 전달할 때 한 번 더 암호화를 하고 데이터를 전달한다. 굳이 왜 그렇게까지 할까? HTTPS의 통신 과정을 알면 쉽게 이해할 수 있다.

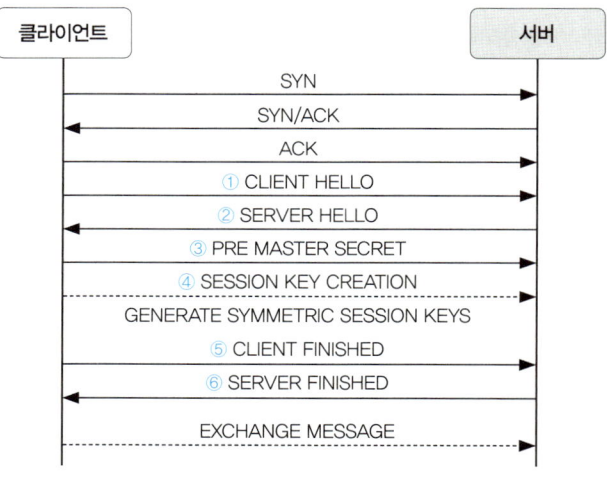

그림 4-17 HTTPS의 통신 과정

HTTPS도 TCP로 연결되므로 쓰리웨이 핸드쉐이크$^{\text{3-way handshake}}$(SYN → SYN/ACK → ACK)를 거쳐서 TCP 연결을 진행한다. 그리고 그다음부터 실제 보안 통신을 위한 순서가 시작된다.

① **CLIENT HELLO**: 클라이언트가 서버와 보안 연결을 맺기 위해 CLIENT HELLO 메시지를 보낸다. 이 메시지에는 지원하는 TLS 버전, 지원하는 암호화 알고리즘, 키 생성을 위한 난수 등을 포함한다. SNI(Server Name Indication) 정보도 함께 보낸다.

② **SERVER HELLO**: 서버는 클라이언트의 요청을 수락하면서 SERVER HELLO 메시지를 보낸다. 이때 선택한 TLS 버전, 선택한 암호화 알고리즘, 랜덤 값 및 서버 인증서를 전달한다. 이 인증서는 공개키(Public Key)와 신뢰할 수 있는 CA(Certificate Authority, 인증 기관)에서 발급한 서명이 포함되어 있다.

③ **PRE MASTER SECRET**: 이 과정에서 암호화 키 생성을 위한 정보가 전달된다. 클라이언트는 CA의 공개키를 사용해 서버의 인증서를 검증한다. 인증서가 만료되었거나 신뢰할 수 없는 CA에서 발급되었으면 경고 메시지를 표시한다. 클라이언트는 PRE MASTER SECRET을 생성하고, 서버와 공유한다.

④ **SESSION KEY CREATION**: PRE MASTER SECRET에서 사용되는 키 교환 알고리즘에 따

라서 키 생성이 달라진다. 예를 들어 다음 방식으로 키 교환(Key Exchange)이 가능하다.

- **RSA 방식**: TLS 1.3에서는 더 이상 사용되지 않는다.
  - 클라이언트가 PRE MASTER SECRET을 생성한다.
  - 서버의 공개키를 사용하여 암호화하고 서버로 전송한다.
  - 서버는 자신의 개인키(Private Key)를 사용해 PRE MASTER SECRET을 복호화한다.
- **DH/ECDH 방식**: 클라이언트와 서버가 난수를 교환하여 공유 비밀키를 생성한다.
- 실제 대칭키를 교환하지 않고 서로의 공개키를 통해서 같은 PRE MASTER SECRET을 생성한다.

⑤ **CLIENT FINISHED**: 클라이언트는 Finished 메시지를 보내고, 이 메시지는 세션키를 통해서 암호화된다. 이 이후로 클라이언트가 보내는 메시지는 모두 암호화된다.

⑥ **SERVER FINISHED**: 서버도 Finsiehd 메시지를 보내고 이후의 모든 통신은 암호화된다.

> **PRE MASTER SECRET의 역할과 생성**
>
> PRE MASTER SECRET은 TLS 핸드쉐이크 과정에서 대칭키(세션키)를 생성하기 위한 중간값이다. 클라이언트는 서버와 이 값을 교환하거나 특정 연산을 취해서 암호화 통신에서 사용할 세션키(Symmetric Key)를 생성한다.
>
> - 클라이언트와 서버는 PRE MASTER SECRET을 사용해 MASTER SECRET을 생성한다.
> - MASTER SECRET은 클라이언트와 서버 간 데이터 암호화에 사용되는 세션키를 도출하는 데 사용된다.
>
> MASTER SECRET은 PRE MASTER SECRET과 클라이언트 서버가 알고 있는 랜덤 값을 조합해 생성한다.
>
> - 클라이언트 난수를 CLIENT HELLO로 전달한다.
> - 서버 난수를 SERVER HELLO로 전달한다.
>
> 그리고 HKDF(Hashed Key Derivation Function)를 이용해서 각각의 값을 조합해서 생성한다.

과정을 살펴보면 HTTPS 방식은 꽤 안전해 보인다. 그럼에도 문제가 있는데, HTTPS 방식은 중간자 공격MITM: Man in the Middle Attack에 취약하다.

중간자 공격은 공격자가 두 당사자 간의 통신을 중간에 개입해서 데이터를 가로채거나 조작하는 네트워크 공격 기법이다. 두 당사자는 서로 통신하는 줄 알지만 공격자가 중간에서 따로따로 세션을 맺어서 데이터를 가로챌 수 있다.

그림 4-18 중간자 공격

그래서 실제로 서비스에서 패스워드를 전달할 때는 데이터를 한 번 더 암호화해서 보안을 좀 더 강화한다.

> 📋 **보안은 완벽하게 방어가 아니라 공격자가 귀찮아서 포기하게 하는 길이다**
>
> 보안은 공격자가 훨씬 더 유리한 게임이다. 보안은 최소율의 법칙을 따르는 터라 아흔아홉 가지 철벽 방어를 했어도 단 하나 가장 보안이 취약한 부분이 전체 보안 수준을 결정짓는다. 그래서 보안은 완벽하게 막아내기 위한 준비가 아니라, 공격자가 공격이 귀찮아서 지치게 만드는 일이라고 생각하고 준비해야 한다.

대칭키를 사용하려면 키 교환 과정이 필요하므로 로그인에서는 공개키, 비밀키 형태로 암호화해서 전달한다. 이를 위해서 다음과 같이 공개키 전달 API 인터페이스가 필요하다. /api/login/v1/public-key 같은 API를 만들고 여기서 서버의 공개키를 전달한다. 해당 함수의 body는 다음과 같이 구성한다.

코드 공개키 전달 함수의 body

```
{
  "public-key": "실제 공개키.",
}
```

이제 클라이언트는 ID와 패스워드를 공개키로 암호화해서 전달하면 서버는 자신의 개인키로 해당 값을 복호화해서 서버에서 사용할 수 있다. 다만 공개키/비밀키 형태의 암호화는 속도가 많이 느리다.

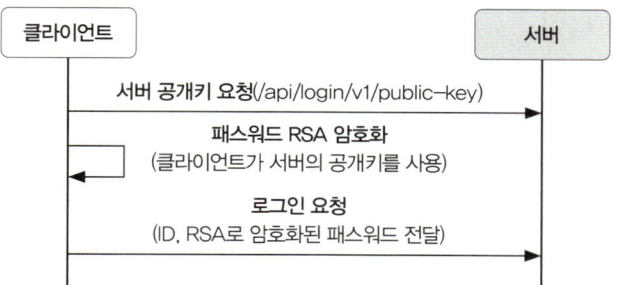

그림 4-19 공개키 전달 API

DH 키 교환은 어떻게 동일한 시크릿 값을 생성할 수 있을까?

DP(디피 헬만, Diffie-Hellman)는 두 사람이 안전하지 않은 채널을 통해서 공유되는 비밀키를 안전하게 생성할 수 있도록 도와주는 방법이다. TLS에서 키 교환은 공개키/비밀키 방식을 이용하지만, 이 방식은 암호화하는 데 시간이 소요되므로 공개키/비밀키 방식으로 공유 비밀키를 전달하고 비밀키로 암호화한다.

이 과정에서 비밀키를 공개키로 암호화해서 보낼 수도 있겠지만, 키를 전달하지 않고 수학적으로 서로 동일한 값을 생성하는 편이 더 안전하다. 이 방식이 바로 DH 키 교환 방식이다.

여기 앨리스와 밥이 있다. 다음에서 mod는 나머지 연산을 의미하며 $a \bmod b$는 a를 b로 나눈 후 남은 나머지를 이야기한다.

1. 앨리스와 밥은 큰 소수 p와 원시근 g를 생성하고 이를 공개했다. 즉 p와 g는 다른 사람들이 알아도 상관없는 값이다.
2. 앨리스와 밥은 각자 적절한 크기의 무작위 정수를 자신의 비밀키로 설정한다. 앨리스의 비밀키는 a, 밥의 비밀키는 b이고, a와 b는 소수가 아니어도 된다(256비트 이상의 난수).
3. 앨리스는 $g^a \bmod p$ 값을 밥에게 전달한다. 이 값을 A라고 정의한다.
4. 밥은 $g^b \bmod p$ 값을 앨리스에게 전달한다. 이 값을 B라고 정의한다.
5. 이제 앨리스는 $B^a \bmod p$를 계산한다. 결과는 $g^{ab} \bmod p$이다.
6. 밥도 $A^b \bmod p$를 계산한다. 결과는 $g^{ab} \bmod p$이다.

앨리스와 밥의 계산 값이 5와 6의 결과가 같아야 한다. 각각 숫자를 대입해서 다시 살펴보자.

1. 큰 소수 $p = 23$, 원시근 $g = 5$
2. 앨리스의 비밀키 $a = 6$, 밥의 비밀키 $b = 15$
3. 앨리스가 밥에게 전달하는 값 $A = g^a \bmod p = 5^6 \bmod 23 = 8$
4. 밥이 앨리스에게 전달하는 값 $B = g^b \bmod p = 5^{15} \bmod 23 = 19$
5. 앨리스가 계산하는 값 $B^a \bmod p = g^{ab} \bmod p = 19^6 \bmod 23 = 2$

6. 밥이 계산하는 값 $A^a \bmod p = g^{ab} \bmod p = 8^{15} \bmod 23 = 2$

숫자를 대입해 봤듯이 두 값이 같으므로 이를 공유하는 비밀키로 사용하면 비밀키를 전달되지 않아도 같은 값을 계산할 수 있다. 이제 동일한 비밀키를 생성했으므로 이것으로 AES 등의 암호화를 진행할 수 있다.

```
# DH 키 교환 예제
p = 23   # 소수
g = 5    # 원시근
a = 6    # 앨리스의 비밀키
b = 15   # 밥의 비밀키

# 앨리스가 전달하는 공개키 A
A = pow(g, a, p)
print(f"A = {A}")

# 밥이 전달하는 공개키 B
B = pow(g, b, p)
print(f"B = {B}")

# 앨리스가 계산하는 공유 비밀키
shared_secret_alice = pow(B, a, p)
print(f"앨리스의 공유 비밀키 = {shared_secret_alice}")

# 밥이 계산하는 공유 비밀키
shared_secret_bob = pow(A, b, p)
print(f"밥의 공유 비밀키 = {shared_secret_bob}")
```

4-4-3 로그인 과정

인증을 하려면 로그인 과정을 진행해야 한다. 사용자가 가입할 때 등록한 패스워드는 Argon2 형태로 데이터베이스에 저장하고, 이 패스워드를 전달할 때는 서버의 공개키로 암호화를 거친 다음에 전달해야 로그인 과정이 좀 더 안전하다.

> **처음부터 해시한 값을 전달하면 더 안전하지 않을까?**
>
> 앞에서 사용자의 패스워드를 서버의 공개키로 암호화해서 전달하는 방법을 제안했다. 그렇다면 처음부터 사용자의 패스워드를 해시해서 보내는 편이 더 안전하다는 생각이 들 수 있다. 물론 이 편이 더 좋은 방법이라고 할 수 있다. 필자의 생각으로도 이 방법이 보안상 더 안전하다고 생각한다.
>
> 그런데 왜 이 방법을 택하지 않았을까? 이는 법규와 관련이 있다. 법적 라이선스가 필요한 서비스는 사용자의 패스워드에 생일이나 연속된 번호를 사용하면 안 된다는 규정이 있다.
>
> 예를 들어 개인정보보호위원회에서는 안전하게 개인정보를 처리하도록 〈개인정보의 안전성 확보조치 기준 안내서(2024.10)〉를 발간했다. 이 해설서 제6조(접근통제) 8항을 보면 다음과 같은 내용이 있다. 해설은 PDF 55쪽에 있다.
>
> - https://www.pipc.go.kr/np/cop/bbs/selectBoardArticle.do?bbsId=BS074&mCode=C020010000&nttId=10715
>
> ⑧ 정보통신서비스 제공자등은 개인정보취급자를 대상으로 다음 각 호의 사항을 포함하는 패스워드 작성규칙을 수립하고, 이를 적용·운용하여야 한다.
>   1. 영문, 숫자, 특수문자 중 2종류 이상을 조합하여 최소 10자리 이상 또는 3종류 이상을 조합하여 최소 8자리 이상의 길이로 구성
>   2. 연속적인 숫자나 생일, 전화번호 등 추측하기 쉬운 개인정보 및 아이디와 비슷한 패스워드는 사용하지 않는 것을 권고
>   3. 패스워드에 유효기간을 설정하여 반기별 1회 이상 변경
>
> 그런데 위와 같이 최소 10자리 이상이나 영문, 숫자, 특수문자 2종류 이상의 조합으로 만들기 위해서는 서버에서 원본 패스워드를 알아야만 한다. 그래서 클라이언트에서 처음부터 암호화해서 보낼 경우는 이를 서버에서 검증할 방법이 없기 때문에 클라이언트에서 처음부터 패스워드를 암호화해서 전달할 수가 없고, 일단은 받아서 원본 패스워드를 한번은 알아야만 한다.

사용자가 인증하려고 접근할 때마다 ID, 패스워드를 요청하면 사용자는 불편해한다. 사용자는 불편을 해소하려고 어딘가에 ID, 패스워드를 저장했다가 보내는데 이러면 보안이 취약해진다. 그래서 인증 뒤에는 난수로 된 토큰token을 만들어서 전달하고 해당 토큰을 이용해서 해당 사용자가 인증이 되었다고 가정하는 방법을 사용한다.

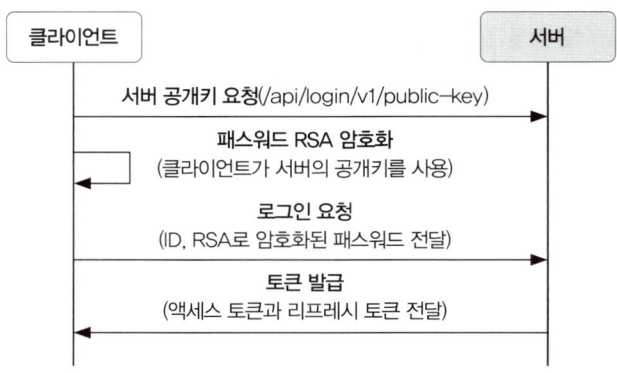

그림 4-20 로그인 과정의 시퀀스 다이어그램

정상적으로 로그인하면 서버에서는 다음과 같은 난수로 된 토큰을 발급한다.

```
ab123asdfjlasdfjlsafj123123saf
```

이렇게 받은 토큰에는 어떤 정보가 있어야 할까? 토큰의 용도는 사용자 인증이므로 당연히 아이디와 연결된 정보가 토큰에 포함되어야 하며, 토큰이 유효성을 확인하는 상태 정보와 유효기간 등이 포함되어야 한다.

그럼 token 테이블을 설계해 보자. 아주 간단하게 사용자와의 관계만 담는 테이블을 설계했는데, 접근 시 IP 제한과 같은 다른 정보도 추가할 수 있다.

표 4-7 간단한 token 테이블

이름	속성	목적
id	primary key, bigint	토큰이 생성될 때 생성된 DB의 고유 값
uid	unique, varchar(36)	유니크한 문자열로 토큰의 고유 아이디 값
user_id	unique, bigint	user 테이블의 id
access_token	varchar(512)	인증용 토큰
refresh_token	varchar(512)	리프레시 토큰
status	varchar(32)	토큰의 상태를 나타내는 REGISTERED/UNREGISTERED 값
access_token_expired_at	datetime	액세스 토큰의 만료 시간
refresh_token_expired_at	datetime	리프레시 토큰의 만료 시간

이름	속성	목적
request_ip	varchar(32)	요청 IP
created_at	datetime	DB의 생성 시간
updated_at	datetime	DB의 수정 시간

클라이언트는 API를 호출할 때 HTTP 헤더에 액세스 토큰 값을 전달한다. 서버는 API를 실행하기 전에 토큰을 먼저 검사해서 해당 사용자의 토큰이 존재하는지, 사용할 수 있는 기간 내에 있는지 확인하고, 해당 토큰의 소유주의 권한으로 요청받은 API를 실행하게 된다. 이때 보통 "Authorizaiton: Bearer 액세스 토큰" 형식으로 전달한다.

그림 4-21 클라이언트에서 서버로 HTTP 헤더를 통해 액세스 토큰 전달

액세스 토큰과 리프레시 토큰

토큰을 제공할 때는 사용자를 인증하는 **액세스 토큰**access token과 액세스 토큰이 만료되었을 때 새로운 토큰으로 갱신할 수 있는 **리프레시 토큰**refresh token을 함께 제공한다.

액세스 토큰은 클라이언트가 서버의 API에 접근할 때 사용자의 인증에 사용하는 토큰이다. 서버는 유효한 토큰인지, 사용자가 누구인지 확인하는데, HTTP 통신에서는 Authorization 헤더에 이 정보가 담겨 있다.

코드 토큰 정보

```
GET /user/profile
Host: api.myservice.com
Authorization: Bearer eyJhbGciOiJIUzI1NiIsInR5cCI...
```

사용자 로그인 후에 액세스 토큰을 발급하는데 이 토큰이 있으면 사용자의 권한을 사용할 수 있다. 그래서 액세스 토큰의 유효기간을 보통 15분에서 1시간 정도로 짧게 설정해서 유출 시 위험성을 낮춘다.

액세스 토큰은 유효기간이 만료되면 다시 로그인을 해야 한다. 그런데 15분마다 재로그인을 요청하면 사용자들이 그 서비스를 사용할까? 사용자 입장에서는 사용성이 매우 떨어져서 그 서비스를 사용하지 않을 것이다. 이런 문제점을 해결하는 용도로 리프레시 토큰을 사용한다. 리프레시 토큰을 제공하면 재로그인 과정 없이 바로 새로운 액세스 토큰이 발급된다. 다음은 간단한 리프레시 토큰의 사용 예이다.

코드 클라이언트 요청

```
POST /auth/refresh
Host: api.myservice.com
Content-Type: application/json

{
  "accessToken": "eyJhbGciOiJIUzI1NiIsInR5cCI...",
  "refreshToken": "eyJhbGciOiJIUzI1NiIsInR5cCI..."
}
```

코드 서버 응답

```
{
  "accessToken": "new-access-token-12345",
  "refreshToken": "new-refresh-token-67890"
}
```

대체로 리프레시 토큰은 액세스 토큰과는 다르게 유효기간을 훨씬 더 길게 설정한다. 재로그인 주기 정책에 따라 다른데 보통 짧게는 며칠에서 길게는 몇십 일까지도 설정한다. API 호출 시에는 리프레시 토큰을 전달하지 않으며 새로운 액세스 토큰으로 갱신해야 할 때에만 리프레시 토큰을 전달한다.

> **리프레시 토큰의 유효기간은 길어도 괜찮을까?**
>
> 리프레시 토큰이 있으면 새로운 액세스 토큰을 발급할 수 있으므로 리프레시 토큰 또한 유출되면 보안 문제가 발생한다. 그렇다고 유효기간을 액세스 토큰만큼 짧게 설정하면 결국은 리프레시 토큰을 사용해도 짧은 시간 내에 재로그인을 반복해야 하므로 사용자가 불편해 한다. 즉 리프레시 토큰은 액세스 토큰보다는 유효기간이 길 수밖에 없는 구조이다.

> 그래서 액세스 토큰이 재발급될 때마다 리프레시 토큰도 재발급하는 정책을 적용해 리프레시 토큰의 보안성을 높이기도 한다. 이러면 매번 리프레시 토큰도 함께 변경되므로 리프레시 토큰이 유출되더라도 유효하지 않을 가능성이 훨씬 높아서 유출된 리프레시 토큰을 사용할 수 없을 것이다.

JWT

액세스 토큰의 단점 중 하나는 항상 토큰의 유효성을 확인해야 한다는 점이다. 이는 액세스 토큰만이 아니라 모든 토큰에 적용된다. 토큰의 유효성을 확인하려면 데이터베이스에 해당 토큰이 존재하는지를 확인하고, 존재한다면 연결된 사용자, API 권한을 검증해야 한다. 이런 검증 과정은 결국 처리 비용의 증가가 이어진다.

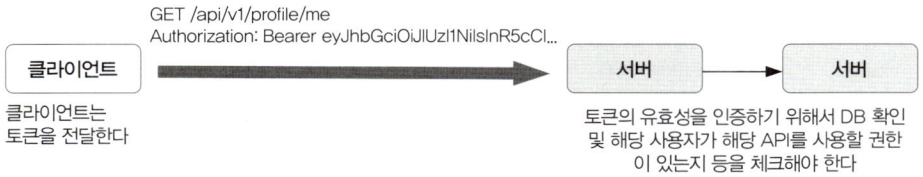

그림 4-22 토큰의 유효성 확인 과정

그렇다면 데이터베이스에 질의하는 과정을 없애면 토큰 검증 비용을 줄일 수 있지 않을까? 데이터베이스 질의 과정이 없는 토큰이 바로 JWT$^{\text{JSON Web Token}}$이다. JWT는 필요한 모든 정보를 토큰에 담고 있다. 즉 토큰 안에 user_id, 필요한 권한 등을 담고 있어서 별도로 검증할 필요가 없다. 그래서 JWT를 사용하면 인증은 빨라지고, 서버 부하는 줄어든다.

그렇다면 JWT는 어떻게 구성되어 있기에 데이터베이스에 질의하지 않고도 검증할 수 있는 것일까? JWT는 다음과 같은 형태로 구성된다.

헤더.정보.서명

JWT는 헤더^{header}, 정보^{payload}, 서명^{signature}이 .으로 연결되어 있다. 이제 각각의 구조를 살펴보자. 헤더, 내용, 서명은 Base64로 인코딩되어 Base64로 디코딩해야 원본 데이터를 확인할 수 있다.

Base64UrlEncode(헤더).Base64UrlEncode(정보).Base64UrlEncode(서명)

헤더header는 JWT의 서명에서 사용하는 해싱 알고리즘을 alg로, 사용하는 토큰 타입을 typ로 나타낸다.

코드 헤더의 구성

```
{
  "alg": "HS256",
  "typ": "JWT"
}
```

서명에서 사용할 수 있는 주요 JWT 해싱 알고리즘은 다음과 같다.

표 4-8 주요 JWT 해싱 알고리즘

알고리즘	방식	설명
HS256	HMAC + SHA-256	대칭키 방식(서버에서 하나의 비밀키로 서명 및 검증)
HS384	HMAC + SHA-384	SHA-256보다 더 강력한 해시
HS512	HMAC + SHA-512	SHA-384보다 더 강력한 해시
RS256	RSA + SHA-256	공개키 기반 비대칭 암호화 방식 SHA-256을 추가로 사용
RS384	RSA + SHA-384	공개키 기반 비대칭 암호화 방식 SHA-384를 추가로 사용
RS512	RSA + SHA-512	공개키 기반 비대칭 암호화 방식 SHA-512를 추가로 사용
ES256	ECDSA + SHA-256	타원 곡선 암호화(ECDSA) 방식 SHA-256을 추가로 사용
ES384	ECDSA + SHA-384	타원 곡선 암호화(ECDSA) 방식 SHA-384를 추가로 사용
ES512	ECDSA + SHA-512	타원 곡선 암호화(ECDSA) 방식 SHA-512를 추가로 사용
none	없음	서명 없이 토큰을 사용할 때(보안 위험!)

보통 개인이 서버에서 발급한 토큰인지 검증하는 데는 HS256을 사용하는데, Open API 등에서 클라이언트를 검증하는 데는 RS256과 같은 비대칭키를 많이 사용한다. 구글의 FCMFirebase Cloud Messaging에서도 RS256을 사용한다.

정보payload는 추가 데이터 영역이다. 다음 예시는 사용자를 구분하는 user_id, user_uid, name(이름)과 토큰 발급 시간issued At인 iat, 토큰 만료 시간expiration인 exp가 있는 정보이다. 반드시 이 내용을 담을 필요는 없고 각 서비스에 필요한 정보를 추가하면 된다. 다만 대체로 정보에는 단순히 Base64 인코딩만 하므로 중요한 내용을 저장하면 안 된다.

코드 정보의 구성

```
{
  "user_id": 1004,
  "user_uid": "abcdefghi12345",
  "name": "Clark",
  "iat": 1716115813,
  "exp": 1716125813,
}
```

서명signature에는 헤더와 정보의 검증 값을 저장한다. 서명이 헤더와 정보의 검증 값을 저장하고 있어서 데이터베이스 없이 데이터의 위변조를 방지할 수 있다.

다음은 HS256 방식으로 생성한 서명이다. secret_key는 JWT 발급자만 가지고 있는 비밀키 값인데 secret_key가 있으면 JWT를 생성할 수 있으므로 외부로 노출되지 않게 주의해야 한다. 서명의 secret_key가 JWT 신뢰의 근원이라 할 수 있다.

코드 서명의 구성

```
HMACSHA256(
    base64UrlEncode(Header) + "." + base64UrlEncode(Payload), secret_key
)
```

다음은 파이썬 pyjwt 라이브러리를 이용한 JWT 생성 예이다.

코드 JWT 생성 파이썬 코드

```python
import jwt
import datetime

# 1. 비밀키 설정(대칭키)
SECRET_KEY = "myservice_api_secret_key"

# 2. JWT 생성(서명 포함)
def create_jwt():
    payload = {
        "user_id": "1",  # 사용자 ID
        "user_uid": "18d4e9b9-c149-467e-885d-a12352e52810",
        "name": "clark",  # 사용자 이름
        "iat": datetime.datetime.utcnow(),  # 발급 시간
```

```
        "exp": datetime.datetime.utcnow() + datetime.timedelta(hours=1)
        # 만료 시간(1시간)
    }

    # JWT 생성(HS256 서명)
    token = jwt.encode(payload, SECRET_KEY, algorithm="HS256")
    return token

# 3. JWT 검증(서명 확인)
def verify_jwt(token):
    try:
        # HS256 검증(비밀키로 확인)
        decoded_payload = jwt.decode(token, SECRET_KEY, algorithms=["HS256"])
        return decoded_payload
    except jwt.ExpiredSignatureError:
        return "- 토큰이 만료되었습니다!"
    except jwt.InvalidTokenError:
        return "- 잘못된 토큰입니다!"

# 실행 예제
if __name__ == "__main__":
    token = create_jwt()
    print(f"+ 생성된 JWT: {token}\n")

    decoded_data = verify_jwt(token)
    print(f"+ 검증 결과: {decoded_data}")
```

이 예제의 `jwt.decode` 부분은 jwt 라이브러리를 사용해서 HS256을 검증하는 부분이다. 앞서 주요 JWT 해싱 알고리즘 표에서 HS256은 실제로 HMAC와 SHA256을 사용했다고 설명했는데, 실제로 검증해 보자. 우리가 만든 서명과 jwt의 decode에서 나온 결과가 동일한지 비교하면 된다.

먼저 `hmac`, `hashlib`, `base64` 라이브러리를 추가한다. 라이브러리를 직접 구현할 수도 있지만, 간단히 실습하고자 구현된 라이브러리를 사용했다. 앞의 코드를 조금 수정해서 `generate_hmac_signature`는 `header`와 `payload`를 받은 다음 HMAC-SHA256을 통해 서명을 만든다. 그리고 이렇게 만든 서명을 base64 urlencode 방식으로 전달한다. 그리고 `verify_jwt` 함수에서 실제 토큰의 서명과 동일한지 비교하겠다. 다음 코드에서 '# 3.수동으로 서명 생성'부터 수정한 코드이다. 코드를 실행하면 앞의 코드와 결과가 같다.

코드 수동으로 서명 생성한 코드

```python
import jwt
import datetime
import hmac
import hashlib
import base64

# 1. 비밀키 설정(대칭키)
SECRET_KEY = "myservice_api_secret_key"

# 2. JWT 생성(서명 포함)
def create_jwt():
    payload = {
        "user_id": "1",    # 사용자 ID
        "user_uid": "18d4e9b9-c149-467e-885d-a12352e52810",
        "name": "clark",    # 사용자 이름
        "iat": datetime.datetime.utcnow(),    # 발급 시간
        "exp": datetime.datetime.utcnow() + datetime.timedelta(hours=1)
        # 만료 시간(1시간)
    }

    # JWT 생성(HS256 서명)
    token = jwt.encode(payload, SECRET_KEY, algorithm="HS256")
    return token

# 3. 수동으로 서명 생성(HMAC-SHA256)
def generate_hmac_signature(header, payload, secret_key):
    # Base64Url 인코딩된 Header + Payload
    message = f"{header}.{payload}"

    # HMAC-SHA256 서명 생성
    signature = hmac.new(secret_key.encode(), message.encode(),
                        hashlib.sha256).digest()

    # Base64Url 인코딩하여 최종 서명 생성
    signature_b64url = base64.urlsafe_b64encode(signature).decode()\
.rstrip("=")    # 패딩 제거
```

```python
        return signature_b64url

# 4. JWT 검증(Signature 부분 직접 검증)
def verify_jwt(token):
    try:
        # JWT를 헤더, 정보, 서명으로 분리
        header_b64, payload_b64, signature_b64 = token.split(".")

        # 수동으로 서명 생성
        expected_signature = generate_hmac_signature(header_b64, payload_
            b64, SECRET_KEY)

        # PyJWT를 사용하여 검증(기본 검증)
        decoded_payload = jwt.decode(token, SECRET_KEY, algorithms=["HS256"])

        # 서명이 동일한지 확인
        if signature_b64 == expected_signature:
            return {"+ 검증 성공": decoded_payload}
        else:
            return {"- 서명 불일치": "변조된 토큰!"}

    except jwt.ExpiredSignatureError:
        return {"- 토큰이 만료되었습니다!"}

    except jwt.InvalidTokenError:
        return {"- 잘못된 토큰입니다!"}
```

이렇게 생성한 JWT를 Authorization: Bearer JWT 형태로 전달하면 서버는 서명이 비밀키로 사인이 되었는지만 확인해서 정보를 검증한다. 다시 한번 강조하자면 JWT의 정보 부분은 Base64 인코딩만 하므로 비밀키 없이 확인할 수 있으니 중요한 내용은 포함하지 않도록 하자.

JWT 사용 시 주의사항

JWT는 분명 서버의 부담을 줄여주는 획기적인 방법이다. 그런데 실제 서비스에 JWT를 사용할 때는 다음과 같이 몇 가지 주의할 상황이 있다.

첫 번째로, JWT가 탈취당했고 다행히 서비스 운영자가 탈취된 토큰 값을 아는 상황이다. 당연히 탈취된 토큰을 더 이상 사용할 수 없도록 막아야 하는데 어떻게 더 이상 사용하지 못하게 할까? 탈취된 토큰을 막으려면 서버에 토큰 제한 리스트를 생성하고 토큰의 탈취 여부를 확인해야 한다. 탈취된 토큰이라면 유효하지 않다고 거절하면 된다. 그런데 이 상황은 서버에서 데이터베이스를 조회할 필요가 없다는 JWT의 가장 큰 장점에 반하는 모순적인 설계이다. 그럼에도 탈취가 확인된 순간 이런 방식으로 확인할 수밖에 없다.

두 번째로는, 핀테크 앱처럼 다중 로그인을 허용하지 않는 서비스를 만들 때 어떻게 JWT로 다중 로그인을 막을 수 있을까? 다중 로그인을 막으려면 가장 마지막 로그인 시점에서 이전 토큰은 만료되어야 한다. 그런데 JWT로는 이걸 제한할 수 있는 방법이 없다. 이런 상황에서는 데이터베이스를 조회해서 제한해야 한다.

첫 번째와 두 번째 상황 모두 JWT의 장점을 십분 활용할 수 없는 것일까? 그렇지는 않다. 제한 리스트 등을 운영하더라도 JWT는 여전히 장점이 크다. 기존 토큰은 토큰 사용자가 연결하면 필요한 정보를 데이터베이스에서 추가로 불러와야 하지만, JWT를 사용하면 토큰의 유효성만 확인하고 바로 서명과 정보를 확인하면 되므로 실제로 확연히 데이터베이스 접근이 줄어서 결국 서버의 처리 비용을 줄일 수 있다.

4-5 데이터베이스

데이터베이스에는 사용자의 정보부터, 친구 관계, 글, 댓글 등 모든 정보와 내용이 저장되는 만큼 서비스 운영에서 가장 중요한 부분이다. RDBMS를 선택한다면 MySQL이나 PostgreSQL 등 무엇을 사용하든지 큰 문제는 없다.

4-5-1 데이터베이스 성능

데이터베이스의 성능은 데이터 모델 정의에 달려 있다고 해도 과언이 아니다. 데이터베이스 수업을 들어봤다면 정규형을 배웠을 텐데, 데이터 모델도 이 정규형을 잘 따르는 편이 유리하다. 물론 성능을 고려해서 역 정규화를 선택할 수도 있지만, 대체로 정규화를 따르는 게 기본이다.

인덱스

서비스 초기에 의외로 많이 하는 실수가 데이터베이스에서 인덱스index를 제대로 설정하지 않는 것이다. 인덱스는 서비스의 성능에 영향을 크게 미치지만, 데이터가 적은 서비스 초기에는 인덱스를 생성하지 않아도 성능의 차이를 체감하기 어렵다. 하지만 서비스 사용자가 늘어나고 데이터양이 증가하면 실제 서비스의 속도는 인덱스에 크게 좌우된다. 인덱스를 설정하지 않은 채로 서비스를 계속 운영하면 서비스가 점점 느려지고 데이터베이스에 부담도 증가한다.

이쯤되면 인덱스의 역할이 궁금하다. 다음과 같이 `id`와 `name`이 있는 인덱스 없는 테이블이 있다고 가정해 보자.

표 4-9 인덱스가 없는 테이블

id	name
1	John
2	Clark
3	Suki
4	Yul
5	Sol
...	...

테이블에서 이름이 Suki인 사용자를 찾으려면 어떻게 해야 할까? 이 테이블처럼 정렬도 되어 있지 않고 인덱스가 없을 때는 무작정 처음부터 Suki가 나올 때까지 찾아야 한다. 다행히 Suki라는 이름의 사용자는 id가 3번이라 금방 찾았다. 이렇게 처음부터 모든 데이터를 확인하는 것을 **전체 스캔**Full Scan이라고 한다. 데이터양이 적고 앞부분에 위치했을 때는 전체 스캔을 사용해도 빠르게 찾을 수 있지만, 테이블의 데이터가 100만 개, 1억 개가 넘는다면 전체 스캔에 걸리는 시간이 얼마나 될까? 사양에 따라 다르겠지만, 데이터를 하나 처리하는 데 약 0.00001초가 걸린다고 가정하면 100만 개일 때는 1분 40초(100초)가, 1억 개일 때는 2시간 46분 40초(10,000초)가 걸린다. 이 말은 운이 나쁘면 누군가는 로그인할 때 1분 40초가 걸릴 수도 있다는 의미이다.

이런 불편을 줄이고 검색할 때 데이터를 빨리 찾을 수 있게 인덱스를 사용해 정보를 구축한다. 자료구조에서 트리tree와 해시hash를 봤을 텐데, 인덱스는 일반 검색뿐만 아니라 범위 검색도 가능해야 하므로 보통 트리 기반으로 생성된다. 예를 들어 다음과 같은 쿼리를 사용한다면 단순히 하나의 데이터만 찾는 게 아니라 해당 범위의 데이터를 쉽게 찾을 수 있어야 한다.

```
select * from user where id >= 100000 and id < 100005;
```

범위 검색을 고려할 때는 **B+ 트리 기반 인덱스**B+ tree-based index를 많이 사용한다. B+ 트리는 범위 쿼리에 적합한 두 가지 장점이 있다. 첫째, 리프 노드leaf node의 데이터가 키-값에 따라 항상 정렬되어 있고, 둘째, 리프 노드가 양방향 연결 리스트로 연결되어 있어 한 리프 노드에서 다음 리프 노드로 쉽게 이동할 수 있다. 따라서 범위의 첫 데이터를 찾은 뒤에는, 이어진 노드를 따라가며 순차적으로 데이터를 빠르게 검색할 수 있다.

빅오BigO 표기법으로 비교해 보면 데이터가 N개일 때 전체 테이블 스캔Full Table Scan은 $O(N)$이지만 B+ 트리는 하나의 데이터를 찾을 때는 $O(logN)$이다. 데이터가 커질수록 B+ 트리가 데이터를 훨씬 빨리 찾는다.

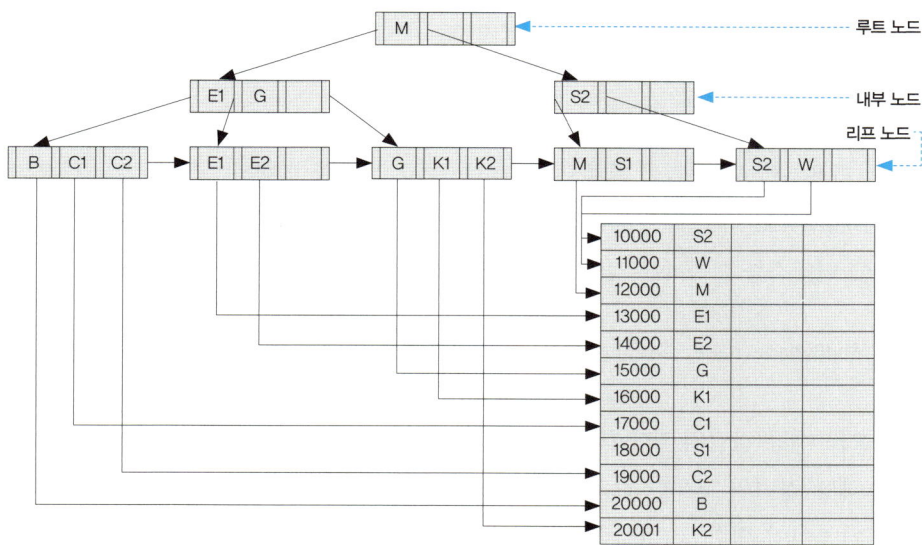

그림 4-23 B+ 트리 구조

이처럼 인덱스를 이용하면 데이터를 더 빠르게 찾을 수 있다. 그러면 인덱스는 어느 컬럼column에 적용해야 할까? 우선, 어느 컬럼에 인덱스를 적용할지는 무엇(어떤 컬럼)으로 검색(조회)하느냐에 결정된다.

앞서 본 테이블에서 우리는 **Suki**를 기준으로 검색했는데, 이때 검색 대상으로 사용된 컬럼은 **name**이었다. MySQL에서는 다음과 같은 명령어로 해당 테이블의 **name** 컬럼에 인덱스를 생성할 수 있다.

```
CREATE TABLE users (
    id BIGINT PRIMARY KEY AUTO_INCREMENT,
    name VARCHAR(255)
);

CREATE INDEX idx_name ON users (name);
```

> **MySQL에서 인덱스 생성하는 명령**
>
> MySQL의 인덱스 생성 명령은 다음과 같다.
>
> ```
> CREATE INDEX {index 이름} ON {테이블명}(컬럼명);
> ```

예를 들어 Spring Data JPA를 사용하면 함수명만으로 필요한 코드가 자동으로 생성된다. 사용자의 name 컬럼 기준으로 테이블의 로우row를 조회하고 싶을 때는 다음처럼 findByName 함수를 정의한다. 이 경우 name 컬럼을 조건으로 검색하므로 name 컬럼에 인덱스를 설정하는 것이 바람직하다.

```
fun findByName(name: String)
```

다음으로 해당 컬럼의 **카디널리티**cardinality를 고려한다. 데이터베이스에서의 카디널리티는 해당 컬럼의 고유한 값의 개수를 의미한다. 인덱스를 설정하는 컬럼은 카디널리티가 높아야 한다. 카디널리티가 높다는 말은 고유한 값의 개수가 많다는 의미이다. 앞서 인덱스를 설정한 name 컬럼을 예로 들어 보자. 종종 동명이인이 있지만, 대부분 이름이 다르므로 name 컬럼에 인덱스를 생성했을 때 검색에 중복되는 데이터는 적을 것이다. 이번에는 name 컬럼이 아니라 gender 컬럼에 인덱스를 설정했다고 가정하자. gender 컬럼은 전통적으로 남성, 여성으로 구분한다. 이때 카디널리티는 2이다. 혹은 논바이너리와 미지정을 추가하더라도 4이다. gender 컬럼에 인덱스를 설정하면 검색 시 전체 스캔과 크게 차이가 없다. 이렇게 카디널리티가 낮을 때는 검색의 조건이더라도 인덱스를 설정할 필요가 없다.

복합 인덱스composite index도 고려해야 한다. 복합 인덱스는 두 개 이상의 컬럼으로 구성된 데이터베이스 인덱스이다. 때로는 조건이 하나가 아니라 여러 개인 검색 쿼리를 작성해야 할 수도 있다. 이럴 때 컬럼 여러 개로 인덱스를 생성하는 것이 복합 인덱스이다. 복합 인덱스를 설정할 때는 몇 가지 주의사항이 있다. 복합 인덱스의 순서는 **왼쪽 우선**LeftMost Rule이다. 예를 들어 복합 인덱스를 (name, age)로 설정했다면 인덱스는 먼저 name 컬럼을 기준으로 먼저 검색한 뒤, 그 결과에서 age 조건을 적용한다.

다음은 (name, age)로 복합 인덱스를 설정한 다음에 28세의 clark을 찾는 SQL 문이다.

```
CREATE INDEX idx_name_and_age ON users (name, age);
select * from users where name = 'clark' and age=28;
```

쿼리를 보면 먼저 name 컬럼에서 clark을 찾고, 그 조건에 맞는 데이터 중에서 age 컬럼의 값이 28인 데이터를 찾는다. 이때 실제로 서브 키 컬럼은 (name, age) 형태로 저장되므로 이진 탐색을 통해서 $O(\log N)$의 속도로 탐색이 가능하다.

그러면 다음과 같은 SQL 문도 사용할 수 있을까?

```
select * from users where name='clark';    // ①
select * from users where age=28;          // ②
```

둘 다 SQL 문이 동작하지만 인덱스 사용 측면에서 차이가 있다. 첫 번째 쿼리(①)는 인덱스를 부분적으로 활용하고, 두 번째 쿼리(②)는 복합 인덱스를 설정한 상태에서는 인덱스를 사용하지 않는다. 복합 인덱스의 왼쪽 우선 정책에 따라서 name 컬럼을 찾아야 하는데, name 컬럼에 값이 없으므로 전체 스캔과 동일하게 동작한다.

이번에는 복합 인덱스를 (name, age, city) 순서로 구성했을 때, 인덱스가 어떻게 동작하는지 살펴보자.

```
CREATE TABLE users (
    id BIGINT PRIMARY KEY AUTO_INCREMENT,
    name VARCHAR(255),
    age int,
    city VARCHAR(128)
);

CREATE INDEX idx_name_and_age_and_city ON users (name, age, city);
```

다음처럼 SQL 문을 작성하면 name, age, city 컬럼 순으로 인덱스를 경유해서 데이터를 검색하므로 복합 인덱스의 모든 컬럼을 활용할 수 있다.

```
select * from users where name='clark' and age=28 and city='SEOUL';
```

다음은 복합 인덱스의 최상위 컬럼, 즉 가장 먼저 경유하는 name 컬럼에만 검색을 요청한 SQL 문이다. 복합 인덱스의 첫 번째 컬럼(name)만으로도 인덱스를 활용할 수 있으므로 name이 'clark'인 데이터만 검색한다.

```
select * from users where name='clark';
```

다음처럼 두 번째 인덱스인 age가 없고 name과 city만 조건으로 들어왔을 때도 인덱스가 name에만 적용된다. 두 번째 인덱스인 age가 없으면 복합 인덱스의 연속성이 깨지므로 두 번째 이후의 컬럼에 대한 인덱스를 이용할 수 없다.

```
select * from users where name='clark' and city='SEOUL';
```

첫 번째와 두 번째 인덱스를 조건으로 사용한 다음 SQL 문은 name과 age 두 개를 인덱스로 적용할 수 있으므로 바로 위의 SQL 문보다 좀 더 빠르게 검색할 수 있다.

```
select * from users where name='clark' and age=24;
```

마지막으로 다음 형태는 첫 번째 인덱스가 조건에 없으므로 인덱스를 적용할 수 없는 SQL 문이며 전체 스캔으로 처리한다.

```
select * from users where age=28 and city='SEOUL';
```

인덱스는 ORDER BY 절의 성능 최적화에도 중요한 역할을 한다. ORDER BY는 지정된 컬럼을 기준으로 데이터를 정렬하는 SQL 구문이다. 하지만 인덱스가 없는 컬럼에 대해 ORDER BY를 수행하면 전체 테이블 스캔을 해야 하므로 쿼리 실행 시간이 증가한다. 이 과정에서 메모리와 디스크 사용이 증가한다. 데이터가 적을 때는 이런 영향이 미미하겠지만, 수백만 레코드가 넘어가는 대규모 데이터를 다룰 때는 정렬 작업만으로도 시스템 리소스 소모가 크고, 쿼리 성능이 크게 저하될 수 있다.

> **인덱스를 잘못 설정하면 어떻게 될까?**
>
> 다음처럼 복합 인덱스로 생성하지 않고 name과 city에 각각 인덱스를 생성한 다음에 예시의 SQL 문을 작성하면 어떻게 될까?
>
> ```
> CREATE INDEX idx_name ON users (name);
> CREATE INDEX idx_city ON users (city);
> select * from users where name='clark' and age=28;
> ```
>
> 이 인덱스는 개별 인덱스이므로 데이터베이스는 각 인덱스를 독립적으로 고려한다. 예를 들어 MySQL에서는 name과 age 중 카디널리티가 더 높은 인덱스를 선택해서 해당 인덱스로 데이터를 검색한 다음 그 결과에서 다른 조건을 검색한다. 일반적으로 이름의 카디널리티가 더 높은 편이라 이 SQL 문에서는 name을 인덱스로 선택하여 검색하고 age에는 인덱스를 활용하지 않을 것이다.
>
> 결국 인덱스를 한 번만 효과적으로 사용하므로, 각각 인덱스를 생성하는 것보다는 (name, city)로 복합 인덱스를 생성하는 편이 좀 더 좋은 선택이다.

4-5-2 데이터베이스 복제

데이터베이스 손실은 서비스 운영에 차질이 생기므로 서비스를 운영할 때에는 항상 데이터베이스 서버를 물리적으로 최소 두 대 이상 운영한다. 보통 이렇게 두 대 이상 데이터베이스 서버를 구성할 때는 서비스를 처리하는 **메인 데이터베이스**primary database와 메인 서버를 복제하는 **복제본**replica으로 구성한다. MySQL과 PostgreSQL에서 복제본을 설정하는 방법은 이 책에서는 다루지 않는다. AWS와 같은 클라우드 서비스에서는 복제본 설정과 페일오버가 자동으로 적용된다.

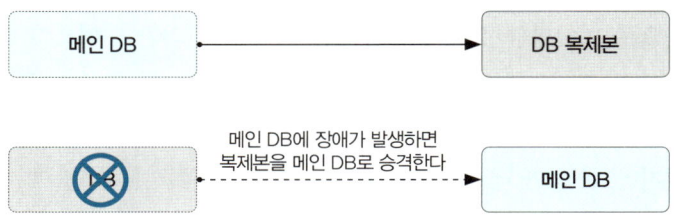

그림 4-24 메인 데이터베이스에 장애 시 복제본 승격

이처럼 운영하던 메인 데이터베이스에 장애가 발생되면 바로 복제본을 메인 데이터베이스로 설정하면 중단 없이 서비스를 운영할 수 있어 서비스의 가용성이 높아진다.

> ### 📋 데이터베이스는 어떻게 복제본에 데이터를 전달할까?
>
> 데이터베이스에서는 변경 사항을 저장하기 전에 로그에 먼저 기록하는데 이를 WAL(Write Ahead Log) 기법이라고 한다. 데이터베이스 복제에도 WAL 기법을 사용하는데, 대표적으로 PostgreSQL이 WAL을 전송하여 복제를 구성한다. MySQL은 WAL 대신에 빈로그(Binlog)를 전송하는 방식으로 복제를 진행한다.
>
> WAL 방식을 사용하는 PosgreSQL은 모든 변경 사항을 전송하고 MySQL은 빈로그 형식을 통해 복제 데이터의 형식을 설정할 수 있다. 빈로그 형식은 ROW, STATEMENT, MIXED로 나뉜다.
>
> - **ROW**: WAL 형태와 유사하게 변경된 행 데이터를 전송한다.
> - **STATEMENT**: SQL 문을 그대로 전송한다.
> - **MIXED**: 상황에 따라 STATEMENT와 ROW 방식을 자동으로 전환해 전송한다.
>
> MySQL을 사용한다면 STATEMENT 방식과 ROW 방식의 차이점을 알아야 한다. 예를 들어 `INSERT INTO orders (order_date, customer_id) VALUES (NOW(), 123)`이라는 SQL 문을 실행할 때 STATEMENT 방식에서는 SQL 문이 그대로 전송된다. SQL 문이 전송된 다음 복제본에서 `NOW()` 함수를 실행하는데, 이러면 메인과 복제본에서 `NOW()` 함수가 실행되는 시기가 다르므로 값이 다를 수 있다. 즉 STATEMENT 방식은 비결정적(non-deterministic)인 결과를 초래할 수 있다.
>
> 반면 ROW 방식에서는 메인 데이터베이스에서 이 SQL 문을 2025-01-28 01:06:00에 실행했다면 복제본으로 전송되는 데이터는 `INSERT INTO orders VALUES ('2025-01-28 01:06:00', 123);` 이므로 메인과 복제본에 동일한 값이 저장된다.
>
> 데이터의 일치성이 중요할 때는 이런 차이를 특별히 주의해 복제 방식을 설정해야 한다.

읽기 복제 사용

복제본이 단순히 장애를 대비한 액티브-스탠바이 구조를 위해서만 존재하는 것은 아니다. 복제본은 전체 서비스 성능을 향상시키는 데에도 중요한 역할을 한다.

데이터베이스에서는 디스크에 읽고 쓰는 I/O 작업이 성능의 핵심이다. 보통 I/O 작업은 최대 한계치가 정해져 있다. 데이터베이스의 최대 성능은 모든 작업의 합과 같다. 예를 들어 최대 성능이 1,000이면 읽기 I/O와 쓰기 I/O의 합은 최대 1,000이다.

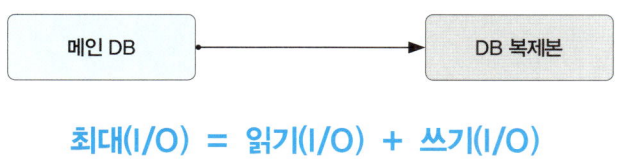

그림 4-25 최대 I/O와 읽기 I/O, 쓰기 I/O의 관계

데이터베이스에서 쓰기 작업이 중요하지만 보통은 읽기 작업이 쓰기 작업보다 대략 7:3 혹은 8:2 비율로 많이 발생한다. 다음 그림처럼 최대 성능 1,000인 메인 데이터베이스에서 읽기와 쓰기 비율이 8:2라고 가정하자.

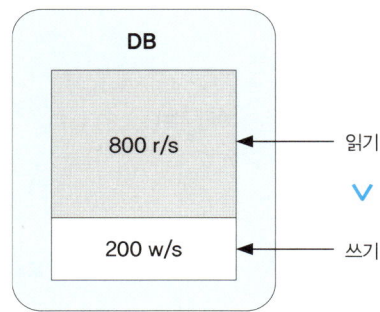

그림 4-26 읽기 작업 80%, 쓰기 작업 20%인 데이터베이스

최대 성능이 1,000인 메인 데이터베이스에서 쓰기가 200을, 읽기가 800을 사용하면 데이터베이스의 최대 성능을 읽기와 쓰기로 모두 사용해서 데이터베이스의 성능에 제약이 걸린다. 더군다나 중요한 작업인 쓰기는 200밖에 사용하지 못하고 있는 터라 쓰기 성능을 늘리려면 읽기 성능을 줄여야 한다.

이런 상황에서 필요한 게 **읽기 복제**Read Replica이다. 부하가 걸린 이 메인 데이터베이스에 읽기 복제본을 두 대 추가하면 메인의 읽기 부하 800을 읽기 복제본에 각각 400씩으로 나눠서 전달한다. 그러면 메인 데이터베이스는 읽기 작업에 대한 부담이 줄어 쓰기가 400으로 늘어나도 문제가 없다.

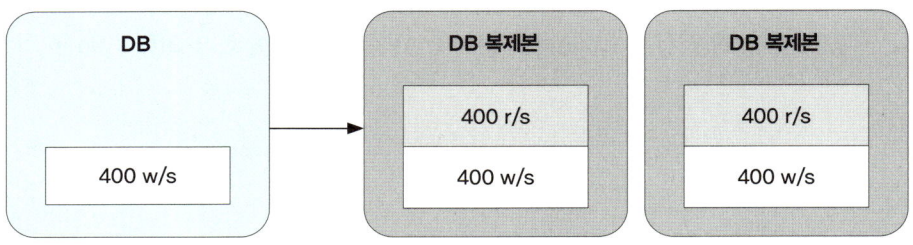

그림 4-27 읽기 복제본으로 읽기 작업 분산

이런 식으로 데이터베이스를 구성하려면 쓰기는 메인 데이터베이스로 전달하고, 읽기는 복제본에서만 읽어가도록 서비스를 개발할 때 다음 그림처럼 미리 설계해야 한다. 다음 그림을 보면 API 서버에서 쓰기는 메인 데이터베이스로만 요청한다. 그러면 자동으로 메인 데이터베이스의 변경이 읽기 복제본으로 복제된다. 읽기는 API 서버에서 복제본으로 바로 데이터를 읽어간다.

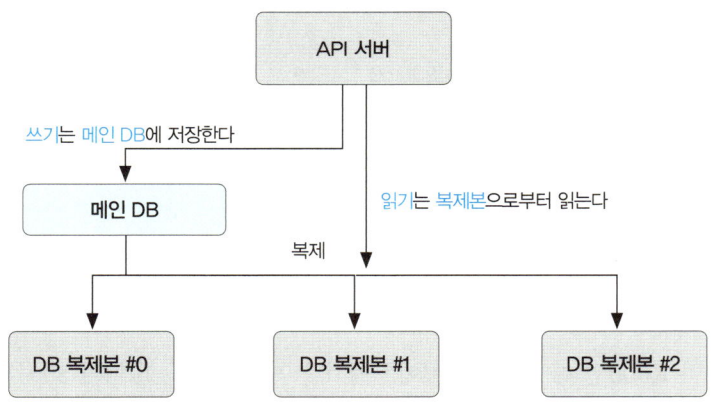

그림 4-28 읽기 복제본을 사용하는 구성

다음은 읽기와 쓰기 작업에 따라 적절한 데이터베이스로 요청을 전달하는 의사 코드이다. 실제 구현에서는 언어나 프레임워크에 따라 다양하게 구현된다. 예를 들어 어노테이션 기반으로 @ReadOnly와 같이 사용하면 자동으로 읽기 복제본으로 라우팅하는 기능을 제공하는 언어도 있다.

코드 읽기 분리 의사 코드

```
class DatabaseRouter:
    def __init__(self, primary_db, replica_dbs):
        self.primary_db = primary_db  # Primary DB (Write)
        self.replica_dbs = replica_dbs  # List of Replica DBs (Read)
        self.replica_index = 0  # 최초 읽기 시작 인덱스는 0번으로 시작한다.
        self.replica_count = len(replica_dbs)

    def get_primary(self):
        """Primary DB (Write operations)"""
        return self.primary_db

    def get_replica(self):
        """Replica DB (Read operations) with simple round-robin load
            balancing"""
        db = self.replica_dbs[self.replica_index]
        # 읽기 DB를 가져갈 때마다 인덱스 번호를 1씩 올려서 라운드로빈
        # 방식으로 읽기를 분배한다.
        # 가중치를 부여해 특정 서버에 집중할 수도 있다.
        self.replica_index = (self.replica_index + 1) % replica_count
        return db

class Database:
    def __init__(self, name):
        self.name = name

    def execute(self, query, write=False):
        """Execute a query on the database"""
        print(f"Executing on {self.name}: {query}")

class Repository:
    def __init__(self, db_router):
        self.db_router = db_router
```

```python
    def write_query(self, query):
        """Write operations go to the primary DB"""
        self.db_router.get_primary().execute(query, write=True)

    def read_query(self, query):
        """Read operations go to a replica DB"""
        self.db_router.get_replica().execute(query, write=False)

# 사용 예
primary_db = Database("primary")
replica_dbs = [Database("replica1"), Database("replica2")]

db_router = DatabaseRouter(primary_db, replica_dbs)
repository = Repository(db_router)

# 메인 DB에 쓰기
repository.write_query("insert into post(id) values(1)")

# 라운드로빈 방식으로 읽기 복제본으로부터 읽기
repository.read_query("select * from post where id=1")
repository.read_query("select * from post where id=2")
repository.read_query("select * from post where id=3")
```

복제 지연

읽기 복제를 사용할 때는 **복제 지연**Replication Lag을 주의해야 한다. 복제 지연은 메인 데이터베이스의 내용이 아직 복제본에 반영되지 않아서 발생한다. 메인 데이터베이스에 clark의 age를 28살에서 30살로 업데이트했지만, 복제본에서는 아직 28살인 상태로 데이터가 읽어지는 현상이다. 이런 현상을 이해하려면 두 가지 복제 방식인 동기 복제 방식과 비동기 복제 방식에 대해서 먼저 알아야 한다.

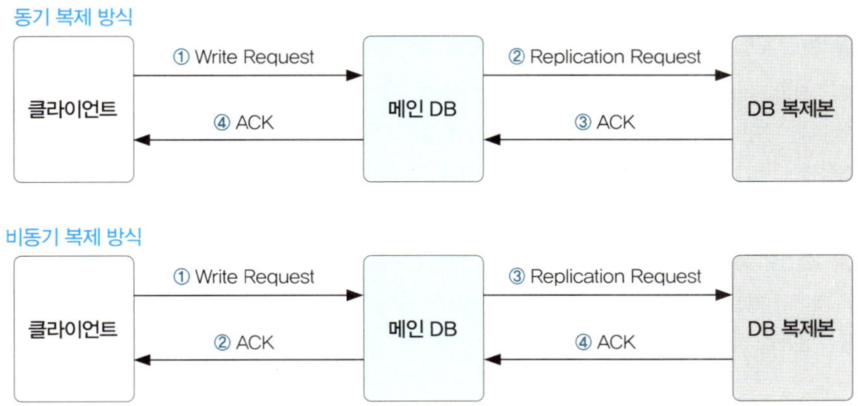

그림 4-29 동기 복제 방식과 비동기 복제 방식의 동작 순서

동기 복제 Sync Replication는 다음과 같은 순서대로 동작한다. 읽기 요청은 복제 과정이 필요 없으므로 INSERT 요청으로 설명한다.

① **Write Request**: 클라이언트가 메인 데이터베이스에 INSERT 요청을 전송한다.
② **Replication Request**: 메인 데이터베이스는 복제본에 변경 사항을 복제 요청한다.
③ **ACK**: 복제본은 변경 사항을 적용한 다음 메인 데이터베이스에 확인 메시지(ACK)를 보낸다.
④ **ACK**: 메인 데이터베이스는 복제본의 확인을 받은 다음 클라이언트에 트랜잭션 완료 응답(ACK)을 보낸다.

동기 복제 방식에서는 클라이언트가 ④ ACK를 받으면 데이터가 복제본에도 제대로 전송되었다고 신뢰할 수 있다.

이제 **비동기 복제 방식**Async Replication의 동작을 살펴보자.

① **Write Request**: 클라이언트가 메인 데이터베이스에 쓰기 요청을 전송한다.
② **ACK**: 메인 데이터베이스는 클라이언트에 확인 메시지(ACK)를 보낸다. 클라이언트 측에서는 이 시점에 요청이 완료됐다고 판단한다.
③ **Replication Request**: 메인 데이터베이스는 복제본에 변경 사항을 비동기적으로 전송한다.
④ **ACK**: 복제본은 변경 사항을 적용한 다음 메인 데이터베이스에 확인 메시지(ACK)를 전송한다.

비동기 복제 방식은 ②~③ 과정에서 오류가 발생하면 자칫 메인 데이터베이스의 데이터가 유실될 수도 있다.

> **📋 동기 복제와 비동기 복제 중 무엇을 선택해야 할까?**
>
> 모든 점이 안 좋은 방식은 있을 수 있지만, 모든 점이 좋은 방식은 없다. 동기 복제 방식은 데이터 유실 면에서는 훨씬 안전하지만, 복제본에서 처리가 완료된 뒤에 응답하므로 개별 처리 성능은 상대적으로 저하된다. 반대로 비동기 복제 방식은 훨씬 빠르게 응답하므로 성능 면에서 뛰어나지만, 데이터 유실면에서는 안전하지 못하다.
>
> MySQL은 기본으로 비동기 복제 방식을 사용하는 것처럼 데이터베이스 종류에 따라서 지원하는 방식에 차이가 있으니 단순히 어느 것을 무조건 선택하라고 권유하기는 어렵다. 사용하는 데이터베이스의 공식 문서를 참고하며 설계하기를 바란다.

그러면 복제 지연은 왜 발생하는 걸까? 복제 과정은 다음과 같은 두 단계로 이루어진다.

1. **복제 데이터 저장 단계(WAL/빈로그 기록)**: 복제 데이터를 복제본의 WAL이나 빈로그에 저장한다. 이 단계를 거치면 데이터 유실 위험이 줄어들며 장애가 발생하더라도 데이터를 복구할 수 있어 데이터 내구성을 보장하는 단계이다.

2. **데이터 적용 단계(읽기 서빙 준비)**: 복제본은 WAL 또는 빈로그에 있는 데이터를 처리해서 요청 시에 데이터를 전달할 수 있게 준비한다. 복제본에서도 메인 데이터베이스와 동일하게 데이터의 읽기 서빙을 할 수 있는 단계이다.

동기 복제 방식 중에서도 메모리까지 완전히 적용한 다음에 확인 메시지(ACK)를 전송하면 속도는 느릴지언정 복제 지연이 발생하지는 않는다. 1, 2단계가 모두 완료된 후에 확인 메시지(ACK)를 전달하기 때문이다.

복제 지연이 발생하는 지점은 네트워크 문제나 대량의 데이터 전송으로 지연이 발생할 수 있는 **복제 데이터의 전달**과 복제본의 처리 능력, I/O 성능 등으로 지연이 발생할 수 있는 **복제 데이터의 적용** 지점이다. 이런 복제 지연은 왜 문제가 될까? [그림 4-30]을 보자.

SNS와 같은 서비스는 복제 지연이 큰 문제가 아닐 수 있지만, 그림에서처럼 금융 서비스라면 굉장히 심각한 문제이다. 100원을 보유한 A 계좌에 100원을 추가로 송금해서 A 계좌의 보유금은 200원이 되었다. 그런데 복제 지연이 발생한 시점에서 복제본 #0에 A 계좌의 보유금을 확인하는 읽기 요청을 전달하면 어떻게 될까? 복제본 #0은 100원이라고 응답해 실제 보유금과 차이가 발생한다.

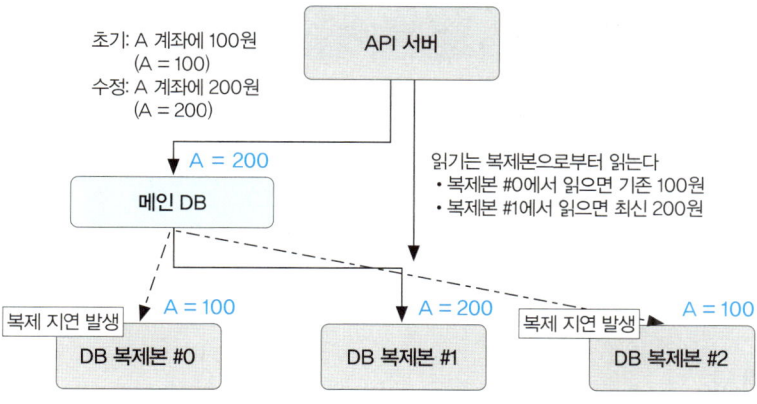

그림 4-30 금융 서비스에서 복제가 지연됐을 때

이처럼 서비스별로 복제 지연을 대응하는 태도는 달라야 하며 서비스의 성격과 데이터 복제 지연 민감성을 확인해 데이터를 처리하도록 설계해야 한다.

읽기 복제의 한계

분명 읽기 복제는 메인 데이터베이스의 부하를 줄이면서 전체 서비스의 성능을 높이는 좋은 방법이다. 하지만 언제까지고 읽기 복제본을 추가하는 방법으로 문제를 해결할 수는 없다. 쓰기 부하가 상승할수록 복제본은 메인 데이터베이스의 변화를 계속 복제해야 하므로 메인 데이터베이스와 동일한 쓰기 부하가 발생한다. 그래서 읽기 복제본이 있어도 결국 쓰기 부하 문제로 데이터베이스 서버의 최대 I/O에 문제가 생길 수밖에 없다. 이를 해결하려면 캐시나 데이터베이스 샤딩을 고려해야 한다.

그림 4-31 쓰기가 많을 때 읽기 복제의 한계

> **프로그램의 성능 최적화 방안**
>
> 가장 간단한 프로그램 성능 최적화 방안은 디스크 접근을 최소화하는 일이다. 디스크 접근은 메모리 접근보다 느리므로 데이터를 읽을 때는 최대한 한 번에 읽어서 메모리에 상주시키고 디스크 접근 횟수를 줄인다. 쓰기 또한 마찬가지이다. 버퍼 관리자와 같은 프로그램이 이런 역할을 수행해 데이터베이스 성능을 향상시킨다.

4-6 캐시

서비스의 성능을 확장하는 효과적이고도 쉬운 방법이 캐시이다. **캐시**cache는 데이터나 연산 결과를 메모리에 저장하여 빠르게 접근할 수 있도록 하는 임시 저장소이다. 디스크 I/O 작업을 줄이고 데이터 접근 속도를 높여 데이터베이스의 부하를 감소시킬 수 있다.

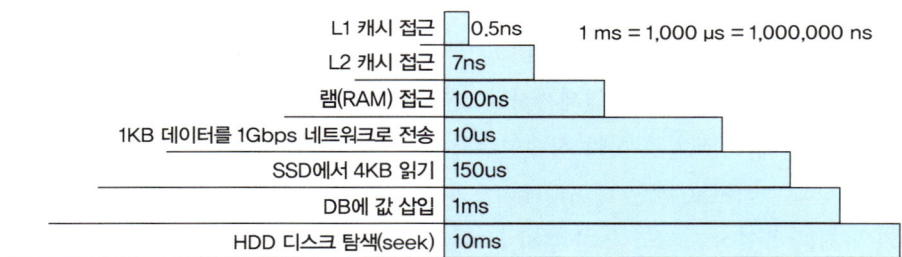

그림 4-32 저장매체별 접근 시간 비교

그림에서 보듯이 디스크 접근은 메모리 접근보다 거의 천 배 이상 느리다. 메모리 천 번 접근과 디스크 한 번 접근에 비슷한 시간이 걸린다는 의미이다. 이런 이유로 캐시를 사용한다. 디스크에 한 번 접근해서 전체 데이터를 메모리에 상주시키면 이후로는 디스크에 자주 접근할 필요 없이 메모리에서 데이터를 읽을 수 있다.

4-6-1 캐시 키 설정의 중요성

캐시는 **키-값**key-value 형태로 저장한다. 적절한 키를 선택하고 키에 해당하는 값을 연결하는 방식이다. 그렇다면 사용자 정보를 캐시에 저장하려면 어떤 키를 사용해야 할까? 데이터베이스에서는 사용자 ID를 기본 키로 사용하므로 캐시에서도 사용자 ID가 중요한 키가 된다. 그런데 사용자 정보는 단일 항목이 아니라 user 테이블의 정보, 친구 목록, 인증 토큰 등 여러 정보를 포함한다. 단순히 사용자 ID를 키로 사용하면 캐시해야 할 데이터가 지나치게 커질 수 있다. 따라서 각각의 정보를 분리해서 저장하는 편이 효율적이다. 캐시 키를 어떻게 설계하고 구성하느냐에 따라 캐시의 효율성과 전체 데이터베이스의 성능에 영향을 미친다.

user 테이블의 정보를 저장하려면 `user:{id}` 형태로 캐시 키를 생성할 수 있다. 사용자의 친구 관계를 저장하려면 키를 `friends:{id}`처럼 사용할 수 있다. 그렇다면 사용자가 쓴 글의 ID가 10,000번이라면 어떻게 저장해야 할까? `post:{글 ID}`와 같은 형식으로 저장할 수 있다. `friends`와 `post`는 캐시 키의 데이터 셋을 명확히 표현하는 **프리픽스**prefix이며 캐시 키의 형식은 보통 다음과 같다.

```
Cache Key = {적절한 프리픽스} + ":" + {사용자 ID, 포스트 ID 등의 ID}
```

이제 캐시 값의 데이터 형식을 고민해 보자. user 테이블만 해도 다양한 정보를 포함하고 있다. 이때 언어별로 제공되는 직렬화serialization 방식은 사용을 주의해야 한다. 직렬화 방식은 간단하지만 되도록 피하는 것이 좋다.

예를 들어 자바에서 제공하는 기본 직렬화 방식을 사용하면 자바 이외의 언어에서는 해당 데이터를 읽고 해석하기 어려워서 다른 언어로 도구를 개발하거나 연동할 때 문제가 발생할 수 있다. 따라서 초기 단계에서 데이터 용량이 조금 더 증가하더라도 JSON 형태로 직렬화하여 사용하기를 권한다. JSON은 언어에 독립적이며 호환성이 높아 언어가 바뀌어도 시스템의 유연성과 확장성을 보장할 수 있다.

> **적절하게 직렬화를 사용하면 캐시 용량이 준다**
>
> 서비스 초기에는 호환성이 높은 JSON 형식 사용을 권장한다. 하지만 캐시 용량 증가가 우려된다면 일반적인 직렬화 방식 대신 Protobuf 같은 기술을 적용해서 캐시 용량을 줄일 수 있다. Protobuf와 Brotli 압축을 함께 사용하면 JSON 대비 45% 수준으로 데이터 용량을 감소시킬 수 있다. 관련 자료는 ab180에서 확인할 수 있다.
>
> • https://engineering.ab180.co/stories/thanos-redis

언어별로 제공하는 직렬화 방식을 피해야 하는 이유

자바를 예로 들어 보자. 자바에서는 `Serializable` 인터페이스를 사용해 객체를 직렬화가 가능한 상태로 만들 수 있다. 다음처럼 `Serializable` 인터페이스로 `Person` 객체를 직렬화가 가능하게 선언해 보자.

코드 Person 클래스를 직렬화 가능하게 선언

```java
import java.io.Serializable;

public class Person implements Serializable {
    private static final long serialVersionUID = 1L; // 직렬화 버전 ID
    public String name;
    public int age;

    public Person(String name, int age) {
        this.name = name;
        this.age = age;
    }
}
```

이어서 자바에서 `ObjectOutputStream` 클래스를 사용해 PersonSerializer.java 파일을 생성한다. `ObjectOutputStream` 클래스는 실제로 직렬화하는 클래스이다.

코드 PersonSerializer.java

```java
import java.io.FileOutputStream;
import java.io.IOException;
import java.io.ObjectOutputStream;

public class PersonSerializer {
    public static void main(String[] args) {
        Person person = new Person("Alice", 25);

        try (FileOutputStream fileOut = new FileOutputStream("person.ser");
            ObjectOutputStream out = new ObjectOutputStream(fileOut)) {
              out.writeObject(person);
            System.out.println("직렬화 완료: person.ser 파일 생성됨");
        } catch (IOException i) {
```

```
            i.printStackTrace();
        }
    }
}
```

이 코드를 실행하면 Person 객체를 직렬화해서 person.ser 파일을 생성한다. 이 파일은 바이너리 형태라 데이터를 확인하기 어려워 Hex 코드로 먼저 변경해야 한다. 하지만 Hex 코드를 본다 한들 사람이 데이터를 바로 이해할 수 없으므로 결국 역직렬화 과정이 필요하다.

```
00000000  ac ed 00 05 73 72 00 06  50 65 72 73 6f 6e 00 00  |....sr..Person..|
00000010  00 00 00 00 00 01 02 00  02 49 00 03 61 67 65 4c  |.........I..ageL|
00000020  00 04 6e 61 6d 65 74 00  12 4c 6a 61 76 61 2f 6c  |..namet..Ljava/l|
00000030  61 6e 67 2f 53 74 72 69  6e 67 3b 78 70 00 00 00  |ang/String;xp...|
00000040  19 74 00 05 41 6c 69 63  65                       |.t..Alice|
00000049
```

그림 4-33 person.ser 파일의 내용과 Hex 코드 변환

역직렬화를 하려면 다음처럼 ObjectInputStream 클래스를 사용한다.

코드 역직렬화 코드

```java
import java.io.FileInputStream;
import java.io.IOException;
import java.io.ObjectInputStream;

public class PersonDeserializer {
    public static void main(String[] args) {
        try (FileInputStream fileIn = new FileInputStream("person.ser");
             ObjectInputStream in = new ObjectInputStream(fileIn)) {

            // 객체 읽기
            Person person = (Person) in.readObject();

            // 결과 출력
            System.out.println("역직렬화 완료:");
            System.out.println("이름: " + person.name);
            System.out.println("나이: " + person.age);
```

```
        } catch (IOException | ClassNotFoundException i) {
            i.printStackTrace();
        }
    }
}
```

이처럼 자바에서 직렬화한 person.ser 파일의 데이터는 결국 역직렬화 과정을 거쳐야 해석할 수 있으며 다른 언어에서는 해석하기가 매우 어렵다. 다행히 파이썬에는 javaobj-py3와 같은 라이브러리가 있어서 자바 직렬화 데이터를 읽을 수 있지만, 이런 라이브러리를 지원하지 않는 언어에서는 자바에서 직렬화된 데이터를 해석하거나 사용할 수 없다.

코드 javaobj-py3 라이브러리를 사용한 파이썬 코드와 실행 결과

```python
import javaobj.v2 as javaobj

# 직렬화된 파일을 읽기
with open("person.ser", "rb") as f:
    serialized_data = f.read()

# 역직렬화
person_obj = javaobj.loads(serialized_data)

# 결과 출력
print("Deserialized Java Object in Python:")
print(f"Name: {person_obj.name}")
print(f"Age: {person_obj.age}")
```

```
Deserialized Java Object in Python:
Name: Alice
Age: 25
```

4-6-2 캐시 적용 전략

서비스에서 캐시를 사용하는 보편적인 방법을 살펴보자. 캐시를 적용하는 전략은 여러 가지인데 그 중에 캐시어사이드 패턴, 리드스루 패턴, 라이트백 패턴을 차례로 설명하겠다.

캐시어사이드 패턴

캐시어사이드 패턴 Cache Aside Pattern은 룩어사이드 패턴Look Aside Pattern이라고도 한다. 캐시어사이드 패턴은 분산 캐싱 시스템에서 가장 널리 사용되는 캐싱 전략으로 다음과 같은 순서로 구현된다.

① **캐시 조회**: API 서버가 캐시에 데이터를 요청한다. 데이터가 존재하면 해당 즉시 반환한다(캐시 히트).
② **캐시 미스**: 데이터가 존재하지 않으면 캐시 서버에서 요청 데이터가 없다고 응답한다(캐시 미스).
③ **데이터베이스 조회**: API 서버는 데이터베이스로 데이터를 요청한다.
④ **데이터 반환**: 데이터베이스는 데이터를 API 서버에 반환한다.
⑤ **캐시 업데이트**: API 서버는 데이터베이스에서 읽은 데이터를 캐시에 저장한다.

이 과정을 거치면 다음 요청부터는 데이터를 캐시에서 획득할 수 있다.

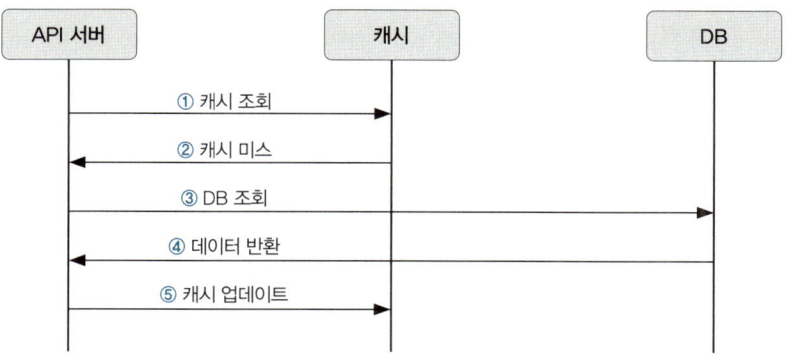

그림 4-34 캐시어사이드 패턴이 일어나는 과정

캐시어사이드 패턴에서 성능이 가장 좋은 순간은 ① 캐시 조회에서 바로 데이터를 가져오는 캐시 히트 상황이다. 가장 나쁜 순간은 언제일까? 그림에서 보면 ② 캐시 미스로 인해 일련의 과정을 거쳐 데이터를 가져오는 ④라고 생각하겠지만, 최악의 상황은 데이터베이스에조차 데이터가 없는 상황이다. 이처럼 데이터베이스에도 없는 데이터를 캐시 키로 계속 요청하면 캐시와 데이터베이스에서는 ①~⑤를 계속 반복해서 요청하므로 데이터베이스 성능이 저하될 수밖에 없다.

그러면 데이터베이스에도 없는 데이터를 요청할 때는 어떻게 해야 할까? 가장 쉬운 방법은 데이터 없음을 캐시해 두는 일이다. 다음은 user_id:1 키가 데이터베이스에 있을 때와 없을 때를 나눠서 표현한 데이터이다. 데이터베이스에 없을 때는 {}로 캐시에 빈 값만 저장해 존재하지 않는다고 정의하면 캐시 미스 과정 없이 해당 키가 존재하지 않는다고 처리한다.

```
// 데이터베이스에 존재하는 경우
user_id:1
{
  "user_id": 1,
  "name": "clark",
  "age": 28,
  "city": "SEOUL"
}
// 데이터베이스에 존재하지 않는 경우
user_id:1
{}
```

캐시를 사용하면서 높이려면 **캐시 히트**Cache Hit를 높이는 편이 유리하다. 캐시 히트가 낮으면 캐시를 적용해서 도리어 성능이 저하되는 일이 생길 수도 있다.

리드스루 패턴

두 번째 소개할 패턴은 **리드스루 패턴**Read Through Pattern이다. 리드스루 패턴은 캐시어사이드 패턴과 비슷해 보이지만, 어디에서 캐시를 업데이트하는지가 확연히 다르다. 다음은 리드스루 패턴의 순서인데 ④와 ⑤를 캐시어사이드 패턴과 비교해서 보자.

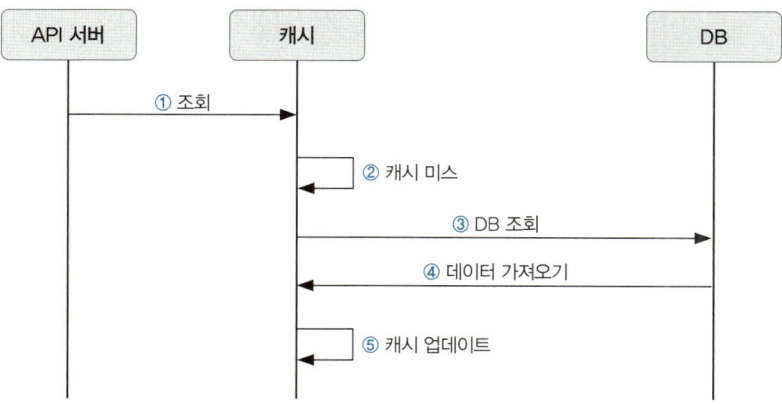

그림 4-35 리드스루 패턴이 일어나는 과정

① API 서버가 캐시로 데이터를 요청한다.
② 캐시는 자신의 캐시 데이터를 살펴보고 데이터가 존재하지 않으면 캐시 미스로 인식한다.
③ 데이터베이스에 데이터를 요청한다.
④ 데이터베이스는 데이터를 캐시로 전달한다.
⑤ 캐시를 업데이트하고 데이터를 API 서버로 전달한다.

지금 설명하는 캐시는 레디스나 멤캐시드Memcached 같은 캐시 서버가 아니라 해당 캐시를 감싸고 있는 캐시 레이어라고 표현하는 쪽이 더 명확하다. 그래서 API 서버 내에서도 특정 캐시 레이어가 데이터 레이어의 역할과 캐시 레이어의 역할을 모두 한다면, 리드스루 패턴이라고 보면 된다.

라이트백 패턴

캐시어사이드 패턴과 리드스루 패턴은 데이터 읽기 관점에서 설계된 캐시 패턴이다. 지금 소개하는 라이트백은 쓰기 관점에서 설계된 캐시 패턴이다. **라이트백 패턴**Write Back Pattern은 라이트비하인드 패턴Write-Behind Pattern이라고도 한다. 라이트백 패턴은 캐시에 데이터를 먼저 쓰고 캐시에 데이터가 어느 정도 모이거나 일정 시간마다 해당 데이터를 데이터베이스에 저장하는 방식이다. 다음과 같은 순서로 실행한다.

① API 서버가 데이터 쓰기를 요청한다.
② 쓰기가 N회 이상이거나 특정 시간이 지나면 캐시 서버는 현재 쌓인 데이터를 데이터베이스에 한 번에 저장한다.

이렇게 한 번에 데이터를 모아서 데이터베이스에 저장하면 전체적으로 데이터베이스의 쓰기 성능이 향상된다.

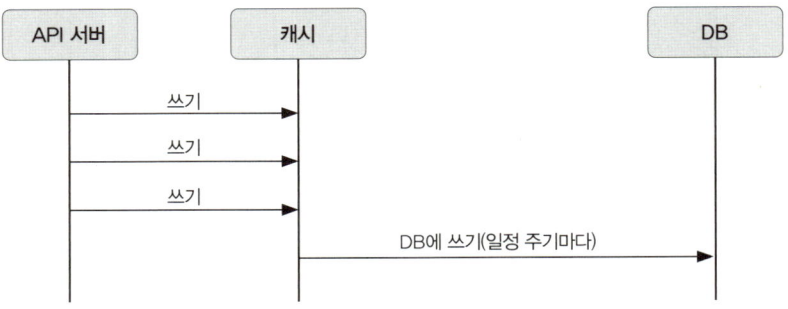

그림 4-36 라이트백 패턴이 일어나는 과정

라이트백 패턴은 데이터베이스의 쓰기 부하를 줄이고 쓰기 요청에 빠르게 응답할 수 있는 장점이 있지만, 데이터베이스에 쓰기 전에 캐시 서버에 장애가 발생하면 데이터가 유실될 수 있다.

실제로 여러 시스템에서 라이트백 패턴을 사용하고 있다. 최적화 방법이 디스크 접근 최소화라고 했는데, 라이트백 패턴의 대표 사례가 WAL 기법이다. 매번 디스크에 저장하면 성능에 부담을 주므로, 데이터베이스 내부에서 WAL 기법을 사용해서 매번 데이터를 저장하지 않고 특정 크기만큼 모아서 디스크에 저장한다.

> **모아쓰기는 얼마나 데이터베이스의 성능을 높여줄까?**
>
> 단건쓰기와 모아쓰기를 비교하면 생각보다 성능이 크게 차이 난다. 총 만 개의 데이터를 삽입하는 테스트로 성능을 비교해 보자. 단건쓰기는 1건마다 삽입하고 커밋하고, 모아쓰기는 1,000건 단위로 쓰기를 진행한다.
>
> 다음은 해당 테스트를 위한 코드이다.
>
> ```
> import pymysql
> import time
> import random
> import string
>
> # MySQL 연결 설정 - 본인의 DB 서버 설정을 추가하자.
> DB_CONFIG = {
> ```

```python
        "host": "",
        "user": "",
        "password": "",
        "database": "",
        "autocommit": True,
}

# 입력할 데이터 수
NUM_ROWS = 10000
BATCH_SIZE = 1000

# 무작위 문자열 생성 함수
def random_string(length=10):
    return "".join(random.choices(string.ascii_letters, k=length))


# 테스트용 데이터 생성
def generate_data(n):
    return [(random_string(10),) for _ in range(n)]


# 단건 insert 테스트
def insert_single(cursor, data):
    for row in data:
        cursor.execute("INSERT INTO tests(name) VALUES (%s)", row)


# 배치 insert 테스트
def insert_batch(cursor, data, batch_size):
    for i in range(0, len(data), batch_size):
        batch = data[i : i + batch_size]
        cursor.executemany("INSERT INTO tests(name) VALUES (%s)", batch)


# 메인 실행 함수
def main():
    conn = pymysql.connect(**DB_CONFIG)
    cur = conn.cursor()

    print("💡 Truncating table...")
```

```python
        cur.execute("TRUNCATE TABLE tests")

        print("📌 Inserting single rows...")
        data = generate_data(NUM_ROWS)
        start = time.time()
        insert_single(cur, data)
        elapsed_single = time.time() - start
        print(f"⏱ Single insert time: {elapsed_single:.2f} seconds")

        cur.execute("TRUNCATE TABLE tests")

        print("  Inserting with batch...")
        data = generate_data(NUM_ROWS)
        start = time.time()
        insert_batch(cur, data, BATCH_SIZE)
        elapsed_batch = time.time() - start
        print(
            f"⏱ Batch insert time (batch size {BATCH_SIZE}): {elapsed_
            batch:.2f} seconds"
        )

        cur.close()
        conn.close()

if __name__ == "__main__":
    main()
```

실험 결과는 다음과 같다.

	단건쓰기(초)	모아쓰기(초)
1	41.39	0.20
2	41.55	0.19
3	41.08	0.19

4-6-3 캐시를 적용할 때 주의사항

서비스에서 캐시를 적용할 때는 몇 가지 주의사항이 있다. 보통 캐시를 사용하면 성능을 향상시켜 데이터베이스의 부하를 감소시킨다. 그런데 이때 캐시 서비스에 장애가 발생하면 어떻게 될까?

캐시 장애는 서비스 전반에 심각한 영향을 미칠 수 있는데 캐시 서버가 다운되거나 제대로 작동하지 않으면 모든 요청이 데이터베이스에 직접 전달되어 데이터베이스에 과부하가 발생한다. 이를 **캐시 크래시**cache crash라고 하며 캐시 크래시가 일어나면 응답 지연이 급격히 증가하거나 시스템 가용성이 저하된다.

이런 캐시 크래시를 방지하려면 두 가지를 염두에 두어야 한다. 첫째는 예외 처리이다. 캐시 장애의 원인 중 하나는 캐시를 요청하는 코드 오류일 가능성이 크다. 이 오류를 제대로 처리하지 않으면 서비스 운영 문제로 이어진다. 오류에 대한 예외 처리를 제대로 하지 않으면 레디스나 멤캐시드 같은 캐시 서버 한 대에 장애가 발생할 때마다 급히 해당 서버 주소를 제거하고 재배포해야 하는 상황이 발생할 수 있다.

둘째는 성능 문제이다. 캐시를 사용하는 가장 큰 목적은 데이터베이스의 부하를 줄여서 전체 서비스의 응답 속도를 안정적으로 만드는 데 있다. 캐시를 사용할 때 다음 그림처럼 캐시에서 처리하는 처리량 200과 데이터베이스의 처리량 30을 합치면 230이다. 이는 데이터베이스의 최대 처리량 150보다 클 수 있다. 그런데 이 상황에서 캐시 서버에 장애가 발생하면 어떻게 될까?

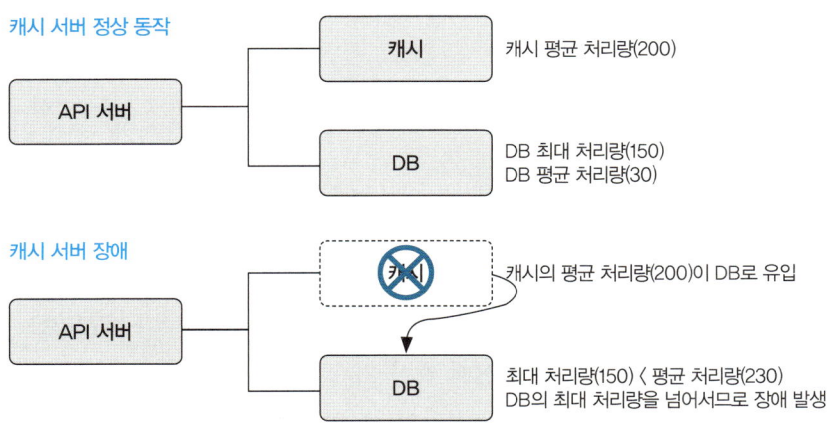

그림 4-37 캐시 서버의 동작 유무에 따른 처리량 변화와 장애

캐시 서버에 장애가 발생하면 캐시에서 처리하던 요청이 모두 데이터베이스로 유입되어 데이터베이스의 최대 처리량을 초과할 수 있다. 이때 데이터베이스의 최대 처리량을 넘어서는 부하로 인해 전체 서비스 장애가 발생할 수 있다. 이런 일을 방지하는

가장 간단한 방법은 캐시 서버를 여러 대로 구성해 SPOF(단일 장애 지점)를 제거하는 방법이다. 캐시 서버를 여러 대로 운영하면 캐시 서버 한두 대에서 장애가 발생하더라도 데이터베이스로 부하가 과중될 위험은 낮아진다.

캐시 서버가 정상 운영되더라도 캐시 미스로 인해서 문제가 발생할 수 있다. 예를 들어 수많은 클라이언트가 동시에 특정 캐시 키를 요청했는데 해당 캐시 키가 캐시 서버에 없다면 동시에 데이터베이스로 요청을 보낸다. 요청이 데이터베이스의 처리량을 넘어서 문제가 발생하는 일이 있을 수 있다. 이를 **캐시 스탬피드**Cache Stampede라고 부른다. 보통 만료 시간이 지나서 캐시가 지워지는 순간에 발생할 가능성이 높다. 다음은 공지사항을 클라이언트에서 동시에 요청했을 때 캐시에서 정상적으로 처리하는 도식이다.

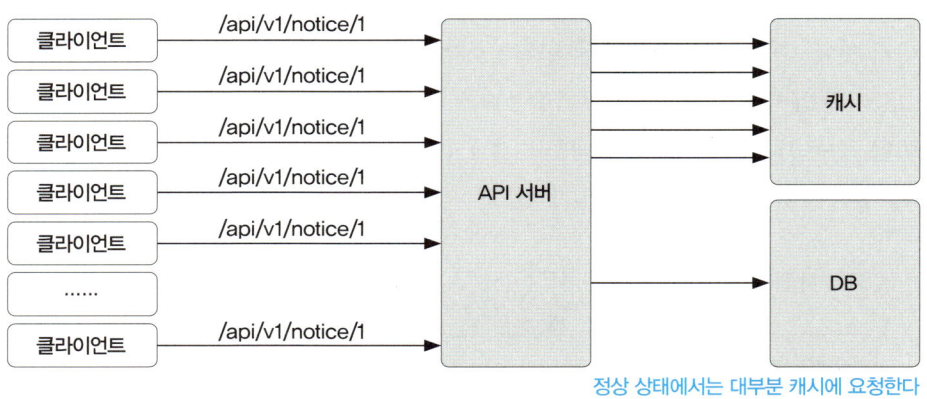

그림 4-38 서비스 요청을 모두 캐시에서 정상 처리하면 데이터베이스 부하가 낮음

그런데 만료 시간이 되어서 공지사항에 대한 캐시 키가 사라진 순간에 사용자들이 동시에 접근했다고 가정해 보자. 혹은 버블에 유명 K-POP 가수가 메시지를 남겨서 전 세계 팬들이 읽으려 하는데 이때 캐시 키가 없다고 상상해 보자. 다음 [그림 4-39]처럼 캐시 미스로 인해서 모든 클라이언트의 요청은 다시 데이터베이스로 전달될 것이다.

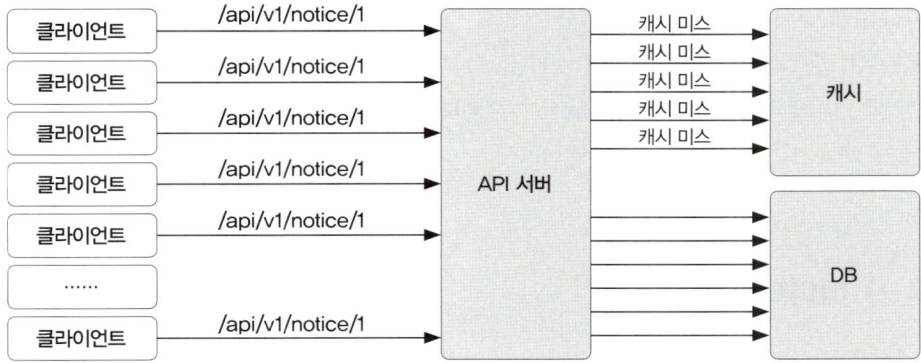

그림 4-39 캐시 미스로 요청이 모두 데이터베이스로 전달되어 과부하 걸림

캐시 스탬피드를 피하는 가장 쉬운 방법은 캐시가 만료되기 전에 다시 설정하는 방법이다. 2015년에 발표한 〈최적의 확률적 캐시 스탬피드 방지 기법〉[3] 논문에 이와 관련한 알고리즘이 있다. 논문에 실린 핵심 알고리즘은 캐시 만료 시간(잔여 TTL)에 따라 남은 시간이 적을수록 랜덤한 확률로 조기 재계산을 유발하는 **확률적 조기 만료 기법**Probabilistic Early Expiration이다. 이 알고리즘을 사용하면 캐시 항목의 수명이 짧아질수록 재계산 확률이 높아진다. 다음은 핵심 알고리즘인 확률적 조기 만료 기법의 의사 코드이다.

코드 확률적 조기 만료 기법의 의사 코드

```
function x-fetch(key, ttl, beta=1) {
    value, delta, expiry ← cache_read(key)
    if (!value || (time() - delta * beta * log(rand(0,1))) ≥ expiry) {
        start ← time()
        value ← recompute_value()
        delta ← time() - start
        cache_write(key, (value, delta), ttl)
    }
    return value
}
```

---

[3] 〈Optimal Probabilistic Cache Stampede Prevention〉(VLDB, 2015), https://cseweb.ucsd.edu/~avattani/papers/cache_stampede.pdf

delta는 실제 만료 시간까지 남은 차이를 나타내는 값이고, beta는 임의로 지정하는 값이다. beta가 커질수록 log(rand(0,1))의 값이 커지므로, 좀 더 빨리 캐시를 만료시키고 재계산한다. 반대로 beta가 작아질수록 캐시가 늦게 만료되므로 beta 값으로 재계산 빈도를 조정할 수 있다.

4-7 데이터의 분산 저장

캐시를 사용해서 성능을 높이더라도 데이터양이 증가하면 결국 서비스의 확장성에 문제가 발생한다. 이때는 읽기 분산이 아니라 쓰기 분산을 고려할 시점이다. 쓰기 분산을 고려하려면 데이터를 구분할 필요가 있다. 데이터베이스에서 데이터를 나누는 방법은 수직적 분할과 수평적 분할이 있다.

수직적 분할 Vertical Partitioning은 하나의 테이블 컬럼을 기준으로 컬럼 단위로 분할해서 저장하는 방식이다. 보통 데이터 조회 빈도에 따라 컬럼을 나누는데, 예를 들어 테이블에 사용자의 이름과 프로필 사진 정보가 있으면 이름과 프로필 정보를 각각 스키마가 다른 테이블로 분리하는 것이다. 이렇게 분리하면 데이터는 데이터의 성격에 따라 컬럼 단위로만 구분되어 저장된다.

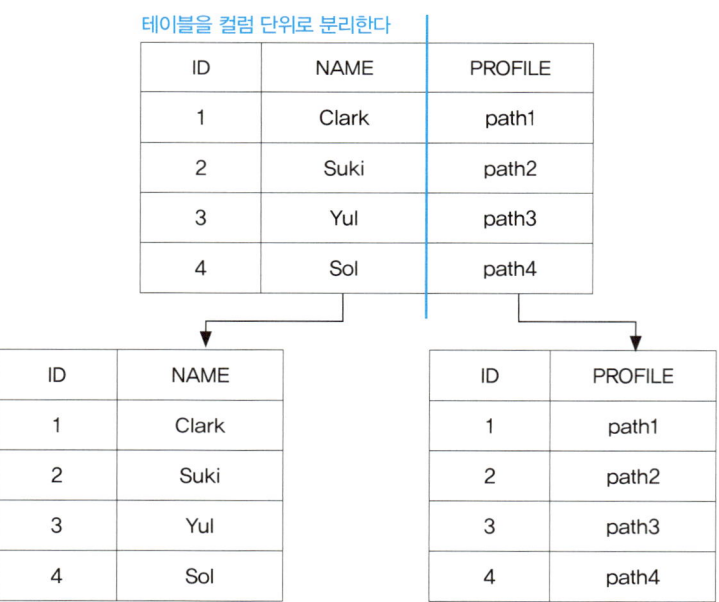

그림 4-40 테이블의 수직 분할의 예(스키마가 변한다)

수평적 분할 Horizontal Partitioning은 하나의 테이블에서 스키마는 동일하게 유지하면서 데이터를 행 단위로 나누어 저장하는 방식이다. 이 기법을 사용하면 동일한 스키마를 가진 테이블을 여러 데이터베이스에 분산시켜 데이터를 효율적으로 관리하고 저장하기가 쉬워진다.

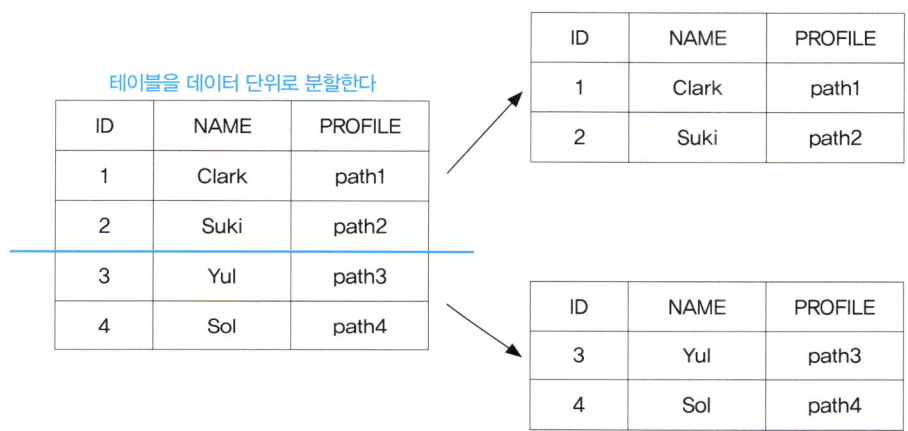

그림 4-41 테이블의 수평 분할의 예(스키마가 변하지 않는다)

수평적 분할은 **샤딩**sharding 또는 무공유Shared Nothing라고 부른다. 수평적 분할, 즉 샤딩을 할 때는 무엇이 가장 중요할까?

서버 여러 대에 데이터가 저장된다면 어떤 데이터를 어떤 서버에 저장할지, 바꿔 말하면 어떤 데이터를 찾기 위해서 어떤 서버를 검색할지가 가장 중요한 부분이다. 이제부터 데이터를 어떻게 분산할지를 살펴보자.

4-7-1 데이터 분산 기초

다음과 같은 상황을 가정하자. 1부터 7까지 키가 일곱 개 있고 서버 두 대에 나눠서 저장해야 한다. 그리고 각 서버에는 최대 키를 네 개만 저장할 수 있다.

어떻게 데이터를 서버 두 대에 나눠서 저장해야 할까?

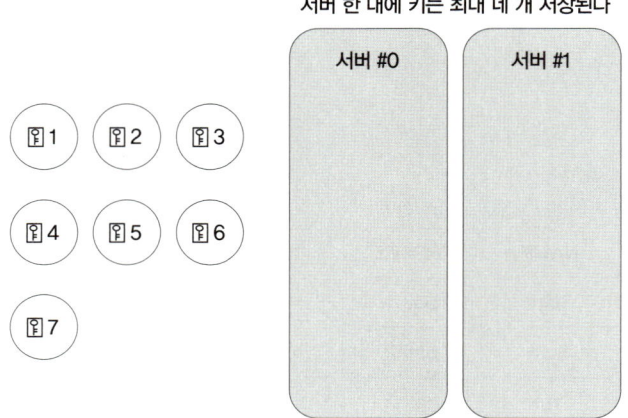

그림 4-42 서버에 키 저장하기

일단 마음 내키는 대로 키를 분배해 보자. 서버 #0에는 1, 2, 4, 7을 저장하고 서버 #1에는 3, 5, 6을 저장한다.

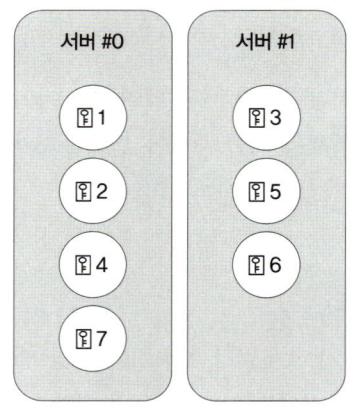

그림 4-43 마구잡이 배치

[그림 4-43]처럼 나눴을 때 2를 찾으려면 어느 서버를 먼저 찾아봐야 할까? 그림을 보고 있으니 서버 #0이라고 답하겠지만, 그림이 없으면 서버 두 대를 모두 검색해야만 2를 찾을 수 있다.

이처럼 데이터를 분산 저장하려면 검색을 최소화할 수 있는 방법을 구현해야 전체 부하가 줄어든다. 그렇다면 어떤 방법이 있을까? 키만 보고 바로 키가 저장된 서버를 찾을 수 있는 방법을 고민해 보자. 크게 두 가지 방법이 있다.

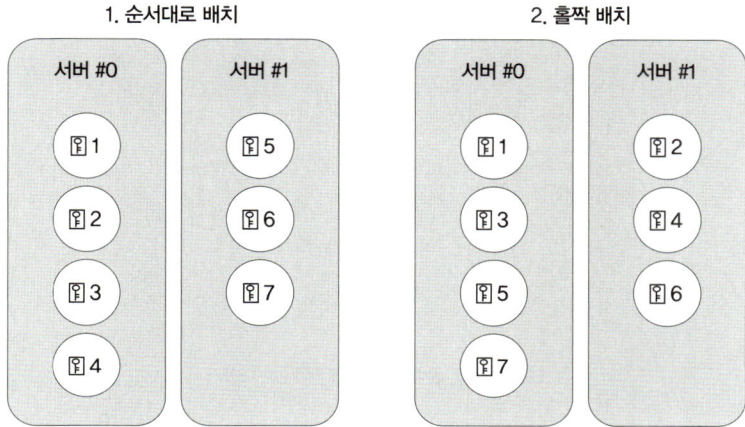

그림 4-44 순서대로 배치와 홀짝 배치

첫 번째는 순서대로 저장하는 방법이다. 서버 하나에 최대 네 개까지 저장하므로 서버 #0에는 1, 2, 3, 4를 서버 #1에는 5, 6, 7을 저장하는 형태로 데이터를 저장할 수 있다. 이처럼 순서대로 저장을 규칙으로 정했다면 키 6을 검색해야 할 때 바로 서버 #1에서 찾을 것이다. 서버 #1에 키 6이 없다면 키 6은 존재하지 않는다는 것도 바로 알 수 있다.

두 번째로는 홀수, 짝수 순서로 저장하는 방법이다. 이 저장 방식도 키만 알면 바로 검색할 서버를 유추할 수 있다.

한 단계 더 나아가 고민해 보자. 만약 키 8, 9를 추가해야 한다면 어떻게 해야 할까? 한 서버의 최대 저장 키 개수는 네 개이므로 데이터가 아홉 개가 되면 서버는 최소 세 대가 필요하다. 서버를 증설해야 하는 상황이다.

먼저 순서대로 저장할 때 서버를 한 대 늘리면 그림처럼 쉽게 데이터를 추가한다.

그림 4-45 순서대로 아홉 개 키 배치하기

순서대로 저장했을 때 키가 있는 서버의 위치는 다음 공식으로 찾을 수 있다. 이때 전부 내림 정수 값으로 계산한다.

존재 서버 ID = 요청한 키 k / 서버 수 N (k<=N, ID=k)

이제 홀짝 방식을 살펴보자. 홀짝 방식은 나머지^{modular} 연산을 통해 키의 위치를 찾을 수 있다. 서버가 두 대였을 때는 키를 2로 나눈 나머지가 서버의 주소이고, 서버가 N 대일 때는 N으로 키를 나눈 나머지가 서버의 주소이다.

존재 서버 ID = 요청한 키 k mod 서버 수 N (k<=N, ID=k)

홀짝 방식에서 서버를 추가하면 이 공식으로 키의 위치를 찾는 데 문제가 생긴다. 원래의 키의 위치는 [그림 4-46]의 좌측처럼 있어야 하는데 [그림 4-46]의 우측을 보면 3, 4, 5, 6은 서버의 위치가 이동되어야 한다.

그림 4-46 서버가 두 대였을 때와 세 대가 되었을 때 홀짝 방식

이처럼 나머지 연산은 서버가 추가될 때마다 데이터의 이동이 필요한데 서버의 이동이 많아질수록 서비스에도 부하가 더 늘어난다.

지금까지 설명한 방식은 모두 수평적 분할, 즉 샤딩 방식이었다. 순서대로 데이터를 저장하는 방식을 범위 샤딩이라 하고, 홀짝으로 저장하는 방식을 모듈러 샤딩이라고 한다. 이 외에도 다양한 샤딩 방식이 있지만 이 두 가지를 가장 범용적으로 사용한다.

범위 샤딩

범위 샤딩 Range Sharding은 앞에서 설명한 **순서대로 데이터를 저장하는 방식**이다. 한 서버당 최대 100개의 데이터를 저장할 수 있으면 서버 #0에는 사용자 1번~100번, 서버 #1에는 사용자 101번~200번, 서버 #2에는 사용자 201번~300번을 저장한다. 사용자가 증가하면 서버를 추가하면 된다.

그림 4-47 범위 샤딩의 예

설계 시에 샤딩을 고려하지 않았더라도 테이블 구조를 유지하고 데이터를 이동하지 않고 범위 샤딩을 적용할 수 있다. 범위 샤딩은 구현이 단순하고 수평적 확장이 가능한 방식이라 서비스 대부분에서 처음 샤딩을 적용할 때는 범위 샤딩을 적용한다.

하지만 범위 샤딩은 데이터 삭제 발생 시 서버 간 자원 활용도 편차가 발생한다는 단점이 있다. user 테이블을 예로 들면 사용자 탈퇴는 UserID와 무관하게 발생한다. 어느 서버에서는 탈퇴가 많아서 데이터 밀도가 급격히 감소하고 어느 서버에서는 탈퇴가 거의 없어서 데이터가 여전히 고밀도일 수 있다. 결과적으로 어느 서버는 미사용 자원이 발생하고 어느 서버는 과도한 쿼리 부하가 집중되는 비대칭 현상이 발생한다. 이런 자원 편중은 운영 효율성을 크게 저하시킨다.

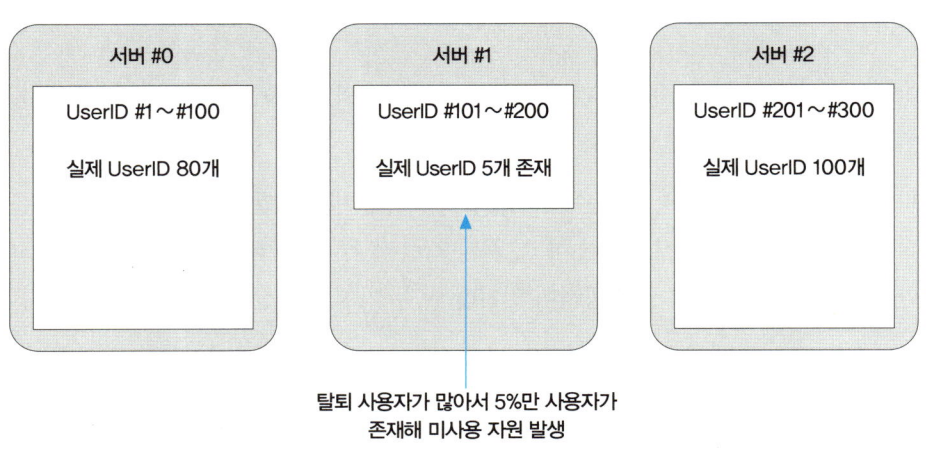

그림 4-48 자원 편중의 가능성이 있는 범위 샤딩

> **서버와 샤드**
>
> 지금까지 설명의 편의상 서버 #0, 서버 #1이라고 지칭한 부분은 사실 샤드(shard)를 뜻한다. 샤드는 수평 분할을 통해 테이블의 스키마를 유지한 채로 특정 기준에 의해서 데이터를 나눈 개별적인 데이터 파티션이다. 각 샤드는 전체 데이터베이스의 데이터 일부분을 독립적으로 저장하고 처리한다. 샤드는 물리적으로 별도의 데이터베이스 서버에 위치할 수 있다. 즉 샤드는 서버 그 자체라기보다는 데이터를 파티션하기 위한 논리적 단위라고 볼 수 있다.

코드 범위 샤딩 의사 코드

```python
class Database:
    def __init__(self, name):
        self.name = name

    def execute(self, query):
        """샤드에 SQL 쿼리 실행"""
        print(f"Executing on {self.name}: {query}")

class RangeShardingRouter:
    def __init__(self, shard_ranges):
        """
        shard_ranges: [(shard, min_range, max_range)]
        - 각 샤드가 담당하는 범위를 리스트로 저장
        """
        self.shard_ranges = shard_ranges

    def get_shard(self, key):
        """키(user_id)가 속한 샤드를 찾기"""
        # 키의 범위에 맞는 샤드를 가져옴
        for shard, min_range, max_range in self.shard_ranges:
            if min_range <= key <= max_range:
                return shard
        raise ValueError(f"No shard found for key: {key}")

class Repository:
    def __init__(self, sharding_router):
        self.sharding_router = sharding_router

    def write_query(self, key, query):
        """샤딩된 DB에 데이터 쓰기"""
        shard = self.sharding_router.get_shard(key)
        shard.execute(query)

    def read_query(self, key, query):
        """샤딩된 DB에서 데이터 읽기"""
        shard = self.sharding_router.get_shard(key)
        shard.execute(query)
```

```
# 샤드 DB 인스턴스 생성
shard_1 = Database("ShardDB1")   # 1 ~ 1000
shard_2 = Database("ShardDB2")   # 1001 ~ 2000
shard_3 = Database("ShardDB3")   # 2001 ~ 3000

# 샤딩 라우터 설정(각 샤드의 범위 지정)
sharding_router = RangeShardingRouter([
    (shard_1, 1, 1000),
    (shard_2, 1001, 2000),
    (shard_3, 2001, 3000)
])

repository = Repository(sharding_router)

# 데이터 쓰기(user_id 기반 샤딩)
repository.write_query(500, "insert into post(key, data) value(500, '500')")
# ShardDB1
repository.write_query(1500, "insert into post(key, data) value(1500, '1500')")   # ShardDB2
repository.write_query(2500, "insert into post(key, data) value(2500, '2500')")   # ShardDB3

# 데이터 읽기
repository.read_query(500, "select * from post where key=500")
repository.read_query(1500, "select * from post where key=1500")
repository.read_query(2500, "select * from post where key=2500")
```

모듈러 샤딩

모듈러 샤딩 Modular Sharding은 **홀짝 방식으로 데이터를 분배**하므로 특정 서버로 트래픽이 집중되는 일이 적다. 이로 인해 서버의 부하가 균등하게 분산되는 장점이 있다. 다만 앞에서 설명했듯이 서버가 추가될 때 데이터의 이동이 필요하다. 서버를 두 배씩 증가하면 데이터의 이동을 줄일 수 있다. 다시 다음 식을 보자.

존재 서버 ID = 요청한 키 k mod 서버 수 N (k<=N, ID=k-1)

식에 따르면 처음 서버가 한 대일 때는 1(서버 대수)로 나눠 나머지는 언제나 0이므로 항상 서버 #0에만 데이터가 저장된다.

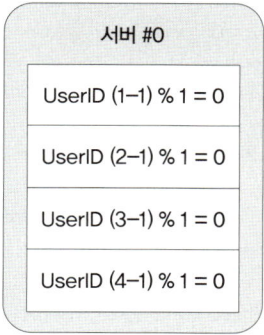

그림 4-49 모듈러 샤딩 계산법

추가로 서버를 증설하고 그대로 데이터베이스 서버를 복제하면 구성이 다음과 같다. 이때는 서버 #0과 서버 #1의 데이터는 동일하다.

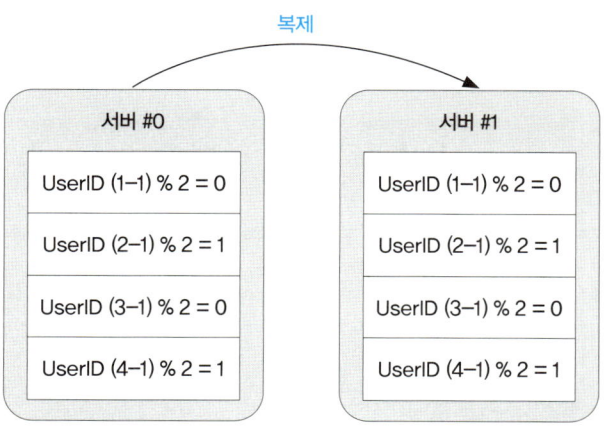

그림 4-50 첫 복제 후 서버 #0과 서버 #1의 데이터는 동일하다

이제 ID를 기준으로 각 서버에서 불필요한 데이터를 지운다. 이후로 새로 추가되는 데이터는 새로운 샤딩 규칙에 따라서 추가한다.

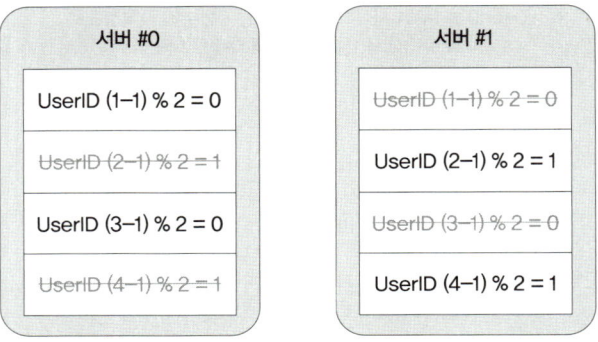

그림 4-51 서버 #0과 서버 #1에서 데이터를 분리하는 방법

이제 두 대에서 네 대로 증설할 때의 과정을 살펴보자. 서버 #2와 서버 #3을 추가할 때, 서버 #2는 서버 #0을, 서버 #3은 서버 #1을 그대로 복제한다. 모듈러 샤딩 방식은 이런 식으로 서버 수를 두 배씩 증가할 때 데이터가 흩어지지 않고 서버 하나의 내용이 특정 서버로만 이동한다.

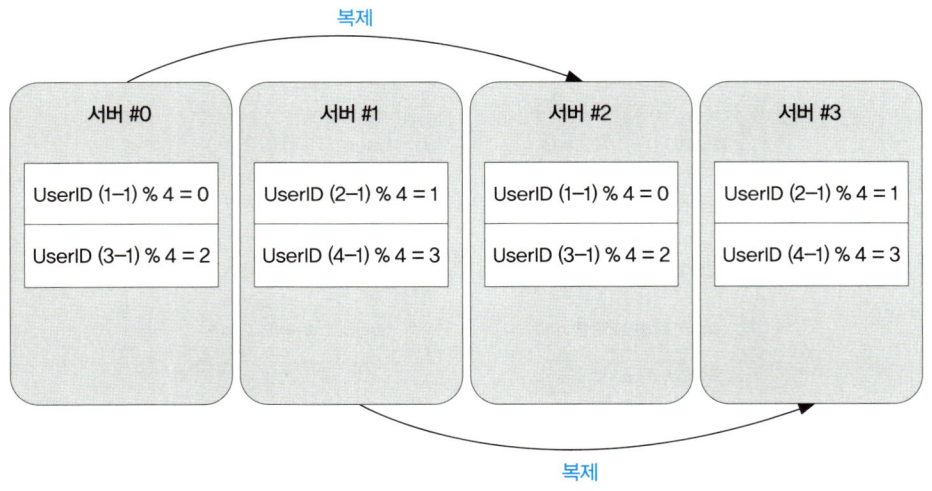

그림 4-52 두 배 증설 후 복제

다시 ID를 기준으로 서버에 불필요한 데이터만 삭제한다. 계속 이런 식으로 서버를 증가시킬 수 있다.

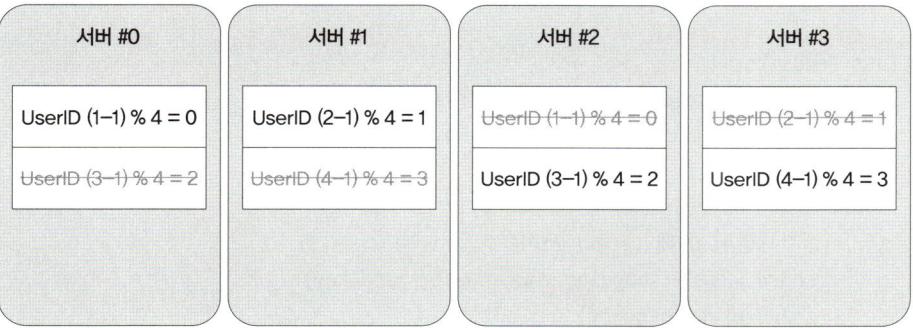

그림 4-53 복제 후 삭제

이런 방식으로 모듈러 샤딩 방식을 사용할 때는 초기에 서버 수가 적을 때는 두 배 증가가 어렵지 않으나 규모가 커지면 필요 서버 수가 많아져 어려움이 있다.

코드 모듈러 샤딩 의사 코드

```python
import hashlib

class Database:
    def __init__(self, name):
        self.name = name

    def execute(self, query):
        """샤드에 SQL 쿼리 실행"""
        print(f"Executing on {self.name}: {query}")

class ShardingRouter:
    def __init__(self, shards):
        """샤드 리스트를 받아서 관리"""
        self.shards = shards
        self.num_shards = len(shards)

    def get_shard(self, key):
        """해시 기반 샤딩: key(user_id 등)의 해시 값을 기반으로 샤드 선택"""
        shard_index = self.hash_key(key) % self.num_shards
        return self.shards[shard_index]
```

```python
    def hash_key(self, key):
        """해시 값을 계산하여 샤드 인덱스를 결정"""
        return int(hashlib.md5(str(key).encode()).hexdigest(), 16)

class Repository:
    def __init__(self, sharding_router):
        self.sharding_router = sharding_router

    def write_query(self, key, query):
        """샤딩된 DB에 데이터 쓰기"""
        shard = self.sharding_router.get_shard(key)
        shard.execute(query)

    def read_query(self, key, query):
        """샤딩된 DB에서 데이터 읽기"""
        shard = self.sharding_router.get_shard(key)
        shard.execute(query)

# 샤드 DB 인스턴스 생성
shard_1 = Shard("ShardDB1")
shard_2 = Shard("ShardDB2")
shard_3 = Shard("ShardDB3")

# 샤딩 라우터 설정
sharding_router = ShardingRouter([shard_1, shard_2, shard_3])
repository = Repository(sharding_router)

# 데이터 쓰기(user_id 기반 샤딩)
repository.write_query(1001, "insert into post(key, data) value(1001, '1001')")    # ShardDB1
repository.write_query(2003, "insert into post(key, data) value(2003, '2003')")    # ShardDB2
repository.write_query(3007, "insert into post(key, data) value(3007, '3007')")    # ShardDB3

# 데이터 읽기
repository.read_query(1001, "select * from post where key=1001")
repository.read_query(2003, "select * from post where key=2003")
repository.read_query(3007, "select * from post where key=3007")
```

논리적 샤딩과 물리적 샤딩

범위 샤딩과 모듈러 샤딩은 스키마에 별도의 정보 없이도 샤딩 키만으로 서버를 바로 찾을 수 있다. 그에 반해 논리적 샤딩과 물리적 샤딩은 데이터의 이동을 허용하지만, 데이터의 이동 기준을 명확하게 정의하는 방식이다. **논리적 샤딩**Logical Sharding은 데이터를 논리적으로 어떻게 분할할지 결정하고, **물리적 샤딩**Physical Sharding은 이런 논리적 샤드를 어떤 물리적 데이터베이스나 서버에 배치할지 결정한다. 데이터가 적을 때는 물리 데이터베이스를 하나만 사용하다가, 데이터양이 늘어나면 물리 데이터베이스를 추가하고 특정 논리적 샤드를 이전할 수 있다.

논리적 샤딩과 물리적 샤딩은 데이터베이스 스키마에 각 데이터가 어느 샤드에 속하는지 명확히 알 수 있도록 샤드 번호를 포함해야 한다. 예를 들어 user 테이블의 **name**에 인덱스를 설정한다면 다음과 같다.

```
CREATE TABLE users (
    id BIGINT PRIMARY KEY AUTO_INCREMENT,
    name VARCHAR(255),
    shard_id int
);
```

논리적 샤딩과 물리적 샤딩을 설계할 때는 논리적 샤드의 최대 개수를 미리 정해야 한다. 최대 샤드 수를 미리 정하지 않으면 데이터 증가 시에 샤드를 추가하거나 재분배하는 과정이 복잡해진다. 논리적 샤드의 최대 개수는 결국 샤드 키를 통해 생성되는 고유 값(샤드 키의 카디널리티)과 같으며 샤드 키는 데이터를 논리적 샤드로 분할하는 기준이다. 예를 들어 16,384개의 논리적 샤드를 최댓값으로 설정하고 다음과 같은 규칙을 통해 데이터를 분배할 수 있다.

```
Logical Shard ID = has(ID) % 16384
```

그리고 데이터베이스에 논리적 샤드 ID를 함께 저장한다. 그런데, 논리적 샤드가 16,384개일 때 물리 서버가 1~2대라면 어떻게 배분해야 할까? 여러 가지 방법을 택할 수 있는데, 첫 번째는 논리적 샤드 ID를 물리 서버 대수로 나눈 나머지를 사용하는 것이다. 모듈러 샤딩과 거의 동일한 방법이다. 물리 서버는 특별한 경우를 제외하고 물리적 샤드를 의미한다.

두 번째는 논리적 샤드 ID와 물리적 샤드 ID를 매핑mapping하는 방식이다. 다음 그림처럼 논리적 샤드 ID가 0이면 물리적 샤드 0번(서버 #0)으로, 논리적 샤드 ID가 10,000번이면 서버 #1로 데이터를 저장하는 식으로 매핑을 설정한다. 이 방식은 서버를 추가할 때 특정 논리적 샤드 ID의 데이터만 옮겨서 데이터를 분배할 수 있다. 그리고 이렇게 데이터를 이동하는 것을 데이터 마이그레이션이라고 한다. 레디스 클러스터Redis Cluster가 이런 방식을 이용하는 대표적인 NoSQL이다.

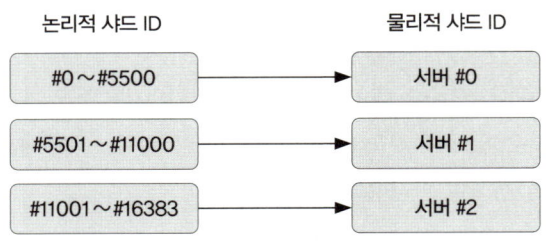

그림 4-54 논리적 샤드 ID와 물리적 샤드 ID의 매핑

> **샤딩 방식에 영향을 받는 성능 이슈**
>
> 모듈러나 논리적 샤딩 방식을 사용할 때 범위 기반 쿼리에서 효율성이 떨어질 수도 있다. 데이터의 샤딩(또는 파티셔닝) 방식을 설정할 수 있는 솔루션에서는 설정에 따라 성능이 달라질 수 있다. 예를 들어 범위 샤딩은 특정 범위의 데이터를 효율적으로 가져올 수 있지만, 모듈러 샤딩 방식은 같은 작업을 하려면 여러 서버에 질의해야 할 수도 있다.
>
> 따라서 샤딩 방식을 선택할 때는 자주 사용하는 쿼리 패턴도 함께 고려해야 한다.

범위 샤딩 방식의 개선

범위 샤딩 방식은 적용이 쉬운 장점이 있지만, 서버별로 부하가 불균형하게 발생할 수 있다는 단점이 있다. 이를 개선하기 위해 샤딩 범위를 세분화하고, 각 범위를 물리 서버와 매핑하여 관리한다. 이렇게 하면 부하가 적은 서버에 데이터를 재배치하거나 새로운 데이터를 추가하는 방식으로 성능을 개선할 수 있다. 이 개선 방식은 논리적 샤딩처럼 관리 범위를 세분화해서 특정 범위만큼 이동하는 것이 핵심이다. 관리 정보를 관리해야 하지만, [그림 4-55]처럼 서버 #1이 부하가 적은 상황이면 서버 #1 뒤에 범위를 할당해서 추가 저장할 수도 있다.

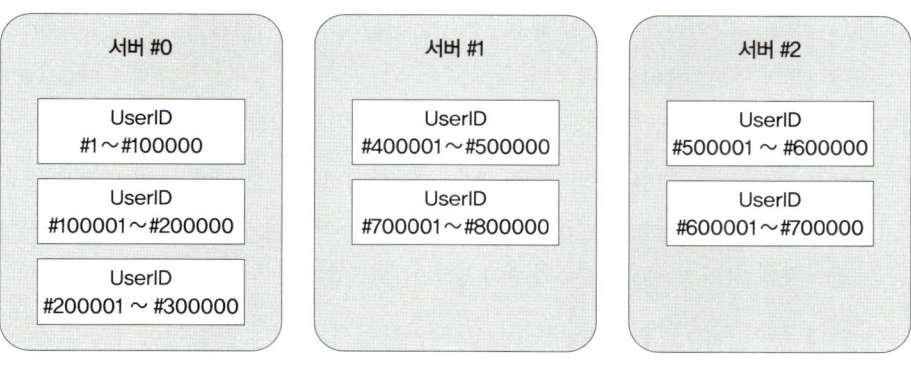

그림 4-55 범위 샤딩을 세분화하고 물리 서버와 매핑한 방식

다만 샤드 범위 크기를 지나치게 작게 설정하면 관리해야 할 정보가 많아지고, 너무 크게 설정하면 데이터 마이그레이션 시에 서버의 부하가 커진다. 따라서 샤드 범위 크기와 관리 효율성 사이에서 균형을 맞춰야 한다.

샤딩 예제

메일 서비스를 설계할 때, 다음과 같은 mail 테이블을 사용한다고 가정해 보자. 사용자가 접속할 때마다 사용자의 메일 목록을 보여 주려면 샤딩 키를 어떻게 잡아야 할까?

표 4-10 mail 테이블의 메타 정보

컬럼	타입	비고
user_id	Integer	사용자 ID
receiver	String	메일 수신자
sender	String	메일 송신자
subject	String	메일 제목
received_at	DateTime	수신 시간
contents	String	메일 내용

이 메일 서비스에서 우리 서비스를 사용하는 회원의 정보는 무엇일까? sender는 메일을 보내는 사람이니 우리 서비스 회원일지 아닐지는 불확실하고, receiver는 메일을 받는 사람이니 우리 서비스 회원이 확실하다.

즉 메일 서비스의 회원은 자신에게 온 메일을 기준으로 데이터를 볼 수 있어야 하며 mail 테이블에서는 receiver가 샤딩의 기준이 되어야 한다. 그러나 실제로 receiver는 user_id와 1:1로 매핑이 되므로 user_id를 샤딩의 기준으로 잡을 수 있다.

다른 예를 들어 보자. 트위터와 같은 게시글을 샤딩하려면 어떻게 해야 할까? 중요한 점은 단순히 모두 같은 기준으로 샤딩 되는 것이 아니라, 우리가 어떤 기능을 제공할 것인지에 따라서 샤딩 되는 기준이 달라야 한다는 것이다.

다른 예를 들어 보자. 다음과 같은 posts 테이블에서 트위터처럼 여러 친구의 글을 가져오는 게 주요 목적이라면 샤딩 키를 어떻게 구성하는 게 유리할까?

표 4-11 posts 테이블

컬럼	타입	비고
post_id	Integer	게시글 ID
user_id	Integer	사용자 ID
contents	String	게시글 내용

이럴 경우 post_id만으로 샤딩하면 충분하다. 그러나 사용자가 본인의 글 중심으로 콘텐츠를 조회하는 것이 핵심이라면 샤딩 기준을 user_id로 해야 한다. 그런데 여기서 고민할 지점이 생긴다. user_id 기준으로 샤딩을 하면 단순히 post_id만으로는 해당 포스트가 어느 샤드에 속하는지 알기 어렵다. 따라서 post_id만 전달하지 말고 user_id도 함께 전달해야 한다.

이때 선택할 수 있는 방법은 두 가지이다.

첫 번째 방법은 간단하게 user_id와 post_id 두 개를 별도의 파라미터로 항상 같이 전달하는 것이다. 예를 들면 다음처럼 user_id와 post_id를 전달한다.

```
/api/post/v1/post/{user_id}/post/{post_id}
```

이렇게 하면 나중에 내 피드 목록을 데이터베이스에 저장할 때도 user_id와 post_id를 쌍으로 저장해야 한다.

두 번째 방법은 user_id와 post_id를 결합된 ID로 합쳐서 전달하는 방법이다. 예를 들어 {user_id}_{post_id}와 같이 문자열 하나로 전달하고 데이터베이스에서 조회할 때 이 결합된 ID에서 user_id와 post_id를 분리해서 쿼리한다.

이 방법은 실제로 사용해야 하는 정보와 저장해야 하는 데이터 형태가 달라서 별도로 관리해야 하는 단점이 있다. 이러한 문제를 해결하기 위해 post_id를 생성할 때 샤드 번호를 키 내부에 포함시켜 만드는 방법이 있다. 보통 데이터베이스에서 자동 증가AUTO_INCREMENT 방식을 이용해 ID를 생성하지만, 이 방식은 샤딩 환경에서 유일성을 보장하기 어렵다. 따라서 샤딩에 적합한 유일한 키를 별도로 생성해서 사용하는 일이 많다. 이때 키에 특정 특성, 즉 자신이 속한 샤드 번호 등의 정보를 내포하도록 설계하는 것이다.

다음과 같이 간단하게 키를 구성해 보자.

시간 정보 (44비트)	샤드 정보(10비트)	순서 (10비트)

앞에 시간 정보를 넣으면 키를 시간순으로 정렬할 수 있다는 장점이 있다. 그리고 44비트를 밀리초(ms) 단위로 표현하면 대략 558년 정도인데, 예를 들어 2025년을 기준으로 약 2583년까지의 시간 정보를 포함할 수 있다. 샤드 정보는 10비트로 총 1,024개의 샤드까지 식별할 수 있다. 따라서 키만 보고도 샤드를 확인할 수 있다.

트위터는 대규모 분산 환경에서 중복 없이, 고성능으로 고유한 ID를 생성하기 위해 스노우플레이크Snowflake 시스템을 개발했다. 스노우플레이크 ID는 다음과 같은 구조로 구성된다.

시간 정보 (41비트)	데이터 센터 ID (5비트)	워커 ID (5비트)	순서 (12비트)

여기서 데이터 센터 ID는 일종의 샤드 식별자로, 정보가 어느 샤드에서 생성되었는지를 나타낸다. 워커 ID는 여러 프로세스가 동시에 ID를 생성할 때 중복 발생을 방지하기 위해 각 생성 노드에 할당되는 고유 번호이다. 필요에 따라서 정보를 조정하여 원하는 형태의 키를 만들 수가 있으며 필요하면 다른 항목을 추가할 수도 있다.

이렇게 트위터처럼 자체적으로 고유한 ID를 직접 생성하는 방식도 유용하다. 결국 샤딩의 핵심은 어떤 방식으로 키를 서비스에 제공할지에 대한 설계가 중요하다는 점이다.

> **샤딩은 언제 고려해야 할까?**
>
> 스타트업 초기에는 대부분 샤딩보다는 서비스 론칭과 운영에 집중하는 것이 중요하다. 사용자가 많아질 때 샤딩을 고민해도 늦지 않으며, 초기에 샤딩을 신경 쓰지 않아도 큰 문제는 없다.
>
> 다만, 서비스 규모가 커질 경우 샤딩에 대해 이해하고 있으면 더 적합한 방식을 적용할 수 있다. 또한, 처음부터 상당한 규모의 서비스를 설계한다면 샤딩을 미리 고려해야 안정적으로 운영할 수 있다.

4-7-2 안정 해시

안정 해시 Consistent Hashing는 분산 환경에서 데이터를 효율적으로 배치하는 방식 중의 하나이다. 분산 캐시를 이용할 때 안정 해시를 많이 사용하는데, 일반적인 해시는 다음과 같이 해시 값을 모듈러 연산으로 처리하여 데이터를 분배하는, 일종의 모듈러 샤딩 방식을 많이 사용한다.

$$서버\ 주소 = hash(key)\ \%\ K(서버\ 대수)$$

서버에 장애가 발생하거나 서버를 추가하면 일반적인 방식으로는 전체 데이터를 재분배해야 한다. 하지만 안정 해시를 사용하면 전체 데이터를 재분배할 필요 없이 1/K(서버 대수)의 데이터만 재분배하므로 효율적이다.

안정 해시는 가상으로 원형의 해시 링Hash Ring을 만들어서 서버와 키를 분배하는 방식이다. 해시 링의 시작점(상위 제일 위)은 해시 값을 0으로 가정하며 키와 서버를 각각 해시 함수로 계산한 위치에 배치한다. 이후 키는 자신과 같거나 자신보다 큰 가장 가까운 서버에 매핑된다. 예를 들어 다음은 A, B, C 서버가 해시 링 위에 배치된 그림이다.

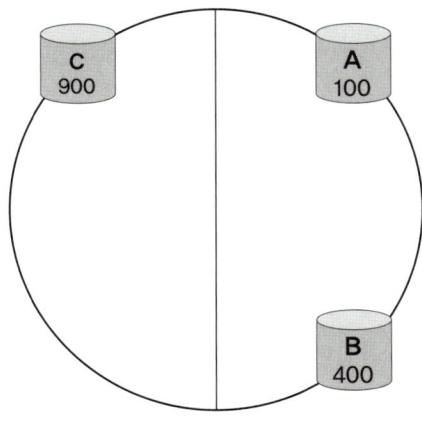

그림 4-56 안정 해시

안정 해시의 핵심 원리 중 하나는 키와 해시 함수가 같으면 값도 같다는 점이다. 이 원리에 기반해서 키가 저장되는 서버는 자기보다 해시 값이 크면서 가장 해시 값이 가까운 서버를 선택한다. 반대로 자기보다 해시 값이 작으면서 가장 가까운 서버를 선택하는 규칙도 가능하다. 어느 쪽이든 모든 경우에 대해 명확하고 일관된 규칙을 정의해야 한다.

이제 [그림 4-56]처럼 세 대의 서버가 있다고 가정하자. 그림에서는 IP로 서버를 표기하면 복잡하니 닉네임으로 대체해서 표기했다.

표 4-12 서버 목록과 해당 해시 값

닉네임	서버	해시	해시 값(hash(서버))
A	10.10.0.1	hash("10.10.0.1")	100
B	10.10.0.2	hash("10.10.0.2")	500
C	10.10.0.3	hash("10.10.0.3")	900

이제 세 개의 키 data, backend, banana를 추가한다고 가정하자. 각각의 해시 값은 150, 700, 1,000이라고 하자.

먼저 hash("data")는 150이니 150보다 크면서 가장 가까운 서버 B(10.10.0.2)에 저장한다.

닉네임	키	해시	해시 값(hash(서버))
A	10.10.0.1	hash("10.10.0.1")	100
	data	hash("data")	150
B	10.10.0.2	hash("10.10.0.2")	400
C	10.10.0.3	hash("10.10.0.3")	900

이어서 backend를 추가하자. hash("backend")가 700이니 700보다 크고 가장 가까운 서버 C(10.10.0.3)에 저장한다.

닉네임	키	해시	해시 값(hash(서버))
A	10.10.0.1	hash("10.10.0.1")	100
	data	hash("data")	150
B	10.10.0.2	hash("10.10.0.2")	400
	backend	hash("backend")	700
C	10.10.0.3	hash("10.10.0.3")	900

마지막으로 banana를 추가하자. hash("banana")는 1,000이니 1,000보다 큰 서버가 없으므로 원형의 가장 최초 서버 A(10.10.0.1)에 저장한다.

닉네임	키	해시	해시 값(hash(서버))
A	10.10.0.1	hash("10.10.0.1")	100
	data	hash("data")	150
B	10.10.0.2	hash("10.10.0.2")	400
	backend	hash("backend")	700
C	10.10.0.3	hash("10.10.0.3")	900
	banana	hash("banana")	1,000

원형으로 생각해 보면 다음 그림과 같은 형태로 저장한다.

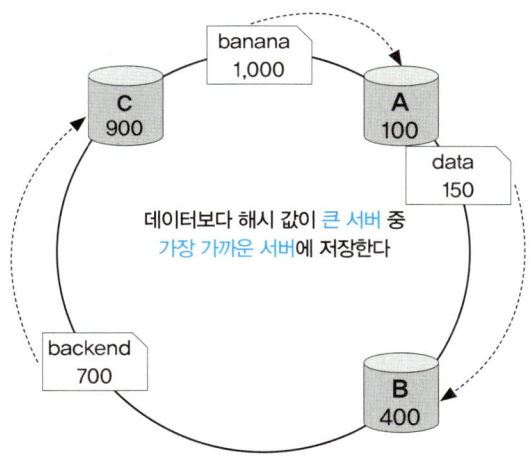

그림 4-57 안정 해시로 data, backend, banana를 저장하는 원리

이번에는 다음 그림처럼 서버 D(10.10.0.4) 서버를 추가해 보자. 서버의 해시 값 hash("10.10.0.4")는 800이라고 가정한다.

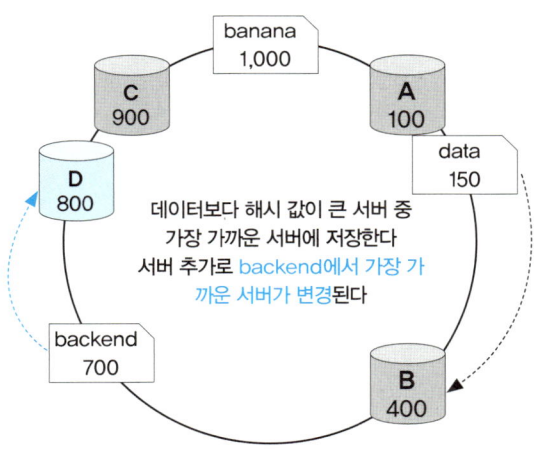

그림 4-58 해시 값이 800인 서버 추가

그림으로도 쉽게 알 수 있듯이 서버가 추가되자 backend가 영향을 받는다. 기존에는 700보다 해시 값이 크고 가장 가까운 서버는 해시 값이 900인 서버 C(10.10.0.3)였지만, 추가된 10.10.0.4의 해시 값이 800이므로 backend에 가장 가까운 서버는 D(10.10.0.4)이다.

닉네임	키	해시	해시 값(hash(서버))
A	10.10.0.1	hash("10.10.0.1")	100
	data	hash("data")	150
B	10.10.0.2	hash("10.10.0.2")	400
	backend	hash("backend")	700 ← backend가 영향을 받음
D	10.10.0.4	hash("10.10.0.4")	800
C	10.10.0.3	hash("10.10.0.3")	900
	banana	hash("banana")	1,000

이제부터는 backend를 찾으려고 기존 서버 C(10.10.0.3)에 쿼리를 보내면 찾을 수 없다. backend를 찾으려면 재분배된 서버 D(10.10.0.4)에 쿼리를 보내야 하며, 다른 키는 서버 추가에 영향을 받지 않으므로 변경 사항이 없다.

이번에는 다시 서버 D(10.10.0.4)를 제거해 보자.

닉네임	키	해시	해시 값(hash(서버))
A	10.10.0.1	hash("10.10.0.1")	100
	data	hash("data")	150
B	10.10.0.2	hash("10.10.0.2")	400
	backend	hash("backend")	700 ← backend만 다시 영향을 받음
C	10.10.0.3	hash("10.10.0.3")	900
	banana	hash("banana")	1,000

backend의 해시 값인 700보다 크고 가장 가까운 서버는 다시 해시 값이 900인 C(10.10.0.3)가 되므로 backend를 찾으려면 서버 C(10.10.0.3)에 접근해야 한다. backend 키만 유실되고 나머지는 다시 그대로 찾을 수 있게 된다.

이렇게 서버를 추가하거나 삭제하더라도 일부 키만 유실되기 때문에 안정 해시를 사용한다.

> **안정 해시에서 서버 추가와 스테일 데이터 문제**
>
> 안정 해시는 서버를 추가하거나 제거할 때 데이터 재분배를 최소화하지만, 동시에 스테일 데이터(stale data) 문제가 발생할 수 있어 주의해야 한다. 스테일 데이터는 최신 상태가 아닌 오래된 데이터를 의미하며 서비스의 일관성을 저해할 수 있다.
>
> 예시로 든 backend를 다시 살펴보자. 10.10.0.4 서버를 추가하면 기존 10.10.0.3의 backend 키가 사라진 것처럼 보이지만, '명시적으로 제거하지 않으면' 여전히 10.10.0.3에 해당 키의 이전 데이터가 남아있다. 이 상태에서 다시 10.10.0.4 서버를 삭제하면 backend 키는 다시 10.10.0.3으로 매핑되지만, 10.10.0.3에는 이전 데이터를 지닌 backend가 남아 있으므로 변경된 데이터는 손실되고 이전 데이터를 제공한다.
>
> 이런 문제를 방지하려면 서버를 추가할 때 각 서버에서 현재 매핑 규칙에 맞지 않는 데이터를 삭제하여 스테블 데이터를 정리해야 한다.

가상 노드를 이용한 안정 해시의 확장

지금까지 설명한 기본 안정 해시는 서버 하나를 제거하면 해당 서버의 부하가 그대로 다음 서버에 전달된다. 즉 부하가 특정 서버에 집중되어 서비스의 안정성에 문제가 발생할 수 있다.

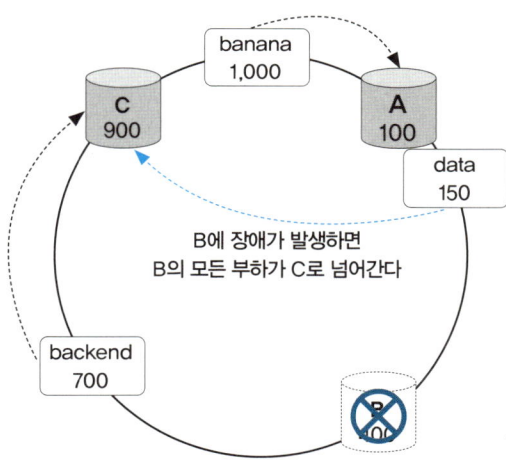

그림 4-59 서버 장애 시 다음 서버로 부하가 이전

이런 문제를 해결하기 위해서 안정 해시에는 가상 노드를 사용한다. **가상 노드**Virtual Node란 물리적으로 존재하지 않는 노드(서버)를 가상으로 여러 개 생성하여 해시 링에 분산 배치하는 방식이다. 예를 들어 물리 서버가 세 대일 때 해시 링을 세 대로 구현하면 각 서버가 처리해야 하는 해시 범위가 너무 넓어질 수 있다. 이럴 때 가상 노드를 추가해 서버를 더 추가한 것처럼 해시 범위를 세분화하여 데이터를 균등하게 배분할 수 있다.

그렇다면 가상 노드, 즉 가상 서버는 어떻게 구성할까? 간단하게 다음과 같은 방식을 이용한다.

$$가상\ 서버\ 주소 = ip + \text{"\_숫자"}$$

이렇게 하면 "10.10.0.1"은 "10.10.0.1_1", "10.10.0.1_2"처럼 여러 개로 늘릴 수 있다. 이렇게 가상 서버를 추가하면 실제 해시 링은 다음과 같은 형태가 된다. 해시 함수의 특성상 해시 값은 랜덤 생성되므로 가상 노드는 해시 링에 순서대로 배치되지 않는다. 즉 그림과 다르게 배치될 수도 있다는 말이다.

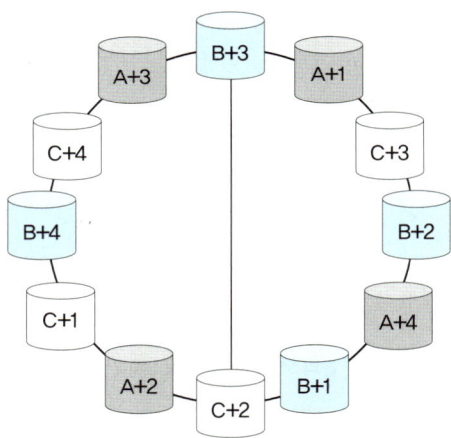

그림 4-60 해시 링에 랜덤하게 배치한 가상 서버

가상 노드의 숫자를 늘릴수록 해시 링에서 해시 서버가 더 균등하게 분산 배치되며 데이터도 균등하게 분배될 가능성이 높다.

앞서 물리 서버 10.10.0.4를 추가했다가 제거한 예를 설명했는데 서버의 IP가 동일할 때는 동일한 해시 링은 계속 유지된다. 그러나 서버의 IP를 바꾸면 해시 링이 달라지고 새로운 해시 값을 가진 서버가 추가되므로, 서버의 제거와 추가 과정에서 더 많은 데이터의 재분배가 발생하거나 데이터 유실 가능성이 높아진다.

그래서 안정 해시를 이용할 때는 IP 대신에 닉네임을 사용하는 방법을 권장한다. 닉네임을 사용하면 IP가 변경되더라도 해시 링의 구조를 유지할 수 있어 더 강건한 시스템을 구성할 수 있다. 앞에 예로 든 그림처럼 10.10.0.1은 A, 10.10.0.2는 B, 10.10.0.3은 C로 닉네임을 설정한 다음 가상 서버를 구성할 때도 hash("A_1"), hash("A_2"), hash("A_3")과 같은 방식으로 해시 값을 생성한다.

4-8 비동기 서비스를 통한 서비스 성능 개선

여러 차례 강조했듯이 서비스에서 가장 중요한 자원 중 하나는 데이터베이스이다. 그렇기 때문에 대규모 서비스의 확장은 데이터베이스의 확장, 성능 개선 또는 반응성 향상을 목표로 하는 경우가 많다. 비동기 서비스도 데이터베이스 성능 개선에 도움이 되는데, 이제부터 쓰기 작업을 비동기로 처리해 서비스 성능을 개선하는 방법을 알아보자.

> **비동기의 여러 가지 의미**
>
> 비동기 서비스는 여러 가지 의미로 해석될 수 있다. 이 섹션에서 다루는 비동기 서비스는 큐를 이용해서 데이터베이스의 쓰기를 뒤로 미루는 방법을 의미한다. 일반적인 웹 서비스에서 비동기 서비스는 요청(Request)-응답(Response) 형태로, 클라이언트가 요청을 보내면, 처리 결과가 응답으로 전달되는 방식이다.
>
> 또한 이벤트를 보내고 차후에 해당 결과를 보는 이벤트 드리븐(Event-Driven) 아키텍처도 비동기 서비스의 한 형태이다. 이 경우, 처리가 나중에 동작하므로 이를 비동기 아키텍처라고 한다.

다음 그림은 일반적인 동기식 요청-응답 방식의 흐름이다. 이 중 데이터베이스에서 데이터를 읽어오거나 데이터베이스에 쓰기를 하는 작업이 전체적으로 성능에 영향을 많이 준다.

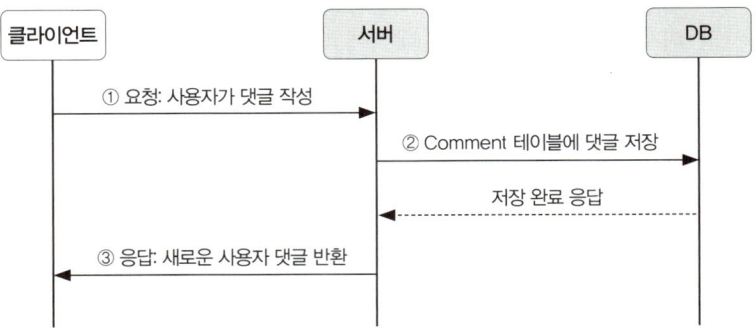

그림 4-61 동기식 요청-응답

그렇다면 요청-응답 방식에서 데이터베이스를 이용하는 것이 왜 문제가 될까? 이는 요청 수를 조절할 수 없기 때문이다. 데이터베이스에서 1초에 쿼리를 1,000개 처리할 수 있다고 가정했을 때 사용자의 요청은 1초에 1,000개 미만일 수도, 1,000개 이상일 수도 있다. 사용자의 요청이 몰리는 시점에는 데이터베이스가 동시에 들어오는 요청을 처리하며 과부하가 발생할 수 있다. 이때 큐를 이용한 비동기 방식을 사용하면 데이터베이스에 전달되는 요청을 조절하여 부하를 완화할 수가 있다. 이를 **배압**Back Pressure이라고 한다.

> **배압이란?**
>
> 배압은 서비스 과부하를 방지하기 위한 흐름 제어 기법이다. 데이터베이스뿐만 아니라 서버의 처리 능력을 초과하는 요청이 유입될 때 발생하는 병목 현상을 제어하는 것이 배압이다.
>
> 배압의 구현 방식은 크게 두 가지가 있다. 첫 번째는 큐를 활용해 단위 시간당 처리할 요청 수를 제한하는 방식이고, 두 번째는 요청 제한(Rate Limit)을 통해 초과 요청을 거부하는 방식이다.

데이터베이스에 비동기 구조를 도입하면 업데이트 작업을 큐에 저장하고 워커가 큐에서 이벤트를 가져와 실제로 데이터베이스를 업데이트한다.

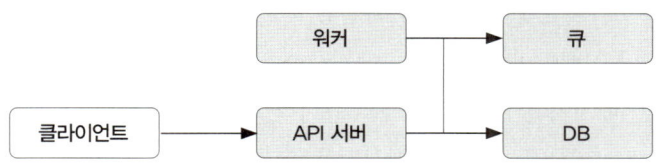

그림 4-62 워커, 큐, 데이터베이스의 구조

[그림 4-62]와 같은 구조라면 클라이언트가 업데이트했어도 큐의 이벤트가 처리되기 전까지 데이터베이스는 변경되지 않는다. 이 시점에 클라이언트가 데이터를 요청하면 데이터베이스는 이전 데이터를 제공할 수 있다. 이런 문제를 해결하기 위해서 비동기 구조를 도입할 때는 라이트백 캐시 방식을 함께 사용하는 것이 필요하다. 이 방식을 사용하면 클라이언트에 최신 데이터를 제공하면서도 데이터베이스 처리를 뒤로 미룰 수 있다.

라이트백 캐시Write-Back Cache 방식은 다음과 같은 순서로 동작한다.

1. 클라이언트가 API 서버에 데이터를 업데이트하도록 요청한다.
2. API 서버는 해당 작업 이벤트를 정의한 뒤 큐에 추가한다.
3. API 서버는 요청 데이터를 기반으로 캐시를 갱신하거나 생성한다.
4. 클라이언트가 해당 데이터에 대한 요청을 보내면 캐시에서 데이터를 읽어 전달한다.
5. 워커가 큐에서 이벤트를 꺼내 데이터베이스를 업데이트한다.

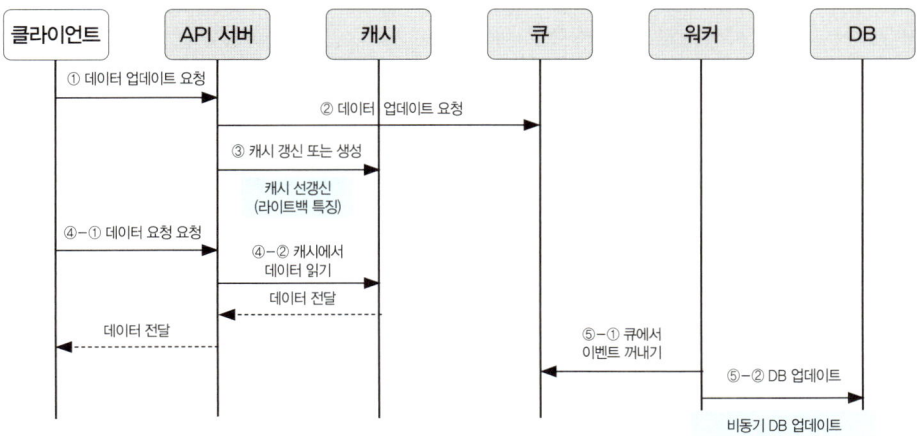

그림 4-63 라이트백 캐시 동작 순서

이 방식을 이용할 때는 실패한 작업을 처리하는 **데드레터 큐**Dead-Letter Queue 개념도 이해해야 한다. 일반적으로 큐에 쌓인 작업을 처리하다 보면 실패하는 작업이 생기는데, 보통 작업이 실패하면 몇 번 정도 재시도한다. 데드레터 큐는 이렇게 재시도해도 처리되지 못한 메시지를 따로 보관하는 큐이다. 주로 메시지 기반 시스템(예: 카프카, 래빗MQ, SQS 등)에서 비정상 메시지를 격리하고, 시스템의 안정성과 디버깅 편의성을 확보하는 데 사용한다.

4-8-1 비동기 서비스를 위한 큐

비동기 서비스에서 사용하는 큐는 종류가 다양한데 그 중 레디스, 래빗MQ, 카프카를 많이 사용한다. 또 AWS SQS처럼 클라우드 서비스에서는 각기 매니지드 서비스로 큐를 제공한다.

먼저 레디스부터 알아보자. 레디스에서는 레디스 기능 중 리스트 자료구조와 스트림을 큐로 사용할 수 있다. 레디스는 사용이 간편하고 메모리 기반으로 동작하므로 매우 빠른 성능을 제공한다. 하지만 장애가 발생하면 데이터를 유실할 가능성이 있고, 처음부터 큐를 목적으로 설계된 시스템이 아니기 때문에 큐 기능이 상대적으로 단순하다. 예를 들어 리스트 자료구조를 큐로 사용하는 경우 클라이언트가 태스크를 가져가 처리하는 도중 장애가 발생하면 해당 태스크가 유실될 수도 있다. AWS에서는 매니지드 서비스로 레디스를 제공한다.

카프카Kafka는 디스크 기반으로 동작하므로 장기간 데이터를 보관할 수 있다. 또한 이벤트 저장소를 목적으로 설계되어서 큐로 필요한 다양한 기능을 제공한다. 하지만 카프카는 분산 서비스로 동작하므로 매니지드 서비스를 사용하지 않으면 파티션 개수 설정이나 클러스터 관리와 같은 복잡한 관리 이슈가 발생할 수 있다. 특히 카프카는 파티션 내에서는 메시지 순서를 보장하지만, 여러 파티션에 걸친 순서는 보장하지 않는 특성이 있다. 이런 특성을 이해하지 못하면 사용에 어려움을 겪을 수 있다. AWS에서는 매니지드 서비스로 카프카를 제공한다.

래빗MQRabbitMQ는 메시지 브로커를 목적으로 설계되었기에 큐에 대한 다양한 기능을 제공한다. 전통적으로 많이 사용하는 큐 시스템으로, 디스크 모드를 지원하여 안정성durability이 높다. 래빗MQ도 AWS에서는 매니지드 서비스로 제공한다.

AWS에서 만든 큐 서비스인 AWS SQS는 사용하기 매우 간단하며 몇 가지 설정에 따라 기존 큐와는 다른 특성을 제공한다. 간단하게 큐를 구현하려면 AWS SQS를 추천한다. 다음은 네 가지 큐 시스템의 특성을 간단하게 비교한 표이다.

표 4-13 큐 시스템의 특성 비교

특성	레디스	카프카	래빗MQ	AWS SQS
주요 설계 목적	캐시 + 메시지 큐	메시지 큐	메시지 브로커	메시지 큐
사용 방식	자체/매니지드	자체/매니지드	자체/매니지드	매니지드
메시지 보장	At-Most-Once/ 최대 한 번	At-Least-Once/ 최소 한 번 (Exactly once/ 정확히 한 번 지원)	At-Least-Once/ 최소 한 번	At-Least-Once/ 최소 한 번
메시지 순서	FIFO(선입선출)	파티션 내 순서 보장	보장 가능하지만 성능 저하	FIFO 큐에서만 순서 보장
지연 시간	매우 낮음	낮음	낮음	비교적 높음
보관 기간	짧음	장기간 보관 가능	장기간 가능	최대 14일 보관
통신 방식	TCP	TCP	TCP	HTTP

큐를 사용할 때는 표에 나열된 큐의 시스템별 특성을 잘 이해해야 한다. 특히 AWS SQS는 다른 큐 시스템과 달리 HTTP 통신을 통해서 데이터를 주고받는다.

> **꼭 알아야 하는 AWS SQS 개념**
>
> AWS SQS를 사용하려면 몇 가지 핵심 개념을 이해해야 한다. AWS SQS에는 큐의 종류가 Standard와 FIFO 두 가지 유형이 있다. Standard 큐는 기본 큐로, 메시지 중복 가능성이 있으며 순서를 보장하지 않는다. FIFO 큐는 순서를 보장하고, 중복 방지(Exactly Once) 기능을 제공한다.
>
> 보관 기간(Retention)은 기본 4일이며, 최소 1분부터 최대 14일까지 설정할 수 있다. 참고로 카프카는 보관 기간을 자유롭게 설정할 수 있고, 레디스나 래빗MQ는 메시지를 가져가면 삭제되지만, 가져가지 않으면 영구 보관된다.
>
> 가시성 타임아웃(Visibility Timeout)은 클라이언트가 메시지를 가져간 후 다른 클라이언트가 이 메시지를 볼 수 없는 시간이다. 먼저 메시지를 가져간 클라이언트가 장애로 ACK를 보내지 못하면, 일정 시간이 지난 후 메시지가 다시 큐에 노출되어 다른 클라이언트가 처리할 수 있다. 이 시간이 바로 가시성 타임아웃 시간이며 메시지 유실을 방지하는 AWS SQS의 핵심 메커니즘이다.

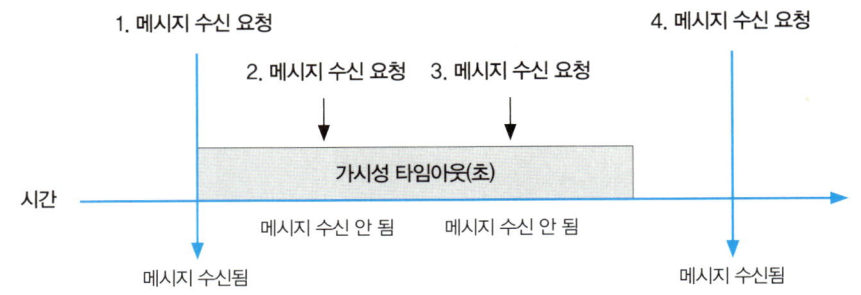

그림 4-64 AWS SQS의 가시성 타임아웃

그림에서 최초의 메시지 요청 1번에는 메시지를 정상적으로 반환한다. 하지만 2번과 3번이 메시지를 요청했을 때는 해당 메시지가 가시성 타임아웃 내에 있으므로 메시지를 반환하지 않는다. 그러나 가시성 타임아웃 시간이 만료된 후에도 해당 메시지가 처리되지 않았다면 4번 요청에서는 동일한 메시지를 반환받을 수 있다.

AWS SQS는 다른 큐와 다르게 HTTP로 호출되며 실제 데이터를 가져오는 방식으로 폴링을 이용한다. 폴링은 짧은 폴링과 긴 폴링이 있으며 이를 지정할 수 있다. 짧은 폴링은 요청 시 즉시 응답을 반환하며 큐가 비어 있으면 빈 응답을 보낸다. 반면 긴 폴링은 큐에 메시지가 있을 때까지 대기하여 네트워크 비용을 절감하고 응답 효율을 향상시킨다.

또한 백오프 전략(Backoff Strategy) 개념도 알아야 한다. 백오프는 작업 실패 시 재시도 간격을 점진적으로 늘리는 전략으로, 사용하는 라이브러리에 따라 특정 시간 동안 대기할 수 있다. 일반적으로 큰 문제가 되지 않지만, AWS SQS를 실시간 처리에 사용한다면 백오프 전략에 대해 충분히 이해해야 한다.

자바에서는 AWS SQS를 사용하려면 Spring Cloud AWS 라이브러리를 사용한다. 다음은 이 라이브러리의 v2.4.4 버전에서 spring-cloud-aws-messaging/src/main/java/io/awspring/cloud/messaging/listener/SimpleMessageListenerContainer.java 파일의 run() 함수 부분이다. 메시지를 가져오다가 실패하면 설정된 백오프 시간만큼 대기한다.

```
public void run() {
  while (isQueueRunning(this.logicalQueueName)) {
    try {
      ReceiveMessageResult receiveMessageResult = getAmazonSqs().
receiveMessage(this.queueAttributes.getReceiveMessageRequest());

      final List<MessageGroup> messageGroups = queueAttributes.
isFifo()? groupByMessageGroupId(receiveMessageResult) :
groupByMessage(receiveMessageResult);
      CountDownLatch messageBatchLatch =
new CountDownLatch(messageGroups.size());
```

```
      for (MessageGroup messageGroup : messageGroups) {
        MessageGroupExecutor messageGroupExecutor =
new MessageGroupExecutor(
            this.logicalQueueName, messageGroup, this.queueAttributes);
        getTaskExecutor().execute(new SignalExecutingRunnable
(messageBatchLatch, messageGroupExecutor));
      }
      try {
        messageBatchLatch.await();
      } catch (InterruptedException e) {
        Thread.currentThread().interrupt();
      }
    } catch (Exception e) {
      getLogger().warn("An Exception occurred while polling queue
'{}'. The failing operation will be "
        + "retried in {} milliseconds", this.logicalQueueName,
getBackOffTime(), e);
      try {
        // noinspection BusyWait
        Thread.sleep(getBackOffTime());
        // 문제가 생겼을 때 getBackOffTime()만큼 슬립하게 된다.
      } catch (InterruptedException ie) {
        Thread.currentThread().interrupt();
      }
    }
  }

  SimpleMessageListenerContainer.this.scheduledFutureByQueue
      .remove(this.logicalQueueName);
}
```

4-9 로그 수집

로그Log는 컴퓨터 시스템, 애플리케이션, 서버 등이 수행한 동작, 이벤트, 상태 변화, 오류 등을 기록한 데이터를 의미한다. 로그는 시스템의 운영 상태를 추적하고, 문제를 분석하며, 보안 및 성능을 모니터링하는 데 필수 요소이다. 로그는 보통 시간순으로 저장되며, 특정 이벤트가 발생한 시점과 그와 관련된 정보를 포함한다.

로그는 기본으로 타임스탬프timestamp, 로그 레벨log level, 메시지message, 이벤트event로 구성된다.

1. **타임스탬프**: 로그가 기록된 정확한 시간
2. **로그 레벨**: 로그의 중요도 및 심각도(예: INFO, ERROR, DEBUG)
3. **메시지**: 로그의 상세 내용(예: Database connection failed)
4. **이벤트**: 시스템이나 애플리케이션에서 발생하는 특정 동작(예: 사용자 로그인, 파일 변경, API 호출)

로그를 이해하기 위해 알아야 할 두 가지 핵심 개념이 있다. 첫째, 로그는 항상 시간 순으로 기록되며 타임스탬프가 포함되어 있어 특정 시간대에 발생한 일을 쉽게 파악할 수 있다. 둘째, 로그는 구조화된 형식(예: 텍스트, CSV, TSV, JSON 등)으로 저장되므로 분석이 용이하다.

코드 로그의 종류

```
# 텍스트 형식의 로그
2025-02-07 14:30:15 INFO User login success (user_id=12345)

# JSON 형식의 로그
{
  "timestamp": "2025-02-07T14:30:15Z",
  "level": "INFO",
  "message": "User login success",
  "user_id": 12345
}
```

이렇게 쌓인 로그는 어디에 유용할까? 로그는 시스템 운영 및 관리에서 중요한 역할을 한다. 로그의 주요 역할은 크게 세 가지로 나눌 수 있다. 오류와 문제 해결, 성능 분석과 최적화, 보안 감시와 이상 탐지이다.

첫 번째 역할은 **오류와 문제 해결**로, 로그는 시스템에 오류가 발생했을 때 원인을 추적하고 해결하는 데 사용된다. 예를 들어 '500 Internal Server Error'가 발생하면 로그를 확인하여 데이터베이스 연결 문제인지 분석할 수 있다.

두 번째 역할은 **성능 분석과 최적화**이다. 서비스의 응답 시간, 메모리 사용량 등을 기록한 로그를 분석해 성능을 개선하는 데 활용된다. 예를 들어 특정 API의 응답 시간이 지연되면 병목 현상이 발생한 부분을 파악하는 데 로그를 사용할 수 있다.

마지막 세 번째 역할은 **보안 감시**와 **이상 탐지**이다. 로그를 통해 로그인 시도, 권한 변경, 외부 공격(예: DDoS 공격)을 탐지할 수 있다. 동일한 IP에서 반복적인 로그인 실패가 발생하면 보안 위협으로 간주하고 차단하는 방식으로 로그를 활용한다.

스타트업에서 제품을 출시해야 하는 짧은 개발 기간 동안 간과하기 쉽지만, 서비스 초기부터 가능한 대부분의 로그를 일단 수집하고 저장하기를 권장한다. 서비스의 초기 구성은 완벽할 수 없기에 운영 중에 환경을 수정해야 하는 일이 많다. 이때 초기부터 로그를 쌓아두었다면 문제를 찾아내고 수정하는 데 큰 도움이 된다.

로그를 수집하고 시각화하는 도구로는 엘라스틱서치ElasticSearch, 로그스태시Logstash, 키바나Kibana로 구성된 **ELK 스택**을 많이 사용한다. AWS 환경에서는 엘라스틱서치 대신에 AWS에서 포크한 오픈서치OpenSearch를 사용하기도 한다.

> **로그스태시와 함께 파일비트를 사용하자**
>
> ELK의 스택에서 L은 로그스태시(Logstash)를 의미하지만, 로그스태시는 강력한 데이터 처리 기능을 제공하는 대신에 메모리와 CPU를 많이 소모한다. 따라서 단순히 로그를 수집하고 전송하는 작업에는 적합하지 않을 수 있다. 이 경우 필자는 파일비트(Filebeat)를 추천한다. 파일비트는 경량 설계로 메모리 사용량이 적으며 서버에 부담을 최소화하면서 효율적으로 로그를 전송할 수 있다. 두 도구를 조합해서 단순한 로그 전송에는 파일비트를 사용하고 복잡한 데이터 변환이나 필터링 작업이 필요할 때만 로그스태시를 사용하는 것이 좋다.

ELK 스택에서 로그스태시는 다양한 소스에서 데이터를 수집하고 필터링하고 변환하는 데이터 처리 파이프라인 역할을 한다. 엘라스틱서치는 분산형 검색/분석 엔진으로 데이터를 색인하고 검색할 수 있는 중앙 저장소 역할을 한다. 대량의 데이터를 빠르게 처리할 수 있는 장점이 있다. 끝으로 키바나는 엘라스틱서치에 저장된 데이터를 시각화하는 도구로, 대시보드, 그래프, 차트 등 직관적으로 데이터를 분석할 수 있도록 지원하는 역할을 한다. 다만 ELK 스택은 로그 데이터의 크기가 커질수록 비용이 증가하므로 서비스가 어느 정도 안정화되면 비용을 절감할 수 있는 대안을 검토하는 것이 좋다.

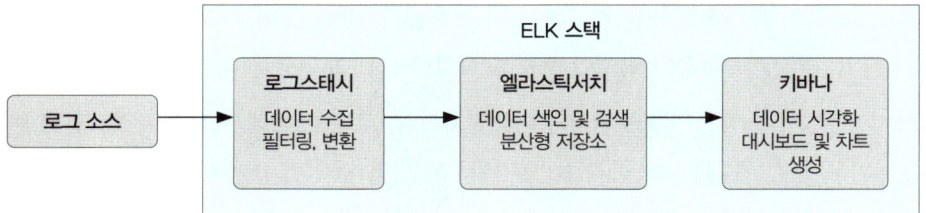

그림 4-65 ELK 스택 흐름도

> **비용을 절감할 수 있는 로그 수집 시스템**
>
> 엘라스틱서치는 검색 용도로 설계된 도구로, 로그를 저장한 다음 다양한 질의를 통해 데이터를 검색하는 데 적합하지만, 로그 검색 조건이 명확하다면 단순히 로그를 저장하기에는 과한 도구일 수 있다. 이럴 때는 그라파나(Grafana)에서 인수한 로키(Loki)와 같은 경량 로그 수집 및 검색 시스템이 좋은 대안일 수 있다.
>
> '배달의민족' 서비스를 운영하는 (주)우아한형제들이 ELK 스택을 사용하다가 비용 절감과 효율성을 위해 로키(Loki)로 전환한 사례가 있다.
>
> - 따끈따끈한 전사 로그 시스템 전환기: ELK Stack에서 Loki로 전환한 이유
>   - https://techblog.woowahan.com/14505/

4-10 모니터링

서비스에서 운영은 서비스의 현재 상황을 파악하고 이해하는 일이 중요하다. 현재 상황을 정확히 파악하려면 서비스의 진행 상태를 실시간으로 확인할 수 있어야 하며, 이를 **모니터링**이라고 한다. 서비스의 상태를 정확히 파악하려면 인스턴스의 상태를 모니터링해야 한다. 다음은 인스턴스와 관련된 기본 모니터링 항목이다.

표 4-14 인스턴스 모니터링 항목

분류	모니터링 항목	모니터링 내용
CPU	CPU Usage	• 실제 CPU 사용 비율 • 코어가 네 개일 때 하나가 100%를 사용하면 25%로 표시한다.
	Load Average	• 실행 대기 중인 프로세스 수(1m, 5m, 15m 평균)

분류	모니터링 항목	모니터링 내용
메모리	Used Memory	• 사용 중인 메모리 크기 • 프로세스별로 사용하는 메모리 사용량도 파악해야 한다.
디스크	DiskUsage	• 파일 시스템에서 사용하는 디스크 비율 • 사용량이 70~80%에 이르면 사전 조치가 필요하다. • 의외로 디스크가 꽉 차서 발생하는 장애는 잦다. 로그 파일로 디스크가 부족한 일도 있다. • AWS CloudWatch에서는 디스크 사용량을 자동으로 모니터링하지 않으므로, node_exporter와 같은 도구를 사용하는 것이 좋다.
	Disk Read/Write I/O	• 현재 디스크 사용량 • 디스크 I/O가 높으면 과부하 상태이다.
	I/O Wait	• CPU가 I/O를 기다리는 시간

인스턴스 모니터링을 통해 개별 서버의 상태를 파악할 수 있다. 하지만 인스턴스 모니터링만으로는 서비스 전체가 정상적으로 동작하는지 확인하기 어렵기 때문에 다음과 같은 항목도 추가로 모니터링해야 한다.

표 4-15 서비스 전체 동작 모니터링 항목

모니터링 항목	내용
요청(Request) 수	• 현재 서비스에 들어오는 요청 수 • 시기별, 요일별 차이가 발생할 수 있으므로 전 주, 한 달 전, 일 년 전처럼 일정 주기별로 비교하는 것이 유용하다.
에러 수	• 전체 에러 빈도 • 에러 발생량이 급증하면 문제를 조기에 발생하고 대응할 수 있다.
요청(Request)에 대한 응답 시간	• API별 응답 시간 • 응답 시간이 길어지면 사용자 경험에 부정적인 영향을 줄 수 있으며 인스턴스 모니터링과 함께 살펴보면 문제를 빠르게 파악하고 해결할 수 있다.

이렇게 여러 항목을 모니터링하려면 프로메테우스Prometheus와 InfluxDB 같은 전문적인 모니터링 및 데이터 수집 도구가 필요하다. 프로메테우스는 CPU 사용량, 메모리 소비량, 요청 속도 등 시계열 데이터time-series data를 수집하며 이를 기반으로 실시간 모니터링과 경고를 제공한다. 특히 클라우드 네이티브 환경에서 실시간 모니터링에 적합한 도구이다.

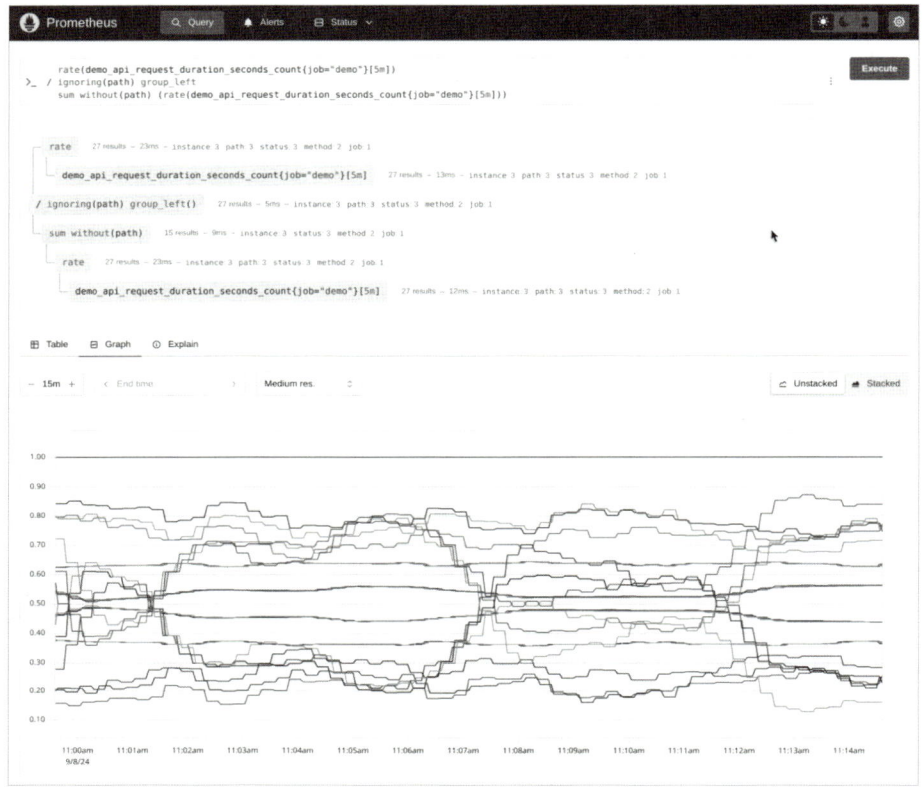

그림 4-66 프로메테우스 화면(출처: 공식 블로그)

프로메테우스를 단독으로 사용하기보다는 그라파나와 같은 시각화 도구를 함께 사용하면 데이터를 더 직관적으로 이해하고 분석할 수 있다. 그라파나Grafana는 다양한 데이터 소스를 통합할 수 있고, 그래프, 히트맵, 지도 등의 강력한 시각화 기능을 제공한다. 또 실시간 데이터 모니터링이 가능하고, 알림 기능을 통해 문제가 발생했을 때 신속하게 대응할 수 있다. 그라파나는 오픈소스 기반으로 설계되어 유연성과 확장성이 뛰어나며, 기본 기능을 무료로 사용할 수 있어 비용 절감이 필요한 스타트업에도 적합하다. 물론 유료 플랜을 구독하면 더 다양하고 강력한 기능을 활용할 수 있다.

- **프로메테우스**: https://prometheus.io/
- **그라파나**: https://grafana.com/

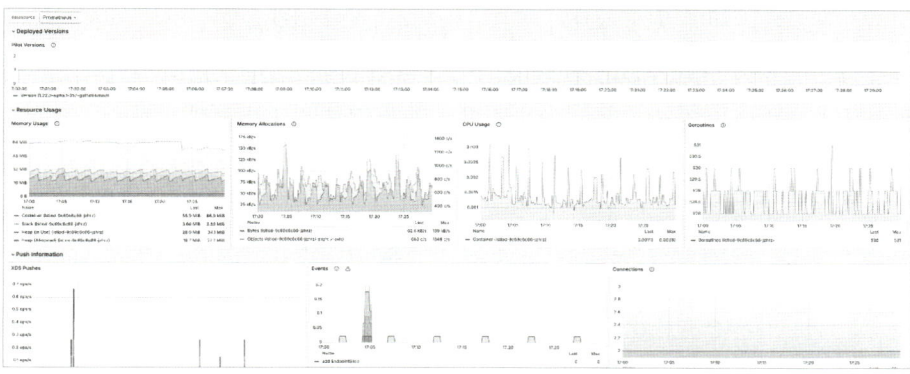

그림 4-67 그라파나 대시보드 화면(출처: 그라파나 공식 웨비나)

4-11 통계

서비스를 운영하면 서비스의 상태는 모니터링으로 확인하지만, 서비스가 성장하고 있는지, 고객은 어떤 특성을 가지는지는 서비스의 통계 정보로 파악할 수 있다. 데이터를 추출해서 분석하는 것과 이를 시각화하여 보여주는 두 가지 작업이 모두 필요하며 이런 과정을 BI^{Business Intelligence}라고 한다. 많이 사용하는 도구는 태블로^{Tableau}, 구글 루커^{Google Looker} 등이 있고, 오픈소스 도구로는 아파치 슈퍼셋^{Apache Superset}이 있다. 이 중 아파치 슈퍼셋은 SQL을 바로 실행할 수 있는 SQL Lab 기능과 대시보드를 통해 통계 정보를 그래프로 시각화하는 기능을 제공한다.

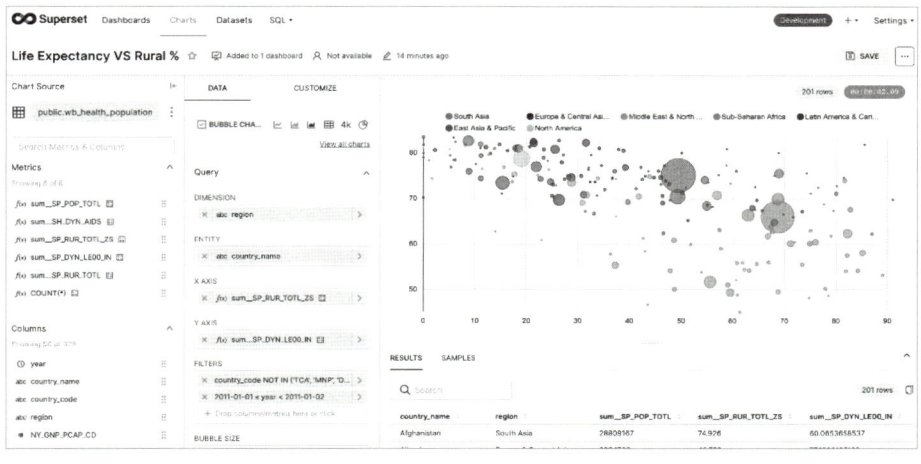

그림 4-68 아파치 슈퍼셋의 강력한 SQL 편집기(출처: 아파치 슈퍼셋 공식 문서)

서비스 운영에는 어떤 통계 정보가 필요할까? 서비스의 성장을 확인하는 지표는 서비스의 성격에 따라 다를 수 있지만, 사용자 정보와 트래픽은 어느 서비스에서도 반드시 확인해야 하는 공통 지표이다. 다음은 각각 사용자 정보 지표와 트래픽 지표이다.

표 4-16 사용자 정보 지표

지표	설명
DAU	• 일간 활성 사용자(Daily Active User) • DAU는 하루 동안 서비스에 방문한 고유 사용자 수이다.
WAU	• 주간 활성 사용자(Weekly Active User) • 주간 캠페인이나 이벤트 효과 분석에 활용한다.
MAU	• 월간 활성 사용자(Monthly Active User) • 장기 사용자 유지율과 성장을 평가하는 지표로 구독 서비스나 SaaS 모델에서는 중요한 지표이다.
유지율	• 특정 기간 신규 유입된 사용자 중 일정 기간 후에도 서비스를 이용하는 사용자 비율(Retention Rate) • 서비스 사용자의 충성도를 평가하고 장기적인 사용자 유지 전략의 효과를 측정할 수 있다. • 지속적인 성장 가능성을 판단하는 중요 지표이다.
이탈률	• 일정 기간 서비스를 더 이상 이용하지 않거나 떠난 사용자 비율(Churn Rate) • 이탈률이 증가하면 이탈 원인을 분석하고 대응책을 마련해야 한다.

표 4-17 트래픽 지표

지표	설명
PV	• 페이지를 요청한 횟수(Page View) • 콘텐츠 소비량 및 트래픽을 분석하는 데 사용하며 광고 수익 모델에서는 중요한 지표이다. • DAU와 많이 헷갈리는데 사용자 한 명이 1,000번 방문하면 DAU는 1이고, PV는 1,000이다.
방문당 세션 시간	• 사용자가 사이트에서 머문 평균 시간(Session Duration) • 사용자 정보 지표와 연관 지어 사용자 참여도를 파악할 수 있다. • 서비스의 성격별로 유의미한 세션 시간이 다르다. 블로그나 뉴스 사이트는 3~5분 이상을 유의미한 세션 시간으로 본다.

그 외 수익 관련 지표도 필요할 수 있다.

표 4-18 수익 관련 지표

지표	설명
전환율	• 무료 사용자 중에 유료 사용자로 전환하는 비율(Conversion Rate) • 유료화 전략과 유료 기능의 가치를 명확히 확인하는 지표이다.
CAC	• 고객 한 명을 확보하는 비용(Customer Acquisition Cost) • 광고 집행 기간 동안 사용 비용을 신규 가입 수로 나누는 방식으로 계산한다. • 마케팅 및 영업 활동의 효율성 평가의 지표로 사용한다.
ARPU	• 사용자당 평균 매출(Average Revenue Per User) • 특정 기간 총수익을 해당 기간의 평균 사용자 수로 나눠서 계산한 비율이다. • 서비스의 수익성을 평가하는 지표이다.

서비스별로 이 외에도 중요한 지표가 있을 수 있다. 하루의 신규 가입자 수, 서비스 유입 매체, 광고의 클릭률 등과 같은 정보를 시각화해 보는 것은 매우 중요하다. 하지만 이런 지표를 개발자가 항상 정리해 공유해야 한다면 비효율적이다. 따라서 SQL 문을 직접 입력할 수 있는 도구를 제공하고 필요한 구성원이 도구를 사용해 직접 정보를 추출하는 방식을 권장한다.

반복해서 확인해야 하는 지표나 단순한 쿼리 문으로 추출하기 어려운 정보, 여러 데이터를 통합해야 하는 지표 등은 개발자가 도구를 만들어 내부 페이지에 제공하는 편이 더 효율적이다. 특히 이러한 정보가 매우 중요한 경우에는 BI 팀을 따로 구성하고 지표에 필요한 데이터를 공급하는 체계를 마련하기도 한다.

> **통계 서버 설정 시 주의할 점**
>
> 팀 내에 SQL을 다룰 수 있는 비개발자가 있다면 SQL을 입력할 수 있는 페이지를 제공하는 것이 가장 효율적이다. SQL에 익숙하지 않으면 필요한 정보에 대한 SQL 템플릿 코드를 제공하고 변수만 변경하도록 안내할 수도 있다. 하지만 이런 시스템을 구축할 때 가장 중요한 부분은 권한 관리이다. 작은 스타트업에서는 전체 데이터를 제공하기도 하지만, 큰 회사에서는 팀별로 접근할 수 있는 컬럼을 제한적으로 설정하기도 한다.
>
> 일반적으로 통계 작업은 쓰기가 불가능한 읽기 전용 데이터베이스 복제본에서 동작하도록 처리한다. 이렇게 읽기 전용 복제본에서만 처리하도록 설정하면 실수로 서비스 데이터를 변경하는 일을 방지할 수 있다.

이런 통계 정보를 어떻게 만들어야 할까? 아파치 슈퍼셋은 데이터베이스에서 쿼리를 실행해서 통계 정보를 생성한다. 하지만 이 방식은 데이터가 많아질수록 처리해야 할 데이터양이 증가해 해당 정보를 실시간으로 제공하기 어려워질 수 있다. 이런 경우에는 필요 데이터를 로그 등에 저장하고 분산 처리 도구인 스파크(Spark) 등을 활용하여 통계 정보를 생성하는 방식이 효과적이다.

4-12 설정 변경 가능한 설계

서비스를 운영하다 보면 많은 설정값을 변경해야 할 경우가 있다. 일반적으로는 소스 코드에 있는 설정값을 변경하고 재배포하는 방식을 가장 많이 사용한다. 하지만 가능한 재배포 없이 설정만 변경하여 서비스의 동작을 제어할 수 있도록 설계하는 편이 더 효율적이다.

그렇다면 이러한 설정값은 어디에 저장되는 것이 효율적일까? 예를 들어 이커머스 사이트에서는 제품의 가격이나, 품절 여부를 설정해야 한다. 그런데 수십만 개의 제품 중 하나가 품절되었다고 서비스를 재배포하면 굉장히 비효율적이다. 상품 정보를 데이터베이스에 저장하고 데이터베이스에서 상품 정보를 읽어오듯 설정값도 데이터베이스에 저장할 수 있다. 데이터베이스는 원격 저장소이기 때문에 서버가 여러 대인 환경에서도 모든 서버에 동일한 영향을 줄 수 있다.

설정을 저장하기 위해 키(Key)와 값(Value)으로 구성된 테이블을 설계할 수 있다. 예를 들어 system_property 테이블을 다음 표처럼 구성할 수 있다.

표 4-19 system_property 테이블 구성

컬럼 명	속성	목적
id	primary key, bigint	식별자 역할을 하는 데이터베이스의 고유 값
key	varchar(36), unique	설정을 나타내는 고유 값
value	varchar(128)	설정값
start_at	datetime	적용 시작 시간
end_at	dateitme	적용 종료 시간
status	varchar(32)	REGISTERED/UNREGISTERED 값으로 property의 상태를 나타냄
created_at	datetime	데이터베이스의 생성 시간
updated_at	datetime	데이터베이스의 수정 시간

이제 이 테이블의 key를 기반으로 데이터를 가져올 때 상태 값(status)이나 적용 시간(start_at, end_at)이 맞지 않으면 실패로 처리하고, 미리 정해둔 기본값을 반환하는 코드가 필요하다. 다음 코드는 데이터베이스에 값이 존재하고 호출 시간이 start_at과 end_at 사이에 있으며 상태 값(status)이 REGISTERED일 때만, 해당 값을 반환한다. 조건을 만족하지 못하면 기본값을 반환하도록 구현했다.

코드 system_property를 가져오는 기본 코드

```python
def get_system_property(key, now, default_value):
    entity = read_db(key)
    if entity == None:
        return default_value

    if now < entity.start_at || now > entity.end_at:
        return default_value

    if entity.status == 'UNREGISTERED':
        return default_value

    return entity.value
```

이렇게 코드로 구현한 다음, 필요한 곳에서 get_system_property 함수를 호출하여 값을 사용하면 설정값을 변경해야 할 때 데이터베이스 값만 수정하면 된다.

> **📋 피처 플래그**
>
> 피처 플래그(Feature Flag)는 코드 변경이나 재배포 없이 런타임에서 특정 기능을 켜거나 끌 수 있는 기술이다. 이를 활용하면 새로운 기능을 점진적으로 배포하거나 장애 발생 시에 빠르게 대응할 수 있다.
>
> UI에서 피처 플래그를 구현할 때는 클라이언트가 서버 API 응답을 기반으로 특정 기능의 활성화 여부를 확인해야 한다. 활성화되면 UI에 해당 기능을 표시하고, 비활성화되면 숨기도록 동작한다.
>
> 또한 새로운 버전을 배포할 때 클라이언트와 서버는 미리 피처 플래그 설정을 공유하여 특정 시점에 기능을 활성화하거나 비활성화한다. 이 기능 덕분에 점진적 배포와 장애 대응이 가능하며, 사용자 그룹별로 다른 경험을 제공할 수도 있다.

설정을 변경할 수 있도록 설계하려면 몇 가지를 고려해야 한다. 첫 번째는 변경의 빈번성이다. 소스 코드에 설정값을 포함하는 방식은 변경하려면 매번 빌드부터 배포까지의 단계를 거쳐야 한다. 일 년에 한두 번만 설정을 변경한다면 굳이 설정을 변경할 수 있도록 설계하지 않아도 큰 문제가 없을 수 있다. 하지만, 긴급히 변경해야 하거나, 빈번하게 변경할 가능성이 있다면, 설정 변경이 가능하도록 설계할 필요가 있다. 설정 변경 기능을 어드민 페이지로 제공하면 운영 팀에서 직접 해당 업무를 처리할 수 있어 개발 팀의 부담이 줄어든다.

두 번째는 성능이다. 설정값을 빈번하게 호출하더라도 데이터베이스에서 직접 값을 읽어오는 방식은 부담이 될 수도 있다. 이를 해결하는 가장 간단한 방법은 캐시를 적용하여 데이터베이스의 부하를 줄이는 것이다. 더 나아가 원격 저장소에서 설정값을 읽어오는 대신 각 서버에 설정값을 저장하고 외부에서 이 설정값을 변경할 수 있는 방법을 제공할 수도 있다.

예를 들어 내부망에서만 접근할 수 있는 API를 만들어 이를 통해 설정값을 변경하도록 구현하면 효율성을 높일 수 있다.

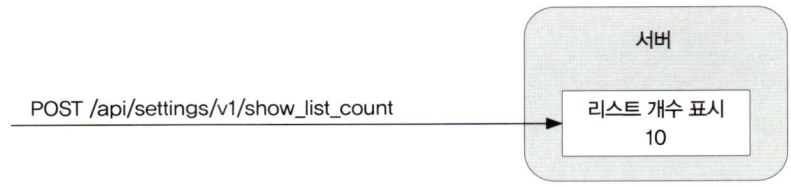

그림 4-69 API를 통한 서비스 설정의 변경

API 방식을 이용할 때는 모든 서버의 목록을 알아야 하고, 전파에 실패한 경우를 확인할 수 있는 추가 검증 절차가 필요하다.

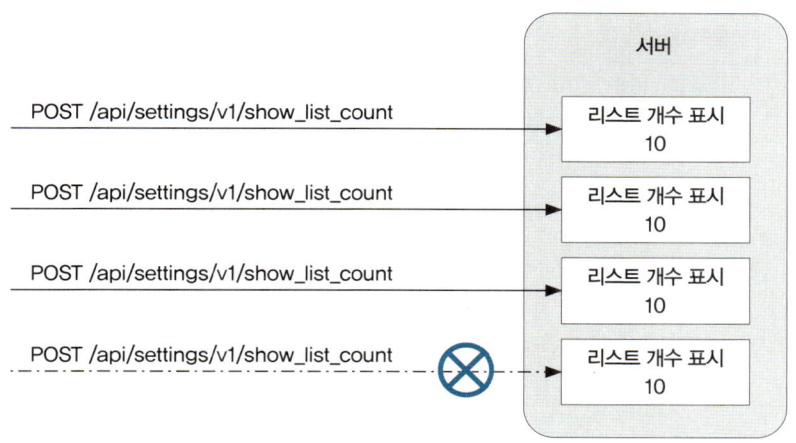

그림 4-70 API 방식의 단점(모든 서버의 주소를 알아야 한다)

4-13 안전한 프로토콜의 설계

서비스 아키텍처에서 중요한 부분 중에 하나는 안전한 프로토콜을 설계하는 것이다. **프로토콜**protocol은 컴퓨터나 전자 기기 간에 데이터를 주고받기 위해 정해진 통신 규칙이나 절차의 집합을 의미한다. 서로 다른 시스템이나 기기가 원활하게 통신할 수 있도록 통신 규칙, 데이터 형식, 전송 속도, 오류 처리 방법 등을 프로토콜로 정의한다. 흔히 TCP, UDP 같은 저수준 레벨의 프로토콜만 떠올릴 텐데, 프로토콜은 우리가 사용하는 HTTP API에서도 파라미터로 어떤 정보를 전달할지, 어떤 순서로 전달할지를 결정하는 역할을 한다.

예를 들어 결제 과정을 생각해 보면 가장 간단한 방법은 결제 요청 시 금액과 상품 정보를 전달하는 것이다. 이 과정에서 프로토콜은 어떤 데이터가 필수인지, 데이터 형식이 어떻게 정의되어야 하는지, 요청과 응답의 순서를 명확히 규정한다. 하지만 결제 시스템에서는 잘못된 결제가 발생하지 않도록 설계하고 금액의 정합성을 맞추는 일이 매우 중요하다. 따라서 프로토콜은 데이터의 신뢰성과 정확성을 보장하기 위한 핵심 역할을 한다.

[그림 4-71]과 같은 형태로 간단하게 결제 프로토콜을 만들면 어떤 문제가 발생할 수 있을까? 결제 요청 부분만 그대로 복사해서 전달하면 어떤 문제가 발생할까?

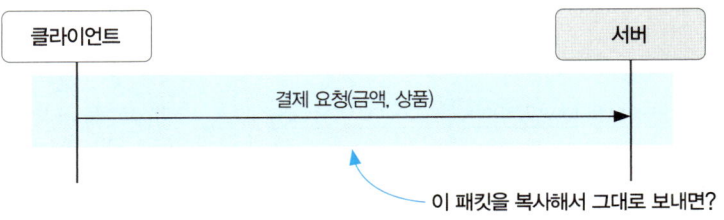

그림 4-71 간단한 결제 프로토콜

결제 요청을 복사해서 동일한 결제를 반복 실행할 수 있는데, 이를 리플레이 공격이라 한다. 이를 방지하려면 같은 결제 요청이 재전송되는지 구분할 수 있는 메커니즘이 필요하다. [그림 4-71]에서 프로토콜의 문제점은 동일한 결제 요청을 반복해도 새로운 요청인지 식별할 수 없으며, 악의적으로 금액 정보가 변조되더라도 이를 구별할 수 없어 잘못된 결제를 처리할 수 있다는 점이다.

이 문제를 해결하기 위해서 몇 가지 방안을 고려할 수 있다. 일단 이전 요청과 새로운 요청을 구분할 수 있도록 주문 번호와 같은 고유 식별자를 생성한다. 그리고 해당 요청이 실패했을 때 결제 시도가 있었는지를 확인할 수 있도록 결제 준비 요청과 실제로 결제를 하는 두 단계로 결제 프로세스를 분리해 보자.

결제 준비 요청을 하면 서버는 결제에 대한 주문 번호를 전달하고, 주문 번호를 전달받은 클라이언트는 주문 번호와 함께 결제 PIN 번호를 전달한다.

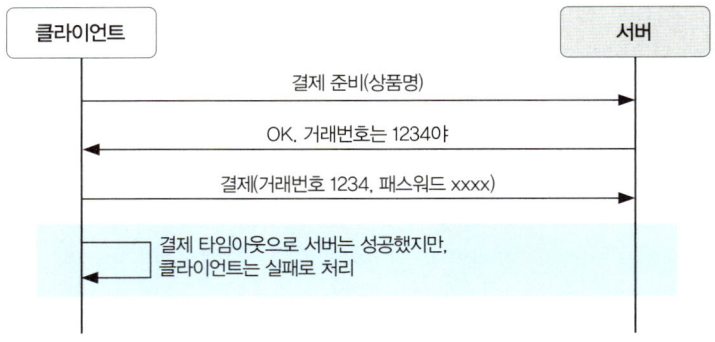

그림 4-72 결제 준비와 수락 분리

결제 준비 단계 추가로 이전 주문과 새 주문을 구분할 수 있게 되었다. 이제 이 프로토콜은 안전할까? 서버가 결제 성공 응답을 보냈지만 클라이언트가 응답을 받지 못하면 어떻게 될까? 예를 들어 클라이언트의 타임아웃이 200ms일 때 서버 처리 시간이 200ms를 초과하면 결제가 성공했을지라도 클라이언트는 타임아웃으로 결제 실패를 인식한다.

> **로미오와 줄리엣 버그**
>
> 서버에서는 성공 응답을 보냈는데, 클라이언트에서 타임아웃이 걸리는 경우는 언제 발생하게 될까? 이는 클라이언트와 서버의 타임아웃 설정에 따라서 달라진다.
>
> 1. **클라이언트 타임아웃 〈 서버 타임아웃**: 클라이언트와 서버의 타임아웃 100ms, 200ms라고 가정해 보자. 이때는 클라이언트에서 타임아웃이 먼저 발생하기 때문에 결제 타임아웃과 같은 문제가 발생할 가능성이 높다.
> 2. **클라이언트 타임아웃 = 서버 타임아웃**: 클라이언트와 서버와 타임아웃이 같으면 위의 경우보다는 문제 상황이 줄겠지만, 네트워크 전송 지연으로 서버는 성공 응답이라고 보냈음에도 클라이언트는 타임아웃이 발생했다고 인지할 수 있다.
> 3. **클라이언트 타임아웃 〉 서버 타임아웃**: 서버가 먼저 타임아웃으로 실패 응답을 보내면 클라이언트는 정확히 실패를 인식한다.
>
> 따라서 항상 서버가 타임아웃을 더 길게 설정하는 것이 유리하다.

이 타임아웃 문제를 해결하려면 다음 그림처럼 명시적으로 거래의 상태를 알려주는 장치가 있어야 한다. 이제 타임아웃이 발생하더라도 결제의 상태를 명확히 알 수 있다.

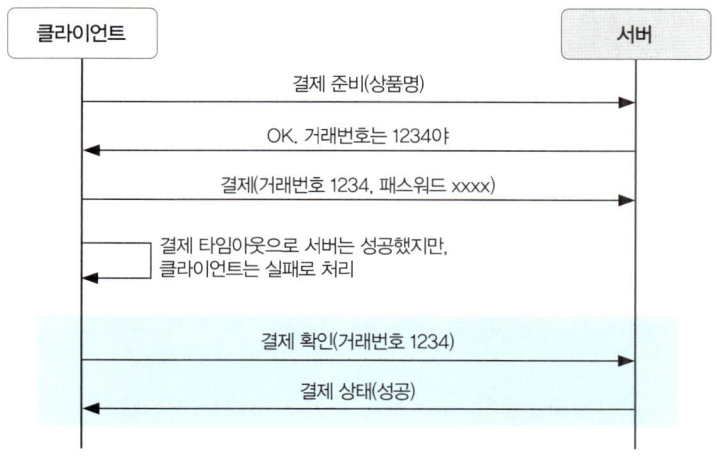

그림 4-73 결제 상태 확인

결제 시스템에서는 결제와 함께 취소 기능도 제공해야 한다. 타임아웃 문제로 사용자에게 결제가 실패했다고 알렸지만 실제로는 결제가 성공한 경우, 사용자가 결제를 취소할 수 있는 기능이 반드시 필요하다. 이를 **망 취소**라고 한다.

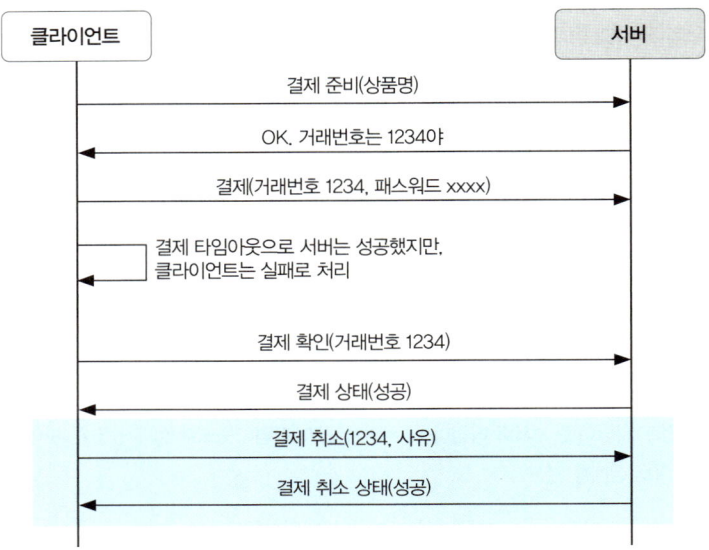

그림 4-74 결제 취소

결제 취소 기능까지 구현하면 더는 문제가 없을까? 여전히 해결해야 할 문제가 있다. 결제의 성공 여부를 알아야 했던 것처럼, 결제 취소 요청에서도 동일한 문제가 발생할 수 있다.

1. 서버가 결제 요청을 처리 중인 상황
2. 클라이언트 결제 상태 확인 API를 호출 or 결제 취소 API를 호출
3. 서버는 아직 해당 결제를 처리 중이므로 결제 정보가 없는 상태
4. 결제 상태 확인 API/결제 취소 API에서 응답을 실패로 전달
5. 클라이언트는 결제 실패로 인식하고 더 이상 처리하지 않음
6. 서버에서는 결제가 성공으로 완료됨(데이터 불일치 발생)

진짜 문제는 이런 문제의 원인을 명확하게 알기 힘들다는 점이다.

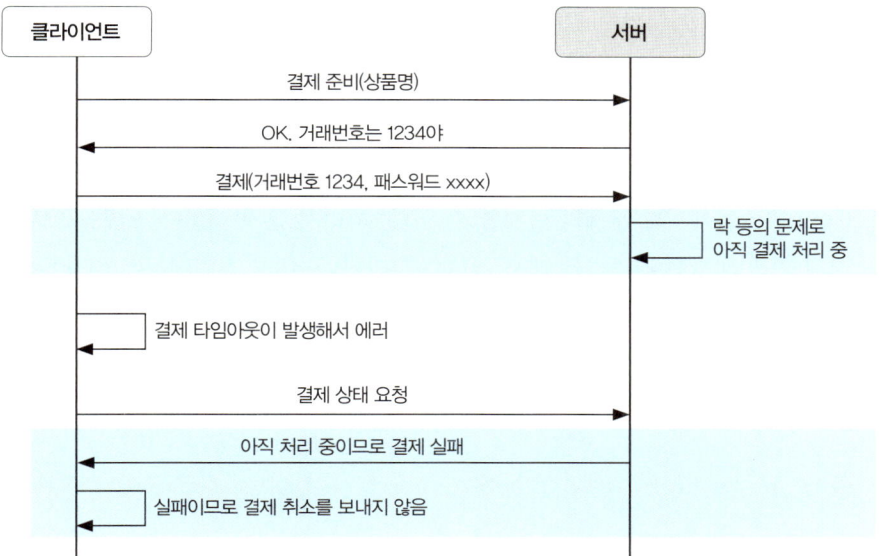

그림 4-75 타이밍 문제

이제 결제 상태 요청 API의 응답에 진행 중(처리 중) 상태를 추가해야 한다. 진행 중이라고 응답하면 계속 상태를 확인하고, 상태가 결정된 다음에 결제 취소를 보내는 것이다. 해당 방법과 함께 성공할 때까지 결제 취소를 계속 보내는 방법도 있다.

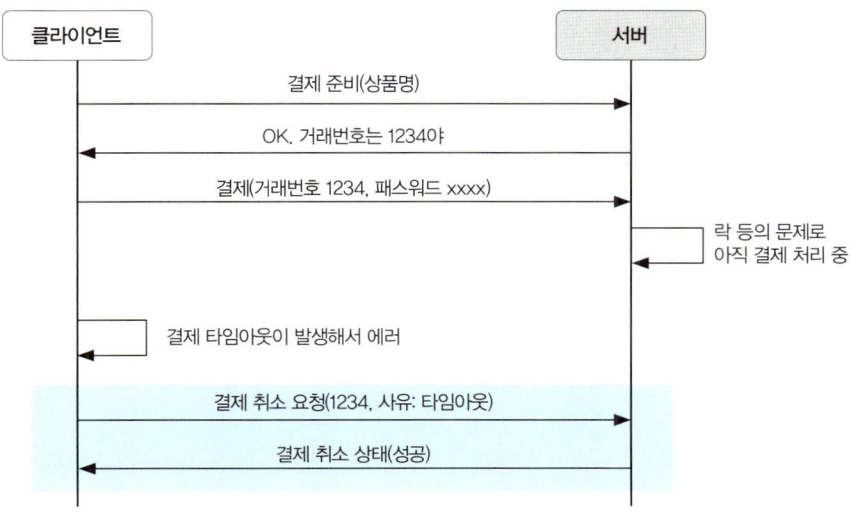

그림 4-76 무조건 취소 도입

결제 취소에 성공할 때까지 결제 취소 요청을 반복하면 결제가 최종 성공하거나 명시적으로 취소된 시점에 결제 취소에 대해서 성공 응답을 받고 프로세스를 종료할 수 있다. 존재하지 않는 요청에 대한 취소 요청이 지속되면 수동 개입이 필요할 수 있지만, 결제 시스템에서는 금융 정합성을 최우선으로 고려한다.

이런 API의 흐름에서도 문제가 발생할 수 있다. 따라서 특정 시간마다(매일/매주/매월) 전체 거래 내역을 검증하는 대사 처리를 추가한다. 대사 처리에서는 원장$^{\text{Source of Truth}}$을 지정하고 이를 기준으로 결제 상태의 불일치를 해결한다.

CHAPTER 05 단축 URL 서비스 만들기

이번 장에서는 파이썬과 FastAPI를 사용해서 단축 URL 서비스를 만든다. 단축 URL 서비스는 복잡하지 않은 간단한 서비스로 4장까지 학습한 내용을 기반으로 구현하기에 좋은 예제이다.

- 단축 URL 서비스를 만들면서 학습한 내용을 실습한다.

기술을 선택할 때는 선택의 이유가 명확해야 한다고 했다. 왜 파이썬과 FastAPI일까? 필자가 생각하기에는 핵심을 보여주기 쉽고, 코드로 개념을 설명하기 쉬운 언어가 파이썬이다. 또, 워낙에 다양한 곳에서 파이썬을 사용하는 터라 다른 언어보다 파이썬을 아는 독자가 많을 거라는 예상도 있었다. 하지만, 만일 예제 서비스의 구현 복잡도가 높거나 성능을 고려해야 했다면 파이썬이 아닌 자바나 코틀린을 선택했을 것이다.

그에 반해, 프레임워크는 종류가 굉장히 다양해서 선택을 고민하다가 처음 접해도 쉽게 따라 할 수 있고 성능이 빠른 FastAPI를 선택했다.

> **선택의 조건**
>
> 기술에는 장단점이 있고 세상에 단점만 있는 기술은 있어도 장점만 있는 기술은 없다. 그래서 기술을 선택할 때는 장점과 단점을 모두 파악한 다음, 내가 꼭 사용해야 하는 이유가 장점인지, 반대로 내가 꼭 피해야 하는 이유가 단점인지 판단해야 한다. 그 기준으로 기술을 선택하거나 제외한다. 선택의 이유를 명확하게 설명할 수 있어야 주변을 잘 설득한다. 고연차일수록 설득하는 능력도 실력의 일부이다.

5-1 요구사항 분석과 구성

단축 URL을 구성하기 전에 서비스에 필요한 요구사항을 정리한다. 이 서비스는 실습용이므로 기능을 최소화하고 중요한 부분에 집중할 수 있도록 간단하게 구성한다.

1. 회원 가입
   - 회원이 가입할 수 있어야 한다.
   - 이메일 주소와 패스워드만 입력받는다.
2. 회원 로그인
   - 가입한 회원은 로그인할 수 있다.
3. 단축 URL 생성
   - 단축 URL은 로그인한 회원만 생성할 수 있다.
   - URL을 입력할 때마다 다른 단축 URL을 생성한다.
4. 단축 URL 통계
   - 단축 URL에 대한 통계를 볼 수 있다.

기능을 구현하기에 앞서 어떻게 기능을 구현할지 미리 정리해 보자.

1단계 회원 가입

간단한 서비스이니 이메일 주소와 패스워드만 입력하면 회원 가입할 수 있도록 하고, 인증서 테이블을 추가로 구현해서 패스워드를 안전하게 전송한다. 인증서 테이블을 사용하면 공개키/비밀키 방식으로 암호화해 패스워드를 전달할 수 있다.

다음은 회원 테이블과 인증서 테이블이다.

표 5-1 회원 테이블

이름	속성	목적
id	primary key, bigint	회원이 생성될 때 데이터베이스 고유 값
uid	unique, varchar(36)	회원의 UUID 값
email	varchar(256), unique	회원의 이메일 주소이며 유일해야 한다.
password	varchar(512)	회원의 패스워드
status	varchar(32)	REGISTERED/UNREGISTERED 값으로 회원의 상태를 나타낸다.

이름	속성	목적
created_at	datetime	데이터베이스 생성 시간
updated_at	datetime	데이터베이스 수정 시간

표 5-2 인증서 테이블

이름	속성	목적
id	primary key, bigint	공개키/비밀키가 생성될 때 데이터베이스 고유 값
public_key	varchar(1024)	공개키
private_key	varchar(1024)	비밀키
encrypt_type	varchar(32)	암호화 방식 RSA/ECDSA 등
status	varchar(32)	REGISTERED/UNREGISTERED 값으로 키의 상태를 나타냄
created_at	datetime	데이터베이스 생성 시간
updated_at	datetime	데이터베이스 수정 시간

이렇게 테이블을 구성했을 때는 다음과 같은 가입 또는 로그인의 흐름을 구상하고 있어야 한다.

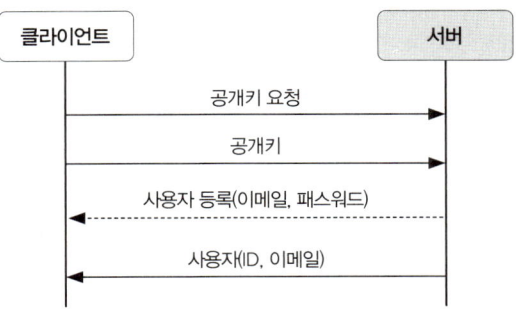

그림 5-1 가입 흐름

공개키를 가져오는 프로토콜은 다음과 같이 설계한다.

1. 난수를 하나 선택한다.
2. 현재 가지고 있는 (공개키 % 난수)로 공개키를 전달한다.

다음은 공개키 전달 응답을 구현한 코드이다.

코드 공개키 전달 응답

```
{
  "header": {
    "code": 0,
    "message": "OK"
  },
  "body": {
    "id": 1,
    "encrypt_type": "RSA",
    "public_key": "AAAAbBBBDDEEDFDFD"
  }
}
```

2단계 데이터베이스 스키마

다음은 데이터베이스 구성인데, 예제에서 sql/default_schema.sql 파일을 참고하자.

코드 default_schema.sql

```sql
CREATE TABLE `accounts` (
  `id` bigint NOT NULL AUTO_INCREMENT COMMENT 'index id',
  `uid` varchar(36) CHARACTER SET utf8mb4 COLLATE utf8mb4_general_ci NOT NULL COMMENT 'unique id',
  `email` varchar(512) CHARACTER SET utf8mb4 COLLATE utf8mb4_general_ci NOT NULL COMMENT 'email',
  `password` varchar(512) CHARACTER SET utf8mb4 COLLATE utf8mb4_general_ci NOT NULL COMMENT 'password',
  `status` varchar(50) CHARACTER SET utf8mb4 COLLATE utf8mb4_general_ci NOT NULL COMMENT '회원 상태 값',
  `registered_at` datetime DEFAULT NULL COMMENT '가입일자',
  `created_at` datetime DEFAULT NULL COMMENT '생성일자',
  `updated_at` datetime DEFAULT NULL COMMENT '수정일자',
  PRIMARY KEY (`id`)
) ENGINE = InnoDB DEFAULT CHARSET = utf8mb4 COLLATE = utf8mb4_general_ci COMMENT = '계정';

CREATE TABLE `certificates` (
```

```sql
  `id` bigint NOT NULL AUTO_INCREMENT COMMENT 'index id',
  `public_key` text CHARACTER SET utf8mb4 COLLATE utf8mb4_general_ci NOT NULL COMMENT 'public_key',
  `private_key` text CHARACTER SET utf8mb4 COLLATE utf8mb4_general_ci NOT NULL COMMENT 'private_key',
  `encrypt_type` varchar(32) CHARACTER SET utf8mb4 COLLATE utf8mb4_general_ci NOT NULL COMMENT 'private_key',
  `status` varchar(50) CHARACTER SET utf8mb4 COLLATE utf8mb4_general_ci NOT NULL COMMENT '회원 상태 값',
  `created_at` datetime DEFAULT NULL COMMENT '생성일자',
  `updated_at` datetime DEFAULT NULL COMMENT '수정일자',
  PRIMARY KEY (`id`)
) ENGINE = InnoDB DEFAULT CHARSET = utf8mb4 COLLATE = utf8mb4_general_ci COMMENT = '공개키';

CREATE TABLE `shorturls` (
  `id` bigint NOT NULL AUTO_INCREMENT COMMENT 'index id',
  `uid` varchar(36) CHARACTER SET utf8mb4 COLLATE utf8mb4_general_ci NOT NULL COMMENT 'unique id',
  `user_id` bigint NOT NULL,
  `user_uid` varchar(36) CHARACTER SET utf8mb4 COLLATE utf8mb4_general_ci NOT NULL COMMENT 'user uid',
  `source` varchar(512) CHARACTER SET utf8mb4 COLLATE utf8mb4_general_ci NOT NULL COMMENT 'access_token',
  `shorturl` varchar(512) CHARACTER SET utf8mb4 COLLATE utf8mb4_general_ci NOT NULL COMMENT 'refresh_token',
  `status` varchar(50) CHARACTER SET utf8mb4 COLLATE utf8mb4_general_ci NOT NULL COMMENT '회원 상태 값',
  `created_at` datetime DEFAULT NULL COMMENT '생성일자',
  `updated_at` datetime DEFAULT NULL COMMENT '수정일자',
  PRIMARY KEY (`id`)
) ENGINE = InnoDB DEFAULT CHARSET = utf8mb4 COLLATE = utf8mb4_general_ci COMMENT = 'shorturls';

CREATE TABLE `tokens` (
  `id` bigint NOT NULL AUTO_INCREMENT COMMENT 'index id',
  `uid` varchar(36) CHARACTER SET utf8mb4 COLLATE utf8mb4_general_ci NOT NULL COMMENT 'unique id',
  `user_id` bigint NOT NULL,
  `user_uid` varchar(36) CHARACTER SET utf8mb4 COLLATE utf8mb4_general_ci
```

```sql
  NOT NULL COMMENT 'user uid',
  `access_token` varchar(512) CHARACTER SET utf8mb4 COLLATE utf8mb4_general_ci NOT NULL COMMENT 'access_token',
  `refresh_token` varchar(512) CHARACTER SET utf8mb4 COLLATE utf8mb4_general_ci NOT NULL COMMENT 'refresh_token',
  `status` varchar(50) CHARACTER SET utf8mb4 COLLATE utf8mb4_general_ci NOT NULL COMMENT '회원 상태 값',
  `access_token_expired_at` datetime DEFAULT NULL COMMENT '액세스 토큰 만료일자',
  `refresh_token_expired_at` datetime DEFAULT NULL COMMENT '리프레시 토큰 만료일자',
  `request_ip` varchar(32) CHARACTER SET utf8mb4 COLLATE utf8mb4_general_ci NOT NULL COMMENT 'ip',
  `created_at` datetime DEFAULT NULL COMMENT '생성일자',
  `updated_at` datetime DEFAULT NULL COMMENT '수정일자',
  PRIMARY KEY (`id`)
) ENGINE = InnoDB DEFAULT CHARSET = utf8mb4 COLLATE = utf8mb4_general_ci COMMENT = 'token';

CREATE TABLE `visit_history` (
  `id` bigint NOT NULL AUTO_INCREMENT COMMENT 'index id',
  `uid` varchar(36) CHARACTER SET utf8mb4 COLLATE utf8mb4_general_ci NOT NULL COMMENT 'unique id',
  `shorturl_id` bigint NOT NULL,
  `shorturl_uid` varchar(36) CHARACTER SET utf8mb4 COLLATE utf8mb4_general_ci NOT NULL,
  `request_ip` varchar(32) CHARACTER SET utf8mb4 COLLATE utf8mb4_general_ci DEFAULT NULL COMMENT 'ip',
  `agent` varchar(512) CHARACTER SET utf8mb4 COLLATE utf8mb4_general_ci DEFAULT NULL COMMENT 'agent',
  `status` varchar(50) CHARACTER SET utf8mb4 COLLATE utf8mb4_general_ci NOT NULL,
  `created_at` datetime DEFAULT NULL COMMENT '생성일자',
  `updated_at` datetime DEFAULT NULL COMMENT '수정일자',
  PRIMARY KEY (`id`)
) ENGINE=InnoDB DEFAULT CHARSET=utf8mb4 COLLATE=utf8mb4_general_ci COMMENT='visit_history';
```

3단계 | 예제 프로젝트의 구성

예제 프로젝트의 디렉터리를 오른쪽 그림과 같은 형식으로 구성한다. api 각각은 auth, user, shorturl, common 등 기본적으로 기능별 디렉터리가 구성되고, 그 디렉터리 안에서 공통적으로 controller, converter, entity, model, repository, service 등 기능별 역할에 따라 다시 디렉터리가 구분된다.

파일 간 참조가 발생할 수 있지만, 기능별 분리를 원칙으로 파일을 분리했으며, 디렉터리의 목적은 다음과 같다.

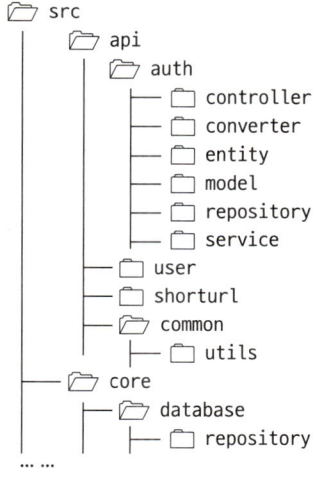

그림 5-2 예제 프로젝트의 구성

표 5-3 디렉터리의 목적

디렉터리	내용
controller	• API의 엔드포인트 파일 디렉터리 • 예를 들어 /api/user/v1/register와 같은 경로에 대한 요청이 이곳에 저장된다. controller 파일에서는 요청 파라미터의 변환이나 응답 포맷팅 등을 처리한다.
service	• 비즈니스 로직을 구현하는 파일 디렉터리 • service에서는 repository의 파일을 사용한다.
entity	• 데이터베이스 테이블의 스키마 정보 디렉터리 • repository에서 사용하는 단위는 이 엔티티 단위로 움직인다.
repository	• 데이터베이스 테이블에서 해당 테이블을 읽어오는 역할을 한다.
model	• entity에서 사용자에게 전달되거나, 사용자의 입력으로 entity로 전달하기 전에 역할을 하게 된다.
converter	• entity와 model 사이의 정보를 변환하는 역할을 한다.

디렉터리를 이렇게 구성하고 사용자 가입이나 탈퇴는 api/user에서, 단축 URL 생성이나 처리는 api/shorturl에서 처리한다.

5-2 구현

이제 각각의 기능을 하나씩 실제로 구현해 보자. 전체 코드는 다음에 있다.

https://github.com/charsyam/myservice-backend

1단계 공개키 전달

가장 먼저 암호화를 위해 공개키를 전달하는 API를 구현한다. API 인터페이스는 다음과 같이 정의한다.

```
GET /api/public_key/v1/public_key
```

응답은 다음과 같이 정의한다.

```
{
  "header": {},
  "body": {
    "certificate": {
      "id": 2,
      "public_key": "-----BEGIN PUBLIC KEY-----\nMIIBIjANBgkqhkiG9w0BAQEFAAOCAQ8AMIIBCgKCAQEAt6ji5SmDv6kIO056jML0\n9adVxlBRGcY0uqzVOvQIguy2LEEYw46vJA5kVRZc4lS4Q6guWC0SKTKKlHfLN+Eu\n1X2BiwNX35+ct7o0eOaNlFuCyLNXRZBSJy55Hmni9RoGecQqr7OS6ur10QMDE+aF\ng5x2cKammD6K5D/UEl1Odrv8dMxfr2rwz339f4IeeIVU/7fUW9+XeXG79mzyO9la\nJWP6ZSRKrWbv/TFkMh2xBxITjoARaF32UQYQUffXOFpjh3P9isO7UcCoL3AUyZyx\nnd0AHTUMIxaYdtIeCUep6zWuZvDM6reeQ703J6Xyz2D6T5pdMYyzS4JSHNtKxuGIC\n0wIDAQAB\n-----END PUBLIC KEY-----",
      "encrypt_type": "RSA",
      "status": "REGISTERED"
    }
  }
}
```

이제 공개키를 가져오는 API는 api/auth/controller/auth_controller.py에서 처리하도록 코드로 구현하면 다음과 같다.

코드 step_1/api/auth/controller/auth_controller.py

```python
@router.get("/public-key")
def get_public_key(
    db: Session = Depends(get_session),
    response_model=Response,
):
    certificate_service = CertificateService(db)
    certificate = certificate_service.get_one_certificate()
    resp = Response(body={"public-key": certificate})

    return resp
```

CertificateService를 다음과 같이 구성한다.

코드 step_1/api/auth/service/certificate_service.py

```python
class CertificateService:
    def __init__(self, db):
        self.repository = CertificateRepository(db)

    def get_one_certificate(self):
        count = self.repository.count_all()

        certificate_id = random.randrange(1, count+1)
        entity = self.repository.find_by_id(certificate_id)
        if not entity:
            raise CertificateNotExistException(certificate_id)

        return CertificateConverter.to_dto(entity)

    def get_private_key(self, certificate_id) -> str:
        entity = self.repository.find_by_id(certificate_id)
        if not entity:
            raise CertificateNotExistException(certificate_id)

        return entity.private_key.encode('utf-8')
```

CertificateRepsository는 다음과 같이 구현한다. 전체 코드는 파일을 확인하자.

코드 step_1/api/auth/repository/certificate_repository.py

```python
from api.auth.entity.certificate import Certificate as T
from core.database.repository.base import BaseRepository
from exceptions import *

class CertificateRepository(BaseRepository):
    def __init__(self, db: Session):
        super().__init__(db)

    def find_by_id(self, certificate_id):
        return self.db.query(T).filter(T.id == certificate_id).first()

    def count_all(self):
        return self.db.query(func.count(T.id)).scalar()
```

2단계 회원 가입

회원 가입 시에는 이메일과 패스워드만 저장한다. 단 이메일은 유일해야 하므로 중복 확인을 수행하고 이미 사용 중인 이메일이라면 가입 실패를 안내한다. 패스워드는 Argon2로 암호화하여 안전하게 저장한다.

이때 API 엔드포인트는 다음과 같이 정의한다.

```
POST /api/user/v1/register
```

클라이언트 요청은 다음과 같은 형태로 받는다.

```
{
  "header": {},
  "body": {
    "certificate_id": 1,
    "email": "email",
    "password": "password"
  }
}
```

가입이 성공하면 응답은 다음과 같이 전달한다.

```
{
  'header': {},
  'body': {
    'account': {
      'id': 2,
      'uid': 'db23d923-9b10-417c-8596-14a4fd073ae7',
      'email': 'charsyam@gmail.com',
      'status': 'REGISTERED'
    }
  }
}
```

회원 가입 과정에서 사용자의 패스워드는 RSA로 한 번 더 암호화해서 전달한다. 회원 가입 코드는 step_1/api/user/controller/user_controller.py의 `register_user` 함수를 확인한다.

코드 step_1/api/user/controller/user_controller.py

```
@router.post("/register")
def register_user(
    request: Dict[str, Any],
                db: Session = Depends(get_session),
                response_model=Response,
):
    user_service = UserService(db)
    certificate_service = CertificateService(db)

    body = request["body"]
    certificate_id = int(body["certificate_id"])
    email = body["email"]
    encrypted_password = body["password"]

    private_key = certificate_service.get_private_key(certificate_id)
    password = decrypt_password(private_key, encrypted_password)

    hashed_password = password_hasher(password)

    account = user_service.register_user(email=email,
                                          password=hashed_password)
```

```
        db.commit()

    return Response(body={"account": account})
```

3단계 로그인

회원 로그인은 구현이 가입과 일부 유사하지만, 패스워드까지 확인해서 검증 결과가 동일해야만 로그인에 성공한다. 이 단계에서는 토큰을 발급하지 않고 패스워드가 동일한지만 확인한다.

이때 API 엔드포인트는 다음과 같이 정의한다.

```
POST /api/auth/v1/login
```

클라이언트 요청은 다음과 같은 형태로 받는다.

```
{
  "header": {},
  "body": {
    "certificate_id": 1,
    "email": "email",
    "password": "password"
  }
}
```

가입이 성공하면 다음과 같이 응답을 전달한다.

```
{
  'header': {},
  'body': {
   'account': {
     'id': 2,
     'uid': 'db23d923-9b10-417c-8596-14a4fd073ae7',
     'email': 'charsyam@gmail.com',
     'status': 'REGISTERED'
   }
```

```
    }
}
```

이제 실제 코드를 작성해 보자.

코드 step_1/api/auth/controller/auth_controller.py

```python
@app.post("/api/auth/v1/login")
@router.post("/login")
def login(
    request: Dict[str, Any],
    r: Request,
    db: Session = Depends(get_session),
    response_model=Response,
):
    certificate_service = CertificateService(db)
    auth_service = AuthService(db)

    body = request["body"]
    certificate_id = int(body["certificate_id"])
    email = body["email"]
    encrypted_password = body["password"]

    private_key = certificate_service.get_private_key(certificate_id)
    password = decrypt_password(private_key, encrypted_password)

    client_ip = get_client_ip(r)
    token = auth_service.login(email=email, password=password,
                               request_ip=client_ip)

    db.commit()
    return Response(body={"token": token})
```

4단계 인증

로그인의 성공 여부까지 확인했다면 이제 액세스 토큰과 리프레시 토큰을 생성해서 인증을 구현하자. 사용자가 로그인하면 두 종류의 토큰, 액세스 토큰과 리프레시 토큰이 발급된다.

JWT 생성과 검증은 PyJWT 라이브러리[1]를 사용하며 알고리즘은 HS256을 사용한다. SECRET_KEY는 'myservice234'로, 액세스 토큰의 유효 기간은 15분으로, 리프레시 토큰의 유효 기간은 7일로 설정한다. 다음은 이를 상수로 정의한 코드이다.

```
ALGORITHM = "HS256"
ACCESS_TOKEN_EXPIRE_MINUTES = 15
REFRESH_TOKEN_EXPIRE_DAYS = 7
SECRET_KEY = "myservice1234"
```

토큰을 생성하고 검증하는 `verify_jwt_token` 함수를 구현한다.

코드 step_1/core/utils/token.py

```python
def verify_jwt_token(token: str):
    try:
        print(token)
        payload = jwt.decode(token, SECRET_KEY, algorithms=[ALGORITHM],
                             options={"verify_exp": False})
        print(payload)
        return payload
    except Exception as e:
        print(e)
        raise HTTPException(status_code=401, detail="Invalid token")

def create_token(data: dict, expires_delta: Optional[timedelta] = None):
    to_encode = data.copy()
    if expires_delta:
        expire = datetime.now() + expires_delta
    else:
        expire = datetime.now() + timedelta(minutes=15)

    to_encode.update({"exp": expire})
    encoded_jwt = jwt.encode(to_encode, SECRET_KEY, algorithm=ALGORITHM)
    return encoded_jwt

def get_client_ip(request: Request):
    forwarded_for = request.headers.get("X-Forwarded-For")
```

---

1 https://pyjwt.readthedocs.io/en/stable/

```
        if forwarded_for:
            # 여러 IP가 있을 수 있으므로 첫 번째 IP를 사용
            client_ip = forwarded_for.split(",")[0]
        else:
            # 프록시가 없을 경우 클라이언트 IP
            client_ip = request.client.host

        return client_ip

def verify_token(authorization: Optional[str] = Header(None)):
    if not authorization or authorization.split(" ")[0] != "Bearer":
        raise HTTPException(status_code=401,
                            detail="Invalid Authorization header format")

    token = authorization.split(" ")[1]
    account = None
    email = None
    try:
        payload = verify_jwt_token(token)
        email = payload["sub"]
        account = session.query(Account).filter(Account.email == email,
                Account.status=='REGISTERED').first()
        if not account:
            raise UserNotExistException(email)
    except Exception as e:
        print(e)
        raise e

    return account
```

이제 로그인할 때마다 새로 생성된 리프레시 토큰을 저장하도록 로그인 함수를 수정한다.

코드 step_1/api/auth/controller/auth_controller.py

```
@app.post("/api/auth/v1/login")
def login(request: Request, data: Dict[str, Any]):
    body = data["body"]
    certificate_id = int(body["certificate_id"])
    email = body["email"]
```

```
        password = body["password"]

        private_key = get_private_key(certificate_id)
        password_orig = RSA.decrypt(private_key, password)

        hashed_password = ph.hash(password_orig)

        account = session.query(Account).filter(Account.email == email,
                Account.status=='REGISTERED').first()
        if not account:
            raise UserNotExistException(email)

        try:
            ph.verify(account.password, password_orig)
        except:
            raise PasswordMismatchException(email)

        now = datetime.now()
        access_token_expires = timedelta(minutes=ACCESS_TOKEN_EXPIRE_MINUTES)
        refresh_token_expires = timedelta(days=REFRESH_TOKEN_EXPIRE_DAYS)

        uuid4_value = str(uuid.uuid4())
        access_token = create_token(data={"sub": account.email,
                    "uuid": uuid4_value}, expires_delta=access_token_expires)
        refresh_token = create_token(data={"sub": account.email,
                     "uuid": uuid4_value, "type": "refresh"},
                    expires_delta=refresh_token_expires)

        body = {
                "access_token": access_token,
                "refresh_token": refresh_token,
                "token_type": "bearer"
        }

        client_ip = get_client_ip(request)
        token = Token(user_id=account.id, access_token=access_token,
                    refresh_token=refresh_token, status='REGISTERED',
                    request_ip=client_ip,
                    access_token_expired_at=now+access_token_expires,
                    refresh_token_expired_at=now+refresh_token_expires)
```

```
        session.add(token)
        session.commit()
        session.refresh(token)

        return create_response(header={}, key="account", body=token)
```

로그인 기능 구현이 완료되었으니, 간단한 테스트 API를 만들어 JWT 검증이 제대로 동작하는지 확인해 보겠다. 다음을 auth_controller.py에 추가해서 간단히 테스트해 보자.

```
@app.get("/api/test/v1/test")
def test(account: Account = Depends(verify_token)):
    body = AccountConverter.to_dao(account)
    return create_response(header={}, key="account", body=body)
```

5단계 단축 URL 생성

로그인 기능 구현과 테스트를 성공적으로 완료했으면 이어서 단축 URL 기능을 추가해 보자. 이번 단계에서는 단축 URL 생성 로직은 잠시 미뤄두고, 우선 데이터베이스의 `id` 값을 전달하는 방식으로 간단하게 구현한다.

단축 URL을 저장하는 테이블의 스키마는 다음과 같이 설정한다.

표 5-4 테이블 스키마

이름	속성	목적
id	primary key, bigint	단축 URL 생성될 때 데이터베이스의 고유 값
uid	varchar(512), unique	
user_id	bigint	생성한 사용자 ID
user_uid	varchar(36)	사용자의 UUID 값
source	varchar(512)	원본 URL
shorturl	varchar(512), unique	단축 URL
status	varchar(32)	REGISTERED/UNREGISTERED 값으로 키의 상태를 나타냄
created_at	datetime	데이터베이스의 생성 시간
updated_at	datetime	데이터베이스의 수정 시간

데이터베이스 세션 관리를 좀 더 원활하게 하기 위해서 함수마다 FastAPI의 **Depends** 의존성 주입 기능을 이용해 별도의 세션을 생성한다. **Depends**는 FastAPI에서 사용하는 의존성 주입 기능이다.

코드 step_1/database.py

```python
def get_session():
    session = engine.sessionmaker()
    try:
        yield session
    finally:
        session.close()


@app.post("/api/shorturl/v1/shorturl")
def create_shorturl(request: Dict[str, Any], account: Account = Depends(verify_token), session: Session = Depends(get_session)):
    body = request["body"]
    source = body["source"]

    shorturl = ShortUrl(user_id=account.id, user_uid=account.uid,
                       source=source, status='REGISTERED')
    session.add(shorturl)
    session.commit()
    session.refresh(shorturl)

    resp = ShortUrlConverter.to_dao(shorturl)
    return create_response(header={}, key="shorturl", body=resp)


@app.get("/api/shorturl/v1/shorturl/{url}")
def create_shorturl(url: str, session: Session = Depends(get_session)):
    shorturl = session.query(ShortUrl).filter(ShortUrl.shorturl == url)\
.first()
    if not shorturl:
        raise ShortUrlNotExistException(url)

    resp = ShortUrlConverter.to_dao(shorturl)
    return create_response(header={}, key="shorturl", body=resp)
```

6단계 단축 URL 이용

생성된 단축 URL의 원본 URL을 가져오는 API를 추가하자.

코드 step_1/api/shorturl/controller/shorturl_controller.py

```python
@router.get("/shorturl/{url}")
def visit_shorturl(
                url: str,
                request: Request,
                db: Session = Depends(get_session)
):
    shorturl_service = ShortUrlService(db)
    request_ip = get_client_ip(request)
    shorturl = shorturl_service.get_shorturl(url, request_ip)
    if not shorturl:
        raise ShortUrlNotExistException(url)

    db.commit()
    return Response(body={"shorturl": shorturl})
```

다음처럼 단순히 데이터베이스에서 단축 URL로 원본 URL을 쿼리하도록 추가한다.

```python
    def get_shorturl(self, url, request_ip = None):
        shorturl = self.shorturl_repository.find_by_shorturl(url)
        if not shorturl:
            raise ShortUrlNotExistException(url)

        return ShortUrlConverter.to_dto(shorturl)
```

7단계 스웨거로 API 문서화

FastAPI를 사용하면 스웨거Swagger가 기본으로 활성화되어 있으므로 자동으로 API 문서를 제공한다. FastAPI로 만든 웹 서버는 실행하면 http://localhost:8000에서 동작하고, 서버 실행 후 http://localhost:8000/docs에 접속하면 지금까지 작성한 모든 API의 목록과 상세 정보를 확인할 수 있다. 스웨거는 다양한 언어나 프레임워크에서 사용할 수 있는 표준 도구이다.

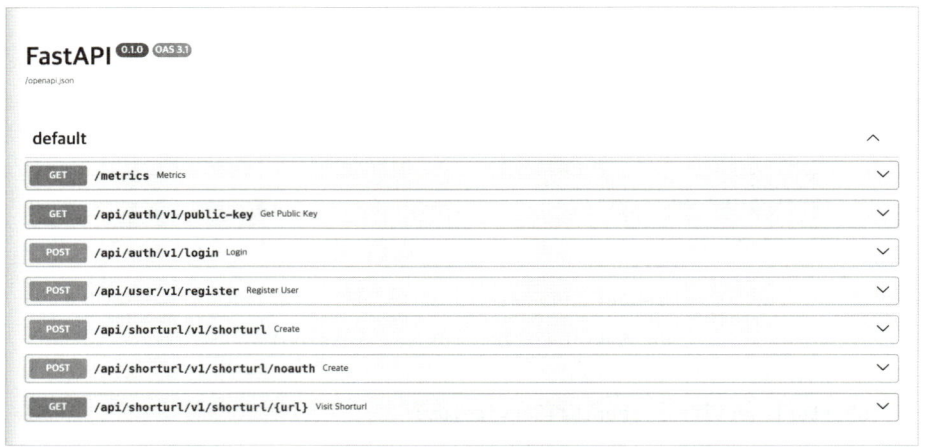

그림 5-3 URL 단축 및 인증 서비스 API 명세서

API 문서화가 왜 필요할까? 회사 업무나 여러 명이 함께 프로젝트를 진행할 때는, 내가 개발한 API를 다른 개발자가 사용할 수 있도록 사용법을 알려줄 필요가 있다. 그렇다면 혼자 개발할 때는 API 문서화는 필요 없을까? 아니다. 대부분 자신이 개발한 내용을 모두 기억하기 어렵기 때문에 1인 개발자라도 API 문서화는 꼭 필요하다. 다만, 문서 작성이 번거롭고, 개발 외 추가 업무처럼 느껴질 수 있어 기본 설정만 하면 자동으로 API의 사용법과 예제를 생성해 주는 스웨거 사용을 추천한다. 이 책에서는 스웨거 사용법을 다루지 않지만, 꼭 경험해 보기를 권장한다.

> **왜 스웨거인가?**
>
> 스웨거 외에도 깃북(GitBook), 포스트맨(Postman) 등 다양한 API 문서화 도구가 있다. 그중에서도 스웨거를 선택한 이유는 크게 두 가지이다. 첫째, 가장 널리 사용되고 있는 문서화 도구로, 다양한 언어와 프레임워크에서도 쉽게 적용할 수 있다. 둘째, 별도의 복잡한 설정 없이도 기본적인 API 문서를 자동으로 생성해 준다.
>
> 물론 기본 설정만 했을 때에 일부 세부 정보가 누락될 수 있지만, API와 파라미터 정보를 자동으로 보여주는 것만으로도 스웨거는 충분히 추천할 만하다.

5-3 테스트

지금까지 문제없이 코드를 작성했다면 이제 테스트를 작성할 단계이다.

1단계 기본 기능 테스트

pytest를 이용해서 기본 기능 테스트를 간단하게 작성하자. 테스트를 작성하려면 먼저 무엇을 테스트할지 명확히 정의해야 한다. 예제 코드에서는 모든 함수가 접근 가능한 퍼블릭 함수이지만, 일반적으로는 외부에서 사용할 수 있는 퍼블릭 함수를 테스트하는 것이 좋다.

간단하게 단위 테스트와 E2E 테스트를 작성할 수도 있지만, 이번에는 API 단위로 테스트를 작성하려 한다. 그러면 테스트는 어떻게 구성해야 할까? 테스트를 설계할 때는 내부 로직의 모든 분기 조건을 검증할 수 있도록 파라미터를 다양하게 변경하며 테스트하는 것이 바람직하다. 예를 들어 단축 URL을 생성하는 API를 테스트할 때는 이 기능에 영향을 미치는 파라미터가 무엇인지 고민해야 한다.

표 5-5 URL 생성에 영향을 주는 파라미터

파라미터	내용
token	단축 URL을 생성하는 것은 회원만 가능하므로 다음과 같은 조건이 가능하다. ① 정상적인 액세스 토큰 ② 만료된 액세스 토큰 ③ 비정상적인 액세스 토큰 ④ 액세스 토큰이 없는 경우 ②와 ③을 구분하는 것은 해당 변수의 값이 없을 때 오류가 발생할 수도 있기 때문이다.
source	원본 URL은 다음과 같은 조건이 있을 수 있다. ① 정상적인 URL이 들어오는 경우 ② URL이 없는 경우 추가로 비즈니스 로직 부분을 고려할 수 있다. ① 같은 유저가 같은 URL을 입력할 때 매번 같은 단축 URL을 주는가? 혹은 매번 다른 URL을 주는가? 로직에 따라서 테스트가 필요하다. ② URL의 유효성을 검증할 것인가?

이런 파라미터의 값을 예상해 다음과 같은 테스트 케이스를 만든다.

- **test_create_shorturl_with_normal**: 정상적으로 URL과 토큰을 함께 전달했을 때 성공해야 하며 status 값은 200이어야 한다.
- **test_create_shorturl_make_different_even_the_sameurl**: 같은 source를 전달하면 status 값은 200으로 성공하지만, 처음에 요청한 결과와는 다른 shorturl을 반환해야 한다.
- **test_create_shorturl_with_invalid_access_token**: 잘못된 토큰을 전달하면 status 값은 401 Unauthorized로 에러가 발생해야 한다.
- **test_create_shorturl_invalid_url**: source를 전달하지 않으면 status 값은 400 Bad Request로 실패해야 한다.
- **test_create_shorturl_with_expired_access_token**: 만료된(expired) 액세스 토큰으로 요청하면 status 값은 401이어야 한다.
- **test_create_shorturl_with_no_access_token**: 액세스 토큰 없이 요청하면 status 값은 500이어야 한다.

이런 기본 기능 테스트를 작성해서 통과하면 코드의 안정적인 동작을 보장할 수 있다. 자세한 테스트 케이스는 예제 파일을 참고하자.

코드 step_1/tests/test_main.py

```python
def test_register_user():
    asyncio.run(__test_register_user_inner())

def test_register_duplicate_user():
    async def __test_register_duplicate_user_inner():
        async with AsyncClient(transport=ASGITransport(app=app), base_url='http://test') as client:
            certificate_id = 1
            response = await client.post('/api/user/v1/register',
json={'body': {'certificate_id': certificate_id, 'email': 'test@example.com', 'password': encrypt_password('encrypted_password', certificate_id)}})
            parse_resp(response.json(), [-10001])
    asyncio.run(__test_register_duplicate_user_inner())

def test_login():
    async def __test_login_inner():
        async with AsyncClient(transport=ASGITransport(app=app),
```

```python
            base_url='http://test') as client:
            certificate_id = 1
            response = await client.post('/api/auth/v1/login', json={'body':
{'certificate_id': certificate_id, 'email': 'test@example.com', 'password':
encrypt_password('encrypted_password', certificate_id)}})
            assert response.status_code == 200
            data = response.json()
            assert 'access_token' in data['body']['token']
            assert 'refresh_token' in data['body']['token']
    asyncio.run(__test_login_inner())

def test_login_invalid_password():
    async def __test_login_invalid_password_inner():
        async with AsyncClient(transport=ASGITransport(app=app), base_
url='http://test') as client:
            certificate_id = 1
            response = await client.post('/api/auth/v1/login', json={'body':
{'certificate_id': certificate_id, 'email': 'test@example.com', 'password':
encrypt_password('encrypted_password1', certificate_id)}})
            parse_resp(response.json(), [-10004])
    asyncio.run(__test_login_invalid_password_inner())

def test_create_shorturl():
    async def __test_create_shorturl_inner():
        async with AsyncClient(transport=ASGITransport(app=app), base_
url='http://test') as client:
            response = await client.post('/api/shorturl/v1/shorturl',
json={'body': {'source': 'https://example.com'}}, headers=headers)
        global existed_shorturl
        global first_shorturl
        body = response.json()['body']
        existed_shorturl = body['shorturl']['shorturl']
        first_shorturl = body['shorturl']['shorturl']
        assert response.status_code == 200
        assert 'shorturl' in body
    asyncio.run(__test_create_shorturl_inner())

def test_create_shorturl_with_invalid_access_token():
    async def __test_create_shorturl_with_invalid_access_token_inner():
        async with AsyncClient(transport=ASGITransport(app=app),
```

```python
base_url='http://test') as client:
            response = await client.post('/api/shorturl/v1/shorturl',
json={'body': {'source': 'https://example.com'}}, headers=invalid_headers)
        body = response.json()['body']
        assert response.status_code == 500
    asyncio.run(__test_create_shorturl_with_invalid_access_token_inner())

def test_create_shorturl_with_expired_access_token():
    async def __test_create_shorturl_with_expired_access_token_inner():
        async with AsyncClient(transport=ASGITransport(app=app), base_url='http://test') as client:
            response = await client.post('/api/shorturl/v1/shorturl',
json={'body': {'source': 'https://example.com'}}, headers=expired_headers)
        body = response.json()['body']
        assert response.status_code == 401
    asyncio.run(__test_create_shorturl_with_expired_access_token_inner())

def test_create_shorturl_with_no_access_token():
    async def __test_create_shorturl_with_no_access_token_inner():
        async with AsyncClient(transport=ASGITransport(app=app), base_url='http://test') as client:
            response = await client.post('/api/shorturl/v1/shorturl',
json={'body': {'source': 'https://example.com'}}, headers=no_headers)
        body = response.json()['body']
        assert response.status_code == 500
    asyncio.run(__test_create_shorturl_with_no_access_token_inner())

def test_create_shorturl_make_diffrent_even_the_sameurl():
    async def __test_create_shorturl_make_diffrent_even_the_sameurl_inner():
        async with AsyncClient(transport=ASGITransport(app=app), base_url='http://test') as client:
            response = await client.post('/api/shorturl/v1/shorturl',
json={'body': {'source': 'https://example.com'}}, headers=headers)
        body = response.json()['body']
        assert response.status_code == 200
        assert first_shorturl != body['shorturl']['shorturl']
    asyncio.run(__test_create_shorturl_make_diffrent_even_the_sameurl_inner())

def test_create_shorturl_invalid_url():
```

```
        async def __test_create_shorturl_invalid_url_inner():
            async with AsyncClient(transport=ASGITransport(app=app), base_url='http://test') as client:
                response = await client.post('/api/shorturl/v1/shorturl', json={'body': {}}, headers=headers)
            global existed_shorturl
            assert response.status_code == 500
        asyncio.run(__test_create_shorturl_invalid_url_inner())


    def test_visit_existing_shorturl():
        async def __test_visit_existing_shorturl_inner():
            async with AsyncClient(transport=ASGITransport(app=app), base_url='http://test') as client:
                response = await client.get(f'/api/shorturl/v1/shorturl/\
{existed_shorturl}')
            assert response.status_code == 200
        asyncio.run(__test_visit_existing_shorturl_inner())


    def test_visit_nonexistent_shorturl():
        async def __test_visit_nonexistent_shorturl_inner():
            async with AsyncClient(transport=ASGITransport(app=app), base_url='http://test') as client:
                response = await client.get('/api/shorturl/v1/shorturl/nonexistent')
            assert response.status_code == 404
        asyncio.run(__test_visit_nonexistent_shorturl_inner())
```

다음은 테스트를 통과한 화면과 실패한 화면이다.

```
============================= test session starts ==============================
platform darwin -- Python 3.13.5, pytest-8.4.1, pluggy-1.6.0
rootdir: /Users/charsyam/develop/insight-backend/practice/step_6
configfile: pytest.ini
plugins: asyncio-1.1.0, anyio-4.10.0
asyncio: mode=Mode.AUTO, asyncio_default_fixture_loop_scope=None, asyncio_default_test_loop_scope=function
collected 24 items

tests/test_main.py ........................                              [100%]
============================== warnings summary ===============================
```

그림 5-4 테스트 케이스를 통과한 화면

실패하면 실패 마크(F)와 테스트 실패 지점을 출력한다.

```
> PYTHONPATH=. pytest tests
========================================== test session starts ==========================================
platform darwin -- Python 3.13.5, pytest-8.4.1, pluggy-1.6.0
rootdir: /Users/charsyam/develop/insight-backend/practice/step_6
plugins: anyio-4.10.0
collected 24 items

tests/test_main.py ...........FFFFF.F.F.FF                                                         [100%]
================================================ FAILURES ===============================================
```

그림 5-5 테스트에 실패한 화면

2단계 부하 테스트

기본 기능 테스트를 성공적으로 통과했다면 이번에는 Locust를 사용해서 부하 테스트를 해 보자. Locust 외에도 JMeter나 k6 같은 부하 테스트 도구가 있는데, 서비스를 운영할 때는 성능 변화를 확인하는 것이 중요하므로 부하 테스트 도구를 알아두는 것이 좋다. 책에서는 Locust에 대해 자세히 설명하지 않으니 좀 더 알고 싶으면 예제의 load_test 디렉터리를 참고하자.

- **Locust**: https://locust.io/
- **Apache JMeter**: https://jmeter.apache.org/
- **k6**: https://k6.io/

실습용 단축 URL 서비스는 회원 가입과 로그인, 단축 URL 생성/호출 기능만 있어서 부하가 걸릴 가능성은 적지만, 인증 없이 호출할 수 있는 두 개의 API에는 가볍게 부하 테스트를 진행해 보자. 대상 엔드포인트는 다음과 같다.

- **공개키 요청**: /api/auth/v1/public-key
- **단축 URL 요청**: /api/shorturl/v1/shorturl/{url}

Locust로 어떤 기능을 테스트할지를 코드로 작성한다.

```python
# load_tests.py
from locust import HttpUser, task, between, TaskSet
```

```python
class UserBehavior(TaskSet):
    @task
    def get_public_key(self):
        self.client.get(f'/api/auth/v1/public-key')

class LocustUser(HttpUser):
    host = "http://127.0.0.1:8000"
    tasks = [UserBehavior]
    wait_time = between(1, 4)
```

작성한 뒤 다음 명령으로 실행해 보자.

```
locust -f ./load.tests.py
```

그리고 http://localhost:8089에 접속하면 다음과 같은 화면을 볼 수 있다. 'Number of users'는 테스트할 가상 사용자 수로, 동시 접속자를 제어하는 값이다. 'Ramp up'은 초당 새로 투입하는 가상 사용자 수로, 보통 초기 서버가 클래스 로딩 등으로 시간이 걸릴 수 있으므로 이처럼 점진적으로 사용자 수를 늘린다. 또 이렇게 점진적으로 증가하는 사용자 수에 시스템이 어떻게 반응하는지 관찰할 수 있다.

그림 5-6 Locust 설정 화면

이제 초기 동시 유저를 10으로 설정하고 [START] 버튼을 클릭하자. 그러면 다음과 같이 진행 결과를 볼 수가 있다.

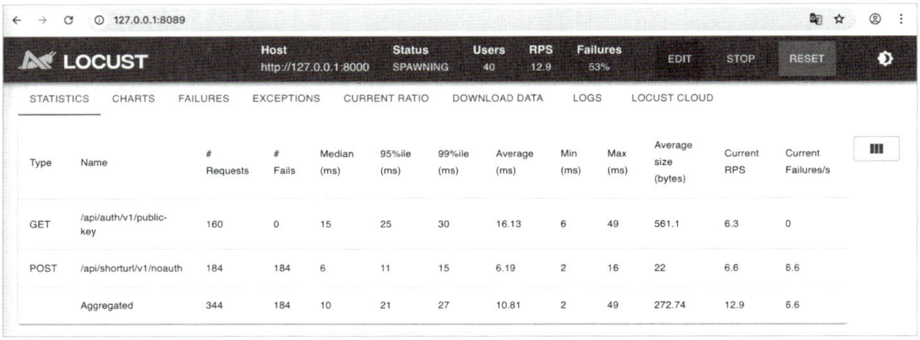

그림 5-7 Locust 실행 화면

5-4 1차 성능 개선

서비스 테스트까지 완료했다면 이제 성능을 개선할 차례이다. 모두가 처음부터 완벽하게 출시하기를 희망하지만, 대부분은 MVP를 만든 다음 개선하기 마련이다. 우리의 실습도 이 과정을 따라가는 중이다. 성능 개선은 총 2회로 나눠 진행할 예정이고, 1차 성능 개선에서는 인덱스 설정, 로그 추가, 모니터링 추가를 다루겠다.

1단계 인덱스 설정

회원 가입, 로그인, 단축 URL 생성, 단축 URL을 원본 URL로 바꿔주는 기능 중에 단축 URL 서비스에서 가장 자주 사용하는 기능은 무엇일까? 이 서비스의 특성상 단축 URL로 원본 URL을 찾는 기능이 압도적으로 가장 많이 사용된다. 이 말은 이 서비스에서는 단축 URL로 원본 URL을 찾는 API의 성능이 가장 중요하다는 말이다.

데이터양이 적을 때는 데이터베이스 질의에 대한 성능 차이가 크게 드러나지 않는다. 다음은 단축 URL이 저장된 shorturl 테이블에 데이터가 239개일 때의 데이터베이스 질의 결과이다. 239개의 데이터 중에서 하나를 가져올 때 속도는 0.00초로 전혀 느리지 않다.

```
mysql> select * from shorturls where shorturl='d3c8b243-6ac9-4aed-b59f-a799705c8fc0';
+-----+--------------------------------------+---------+--------------------------------------+---------------------+---------------------------------------+-----------+---------------------+---------------------+
| id  | uid                                  | user_id | user_uid                             | source              | shorturl                              | status    | created_at          | updated_at |
+-----+--------------------------------------+---------+--------------------------------------+---------------------+---------------------------------------+-----------+---------------------+---------------------+
| 239 | 4e604c16-b353-4d44-8191-564fbdf5c0ab |       1 | 66eb7036-0d24-4c2a-9451-fe966699515d | https://example.com | d3c8b243-6ac9-4aed-b59f-a799705c8fc0 | REGISTERED | 2025-03-03 22:45:18 | NULL       |
+-----+--------------------------------------+---------+--------------------------------------+---------------------+---------------------------------------+-----------+---------------------+---------------------+
1 row in set (0.00 sec)
```

이번에는 데이터가 1,020,239개일 때 데이터를 하나 가져오도록 질의했더니 0.87초가 걸렸다.

```
mysql> select * from shorturls where shorturl='0d2b7a9f-5d77-41b9-af64-8cb1bea03e0f';
+---------+--------------------------------------+---------+--------------------------------------+------------------------+---------------------------------------+-----------+---------------------+------------+
| id      | uid                                  | user_id | user_uid                             | source                 | shorturl                              | status    | created_at          | updated_at |
+---------+--------------------------------------+---------+--------------------------------------+------------------------+---------------------------------------+-----------+---------------------+------------+
| 1020240 | b73aeea8-fdd0-4aa3-a701-f6bb58df0aad |       1 | 66eb7036-0d24-4c2a-9451-fe966699515d | https://www.naver.com  | 0d2b7a9f-5d77-41b9-af64-8cb1bea03e0f | REGISTERED | 2025-03-05 11:36:54 | NULL       |
+---------+--------------------------------------+---------+--------------------------------------+------------------------+---------------------------------------+-----------+---------------------+------------+
1 row in set (0.87 sec)
```

단축 URL 서비스를 운영하면 데이터가 실제로 수백만 개, 수천만 개 저장된다. 다시 데이터가 5,000,000개일 때 조회해 보니 다음처럼 2.59초가 걸렸다. 이런 테스트는 꼭 실제로 있는 데이터로 진행해야 한다.

```
mysql> select * from shorturls where shorturl = '1f6441be-8185-47e4-9389-2ea708d268ae';
+---------+--------------------------------------+---------+--------------------------------------+----------------------+--------------------------------------+-----------+---------------------+------------+
| id      | uid                                  | user_id | user_uid                             | source               | shorturl                             | status    | created_at          | updated_at |
+---------+--------------------------------------+---------+--------------------------------------+----------------------+--------------------------------------+-----------+---------------------+------------+
| 2000000 | 67a21812-e465-46f9-8d68-249c9dcfa710 |       1 | 66eb7036-0d24-4c2a-9451-fe966699515d | https://www.naver.com | 1f6441be-8185-47e4-9389-2ea708d268ae | REGISTERED | 2025-03-05 12:58:03 | NULL       |
+---------+--------------------------------------+---------+--------------------------------------+----------------------+--------------------------------------+-----------+---------------------+------------+
1 row in set (2.59 sec)
```

그러면 왜 이렇게 느려지는 걸까? **shorturl** 컬럼에 인덱스가 없기 때문이다. 먼저 실행 계획을 살펴보자. 쿼리 앞에 **explain**을 붙이면 실행 계획을 확인할 수 있다. 실제로는 49,447,741개의 모든 rows를 검사해야 한다.

> **tip** explain은 실행 계획 질의문으로, SQL 쿼리를 실제로 실행하지 않고, 데이터베이스가 해당 쿼리를 어떻게 처리할지를 설명하는 명령어이다.

```
mysql> explain select * from shorturls where shorturl = '1f6441be-8185-47e4-9389-2ea708d268ae';
+----+-------------+-----------+------------+------+---------------+------+---------+------+---------+----------+-------------+
| id | select_type | table     | partitions | type | possible_keys | key  | key_len | ref  | rows    | filtered | Extra       |
+----+-------------+-----------+------------+------+---------------+------+---------+------+---------+----------+-------------+
|  1 | SIMPLE      | shorturls | NULL       | ALL  | NULL          | NULL | NULL    | NULL | 4944774 |    10.00 | Using where |
+----+-------------+-----------+------------+------+---------------+------+---------+------+---------+----------+-------------+
1 row in set, 1 warning (0.00 sec)
```

이런 식이면 서비스 사용량이 늘어날수록 연결 속도가 느려질 테고, 연결 속도가 느려지면 사용자는 망설이지 않고 이 서비스를 떠날 것이다. 사용자를 잃기 전에 인덱스를 추가해 속도를 개선해 보자. 인덱스는 책의 색인처럼 데이터가 어디에 있는지 바로 찾아갈 수 있는 구조를 제공하므로 더 빠르게 데이터를 제공할 수 있다.

다음처럼 인덱스를 shorturl 컬럼에 추가한다. 이미 데이터가 있으면 시간이 조금 더 걸릴 수 있으니 기다리자.

```
CREATE UNIQUE INDEX idx_shorturl ON shorturl(shorturl);
```

tip 중복 데이터가 있으면 쿼리가 실패하므로 중복 데이터가 있는지 먼저 확인하거나, 불필요한 데이터는 미리 정리하는 것이 좋다.

인덱스를 추가하기 전에는 2.95초였다는 점을 기억하고 다시 같은 쿼리를 실행해 보자. 인덱스를 추가한 후에는 0.03초로 빨라진 것을 확인할 수 있다.

```
mysql> select * from shorturls where shorturl = '1f6441be-8185-47e4-9389-2ea708d268ae';
+---------+--------------------------------------+---------+--------------------------------------+------------------------+--------------------------------------+------------+---------------------+------------+
| id      | uid                                  | user_id | user_uid                             | source                 | shorturl                             | status     | created_at          | updated_at |
+---------+--------------------------------------+---------+--------------------------------------+------------------------+--------------------------------------+------------+---------------------+------------+
| 2000000 | 67a21812-e465-46f9-8d68-249c9dcfa710 |       1 | 66eb7036-0d24-4c2a-9451-fe966699515d | https://www.naver.com  | 1f6441be-8185-47e4-9389-2ea708d268ae | REGISTERED | 2025-03-05 12:58:03 | NULL       |
+---------+--------------------------------------+---------+--------------------------------------+------------------------+--------------------------------------+------------+---------------------+------------+
1 row in set (0.03 sec)
```

이제 다시 한번 실행 계획을 살펴보자. `idx_shorturl`로 검색했을 때 실제로 검색한 rows 수가 1개임을 확인할 수 있다. 즉 인덱스를 추가한 덕에 5백만 개의 데이터 중에 원하는 값을 바로 찾을 수 있게 되었다.

```
mysql> explain select * from shorturls where shorturl = '1f6441be-8185-47e4-9389-2ea708d268ae';
+----+-------------+-----------+------------+-------+---------------+--------------+---------+-------+------+----------+-------+
| id | select_type | table     | partitions | type  | possible_keys | key          | key_len | ref   | rows | filtered | Extra |
+----+-------------+-----------+------------+-------+---------------+--------------+---------+-------+------+----------+-------+
```

```
---+------+----------+-------+
|  1 | SIMPLE       | shorturls | NULL       | const | idx_shorturl | idx_shorturl | 2050       |
const |    1 |   100.00 | NULL  |
+----+--------------+-----------+------------+-------+--------------+--------------+------------+----
---+------+----------+-------+
1 row in set, 1 warning (0.00 sec)
```

> ### 왜 처음부터 인덱스를 설정하지 않았을까?
>
> 인덱스가 중요하다고 생각하면 당연히 초기에 인덱스를 설정하는 것이 기본이다. 아무리 강조해도 프로젝트 초기에 인덱스를 설정하지 않고 서비스 운영 과정에서 인덱스가 없다는 사실을 발견하는 실수는 자주 있다.
>
> 서비스를 처음 시작할 때는 데이터 스키마의 변경이 많아 인덱스를 적용하지 않고 개발하는 일이 잦다. 이 시점에는 데이터의 양도 적어서 성능 저하를 체감하지 못해 인덱스 없이 그대로 서비스로 배포되는 일이 흔하다.
>
> 이렇게 되면 운영 중에 슬로우 쿼리(Slow Query)로 문제가 나타나는 경우가 많으며 DBA가 있다면 인덱스가 부재를 지적받기 쉽다. DBA가 없다면 서비스 속도가 느려졌을 때 직접 원인을 찾아야 하며, AWS RDS를 사용한다면 성능 개선 도우미를 통해 느린 쿼리를 쉽게 확인할 수 있다.
>
> 이 책의 과정은 서비스 개발에서 실제 일어날 법한 일을 다루고 있어, 의도적으로 이 단계에서 인덱스 설정을 진행했다. 독자 여러분은 서비스를 배포하기 전에 꼭 잊지 않고 인덱스를 설정하기를 바란다.

2단계 로그 추가

이제 로그를 추가해 보자. 서비스 초기에는 로그를 정제해서 저장하기보다는 모든 로그를 남기는 편이 더 유리하다. 물론 늘어나는 디스크 사용량이 부담스럽긴 하지만, 대체로 초기에는 버그가 더 많은 편이므로 리퀘스트와 응답 로그를 모두 남겨두는 편이 좋다. 단, 개인정보 등의 민감한 정보는 꼭 마스킹 처리를 해야 한다.

요청의 흐름 추적

서비스 크기가 작은 대부분의 서비스 초기에는 단일 서버가 모든 요청을 처리하지만, 서비스가 성장하면 내부 서비스가 여러 개 생길 수 있다. 예를 들어 내부 서비스가 추가된 이커머스 서비스에서 여러 서버를 거치는 사용자 요청의 흐름을 단순히 로그에 기록된 시간만으로는 알기 어렵다. 이때는 `trace_id`를 추가해서 여러 서버의 요청이 실제로는 하나로 연결된 요청이라는 것을 알려야 한다. `trace_id`는 트랜잭션 아이디라고도 한다.

다음 그림을 보자. 클라이언트는 요청 A와 요청 B를 보내는데 이 요청이 가장 끝의 스크랩 서버에 도착할 때는 두 요청 중 어느 것이 A이고 B인지 알 수가 없다.

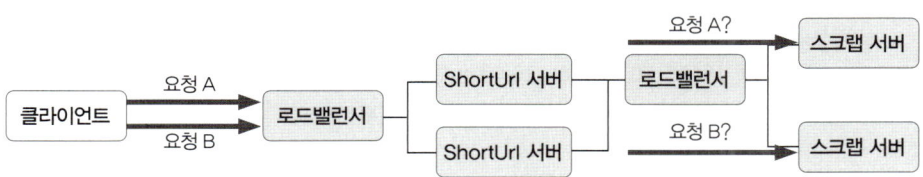

그림 5-8 trace_id가 없을 때 요청 추적 흐름

이제 각각의 요청에 `trace_id`를 추가한 다음 그림을 다시 살펴보자. 스크랩 서버는 `trace_id`로 요청 A와 B 중 어느 것인지 쉽게 구분할 수 있다.

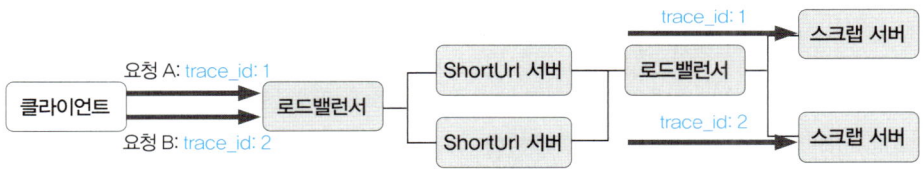

그림 5-9 trace_id가 있을 때 요청 추적 흐름

그렇다면 `trace_id`를 어디에서 추가해야 할까? API 게이트웨이가 가장 앞 단에 위치한다면 API 게이트웨이가 `trace_id`를 생성해 추가한다. 실습에서는 HTTP 헤더의 `x-trace-id` 필드를 사용해 전달하며, 서버는 요청에 `x-trace-id` 헤더가 있는지 확인한다. `x-trace-id` 헤더가 있으면 이후 요청에도 계속 사용하며, 없으면 새로 생성한다. 주의할 점은 요청에 포함된 `x-trace-id`가 다른 서버로도 계속 전달되어야 하므로 세션 등의 상태 저장소에 보관하여 해당 요청의 생명주기 동안에는 일관되게 유지해야 한다.

```
X_TRACE_ID = "x-trace-id"

@app.middleware("http")
```

```python
    async def add_process_header(request: Request, call_next):
        extra = {}
        if X_TRACE_ID not in request.headers:
            session_context.get()[X_TRACE_ID] = str(uuid.uuid4())
        else:
            session_context.get()[X_TRACE_ID] = request.headers[X_TRACE_ID]

        extra["type"] = "request"
        extra[X_TRACE_ID] = session_context.get()[X_TRACE_ID]
        logger.info(request.__dict__, extra=extra)

        start_time = time.time()
        response = await call_next(request)
        process_time = time.time() - start_time
        response.headers["x-process-time"] = str(process_time)
        response.headers[X_TRACE_ID] = session_context.get()[X_TRACE_ID]
        logger.info(response.__dict__, extra=extra)

        return response
```

trace_id를 기록해 두면 나중에 해당 trace_id로 로그를 조회했을 때 호출된 순서대로 여러 서비스의 로그를 함께 확인할 수 있어서, 원하는 값이 제대로 전달되었는지와 실제로 오류가 발생한 부분을 확인할 수 있다.

> **각 플랫폼에서도 trace_id 사용을 지원한다**
>
> 예제에서는 trace_id를 위해서 UUID v4를 사용했다. FastAPI는 미들웨어를 통해서 추가할 수 있으며, 자바 스프링에서는 인터셉터(interceptor)나 필터(filter)를 사용해 이런 정보를 처리할 수 있다. 또한 해당 값을 세션에 저장하여 다음 요청에도 HTTP 헤더에 포함하는 작업이 필요하다.

3단계 모니터링 정보 추가

이번에는 모니터링 정보를 살펴보자. 서비스를 운영하는 동안에는 현재 서버의 상태나 요청 처리 현황 등을 모니터링할 필요가 있다. 4장에서 소개했듯이, 프로메테우스와 그라파나와 같은 현대적인 플랫폼은 모니터링 정보를 수집하고 시각화한다.

FastAPI는 prometheus-fastapi-instrumentator를 이용해서 프로메테우스가 수집할 수 있는 정보, 즉 메트릭metrics을 쉽게 제공한다.

다음 내용을 step_6/main.py에 추가하자.

```python
from prometheus_fastapi_instrumentator import Instrumentator

app = FastAPI()
Instrumentator().instrument(app).expose(app)
```

코드를 추가하고 http://localhost:8000/metrics에 접속하면 다음과 같이 기본 메모리 사용량, 현재 API 호출 응답 속도 등을 알 수 있다. 주석을 참고하면 좀 더 자세히 알 수 있다.

```
# HELP python_gc_objects_collected_total Objects collected during gc
# TYPE python_gc_objects_collected_total counter
python_gc_objects_collected_total{generation="0"} 3649.0
            └─▶ 0세대에서 가비지 컬렉션으로 수집된 객체 수
python_gc_objects_collected_total{generation="1"} 2748.0
            └─▶ 1세대에서 가비지 컬렉션으로 수집된 객체 수
python_gc_objects_collected_total{generation="2"} 6.0   ─▶ 2세대에서 가비지
                                                            컬렉션으로 수집된
                                                            객체 수

# HELP python_gc_objects_uncollectable_total Uncollectable objects found
# during GC
# TYPE python_gc_objects_uncollectable_total counter
python_gc_objects_uncollectable_total{generation="0"} 0.0  ─▶ 0세대에서 수거되지
                                                              않은 객체 수
python_gc_objects_uncollectable_total{generation="1"} 0.0
            └─▶ 1세대에서 수거되지 않은 객체 수
python_gc_objects_uncollectable_total{generation="2"} 0.0  ─▶ 2세대에서 수거되지
                                                              않은 객체 수

# HELP python_gc_collections_total Number of times this generation was
# collected
# TYPE python_gc_collections_total counter      ─▶ 0세대 가비지 컬렉션 실행 횟수
python_gc_collections_total{generation="0"} 216.0
python_gc_collections_total{generation="1"} 19.0  ─▶ 1세대 가비지 컬렉션 실행 횟수
python_gc_collections_total{generation="2"} 1.0   ─▶ 2세대 가비지 컬렉션 실행 횟수

# HELP python_info Python platform information
```

```
# TYPE python_info gauge
python_info{implementation="CPython",major="3",
minor="12",patchlevel="3",version="3.12.3"} 1.0
```
→ 실행 중인 파이썬 환경 정보 (CPython 3.12.3)

```
# HELP process_virtual_memory_bytes Virtual memory size in bytes.
# TYPE process_virtual_memory_bytes gauge
process_virtual_memory_bytes 1.774592e+08
```
→ 프로세스의 가상 메모리 크기(바이트 단위)

```
# HELP process_resident_memory_bytes Resident memory size in bytes.
# TYPE process_resident_memory_bytes gauge
process_resident_memory_bytes 8.558592e+07
```
→ 프로세스의 실제 물리적 메모리 사용량 (RSS)

```
# HELP process_start_time_seconds Start time of the process since unix epoch
in seconds.
# TYPE process_start_time_seconds gauge
process_start_time_seconds 1.74174317418e+09
```
→ 프로세스 시작 시간 (Unix epoch 기준)

```
# HELP process_cpu_seconds_total Total user and system CPU time spent in
seconds.
# TYPE process_cpu_seconds_total counter
process_cpu_seconds_total 1.64
```
→ 프로세스가 사용한 총 CPU 시간(초 단위)

```
# HELP process_open_fds Number of open file descriptors.
# TYPE process_open_fds gauge
process_open_fds 15.0
```
→ 현재 열린 파일 디스크립터 개수

```
# HELP process_max_fds Maximum number of open file descriptors.
# TYPE process_max_fds gauge
process_max_fds 1024.0
```
→ 최대 열 수 있는 파일 디스크립터 개수

```
# HELP http_requests_total Total number of requests by method, status and
# handler. TYPE http_requests_total counter
http_requests_total{handler="/metrics",method="GET",status="2xx"} 9.0
```
→ "/metrics" 엔드포인트로 들어온 GET 요청 수(2xx 응답)

```
http_requests_total{handler="/api/shorturl/v1/shorturl/{url}",method="GET",
status="5xx"} 7.0
```
→ "/api/shorturl/v1/shorturl/{url}" 엔드포인트에서 5xx 응답을 반환한 GET 요청 수

```
http_requests_total{handler="none",method="GET",status="3xx"} 4.0
```
→ "none" 핸들러에서 3xx 응답을 반환한 GET 요청 수

```
# HELP http_requests_created Total number of requests by method, status and
```

```
# handler. TYPE http_requests_created gauge
http_requests_created{handler="/metrics",method="GET",status="2xx"}
1.741743177961171e+09
```
→ "/metrics" 엔드포인트의 요청이 생성된 시간(Unix epoch 기준)

```
# HELP http_request_size_bytes Content length of incoming requests by handler.
# TYPE http_request_size_bytes summary
http_request_size_bytes_count{handler="/metrics"} 9.0
http_request_size_bytes_sum{handler="/metrics"} 0.0
```
→ "/metrics" 엔드포인트로 들어온 요청 개수와 총 크기(바이트)

```
# HELP http_response_size_bytes Content length of outgoing responses by
# handler. TYPE http_response_size_bytes summary
http_response_size_bytes_count{handler="/metrics"} 9.0
http_response_size_bytes_sum{handler="/metrics"} 60584.0
```
→ "/metrics" 응답 개수와 총 크기(바이트)

```
# HELP http_request_duration_seconds Latency with only few buckets by
# handler. TYPE http_request_duration_seconds histogram
http_request_duration_seconds_bucket{handler="/
metrics",le="0.1",method="GET"} 9.0
```
→ "/metrics" 요청 중 응답 시간이 0.1초 이하인 요청 수

```
http_request_duration_seconds_count{handler="/metrics",method="GET"} 9.0
http_request_duration_seconds_sum{handler="/metrics",method="GET"}
0.02039322199925664
```
→ "/metrics" 요청의 총 응답 시간(초)

```
http_request_duration_seconds_bucket{handler="/api/shorturl/v1/shorturl/
{url}",le="0.1",method="GET"} 7.0
```
→ "/api/shorturl/v1/shorturl/{url}" 요청 중 응답 시간이 0.1초 이하인 요청 수

```
http_request_duration_seconds_count{handler="/api/shorturl/v1/shorturl/
{url}",method="GET"} 7.0
http_request_duration_seconds_sum{handler="/api/shorturl/v1/shorturl/
{url}",method="GET"} 0.05831211200006692
```
→ "/api/shorturl/v1/shorturl/{url}" 요청의 총 응답 시간(초)

```
http_request_duration_seconds_bucket{handler="none",le="0.1",method="GET"} 4.0
```
→ "none" 핸들러 요청 중 응답 시간이 0.1초 이하인 요청 수

```
http_request_duration_seconds_count{handler="none",method="GET"} 4.0
http_request_duration_seconds_sum{handler="none",method="GET"}
0.003212680000160617
```
→ "none" 핸들러 요청의 총 응답 시간(초)

```
# HELP http_request_duration_seconds_created Latency with only few buckets
# by handler. TYPE http_request_duration_seconds_created gauge
http_request_duration_seconds_created{handler="/metrics",method="GET"}
1.741743177961271e+09
```
──▶ "/metrics" 응답 시간 메트릭 생성된 시간(Unix epoch 기준)

```
http_request_duration_seconds_created{handler="/api/shorturl/v1/shorturl/
{url}",method="GET"} 1.7417431856939178e+09
```
──▶ "/api/shorturl/v1/shorturl/{url}" 응답 시간 메트릭 생성된 시간(Unix epoch 기준)

이런 백엔드 서버의 상태 외에도 서버에 Node Exporter를 추가해서 서버 장비의 CPU, 메모리, 디스크 사용량 등의 정보를 알 수 있다. MySQL이나 레디스 등 각자 사용하는 솔루션을 지원하는 Node Exporter를 설치하면 해당 정보를 프로메테우스에서 수집할 수 있다.

- **Node Exporter URL**: https://prometheus.io/download/#node_exporter

Node Exporter를 설치하고 실행하면 http://localhost:9100/metrics에서 서버 정보를 확인할 수 있다. 각각의 node_exporter가 제공하는 정보가 다르므로 어떤 정보를 모니터링할지 선택하는 것이 중요하다. FastAPI에서의 metrics를 통해서는 API 응답 속도와 오류 정보를 얻을 수 있고, Node Exporter로는 기본 서버 상태를 확인할 수 있다.

```
> curl http://localhost:9100/metrics
# HELP go_gc_duration_seconds A summary of the wall-time pause (stop-the-world) duration in garbage collection cycles.
# TYPE go_gc_duration_seconds summary
go_gc_duration_seconds{quantile="0"} 0
go_gc_duration_seconds{quantile="0.25"} 0
go_gc_duration_seconds{quantile="0.5"} 0
go_gc_duration_seconds{quantile="0.75"} 0
go_gc_duration_seconds{quantile="1"} 0
go_gc_duration_seconds_sum 0
go_gc_duration_seconds_count 0
# HELP go_gc_gogc_percent Heap size target percentage configured by the user, otherwise 100. This value is set by the GOGC environm
ent variable, and the runtime/debug.SetGCPercent function. Sourced from /gc/gogc:percent
# TYPE go_gc_gogc_percent gauge
go_gc_gogc_percent 100
# HELP go_gc_gomemlimit_bytes Go runtime memory limit configured by the user, otherwise math.MaxInt64. This value is set by the GOM
EMLIMIT environment variable, and the runtime/debug.SetMemoryLimit function. Sourced from /gc/gomemlimit:bytes
# TYPE go_gc_gomemlimit_bytes gauge
go_gc_gomemlimit_bytes 9.223372036854776e+18
# HELP go_goroutines Number of goroutines that currently exist.
# TYPE go_goroutines gauge
go_goroutines 7
# HELP go_info Information about the Go environment.
# TYPE go_info gauge
go_info{version="go1.23.7"} 1
# HELP go_memstats_alloc_bytes Number of bytes allocated in heap and currently in use. Equals to /memory/classes/heap/objects:bytes
.
# TYPE go_memstats_alloc_bytes gauge
go_memstats_alloc_bytes 601296
# HELP go_memstats_alloc_bytes_total Total number of bytes allocated in heap until now, even if released already. Equals to /gc/hea
p/allocs:bytes.
# TYPE go_memstats_alloc_bytes_total counter
go_memstats_alloc_bytes_total 601296
# HELP go_memstats_buck_hash_sys_bytes Number of bytes used by the profiling bucket hash table. Equals to /memory/classes/profiling
/buckets:bytes.
```

그림 5-10 http://localhost:9100/metrics 화면 예

기본 정보만으로는 모니터링에 한계가 있을 수 있다. 예를 들어 기본으로 HTTP 응답코드 4xx와 5xx에 대한 모니터링 값이 제공된다.

```
http_requests_total{handler="/api/shorturl/v1/shorturl/{url}",method="GET",
status="5xx"} 4.0
```

그런데 이것만으로는 정보가 부족할 수 있다. 다양한 에러 코드를 추가로 모니터링하려면 에러 종류를 별도로 기록하면 된다. 다음 코드에서 custom_middleware_exception_handler는 에러 발생 시 에러를 동일 형식으로 전달하도록 처리하는 핸들러이다. exception_counter에는 해당 에러의 에러 코드 값을 추가로 기록한다.

```python
from prometheus_client import Counter

exception_counter = Counter(
    "fastapi_exceptions_total",
    "Total number of exceptions by type",
    ["exception_type", "exception_code"]
)

def add_exception_counter(exc, exception_code):
    exception_name = type(exc).__name__
    exception_counter.labels(exception_type=exception_name,
                             exception_code=exception_code).inc()

def create_middlewares(app: FastAPI):
    @app.middleware("http")
    async def custom_middleware_exception_handler(request: Request,
                                                  call_next):
        extra = {}
        extra[X_TRACE_ID] = session_context.get()[X_TRACE_ID]

        try:
            response = await call_next(request)
            return response
        except BaseApiException as e:
            add_exception_counter(e, e.code())
            return JSONResponse(
                status_code=e.status(),
```

```
                    content={"header": {"code": e.code(),
                                        "message": e.message()}, "body": {}}
                )
        except Exception as e:
            #print(traceback.format_exc())
            add_exception_counter(e, -100)
            return JSONResponse(
                status_code=500,
                content={"header": {"code": -100, "message": str(e)},
                                    "body": {}}
            )
```

이 코드를 적용하고 http://127.0.0.1:8000/metrics을 호출하면 다음 값이 추가되어 있다.

```
# HELP fastapi_exceptions_total Total number of exceptions by type
# TYPE fastapi_exceptions_total counter
fastapi_exceptions_total{exception_code="-10010",exception_type="ShortUrlNot
ExistException"} 4.0
# HELP fastapi_exceptions_created Total number of exceptions by type
# TYPE fastapi_exceptions_created gauge
fastapi_exceptions_created{exception_code="-10010",exception_type="ShortUrlN
otExistException"} 1.741751186703703e+09
```

이처럼 `fastapi_exceptions_total` 값을 통해서 지금까지 ShortUrlNotExistException이 몇 개나 발생했는지를 알 수 있다.

모니터링 추가: 프로메테우스와 그라파나 서버 추가

이 책에서는 프로메테우스와 그라파나 설치법을 다루지는 않는다. 프로메테우스를 추가하고 FastAPI와 Node Exporter가 제공하는 정보를 수집하면 그 정보를 프로메테우스에서도 쿼리가 가능하고 그라파나를 통해 시각화할 수 있다.

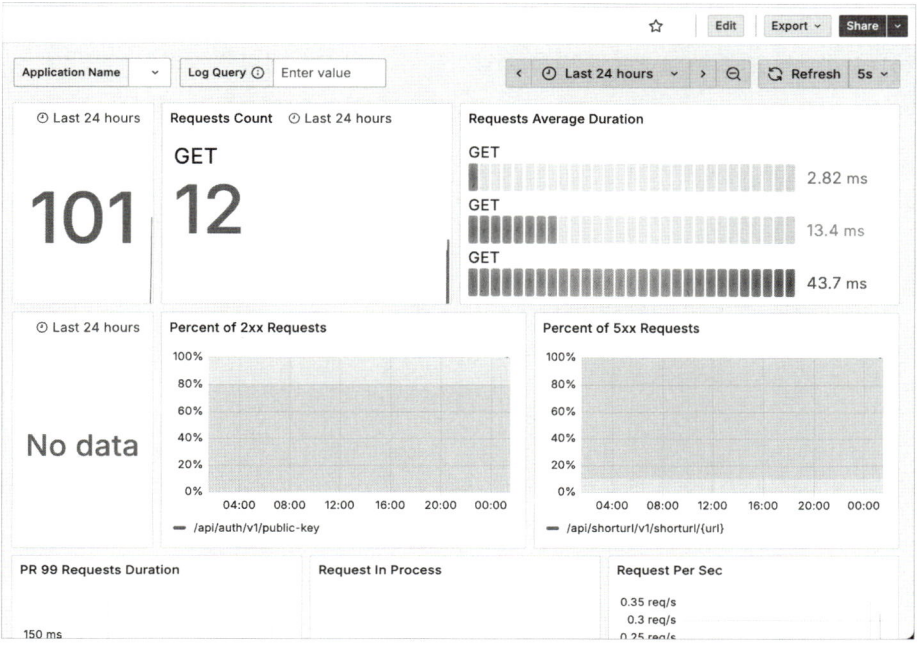

그림 5-11 모니터링 화면

그라파나에서는 alert-manager 기능을 이용해서 해당 지표의 수치를 관찰하고 특정 값을 넘거나 이상할 때마다 알림을 줄 수 있다.

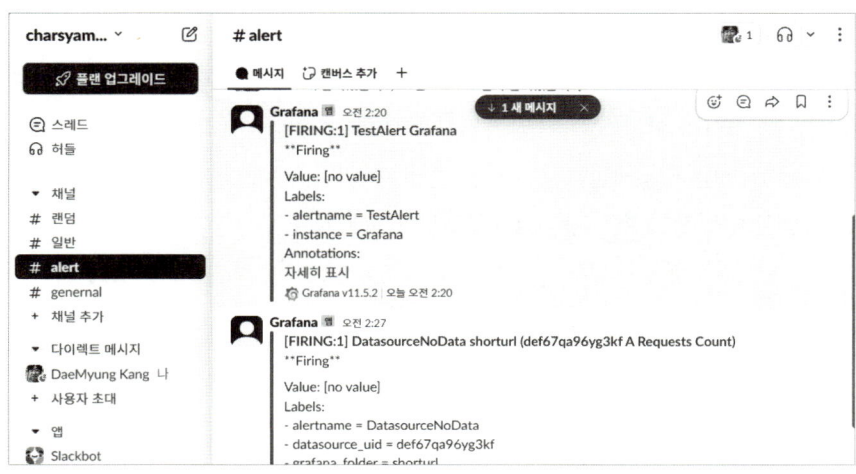

그림 5-12 슬랙에서 그라파나 알림을 받을 수 있음

그래프는 원하는 형태로 추가 구성할 수 있다. 우리가 추가한 `fastapi_exceptions_total` 정보를 별도의 그래프로 만들고 알림을 추가해 모니터링을 강화할 수 있다. 이때 `fastapi_exceptions_total`은 누적값이므로 변화량을 확인하기 위해서 `delta` 함수를 이용해서 1분 간의 변화량만 그래프로 표시한다.

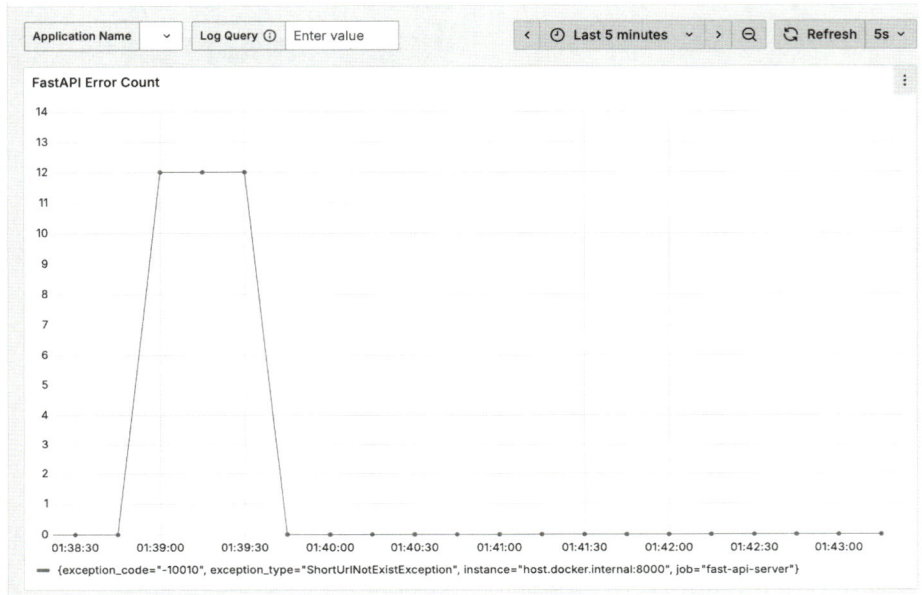

그림 5-13 1분 간의 변화량 그래프

이제 1분에 오류가 세 개 이상 발생하면 슬랙으로 알림이 오도록 설정하면 단순히 오류가 많다가 아니라 어떤 오류가 많은지를 확인할 수 있다. 그러면 해당 오류의 로그를 우선 확인해 문제를 해결하는 시간을 줄일 수 있다. 존재하지 않는 URL을 요청하는 것은 충분히 발생할 수 있는 오류이므로 경우에 따라 무시할 수도 있다.

그림 5-14 슬랙으로 알림 받기

5-5 2차 성능 개선

두 번째 성능 개선은 캐시이다. 서비스가 확장되면 데이터베이스도 자연스럽게 함께 확장해야 한다. 언제 캐시를 도입해야 하는지, 그리고 어떻게 도입하는지를 살펴보자.

1단계 캐시 도입

지금까지는 모든 데이터를 데이터베이스에서 직접 서빙했다. 인덱스를 잘 적용하면 데이터베이스만으로도 어느 정도의 성능을 낼 수 있지만, 인메모리 캐시를 이용하면 평균 속도뿐만 아니라, 응답 시간이 일정해진다는 장점이 있다. 이제 캐시를 적용해보자.

오픈소스 인메모리 캐시로는 멤캐시드와 레디스가 매우 유명하다. 단순히 키-값 형식으로만 데이터를 캐시하고 다른 용도로 사용할 일이 없다면 멤캐시드가 더 관리하기 편하고 안정적이지만, 다양한 자료구조가 필요하다면 레디스를 선택하는 편이 좋다.

4장에서 설명한 것처럼 캐시어사이드 패턴부터 적용하겠다. shorturl을 설정하고 가져오는 부분에 우선 적용해 보자. 가장 많은 활동이 발생하는 곳을 개선하는 것이 가장 효과적이기 때문이다.

캐시어사이드 전략은 다음과 같은 순서로 로직이 적용된다.

1. 캐시를 확인하고 캐시에 데이터가 있으면 그대로 읽어 전달한다.
2. 캐시에 없으면 데이터베이스에서 해당 단축 URL을 가져온 뒤, 캐시에 그 데이터를 추가한다.
3. 요청에 대한 응답을 전달한다.

캐시를 적용하기 전에 중요한 것은 키를 어떻게 설계할지 고민하는 것이다. 단축 URL 데이터가 있는지를 확인하는 것이므로 키에는 꼭 단축 URL 정보가 포함되어야 한다. 그리고 키에 사용할 프리픽스^{prefix}도 포함되어야 한다. 단축 URL 자체가 키가 되는 경우가 여러 가지 있을 수 있기 때문에, 어떤 정보를 캐시하기 위해서인지 프리픽스를 붙이는 게 유리하다. 예제에서는 shorturl: 프리픽스를 붙이겠다. 그러면 키는 다음과 같이 구성된다.

$$KEY = 프리픽스 + \text{":"} + 단축\ URL$$

키를 구성했으면 이제 어떤 데이터를 캐시할지 고민해 보자. 해당 응답을 그대로 캐시하는 게 좋을까? 아니면 데이터베이스에서 읽어온 엔티티 수준으로 데이터를 캐시하는 것이 좋을까? 여러 방식이 있겠지만, 다음을 기준으로 고민하자.

1. 해당 요청에서만 캐시를 활용할 것이면 응답을 바로 캐싱해서 별도의 변환 없이 전달하는 것이 더 유리하다.
2. 여러 곳에서 단축 URL 데이터를 사용한다면 데이터베이스의 응답 자체를 캐싱하는 것이 더 유리하다. 이렇게 하면 여러 곳에서 데이터베이스 접근 없이 캐시를 바로 이용할 수 있다. 이 경우 응답 모델과 형식이 다를 수 있으므로 캐시 결과를 데이터베이스 응답과 동일한 형태로 만들어 공통의 로직을 구현하는 게 더 유리하다. 다만 ORM을 사용하는 경우에는 캐싱 결과를 ORM에서 인식하지 못할 수도 있기 때문에, 값 변경 후 재저장이 필요하다면 명시적으로 데이터베이스를 이용하는 코드가 필요할 수도 있다.

비교를 위해 먼저 캐시를 사용하기 전 코드를 보자. 다음 코드는 단순히 데이터베이스에서 단축 URL 정보를 가져온다.

코드 캐시를 사용하기 전 코드

```
def get_shorturl(self, url, request_ip = None):
    shorturl = self.shorturl_repository.find_by_shorturl(url)
    if not shorturl:
        raise ShortUrlNotExistException(url)

    result = ShortUrlConverter.to_dto(shorturl)
    return result
```

예제에서는 데이터베이스의 엔티티와 유사한 형태로 캐싱하는 전략을 이용한다. 저장할 때는 데이터베이스 엔티티를 `json.dumps`를 사용해 문자열로 변환한 후에 캐시에 저장한다. 캐시에서 읽어올 때는 반대로 `json.loads`를 사용해 문자열 값을 JSON 객체로 변환한다.

```
g_conn = get_redis_conn()
SHORTURL_CACHE_PREFIX = "shorturl"

class ShortUrlService:
    def get_shorturl(self, url, request_ip = None):
        cache_value = g_conn.get(f"{SHORTURL_CACHE_PREFIX}:{url}")
        result = None

        if not cache_value:
            shorturl = self.shorturl_repository.find_by_shorturl(url)
            if not shorturl:
                raise ShortUrlNotExistException(url)

            g_conn.set(f"{SHORTURL_CACHE_PREFIX}:{url}",
                       json.dumps(shorturl.to_dict(),
                       default=json_serializer), ex=5)
        else:
            tmp_value = json.loads(cache_value.decode('utf-8'))
            shorturl = ShortUrl.from_dict(tmp_value)

        return ShortUrlConverter.to_dto(shorturl)
```

캐시 내용을 데이터베이스 엔티티로 바꿔주는 컨버터 코드는 다음과 같다.

코드 step_2/api/shorturl/converter/shorturl_converter.py

```python
from api.shorturl.model.shorturl import ShortUrl
from api.shorturl.entity.shorturl import ShortUrl as Entity

class ShortUrlConverter:
    @staticmethod
    def to_dto(entity):
        resp = ShortUrl(
            id = entity.id,
            source = entity.source,
            shorturl = entity.shorturl,
            status = entity.status,
        )

        return resp

    @staticmethod
    def to_entity_from_json(value):
        resp = Entity(
            id = value["id"],
            uid = value["uid"],
            user_id = value["user_id"],
            user_uid = value["user_uid"],
            source = value["source"],
            shorturl = value["shorturl"],
            status = value["status"],
            created_at = value["created_at"]
        )

        return resp
```

예제에서는 레디스 코드를 그대로 사용했는데, 레디스를 다른 캐시 시스템으로 변경하거나 할 때는 해당 코드도 변경해야 한다. 이런 상황을 대비해서 캐시를 전담하는 **래퍼 코드**wrapper code를 만들어서 유연성을 높여보자.

코드 step_2/api/common/cache.py

```python
import json
from core.utils.mapper import json_serializer
```

```python
from api.common.redis_conn import get_redis_conn

g_conn = get_redis_conn()
SHORTURL_CACHE_PREFIX = "shorturl"

class CacheService:
    def __init__(self):
        self.conn = g_conn

    def get_key(self, prefix, sub_key):
        return f"{prefix}:{sub_key}"

    def get_shorturl(self, shorturl):
        value = self.conn.get(self.get_key(SHORTURL_CACHE_PREFIX, shorturl))
        if value:
            return json.loads(value.decode('utf-8'))

        return None

    def set_shorturl(self, shorturl, value):
        self.conn.set(self.get_key(SHORTURL_CACHE_PREFIX, shorturl),
                      json.dumps(value.to_dict(), default=json_serializer))
```

이렇게 코드를 수정했으면 이제 **CacheService**를 이용해서 사용하면 된다.

코드 step_2/api/shorturl/service/shorturl_service.py

```python
def get_shorturl(self, url, request_ip = None):
    cache_value = self.cache_service.get_shorturl(url)
    result = None
    if not cache_value:
        shorturl = self.shorturl_repository.find_by_shorturl(url)
        if not shorturl:
            raise ShortUrlNotExistException(url)

        self.cache_service.set_shorturl(url, shorturl)
    else:
        shorturl = ShortUrl.from_dict(cache_value)

    return ShortUrlConverter.to_dto(shorturl)
```

처음 캐시를 적용하고 나서 성능 차이를 느끼기는 어렵다. 다음은 예제 코드로 캐시 도입 전후를 테스트한 결과이다.

표 5-6 캐시 도입 전후 차이

항목	도입 전	도입 후	설명
테스트 요청 수	15,182	14,925	• 성능 비교를 위해서 테스트 요청을 보낸 수 • 수치와 성능은 큰 차이가 없고, 일정 시각이 흐른 뒤의 처리량으로 비교하기 위해서다.
중간값 (median)	230	190	• ms 단위. 전체 응답 속도 중에서 중간값 • 18% 정도 속도가 빨라졌다.
95%	390	320	• ms 단위. 전체의 95%가 얼마 이내의 속도에 응답했는가 • 18% 정도 속도가 빨라졌다.
99%	480	410	• ms 단위. 전체의 99%는 이 속도 이내에 들어왔다는 뜻 • 15% 정도 속도가 빨라졌다.
평균값 (average)	221	178	• ms 단위. 평균값 • 20%정도 속도가 빨라졌다.
평균 처리량	150	189	• 초당 처리량 • 21% 정도 많다.

캐시를 적용하니 대략 20% 정도 속도가 빨라진 것을 알 수 있다. 그런데 여기서 아주 중요한 부분이 있다. 성능 측정에 영향을 받는 기준을 잘 결정해야 한다.

- **성능 측정 시나리오의 현실성**: 예제에서는 단순히 수백만 개의 데이터를 저장한 후 랜덤하게 조회하는 방식으로 테스트했지만, 실제 서비스에서는 특정 단축 URL만 빈번하게 호출하고 대부분은 한 번도 호출되지 않을 수도 있다. 따라서 테스트 시 자주 호출되는 몇 개의 URL과 드물게 호출되는 URL을 혼합해서 설계해야 실제 환경을 반영할 수 있다.
- **테스트 장비의 성능**: 운영 환경에서는 데이터베이스에 더 많은 데이터가 축적되고 지속적으로 부하가 발생하지만, 테스트 시에는 특정 트래픽만 전달되는 경우가 많다. 또한 클라우드에서 테스트한다면 운영과 비슷한 트래픽을 재현해야만 정확한 결과를 얻을 수 있다.
- **플랫폼에 대한 이해**: 캐시가 데이터베이스보다 빠른 이유는 캐시는 인메모리로 동작하고, 데이터베이스는 디스크 I/O가 발생하기 때문이다. 그런데 데이터베이스도 내부 버퍼 캐시라는 캐시 레이어를 갖추고 있어, 자주 접근하는 데이터는 이미 읽었던 버퍼에서 읽어올 수 있다. 현대의 장비는 대부분 메모리가 충분해서 웬만한 데이터가 메모리에 상주할 수 있으므로 테스트 결과가 예상과 다를 수 있다. 실제로 테스트 장비의 사양이 너무 좋아서, 예상한 대로 테스트가 진행되지 않는 사례가 많다.

빠른 속도를 위해서 데이터베이스보다 접근이 빠른 캐시를 사용하지만, 가장 주의해야 할 부분은 **정합성**consistency이다. 예를 들어 캐시에서 정보를 읽어온다면 실제 데이터베이스의 정보가 변경되었을 때 캐시 정보를 삭제해야 한다. 이렇게 하면 캐시어사이드 전략에 따라 다음번에 해당 데이터가 필요한 로직에서 최신 데이터로 캐시가 다시 생성된다. 실습에서는 실제 단축 URL의 내용이 변경되는 경우가 없으므로 캐시 데이터를 별도로 삭제하지 않는다.

> **래퍼 클래스나 코드를 활용하자**
>
> 레디스를 직접 사용하는 코드에서 CacheService를 사용하는 코드로 변경했다. 레디스를 직접 사용하는 것과 CacheService를 사용하는 것은 어떤 차이가 있을까? 레디스 사용 코드가 적다면 오히려 한 단계를 더 거치므로 속도가 느려질까 걱정할 수도 있다.
>
> 그러나 대체로 레디스를 사용할 때 특정 프리픽스를 변경하거나 데이터 형식을 바꿔야 하는 상황이 종종 발생한다. CacheService를 사용하면서 이러한 변경이 필요할 때 전체 코드를 수정할 필요 없이 최소한의 코드 수정만으로 대응할 수 있다.

2단계 쓰기 확장: 샤딩 도입

쓰기 확장을 위해 샤딩을 도입해 보자. 샤딩을 적용한다는 것은 데이터베이스를 여러 대에 분산 처리한다는 의미다. 예를 들어 [그림 5-15]처럼 유저 데이터베이스와 단축 URL 데이터베이스가 별도로 존재할 때 단축 URL에 샤딩을 적용한다고 가정해 보자.

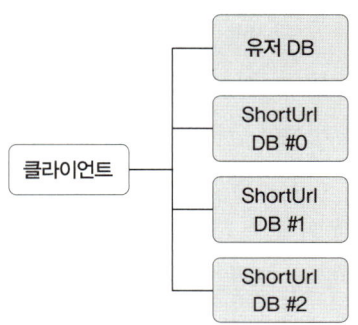

그림 5-15 별도로 존재하는 데이터베이스

샤딩을 적용할 때 가장 중요한 점은 데이터를 어느 데이터베이스에 저장할지 결정하는 것이다. 다시 말해, 데이터를 어느 데이터베이스에서 찾아야 효율적인지를 명확히 해야 한다. 지금처럼 단축 URL 저장에 샤딩을 적용할 때는 어떻게 데이터베이스에 저장하는 것이 효율적일까?

우선 사용 패턴을 확인해야 한다. 쓰기에 중점을 둘 것인가? 아니면 읽기에 중점을 둘 것인가? 단축 URL의 특성상 단축 URL을 생성하기보다는 단축 URL을 사용하는 일이 더 많다. 따라서 읽기에 더 효율적으로 저장해야 한다. 그럼 요청의 입력은 무엇일까? 단축 URL 서비스이므로 사용자가 단축 URL을 요청하면 원본 URL이 응답으로 전달된다. 즉 요청되는 키는 **단축 URL**이다.

4장에서 언급했던 범위 기반 샤딩, 모듈러 샤딩, 논리적/물리적 샤딩을 이제 하나씩 적용해 보자.

범위 기반 샤딩은 키의 범위에 따라서 데이터를 분배하는 전략이다. 먼저 UserID 기반으로 분류해 보자. 사용자 1~1,000번까지는 데이터베이스 #0, 1,001~2,000번까지는 데이터베이스 #1에 저장하며, 연속적인 ID 체계를 가진 형태에 유리하다. 단축 URL은 문자열이므로 정렬은 되지만, 연속적이지 않다. 그럼 UserID를 기준으로 단축 URL을 서버에 저장한다면 어떻게 될까? 다음과 같은 형태로 샤딩 된다.

표 5-7 UserID를 기준으로 단축 URL을 서버에 저장한 형태

단축 URL	UserID	데이터베이스
12345	1	#0 서버
11111	1010	#1 서버
2345566	2100	#2 서버

이렇게 하면 특정 사용자가 생성한 단축 URL은 하나의 데이터베이스에 저장되므로, 특정 사용자가 생성한 단축 URL 목록을 가져올 때는 효율적이다. 그러면 11111이라는 단축 URL이 들어왔을 때 이 단축 URL을 어느 서버에서 찾아야 하는지를 쉽게 알 수 있을까? 이 형태로는 샤딩 된 모든 데이터베이스에 요청한 단축 URL을 질의해야만 찾을 수 있으므로 굉장히 비효율적인 방법이다.

두 번째, 단축 URL의 시작 단어를 기반으로 분류하는 방법이 있다. 예를 들어 0~9

까지는 데이터베이스 #0, A~L까지는 #1, M~Z까지는 #2에 저장한다. 그러면 다음과 같은 형태로 샤딩 된다.

표 5-8 단축 URL의 시작 단어를 기반으로 분류

단축 URL	데이터베이스
12345	#0 서버
2345566	#0 서버
Abcdefg	#1 서버
Zxyzef	#2 서버

이때 11111을 요청하면 바로 데이터베이스 #0에서 찾으므로 읽기에 좀 더 효율적으로 보인다. 그런데 앞 글자만으로 데이터를 샤딩하면 특정 서버에 데이터가 몰릴 수 있다. 그리고 단축 URL 생성 로직에 따라서 특정 시점에 특정 서버에 부하가 많이 몰릴 수도 있다.

세 번째, 단축 URL을 해시해서 숫자 값으로 표시한다. 다음처럼 해시를 통해서 문자열 값을 숫자로 변환할 수 있다.

```
value = hash(단축 URL)
```

그런데 이 값을 범위 기반 샤딩에 적용하기에는 값의 범위가 넓고 연속적이지 않다. 범위 기반 샤딩의 장점은 데이터 증가 시 데이터 이동 없이 서버를 추가할 수 있다는 점이다. 반면 해시 기반 샤딩은 서버가 늘어날 때마다 데이터 이동이 많이 발생할 수 있다. 결론적으로, 단축 URL을 키로 저장하는 경우 범위 기반 샤딩은 효율적이지 않은 방법임을 알 수 있다.

범위 기반 샤딩의 한계를 살펴보았으니, 이제 모듈러 기반으로 생각해 보자. 모듈러 샤딩은 단축 URL을 해시 함수를 통해 특정 정수로 변환하는 일부터 시작한다. 변환된 해시 값에 데이터베이스 개수로 모듈러 연산을 취한다.

$$shard\_id = hash(단축\ URL)\ \%\ k(데이터베이스\ 개수)$$

이 방식은 데이터베이스 개수가 고정일 때는 특정 단축 URL이 어느 서버에 저장되어 있는지 쉽게 찾을 수 있다는 장점이 있다. 하지만 서비스 확장에 따라 서버를 증

설할 때, 데이터의 대규모 재분배가 발생한다는 단점이 있다. 물론 데이터베이스 서버를 두 배씩 증설하면 데이터 이동을 최소화하는 특정 알고리즘을 적용할 수 있지만, 장기적으로 두 배씩만 증설하는 것은 운영상 제약이 될 수 있다.

마지막 논리적/물리적 샤딩 방법을 생각해 보자. 16,384개의 샤드를 사용한다고 가정하자(최대 16,384대의 데이터베이스 서버를 가질 수 있다). 여기서도 기본 아이디어는 동일하다.

$$논리적\ shard\_id = hash(단축\ URL)\ \%\ 16384$$

$$물리적\ shard\_id = 논리적\ shard\_id \rightarrow 물리적\ shard\ 매핑$$

데이터베이스가 한 대일 때는 다음처럼 샤딩 될 것이다. 이때는 모든 논리적 샤드가 데이터베이스 #0으로 매핑이 된다.

표 5-9 데이터베이스가 한 대일 때

단축 URL	논리적 shard	데이터베이스
12345	1	#0 서버
11111	2	#0 서버
2345566	1024	#0 서버
abcde	10001	#0 서버

데이터베이스 서버가 두 대가 되었다면, 16,384개의 샤드에서 매핑을 바꿔주면 된다. 물론 매핑 전에 데이터 이전은 필요하다. 모듈러 샤딩과의 차이점은 매핑을 우리가 원하는 형태로 결정할 수 있다는 점이다. 즉 특정 샤드 ID에 데이터가 많다면 해당 샤드만 옮기거나 점진적으로 옮길 수도 있다.

표 5-10 데이터베이스가 두 대일 때

단축 URL	논리적 shard	데이터베이스
12345	1	#0 서버
11111	2	#1 서버
2345566	1024	#1 서버
abcde	10001	#0 서버

이 책에서도 논리적/물리적 샤딩 방법을 택한다. 이를 위해서는 shorturls 테이블에 논리적 shard_id를 저장하는 컬럼이 추가되어야 한다.

코드 step_6/sql/default_schema.sql

```sql
CREATE TABLE `shared_shorturls` (
  `id` bigint NOT NULL AUTO_INCREMENT COMMENT 'index id',
  `uid` varchar(36) CHARACTER SET utf8mb4 COLLATE utf8mb4_general_ci NOT NULL COMMENT 'unique id',
  `user_id` bigint NOT NULL,
  `user_uid` varchar(36) CHARACTER SET utf8mb4 COLLATE utf8mb4_general_ci NOT NULL COMMENT 'user uid',
  `source` varchar(512) CHARACTER SET utf8mb4 COLLATE utf8mb4_general_ci NOT NULL COMMENT 'access_token',
  `shorturl` varchar(512) CHARACTER SET utf8mb4 COLLATE utf8mb4_general_ci NOT NULL COMMENT 'refresh_token',
  `shard_id` int DEFAULT NULL COMMENT `logical_shard_id`,
  `status` varchar(50) CHARACTER SET utf8mb4 COLLATE utf8mb4_general_ci NOT NULL COMMENT '회원 상태 값',
  `created_at` datetime DEFAULT NULL COMMENT '생성일자',
  `updated_at` datetime DEFAULT NULL COMMENT '수정일자',
  PRIMARY KEY (`id`),
  UNIQUE KEY `idx_uid` (`uid`),
  UNIQUE KEY `idx_shorturl` (`shorturl`),
  KEY `idx_source` (`source`),
  KEY `idx_user_id` (`user_id`),
  KEY `idx_createdat` (`created_at`)
) ENGINE = InnoDB DEFAULT CHARSET = utf8mb4 COLLATE = utf8mb4_general_ci COMMENT = 'shorturls';
```

데이터베이스에 접근하는 연결 방법도 변경해야 한다. 단축 URL 데이터베이스에 따로 접속하는 터라 기존의 유저나 다른 정보를 가진 데이터베이스와 분리가 되도록 연결한다.

코드 step_6/databse.py

```python
from sqlalchemy import *
from sqlalchemy.orm import sessionmaker, declarative_base
from pydantic import BaseModel
```

```python
USERNAME="insight"
PASSWORD="insight"
HOST="localhost"
PORT=3306
DBNAME="shorturl"

# 각각의 데이터베이스 주소는 자신이 설정한 데이터베이스의 주소로 변경하자.
# ShortUrl용 데이터베이스 주소
SHORTURL_DATABASES = [
    "127.0.0.1",
    "192.168.0.112",
]

# 그 외 다른 정보를 처리하는 메인 데이터베이스 주소
MAIN_DATABASES = [
    "127.0.0.1",
]

class engineconn:
    def __init__(self, hosts):
        self.hosts = hosts
        self.engines = [create_engine(f'mysql+pymysql://{USERNAME}:{PASSWORD}@{db_host}:{PORT}/{DBNAME}', pool_recycle = 500) for db_host in hosts]

    def sessionmaker(self, shard_id):
        Session = sessionmaker(bind=self.engines[shard_id], autocommit=False, autoflush=False)
        session = Session()
        return session

    def connection(self, shard_id):
        conn = self.engines[shard_id].connect()
        return conn

main_engine = engineconn(MAIN_DATABASES)
shorturl_engine = engineconn(SHORTURL_DATABASES)
Base = declarative_base()

def get_session():
```

```
        session = main_engine.sessionmaker(0)
        try:
            yield session
        finally:
            session.close()


def get_shorturl_shard_session(shard_id):
    session = shorturl_engine.sessionmaker(shard_id)
    try:
        yield session
    finally:
        session.close()
```

먼저 샤드 정보를 다음처럼 간단하게 정의했다. 논리적 샤드의 시작과 끝(포함하지 않음), 그리고 물리적 샤드 ID를 가진다. 그리고 그 결과를 배열 형태로 정의한다. 이때 오름차순으로 정의해야만 제대로 동작한다.

코드 step_6/api/shorturl/manager/shard_manager.py

```
@dataclass
class ShardInfo:
    start: int
    end: int
    shard_id: int


mappings = [
    ShardInfo(0, 8000, 0),
    ShardInfo(8000, 16384, 1),
]
```

`mappings`는 배열이고 최대 16,384개가 있을 수 있다. 해당 Range는 맵 형태로 관리할 수도 있고, 배열에서 쉽게 찾기 위해서 **바이너리 서치**Binary Search를 도입할 수도 있다.

코드 바이너리 서치 함수

```
def binary_search(array, key, start, end):
    if start > end:
        return None
```

```
        mid = (start + end) // 2

    if key >= array[mid].start and key < array[mid].end:
        return mid

    elif key < array[mid].start:
        return binary_search(array, key, start, mid-1)

    else:
        return binary_search(array, key, mid+1, end)
```

이제 필요한 샤드를 알려주는 **ShardManager**를 만들어 보자. 단축 URL이 키이므로 murmur3 해시를 통해서 단축 URL을 숫자로 변환하고 16,384로 나눈 나머지를 논리 샤드 ID로 이용한다.

코드 ShardManaer 함수

```python
class ShortUrlShardManager:
    def __init__(self, mappings, max_logical_shard_count = 16384):
        self.mappings = mappings
        self.max_logical_shard_count = max_logical_shard_count
        self.used_sessions = {}

    def get_physical_shard_id(self, shard_id):
        idx = binary_search(self.mappings, shard_id, 0, len(self.mappings))
        if idx == None:
            raise InvalidParameterException(f"shard_id is {shard_id}")

        return self.mappings[idx].shard_id

    def get_logical_shard_id(self, url):
        return mmh3.hash(url) % self.max_logical_shard_count

    def get_shard(self, url):
        logical_shard_id = self.get_logical_shard_id(url)
        physical_shard_id = self.get_physical_shard_id(logical_shard_id)

        session = None
        if physical_shard_id in self.used_sessions:
```

```
            session = self.used_sessions[physical_shard_id]
        else:
            session = get_shorturl_shard_session(physical_shard_id).__next__()
            self.used_sessions[physical_shard_id] = session

        return session
```

전체 코드는 step_6/api/shorturl/manager/shard_manager.py에서 확인할 수 있다.

시드를 사용하는 해시는 샤딩할 때 사용하면 안 된다

일반적으로 해시는 $y=f(x)$ 형태로, 같은 함수 f에 대해 동일한 입력값 x를 적용하면 반드시 같은 출력값 y를 반환하는 함수를 말한다. 이 특성 덕에 샤딩 등에서 문자열을 해시하면 항상 같은 결과를 얻을 수 있다.

그런데 이런 해시는 보안에 취약할 수 있다. 해시 함수의 성능이 좋은 경우는 데이터가 고르게 분포될 때다. 동일한 버킷에 여러 데이터가 할당되는 현상을 충돌이라고 하며, 이 문제를 해결하기 위해서 체이닝(chaining) 방식을 많이 사용한다. 체이닝은 충돌한 데이터를 연결 리스트 형태로 관리하며, 선형으로 데이터를 찾는데, 한 버킷에 들어있는 데이터의 수가 적을수록 성능이 향상된다.

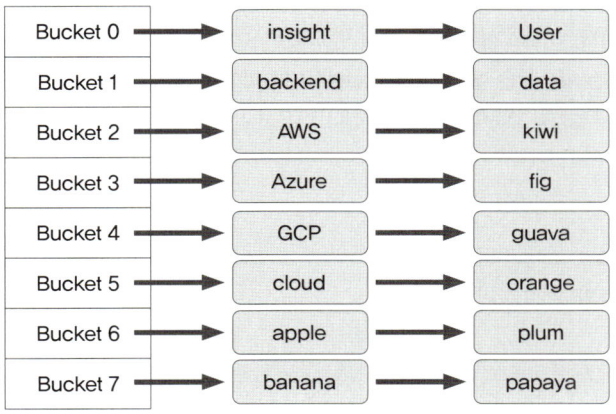

그림 5-16 균등 분포된 해시 버킷 구조

하지만 해싱 알고리즘을 알게 되면 공격자가 의도적으로 특정 버킷에 데이터가 몰리도록 유도할 수 있다. 만약 [그림 5-16]의 데이터가 하나의 버킷에 모인다면 어떻게 될까? 해당 버킷에서 데이터를 탐색하는 데 시간이 많이 필요해져 서비스 거부(DoS) 공격으로 이어질 수 있다. 참고로, 자바의 Hash

Map은 한 버킷 내에 데이터가 많아지면 레드-블랙 트리 기반으로 관리하여 탐색 속도를 개선한다.

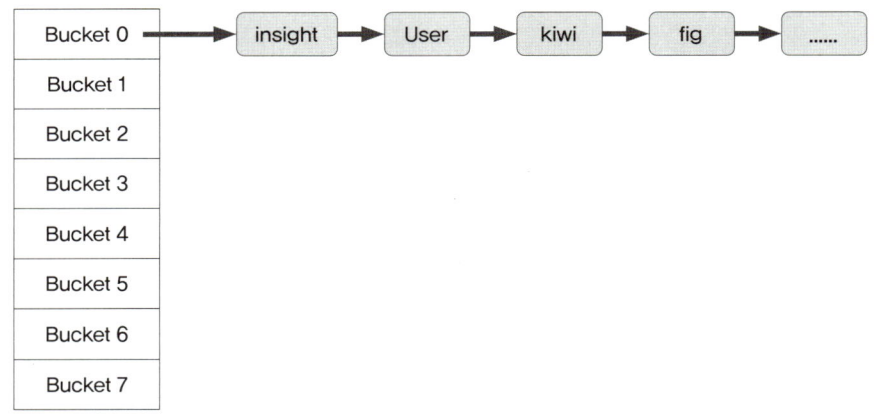

그림 5-17 단일 버킷에 집중된 해시 충돌 사례

이 문제를 완화하기 위해서 시드(Seed) 값을 활용하는 해시 방법을 사용한다. 같은 해시 알고리즘이더라도 시드 값에 따라서 해시 결과가 달라지므로, 알고리즘을 알더라도 시드 값을 모르면 결과를 예측하기 어렵다. 이를 통해 보안을 강화할 수 있다.

다만, 샤딩을 사용하는 해시는 항상 동일한 결과를 내야 하므로, 실행할 때마다 무작위로 변경되는 시드 값은 부적합하다. 샤딩에서는 예제에서 사용한 murmur3, MD5, SHA-1, SHA-256처럼 일관된 해시 알고리즘을 사용해야 한다.

파이썬에서 제공하는 hash 함수는 사용하기 편하지만 파이썬2와 파이썬3에서의 동작이 완전히 다르다. 파이썬2에서는 항상 같은 결과를 이용하는 함수지만, 파이썬3에서는 프로세스 시작 시마다 시드 값을 새로 생성해서 실행할 때마다 결과가 달라진다. 다음과 같은 코드를 보자.

```
import sys

print(hash(sys.argv[1]))
print(hash(sys.argv[1]))
```

이 코드는 아주 간단한 코드로, 같은 내용에 대해서 해시한 결과를 출력한다. 이제 실행해 보자. 파이썬3에서 두 번 모두 같은 문자열, insight를 입력했는데, 첫 번째 실행과 두 번째 실행 결과의 값이 다르다.

첫 번째 실행

```
$ python3 test.py insight
-5890013297942479074
-5890013297942479074
```

두 번째 실행

```
$ python3 test.py insight
530991114246213870
530991114246213870
```

> 즉 이런 종류의 해시를 사용하면 서버가 새로 동작할 때마다 데이터가 다른 샤드로 갈 수 있으므로 꼭 해시 함수를 선정할 때는 주의해야 한다.

샤딩을 도입하면 데이터베이스 연결 방식이 달라진다. 샤딩을 도입하기 전에는 하나의 데이터베이스이거나 용도가 명확한 데이터베이스가 여러 개였지만, 이제는 키에 따라서 데이터베이스의 커넥션을 다르게 전달해야 한다.

이렇듯 샤딩을 추가하려면 기존 구조를 변경해야 할 수도 있다. 또 언어나 프레임워크에도 의존성이 추가로 있을 수 있다. 실습에서는 shorturl 부분만 샤딩을 사용하므로 이 부분만 따로 ShortUrlShardManager를 사용하겠다. 먼저 api/shorturl/controller/shorturl_controller.py를 수정한다. 기존 구조를 그대로 이용하고자 shorturl_shard_manager를 전달해서 데이터베이스 커넥션을 가져오도록 구조를 최소한으로만 수정한다.

이전에는 현재 연결된 데이터베이스 세션을 바로 전달했지만, shorturl로 연산을 취해야만 데이터베이스의 선택이 가능해지므로 shorturl이 만들어진 다음에야 저장할 데이터베이스가 결정된다.

코드 step_6/api/shorturl/controller/shorturl_controller.py

```python
@router.post("/shorturl")
def create(
    request: Dict[str, Any],
    account: Account = Depends(verify_token),
    response_model=Response,
    shard_manager: ShortUrlShardManager = Depends(get_shard_manager)
):
    shorturl_service = ShortUrlService(shard_manager)

    body = request["body"]
    source = body["source"]

    shorturl = shorturl_service.create(source, account)
    shard_manager.commit()
    return Response(body={"shorturl": shorturl})

@router.get("/shorturl/{url}")
```

```python
def visit_shorturl(
    url: str,
    request: Request,
    shard_manager: ShortUrlShardManager = Depends(get_shard_manager)
):
    shorturl_service = ShortUrlService(shard_manager)
    request_ip = get_client_ip(request)
    shorturl = shorturl_service.get_shorturl(url, request_ip)
    if not shorturl:
        raise ShortUrlNotExistException(url)

    return Response(body={"shorturl": shorturl})
```

이제 shorturl_service.py도 **shard_manager**를 사용하도록 수정한다.

코드 step_6/api/shorturl/service/shorturl_service.py

```python
class ShortUrlService:
    def __init__(self, shard_manager):
        self.shard_manager = shard_manager
        self.shorturl_repository = ShortUrlRepository(shard_manager)

    def create(self, source, account):
        shorturl_value = str(uuid.uuid4())
        shorturl = ShortUrl(user_id=account.id, shorturl=shorturl_
                            value, user_uid=account.uid, source=source,
                            status='REGISTERED', shard_id = self.shard_
                            manager.get_logical_shard_id(shorturl_value))
        self.shorturl_repository.save(shorturl)
        return ShortUrlConverter.to_dto(shorturl)

    def get_shorturl(self, url, request_ip = None):
        shorturl = self.shorturl_repository.find_by_shorturl(url)
        if not shorturl:
            raise ShortUrlNotExistException(url)

        return ShortUrlConverter.to_dto(shorturl)
```

마지막으로 shorturl_repository.py를 수정해서 실제로 데이터베이스 커넥션을 사용하도록 변경한다. 이때부터는 기존에 사용하던 메서드를 사용할 수 없다. `find_by_id`처럼 shorturl 테이블의 ID를 기준으로 작성된 메서드를 사용하려면 전체 데이터베이스를 검색해서 해당 ID를 찾아야 하므로 사용하기가 어렵고, 대신 shorturl로는 검색이 쉬워진다. 이는 샤딩의 단점이다.

코드 step_6/api/shorturl/repository/shorturl_repository.py

```python
from sqlalchemy.orm import Session
from sqlalchemy import func

from core.database.repository.base import BaseRepository
from api.shorturl.entity.shorturl import ShortUrl as T
from api.shorturl.manager.shard_manager import ShortUrlShardManager
from exceptions import *

class ShortUrlRepository:
    def __init__(self, shard_manager: Session):
        self.shard_manager = shard_manager

    def find_by_shorturl(self, shorturl, status='REGISTERED'):
        db = self.shard_manager.get_shard(shorturl)
        return db.query(T).filter(T.shorturl == shorturl,
                                  T.status == 'REGISTERED').first()

    def save(self, entity):
        db = self.shard_manager.get_shard(entity.shorturl)
        db.add(entity)
        db.flush()
        db.refresh(entity)
        return entity
```

이제 단축 URL을 생성하는 테스트를 하면 두 데이터베이스로 단축 URL이 `shard_id`와 함께 저장되는 걸 확인할 수 있다.

```
mysql> select * from shorturls where id=16\G
*************************** 1. row ***************************
        id: 16
       uid: 3921db61-4e01-47cb-8d16-f3902bd153f7
```

```
   user_id: 1
  user_uid: 66eb7036-0d24-4c2a-9451-fe966699515d
    source: https://www.naver.com
   shorturl: 43d914e3-876e-49cb-b708-99f0c6c06ffc
  shard_id: 450
    status: REGISTERED
created_at: 2025-03-12 21:01:23
updated_at: NULL
1 row in set (0.00 sec)
```

3단계 캐시 확장: 안정 해시 도입

데이터베이스가 아닌 캐시를 확장해서도 성능을 높일 수 있다. 보통 캐시는 데이터베이스보다 빠른 성능을 제공하므로 순간적으로 부하가 발생했을 때 데이터베이스의 부하를 경감해서 전체 서비스 성능을 높이는 역할을 한다. 그래서 캐시는 페일오버를 하지 않아도 된다고 생각하지만, 캐시도 부하가 높아질 때를 대비해서 페일오버를 해두는 편이 좋다.

캐시에도 페일오버를 하면 다음 그림과 같은 구조로 전체 서비스가 구성된다.

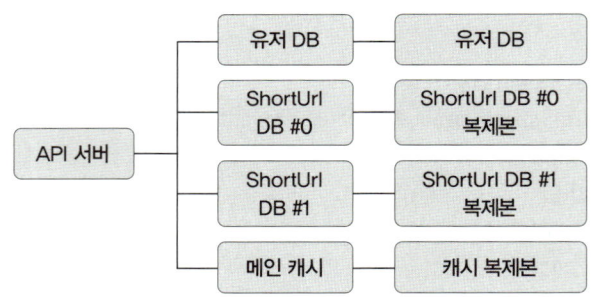

그림 5-18 전체 서비스 구성도

데이터베이스처럼 캐시도 한 대의 서버로 모든 데이터를 캐시하기에는 용량이 부족할 수 있다. 따라서 다음과 같이 캐시도 여러 대를 분산해서 사용한다.

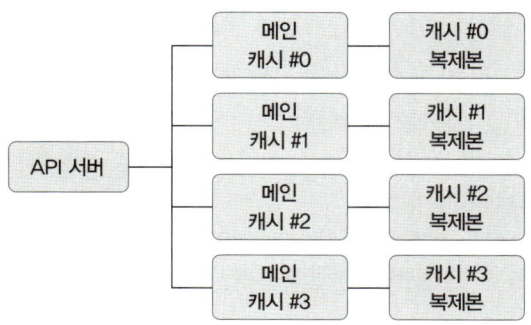

그림 5-19 여러 대로 분산한 캐시 서버

이렇게 분산해서 사용하면 앞서 설명한 샤딩 정책을 그대로 적용할 수 있다. 그런데 샤딩 정책은 보통 영구 저장 데이터에 더 적합한데 캐시 데이터는 일시적인 데이터이므로 서버 증설이나 제거 시에 데이터의 안전한 이동보다 전체적인 데이터 분배의 효율성이 더 중요할 수 있다. 즉 일부 데이터가 유실되더라도 서비스 연속성에 큰 지장이 없다면 이럴 때에는 **안정 해시**[2]를 적용하는 것이 훨씬 유리하다.

안정 해시를 도입할 때 가장 중요한 부분은 가상 노드를 몇 개나 만드는가이다. 관련해서는 멤캐시드에서 널리 사용되는 Ketama 방식이 가장 유명하다. Ketama는 물리 서버에 대해 약 160개의 가상 노드를 생성하고 이 노드는 MD5 해시의 일부를 사용하여 해시 링에 분산 배치한다.

Ketama 알고리즘을 구현하기 위해 `KetamaConsistentHashing`과 같은 클래스를 생성한다. 이 클래스는 서버 목록을 생성자의 매개변수로 받아 안정 해시를 구성한다.

표 5-11 KetamaConsistentHashing 클래스의 매개변수

매개변수	내용
hosts	안정 해시를 구성하기 위한 실제 서버 목록. List 형태이다.
connector	해당 서버에 접속하는 코드를 외부에서 주입 받는다. 레디스나 멤캐시드에 접속할 때 connector만 바꾸면 같은 안정 해시 코드를 사용할 수 있다.
key_hash	실제로 사용할 아이템을 해시하기 위한 함수이다.
distributed_hash	실제 서버의 해시 링 구성을 위해서 사용하는 해시 함수이다.
num_replicas	서버당 가상 노드를 몇 개나 만들지를 결정한다.

---

2 안정 해시(Consistent Hashing)는 분산 시스템에서 서버를 추가하거나 제거 시 데이터 재분배를 최소화하여 효율성과 확장성을 높이는 해시 기술로, 일관된 해싱이라고도 한다.

다음 코드부터 313쪽까지 이어지는 전체 코드는 step_6/api/common/cache/ketama.py에서 볼 수 있다. 생성자를 보면 hosts로 목록을 받아서 add_node 함수를 이용해서 바로 안정 해시를 생성한다.

```python
class KetamaConsistentHashing:
    def __init__(self, hosts: List, connector=redis_connector,
key_hash=mmh_hash, distributed_hash=ketama_hash, num_replicas: int = 160):
        """
        Redis를 활용한 Ketama Consistent Hashing 구현
        :param num_replicas: 각 Redis 노드당 가상 노드 개수 (기본값: 160)
        """
        self.num_replicas = num_replicas
        self.ring = {}
        self.sorted_keys = []
        self.nodes = {}
        self.distributed_hash = distributed_hash
        self.key_hash = key_hash or distributed_hash
        self.connector = connector

        for host in hosts:
            self.add_node(host[0], host[1], host[2])
```

이제 서버로 안정 해시 링에 추가하는 add_node 함수를 살펴보자. 이 함수는 node_name으로 서버를 관리하는데, node_name은 서버의 호스트와 포트 정보를 활용한다. 4장에서 설명했듯이 나중에 다른 서버를 같은 위치에 추가할 때 유용하다. 호스트 주소와 포트 정보는 달라지므로 새 서버는 해시 링에서 다른 위치를 차지한다.

add_node 함수는 생성자에서 받은 connector를 이용해서 서버와 연결을 설정한다. num_replicas 값(예: 160)만큼 반복하면서 가상 노드를 생성한다. 각 가상 노드의 해시 값은 bisect와 같은 메서드를 이용해 정렬된 순서대로 저장되어 해시 링을 구성한다.

```python
def add_node(self, host: str, port: int, node_name: str = None):
    if not node_name:
        node_name = f"{host}:{port}"
```

```python
    """Redis 노드를 추가하고 가상 노드를 생성하여 배치"""
    if node_name in self.nodes:
        return  # 중복 추가 방지

    conn = self.connector(host, port)
    self.nodes[node_name] = conn

    for i in range(self.num_replicas):
        virtual_node = f"{node_name}#{i}"
        alignment = i // 40
        key = self.distributed_hash(virtual_node, alignment)
        self.ring[key] = node_name
        bisect.insort(self.sorted_keys, key)
```

이제 `distributed_hash` 함수를 살펴보자. `distributed_hash` 함수는 서버를 해시 링에 분배하는 역할을 한다. MD5 알고리즘을 이용하고 보은 설정에 따라 어느 위치에서 해시 값을 가져오는지가 달라진다. 참고로 이 구현은 C 언어로 작성된 Ketama 오픈소스 코드를 파이썬으로 포팅한 것이다.

```python
def ketama_hash(key: str, alignment: int) -> int:
    """
    Ketama 해시 함수 (C 코드와 동일한 동작)

    :param key: 해싱할 키 (문자열)
    :param alignment: MD5 결과에서 4바이트(32비트)를 추출하기 위한 인덱스 (0~3)
    :return: 32비트 정수 해시 값
    """
    md5_hash = hashlib.md5(key.encode('utf-8')).digest()  # MD5 해시 (16바이트)

    # C 코드와 동일한 방식으로 특정 4바이트를 추출하여 32비트 정수 변환
    return ((md5_hash[3 + alignment * 4] & 0xFF) << 24) | \
           ((md5_hash[2 + alignment * 4] & 0xFF) << 16) | \
           ((md5_hash[1 + alignment * 4] & 0xFF) << 8) | \
           (md5_hash[0 + alignment * 4] & 0xFF)
```

이제 `remove_node` 함수를 살펴보자. 이 함수는 연결 중에 오류가 발생하면 해당 서버를 재접속하거나 노드 목록에서 제거할 때 호출한다. `remove_node`는 기본적으로

add_node와 같은 방식으로 작동한다. 안정 해시의 특성상 해시 링에서 특정 노드를 제거하더라도 다른 노드의 해시 값이 변경되지 않는 특성을 이용한다.

```python
def remove_node(self, node_name: str):
    """노드를 제거하고 가상 노드 삭제"""
    if node_name not in self.nodes:
        return

    del self.nodes[node_name]  # Redis 연결 제거

    for i in range(self.num_replicas):
        virtual_node = f"{node_name}#{i}"
        alignment = i // 40
        key = self.distributed_hash(virtual_node, alignment)
        if key in self.ring:
            del self.ring[key]
            self.sorted_keys.remove(key)
```

이제 실제로 필요한 연결connection을 가져오는 코드를 살펴보자. 여기서 주목할 점은 **key_hash**라는 별도의 함수를 두어 키를 해싱하는 것이다. 이 함수를 통해 얻은 해시 값으로 해당 해시 값에 속하는 서버의 인덱스를 찾고, 이 인덱스로 서버의 **node_name**을 **self.nodes**에서 가져온다. 그리고 이 **node_name**으로 **self.nodes**에서 실제 연결 객체를 찾아 반환한다.

```python
def get_node_name(self, key: str):
    """키에 대해 담당할 Redis 노드 찾기"""
    if not self.ring:
        return None

    key_hash = self.key_hash(key)
    idx = bisect.bisect(self.sorted_keys, key_hash) % len(self.sorted_keys)
    return self.ring[self.sorted_keys[idx]]

def get_node(self, key: str):
    node_name = self.get_node_name(key)
    if node_name and node_name in self.nodes:
```

```
        return self.nodes[node_name]

    raise Exception("No Consistent Hash Node")
```

그렇다면 왜 입력받은 key를 해시하는 함수(key_hash)와 서버를 나누기 위한 해시 함수(distirubted_hash)를 구분한 것일까? 이것은 해시 함수의 성능 차이 때문이다. 서버 구성이 변경되는 경우는 드물기 때문에 distributed_hash의 성능은 덜 중요하다. 하지만, 실제 키를 해시하는 작업은 자주 발생하므로 key_hash는 더 빠른 성능을 요구한다. 실제로 twemproxy와 같은 프록시 서버를 보면 서버 분배 해시와 실제 키 해시 함수가 명확하게 분리되어 있다.

다음 테스트 코드를 보면 key_hash로는 murmur3를 사용하고 distributed_hash로는 md5를 사용한다.

```
def test():
    NUM = 100000
    start = time.time()
    for i in range(NUM):
        mmh_hash("testabcd")
    end = time.time()

    print(f"mmh: {end-start}")

    start = time.time()
    for i in range(NUM):
        ketama_hash("testabcd", 0)
    end = time.time()

    print(f"ketama: {end-start}")
```

이 코드를 세 번 돌려보면 다음과 같은 속도 차이를 볼 수 있다. 대략 7~8배 정도의 성능 차가 발생한다.

표 5-12 murmur3와 md5의 성능 차이

회수(10만 회)	murmur3	md5
1	0.0068	0.0502
2	0.0068	0.0513
3	0.0075	0.0502

이제 CacheService를 수정해 보자. 이전에는 단일 연결만 사용했지만 안정 해시를 도입함으로써 이제 여러 대의 레디스 서버와 연결하여 캐시를 저장할 수 있다. CacheService가 있기 때문에 이 부분만 수정하면 기존 캐시를 사용하던 코드를 변경할 필요가 없다.

코드 step_6/api/common/cache/cache.py

```python
import json

from database import REDIS_HOSTS
from core.utils.mapper import json_serializer
from api.common.cache.ketama import KetamaConsistentHashing

SHORTURL_CACHE_PREFIX = "shorturl"

ch = KetamaConsistentHashing(REDIS_HOSTS)

class CacheService:
    def __init__(self):
        self.ch = ch

    def get_key(self, prefix, sub_key):
        return f"{prefix}:{sub_key}"

    def get_shorturl(self, shorturl):
        conn = self.ch.get_node(shorturl)
        value = conn.get(self.get_key(SHORTURL_CACHE_PREFIX, shorturl))
        if value:
            print(value)
            return json.loads(value.encode('utf-8'))
```

```
        return None

    def set_shorturl(self, shorturl, value):
        conn = self.ch.get_node(shorturl)
        conn.set(self.get_key(SHORTURL_CACHE_PREFIX, shorturl),
                 json.dumps(value.to_dict(), default=json_serializer))
```

4단계 비동기 큐 도입: 쓰기 부하 안정

이번에는 데이터베이스를 확장하지 않고 캐시를 확장해서 성능을 높여 보자. 일반적으로 캐시는 데이터베이스보다 빠른 응답 속도를 제공하여 순간적인 부하가 발생했을 때 데이터베이스의 부담을 줄이고, 전체 서비스 성능을 향상시키는 역할을 한다. 하지만 이런 방식만으로는 요청이 증가하면 결국 부하가 늘어날 수밖에 없는 한계가 있다.

그림 5-20 요청을 데이터베이스에 전달

클라이언트의 요청이 증가할수록 API 서버는 모든 처리를 감당하려 노력하지만, 결국 응답을 보내기 위해서는 해당 요청을 데이터베이스로 전달해야 한다.

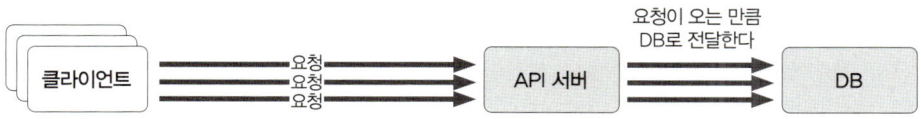

그림 5-21 증가하는 요청량을 데이터베이스에 전달

클라이언트의 요청량에 따라 부하가 결정되므로 특정 시점에는 많은 양을, 다른 시점에는 적은 양을 처리한다. 데이터베이스가 최대 처리량을 넘어서지 않도록 작업량을 조절할 필요가 있으며, 이때 비동기 방식을 사용한다.

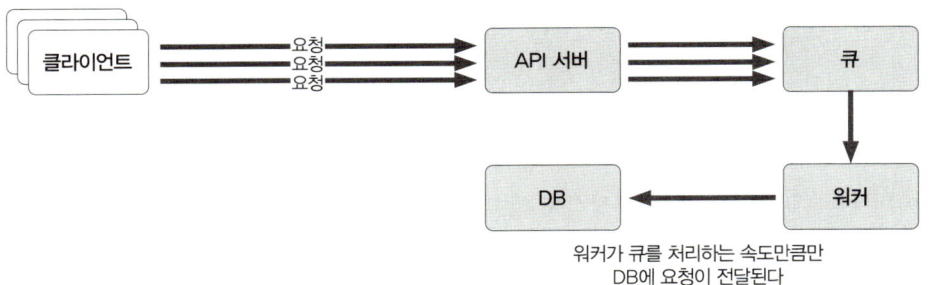

그림 5-22 워커의 처리 속도만큼 데이터베이스에 요청 전달

큐를 중간에 두고 워커가 이를 처리하는 구조에서는, 워커가 처리하는 만큼만 데이터베이스에 요청이 전달된다. 이를 통해 워커의 처리량을 조절하여 데이터베이스의 부하를 관리할 수 있다. 클라이언트 요청은 우리가 직접 제어할 수 없는 영역이지만, 큐에 쌓인 작업은 제어할 수 있다는 점이 중요한 차이점이다.

이제 처리 모델을 읽기와 쓰기로 나누어 생각해 보자. 읽기 요청의 경우, 사용자의 요청이 들어왔을 때 이를 큐에 전달하고 처리가 완료된 결괏값을 어떻게 다시 사용자에게 전달해야 할까?

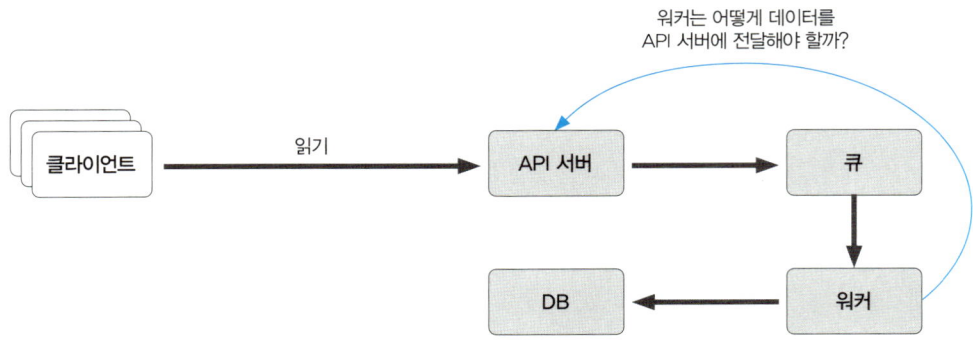

그림 5-23 처리가 끝난 데이터를 전달하는 방법은?

API 서버가 큐를 대기하며 응답을 전달하는 방식은 가능하지만, 이는 단순한 HTTP API 방식이 아닌 이벤트 드리븐 API 형태로 바뀌어야 한다.

그래서 일반적으로 읽기 요청의 경우, 캐시에서 데이터를 먼저 읽어오고, 데이터가 없으면 바로 데이터베이스에 접근하여 가져오는 캐시어사이드 방식을 사용한다. 읽기 작업은 대부분 캐시 접근이 빠르므로 굳이 비동기 방식으로 큐에 전달하지 않아도 안정성에 문제가 없다.

이제 쓰기 관점에서 비동기 방식을 고려해 보자. 첫 번째로 떠오르는 문제는 데이터베이스 처리가 완료되지 않은 상태에서 클라이언트에 응답을 줄 수 있는가이다. 여기서 확인해야 할 중요한 부분은 **데이터의 복잡성**이다.

- **데이터의 복잡성**: 요청한 파라미터가 그대로 응답으로 전달되는 글쓰기와 다르게, 결제 시스템처럼 내 계좌에서 돈이 빠져나가면서 다른 내용도 확인하고 변경한 최종 결과를 응답으로 돌려줘야 한다면 비동기 방식으로 처리하기 어려울 수도 있다.

데이터의 복잡성이 낮은 경우, 예를 들어 글쓰기처럼 사용자에게 대부분의 요청 정보만을 반환하면 될 때에는 비동기 방식을 적용할 수 있다. 먼저 데이터를 캐시에 저장하고, 큐와 워커로 차후에 데이터베이스를 업데이트하는 형태로 할 수 있다.

이때 한 가지 더 주의해야 할 점은 ID 관리이다. 데이터베이스의 자동 증가값 Auto Increment을 사용한다면, 다음 ID를 알기 위해서 데이터베이스에 요청을 보내야만 한다. 따라서 이런 경우에는 외부에서 UUID와 같은 유니크 한 값을 생성하여 외부에 노출되는 ID로 사용하는 것이 훨씬 수월하다. 설령 생성한 UUID가 충돌하더라도, 그때 새로운 값을 생성하여 글 목록 등을 전달하면 큰 문제없이 적용할 수 있다.

이제 어떤 큐를 사용할지 고려해 보자. 주요 선택지로는 AWS SQS, 래빗MQ, 카프카와 레디스를 큐로 활용하는 방법이 있다. 어떤 서비스를 구축하는지에 따라서 큐의 처리 성능을 검토해야 한다.

표 5-13 큐별 성능과 안정성

종류	처리 성능	안정성
AWS SQS	수천에서 수만정도 처리 가능	• 높음 • HTTP API를 이용해서 오는 레이턴시 이슈가 있을 수 있음

종류	처리 성능	안정성
래빗MQ	초당 수만까지 가능	• 높음 • 컨슈머가 빨리 가져가지 않으면 래빗MQ에 성능 이슈가 발생할 수 있음
카프카	초당 수십만~수백만	• 높음 • 관리가 훨씬 복잡함
레디스	초당 10만~20만	• 낮음 • 레디스 장애 시에 데이터가 유실될 수 있음 • HA를 통해서 이런 문제를 해결할 수 있음

어떤 큐를 선택할지는 요구사항에 따라 달라진다. 예를 들어 데이터를 절대 유실해서는 안 된다면 래빗MQ나 카프카가 적합하다. 반면 적절한 성능과 쉬운 관리를 원한다면 레디스를 큐로 활용하는 것이 좋다. AWS 환경에서 편리하게 사용하려면 AWS SQS 또한 좋은 선택지이다.

실습은 가벼운 단축 URL 서비스이므로 레디스를 큐로 선택한다. 클라우드 환경에서 대부분 레디스를 서비스로 제공하므로 이를 사용하면 관리 부담도 줄어든다.

기존의 `shorturl` 생성 함수를 수정하자. 먼저 값을 캐시에만 집어넣고 큐에 저장하고, 큐에 저장하는 방식으로 변경하자. `item_type`으로 어떤 큐를 사용할지 결정한다. 데이터베이스에 결과를 생성하기 전에 캐시에 먼저 넣고 그 뒤에 큐에 데이터를 추가하는 흐름이다.

코드 step_6/api/shorturl/service/shorturl_service.py

```python
def create(self, source, account):
    shorturl_value = str(uuid.uuid4())
    item_type = "SHORTURL_CREATED"
    shorturl = ShortUrlDto(
        uid=str(uuid.uuid4()),
        user_id = account.id,
        user_uid = account.uid,
        source = source,
        shorturl = shorturl_value,
        status = "REGISTERED",
        created_at = datetime.now()
    )
```

```python
        params = ShortUrlConverter.to_dict(shorturl)
        self.cache_service.set_shorturl(shorturl.shorturl, params)
        WORKER_QUEUE_MANAGER.add_item(item_type, params=params)
        return ShortUrlConverter.to_dto(shorturl)
```

이제 큐에서 작업을 가져와서 처리하는 워커를 살펴보자. ShortUrlService에 insert_shorturl 메서드를 만들고 이를 호출한다.

코드 step_6/api/worker/handler.py

```python
SHORTURL_CREATED_ITEM_TYPE = "SHORTURL_CREATED"

if __name__ == "__main__":
    shard_manager: ShortUrlShardManager = get_shard_manager()
    shorturl_service = ShortUrlService(shard_manager)

    while True:
        item = WORKER_QUEUE_MANAGER.get_item()
        print(item)

        if not item:
            continue

        if item["item_type"] == SHORTURL_CREATED_ITEM_TYPE:
            resp = shorturl_service.insert_shorturl(item["params"])
            shard_manager.commit()
            print(resp)
```

기존의 create 메서드가 캐시를 생성하고 큐에 넣으면 워커에서 insert_shorturl 메서드를 통해서 최종적으로 데이터베이스에 저장한다.

코드 step_6/api/shorturl/service/shorturl_service.py

```python
def insert_shorturl(self, shorturl):
    shorturl = ShortUrl(
        uid=shorturl["uid"],
        user_id=shorturl["user_id"],
        user_uid=shorturl["user_uid"],
        source=shorturl["source"],
        shorturl=shorturl["shorturl"],
```

```
            status=shorturl["status"],
            created_at=datetime.fromisoformat(shorturl["created_at"])
        )

        self.shorturl_repository.save(shorturl)
        return ShortUrlConverter.to_dto(shorturl)
```

이어서 큐를 관리하는 QueueManager를 보자. 레디스의 리스트 자료구조를 이용해서 데이터를 넣고 가져오는 간단한 로직으로 구성되어 있다.

코드 step_6/api/worker/queue_manager.py

```
ALLJOB_QUEUE = "alljob"

class QueueManager:
    def __init__(self):
        self.queue = redis.Redis(host=WORKER_QUEUE_HOST[0], port=WORKER_QUEUE_HOST[1], decode_responses=True)

    def build_key(self, key):
        return f"queue_{key}"

    def add_item(self, item_type, params):
        item = { "item_type": item_type, "params": params }
        self.queue.rpush(self.build_key(ALLJOB_QUEUE), json.dumps(item, default=json_serializer))

    def get_item(self):
        bvalue = self.queue.blpop(self.build_key(ALLJOB_QUEUE))
        if bvalue:
            v = json.loads(bvalue[1])

        return v

WORKER_QUEUE_MANAGER = QueueManager()
```

이러한 구성은 이제 데이터베이스를 비동기 방식으로 업데이트하므로 워커의 수에 따라 데이터베이스의 부하를 제어할 수 있다. 그런데 이 구조에서 QueueManager는 사실 레디스에 너무 종속적이라는 단점이 있다. 서비스를 설계할 때는 항상 해당 구현이 변경될 가능성이 있는지 고민해야 한다. 예를 들어 설정 파일을 JSON에서 YAML이나 XML로 바꿀 일은 드물겠지만, 필요에 따라서 다른 큐 시스템이 추가될 수는 있다. 그럴 경우 레디스에 지나치게 종속적인 구조는 변경이 어려울 수 있다. 그래서 AWS SQS, 카프카, 래빗MQ와 같은 다른 형태로 큐가 변경될 가능성에 대비하여 설계하는 것이 더 나은 소프트웨어 디자인이라 할 수 있다. 먼저 여러 클라이언트를 처리할 수 있도록 디자인을 개선해 보자.

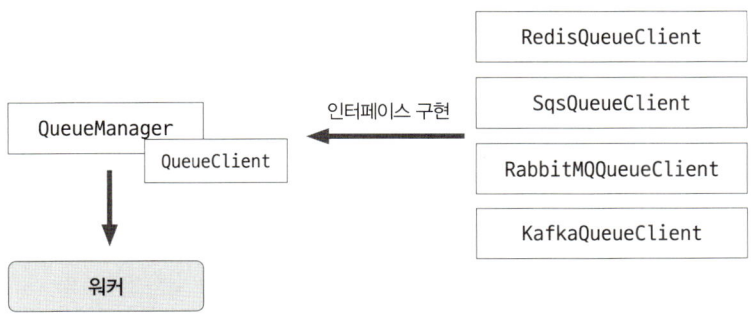

그림 5-24 다양한 클라이언트에 대비한 설계 변경

기존 QueueManager 클래스에 정의된 add_item 메서드를 보자. QueueManager가 여러 QueueClient를 처리하려면 rpush와 같은 구체적인 레디스의 구현 함수를 직접 사용해서는 안 된다. 대신 추상적인 정보와 데이터의 표현만을 규약으로 정의해야 한다. 다음은 현재 add_item 메서드이다.

```
def add_item(self, item_type, params):
    item = { "item_type": item_type, "params": params }
    self.queue.rpush(self.build_key(item_type), json.dumps(item,
                    default=json_serializer))
```

이를 의사 코드로 다음과 같이 표현할 수 있다.

```
def add_item(self, item_type, params):
    item = { "item_type": item_type, "params": params }
    self.queue.push(item_type, json.dumps(item,
                    default=json_serializer))
```

이렇게 실제 구현체의 코드를 숨기고 큐 이름(item_type)과 데이터만 표현한다. 이때 item_type과 params를 포함하는 JSON 형태로 데이터를 큐에 등록(push)하고 나중에 회수(pop)할 때도 이 item_type으로 전달받는 것까지를 규약으로 정의한다.

이제 QueueClient 인터페이스를 먼저 정의하자. 여기서 ABC를 상속받는 이유는 자식 클래스에서 abstractmethod를 구현하지 않으면 객체 생성 시에 강제로 오류를 발생시켜 구현 누락을 방지하기 위해서이다.

코드 step_6/api/worker/queue_client.py

```python
from abc import ABC, abstractmethod

class QueueClient(ABC):
    @abstractmethod
    def push(self, key, value):
        pass

    @abstractmethod
    def pop(self, key):
        pass
```

다음으로 레디스 관련 코드는 `RedisQueueClient` 클래스 안에 포함시킨다. 구현된 `RedisQueueClient`를 살펴보면 실제 레디스 관련 로직은 여기에만 존재한다. 그리고 데이터가 외부로 나갈 때는 앞에서 정의한 규약(push, pop)을 지키는 데만 집중한다.

코드 step_6/api/worker/redis_queue_client.py

```python
class RedisQueueClient(QueueClient):
    def __init__(self):
        self.conn = redis.Redis(host=WORKER_QUEUE_HOST[0], port=WORKER_QUEUE_HOST[1], decode_responses=True)

    def build_key(self, key):
        return f"queue_{key}"

    def push(self, key, value):
        return self.conn.rpush(self.build_key(key), value)
```

```
    def pop(self, key):
        bvalue = self.queue.blpop(self.build_key(key))
        return bvalue[1]
```

이어서 변경된 `QueueManager`를 살펴보자. `QueueManager`를 생성하는 부분만 변경되고 외부의 인터페이스는 그대로 유지하므로 기존의 `ShortUrlService` 코드를 변경할 필요가 없다. 처음부터 `QueueManager`를 사용하며 큐 접근을 분리해 두었기 때문에 변경 사항이 적다는 점을 기억하자.

코드 step_6/api/worker/queue_manager.py

```python
from api.worker.redis_queue_client import RedisQueueClient

class QueueManager:
    def __init__(self, queue_client):
        self.queue_client = queue_client

    def add_item(self, item_type, params):
        item = { "item_type": item_type, "params": params }
        self.queue_client.push(item_type, json.dumps(item, default=json_serializer))

    def get_item(self, item_type):
        value = self.queue_client.pop(item_type)
        if not value:
            return value

        return json.loads(value)

WORKER_QUEUE_MANAGER = QueueManager(RedisQueueClient())
```

이제 `QueueClient`를 추가할 때 기본 인터페이스만 맞춰주면 금방 변경할 수 있다. 그런데 워커를 다시 살펴보면 이벤트가 여럿 추가될 때에도 워커 하나가 모든 이벤트를 처리하게 되어 있다.

```python
while True:
    item = WORKER_QUEUE_MANAGER.get_item(SHORTURL_CREATED_ITEM_TYPE)
    print(item)
```

```
        if not item:
            continue

        if item["item_type"] == SHORTURL_CREATED_ITEM_TYPE:
        # 여기서 구분해서 처리
            resp = shorturl_service.insert_shorturl(item["params"])
            shard_manager.commit()
            print(resp)
```

워커를 개선해서 하나의 아이템을 하나의 워커가 처리하게 하면 코드의 변경이나 확장을 좀 더 편하게 할 수 있다.

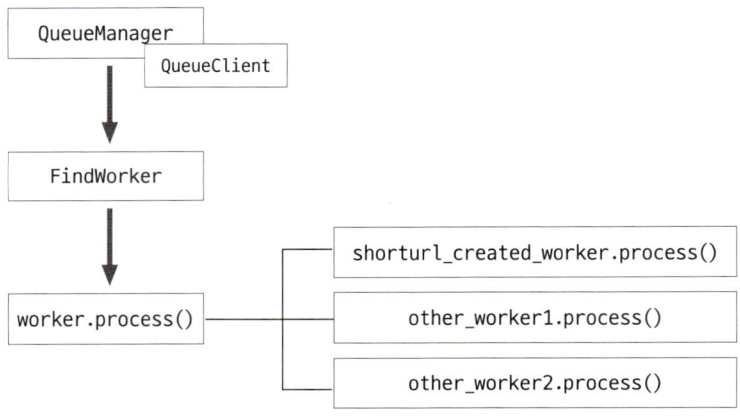

그림 5-25 워커 개선 방향

먼저 워커의 인터페이스를 구성한다.

코드 step_6/api/worker/worker.py

```
from abc import ABC, abstractmethod

class Worker(ABC):
    def match(self, event):
        return False

    @abstractmethod
```

```
    def process(self, item):
        pass

    @abstractmethod
    def event_type(self):
        pass
```

event_type 메서드는 Worker를 상속받은 워커를 찾기 위해서 사용하는 키이다. 해당 워커는 '이 event_type을 처리하겠다'는 의사 표시를 하는 용도로 사용한다. match 메서드는 해당 워커가 이 이벤트를 처리할 수 있는지를 검사하는 역할을 한다. process 메서드는 실제로 워커의 작업을 처리하는 메서드이다.

이제 실제 구현체를 살펴보자. ShortUrlCreatedWorker는 SHORTURL_CREATED_EVENT라는 이벤트(item_type)를 처리하도록 구성되어 있다.

코드 step_6/api/worker/workers/shorturl_created_worker.py

```python
from api.worker.worker import Worker
from api.event.event_type import *
from api.shorturl.service.shorturl_service import ShortUrlService


class ShortUrlCreatedWorker(Worker):
    def __init__(self, params):
        self._event_type = SHORTURL_CREATED_EVENT
        self.shard_manager = params["shard_manager"]
        self.shorturl_service = ShortUrlService(self.shard_manager)

    def match(self, item_type):
        return item_type == self._event_type

    def event_type(self):
        return self._event_type

    def process(self, item):
        if not self.match(item["item_type"]):
            raise Exception(f"Not supported: {item['item_type']}")
```

```
        print(f"Handle: {item}")
        self.shorturl_service.insert_shorturl(item["params"])
        self.shard_manager.commit()
```

이제 실제로 이 워커를 사용하는 곳을 확인하자. build_worker_map 함수로 모든 워커의 맵(MAP)을 만들어서 event에 맞는 워커를 찾고 해당 워커의 process 메서드를 호출하는 구조이다.

코드 step_6/api/worker/handler.py

```python
from api.worker.queue_manager import WORKER_QUEUE_MANAGER
from api.worker.workers import build_worker_map
from api.shorturl.manager.shard_manager import get_shard_manager

if __name__ == "__main__":
    params = {
        "shard_manager": get_shard_manager(),
    }

    worker_map = build_worker_map(params)

    while True:
        item = WORKER_QUEUE_MANAGER.get_item()
        if not item:
            continue

        event_type = item["item_type"]
        if event_type in worker_map:
            worker = worker_map[event_type]
            try:
                worker.process(item)
            except Exception as e:
                print(e, item)
        else:
            print(f"Not Supported: {event_type}")
```

이렇게 큐를 적용해서 데이터베이스에 직접적으로 가해지는 부하를 어느 정도 일정 수준으로 유지하며 처리할 수 있게 되었다.

실습 프로젝트는 파이썬으로 구현되었지만, 중요한 것은 4장까지 배운 핵심 개념을 직접 코드에 적용해 보는 것이다. 결과물이 특정 언어나 프레임워크로 만들어졌다는 사실은 본질이 아니다.

지금까지 실습한 개념은 프로그래밍 언어나 프레임워크와 무관하게 적용할 수 있으니, 여러분이 주력으로 사용하는 환경에서 직접 구현해 보는 과정이 무엇보다 중요하다. 또한 항상 더 나은 방법이 존재할 수 있으니, 반드시 실습 내용대로 따르기보다 여러 번 고민하며 개선해 나가면 한층 완성도 높은 결과물을 만들 수 있다.

CHAPTER 06 코딩 AI의 활용

개발자 채용 과정에는 대체로 코딩 테스트가 있다. 그런데 어느 시점부터 온라인 코딩 테스트를 쉽게 믿을 수 없는 상황이 벌어졌다. 바로 응시자들이 코딩 테스트에 챗GPT나 클로드 같은 LLM을 활용하기 시작한 순간부터이다. 여러분도 해봤을 텐데, LLM에 코딩 테스트 문제를 주면 쉽게 정답을 제시한다. 2025년 2월에는 미국 컬럼비아 대학교에 재학 중인 학생이 직접 만든 코딩 AI를 이용해서 아마존, 메타 등의 대기업의 코딩 테스트를 통과한 사례가 있었다.

- 코딩 AI가 무엇인지 알고 종류와 활용법을 알아본다.

6-1 바이브 코딩과 코딩 AI의 종류

챗GPT를 시작으로 클로드 등 LLM이 발전하고 활발히 사용되면서 개발 분야에도 도입되었고, 이로 인해 소프트웨어와 인터넷 서비스 개발에 큰 변화가 찾아왔다. 특히 2025년 개발자들 사이에 **바이브 코딩**vibe coding이라는 용어가 유행할 정도로, 코딩 AI가 개발 생산성에 큰 영향을 미치고 있다.

바이브 코딩은 오픈AI^{OpenAI}의 공동 창업자이자 테슬라의 전 AI 리더인 안드레이 카파시^{Andrej Karpathy}가 x.com에 올린 용어이다. 안드레이 카파시는 "나는 요즘 바이브 코딩이라는 새로운 방식으로 개발하고 있어요. 그냥 흐름에 몸을 맡기고 속도감 있게 나아가며, 코드의 존재 자체를 까맣게 잊기까지 하는 그런 상태죠."라며 바이브 코딩을 설명했다. 이는 직접 코드를 작성하지 않고, 말 또는 글로 설명하면 코딩 AI가 코드를 작성해 주는 방식이다.

그림 6-1 안드레 카파시의 글 (출처: x.com/karpathy/status/1886192184808149383)

전통적인 코딩과의 차이는 다음과 같다.

표 6-1 전통적 코딩과 바이브 코딩 비교

전통적 코딩	바이브 코딩
정확한 알고리즘의 설계가 필요	원하는 결과를 감으로 설명
코드 구현이 중심	요구사항 설명이 중심
에러 디버깅이 핵심	코딩 AI와 피드백 루프를 돌리는게 핵심
개발자가 코드를 통제	AI가 흐름을 제어하고 인간은 가이드

즉 바이브 코딩을 정의하면 개발자가 코드를 직접 작성하는 대신, 개발자가 코딩 AI에 요구사항을 전달해서 프로그램을 작성하는 것을 말한다.

코딩 AI의 종류는 몇 가지 형태로 나눌 수 있다. 첫 번째는 가장 간단한 형태로, 챗GPT나 클로드 등의 웹사이트에 접속해서 사용하는 방식을 들 수 있다. 이런 코딩 AI는 웹사이트에서 코드를 생성해 달라고 프롬프트를 입력하면 코드를 생성해 준다. 예를 들어 클로드에 구구단 프로그램을 작성해 달라고 요청하면 다음과 같은 코드를 작성해 준다.

코드 클로드로 작성한 구구단 코드

```python
def print_multiplication_table():
    """구구단을 출력하는 함수"""
    print("=" * 50)
    print("구구단 (Multiplication Table)")
    print("=" * 50)

    for i in range(2, 10):
        print(f"\n[ {i}단 ]")
        for j in range(1, 10):
            result = i * j
            print(f"{i} x {j} = {result:2d}")

def print_specific_table(num):
    """특정 단만 출력하는 함수"""
    if num < 2 or num > 9:
        print("2단부터 9단까지만 입력해 주세요.")
        return

    print(f"\n[ {num}단 ]")
    for i in range(1, 10):
        result = num * i
        print(f"{num} x {i} = {result:2d}")

def interactive_mode():
    """사용자와 상호작용을 하는 모드"""
    while True:
        print("\n" + "="*30)
        print("구구단 프로그램")
        print("="*30)
        print("1. 전체 구구단 출력")
        print("2. 특정 단 출력")
        print("3. 종료")

        choice = input("\n선택하세요 (1-3): ")

        if choice == '1':
            print_multiplication_table()
        elif choice == '2':
```

```
            try:
                num = int(input("몇 단을 출력할까요? (2-9): "))
                print_specific_table(num)
            except ValueError:
                print("숫자를 입력해 주세요.")
        elif choice == '3':
            print("프로그램을 종료합니다.")
            break
        else:
            print("1, 2, 3 중에서 선택해 주세요.")

# 메인 실행 부분
if __name__ == "__main__":
    # 전체 구구단 출력
    print_multiplication_table()
    
    # 대화형 모드 실행
    # interactive_mode()  # 주석을 해제하면 대화형 모드 실행
```

두 번째는 커서Cursor나 윈드서프Windsurf 같은 IDE와 통합된 도구를 사용하는 방식이다. IDE와 통합되어 있어 요청한 코드가 바로 파일에 반영된다. 커서와 윈드서프 같은 도구도 결국 챗GPT나 클로드에서 제공하는 LLM 모델을 사용하는 터라 차이가 없을 것 같지만, 생성된 전체 코드를 바로 볼 수 있기 때문에 코딩 AI로 작성하는 코드양이 많을수록 상대적으로 생산성이 높다. 단점은 커서나 윈드서프를 추가로 구독해야 한다는 점이다. AI 서비스를 구독하고, 코딩 AI 서비스까지 구독하려면 확실히 비용면에서 부담스럽다.

세 번째는 클로드 코드나 Cline과 같은 콘솔 기반의 도구를 사용하는 것이다. 이런 도구는 IDE에 연결되지 않고 바로 코드를 생성해 준다. 참고로 클로드를 구독하고 있으면 클로드 코드도 사용할 수 있다.

표 6-2 세 가지 방식의 코딩 AI

종류	제품	설명
웹 콘솔	챗GPT	https://chat.openai.com
	클로드	https://claude.ai
IDE 통합	커서	https://www.cursor.com/

종류	제품	설명
콘솔	윈드서프	https://windsurf.com/editor
	Cline	https://cline.bot/
	클로드 코드	https://claude.ai * 프로 요금제부터 사용 가능

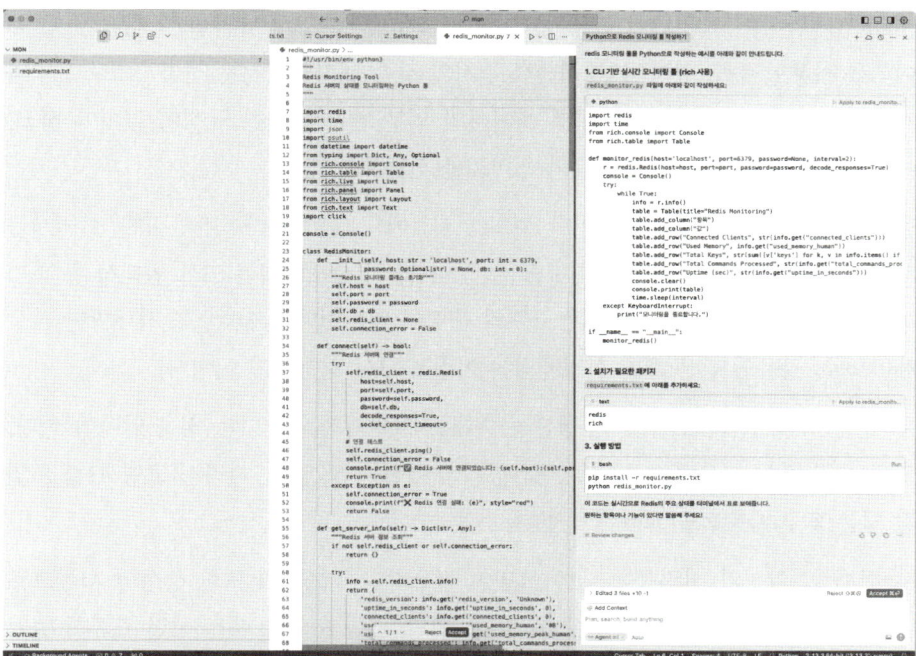

그림 6-2 코딩 AI 도구

어떤 코딩 AI 도구를 선택하는 것이 좋을까?

다양한 코딩 AI 도구 중에 무엇을 선택하는 것이 좋을까? 처음 코딩 AI 도구를 사용한다면 챗GPT나 클로드의 웹 콘솔에서 먼저 가볍게 시작하기를 권한다. 그리고 코딩 AI에 어느 정도 익숙해지면 개발 환경이나 각자의 취향에 따라 커서 같은 IDE 통합이나 클로드 코드 같은 콘솔용 도구를 사용하도록 하자. 처음 시작할 때에는 챗GPT 정도로 충분할 줄 알았는데, 확실히 커서 같은 IDE 통합 도구를 경험해 보면 웹에서 복사하거나 전체 코드를 옮기는 부분에서 발생하는 실수가 줄어들고, 생산성이 더 높아지는 것을 느낄 수 있다.

6-2 코딩 AI 도입 전 주의 사항

코딩 AI를 도입하면 생산성이 높아진다는 소식에 기업에서 앞다퉈 코딩 AI를 도입하거나 도입을 고려하고 있다. 하지만, 무작정 도입하기 전에 몇 가지를 고려해야 한다.

첫 번째, 내부 데이터의 외부 반출 규정을 확인해야 한다. 코딩 AI를 사용하면 코드나 프로젝트 내용이 외부로 전달된다. 챗GPT를 쓴다면 챗GPT에 입력하는 내용은 챗GPT 개발사인 오픈AI에 전달되고, 무료 요금제라면 오픈AI의 모델 학습에 이 데이터를 사용할 수도 있다. 그래서 삼성전자와 같은 대기업에서는 선별적으로 도구와 서비스를 인가하고 있다. 즉 내부 데이터의 외부 반출에 관한 규정이 있어야 하고, 이 규정을 근거로 사용하는 도구와 서비스를 선택해야 한다.

물론 도구에서 자체적으로 제어할 수도 있다. 예를 들어 프라이버시 모드로 커서를 사용하면 정보를 서버로 전달하지 않는다. 다만, 이 상태에서는 코드 인덱싱 등의 기능을 사용할 수 없어서 생성되는 코드의 품질이 떨어진다고 한다. 또 사내망만 사용해야 하는 금융권 같은 개발 환경에서는 이런 도구를 사용하기 어렵다.

두 번째, 코딩 AI의 도입이 곧 생산성 증대로 이어지진 않는다는 점을 알아야 한다. 코딩 AI를 잘못 사용하면 반대로 생산성이 떨어질 수도 있다. 따라서 코딩 AI를 도입할 때는 도구 사용법을 교육해야 한다.

세 번째, 정확성과 신뢰성에 대한 고민이 필요하다. 코딩 AI 또한 생성형 AI이므로 여러 가지 오류와 환각이 발생할 수 있다. 코딩 AI를 도입할 때는 이런 오류와 환각을 검증할 수 있는 방안도 세워야 한다. 코딩 AI가 제시한 라이브러리가 실제로는 존재하지 않았던 적도 여러 번 경험했다. 이런 코드를 검증 없이 제품에 도입했다가 빌드 과정에서 오류가 발생할 수 있다(실제로 발생한 회사가 있었다).

6-3 코딩 AI를 도입하면 정말 생산성이 높아질까?

개발자들 사이에서는 코딩 AI를 사용하는 일이 거의 필수인 것처럼 분위기가 형성되었지만, 코딩 AI를 도입하면 정말로 생산성이 높아질까? 2023년에 깃허브에서 발표한 〈AI가 개발자 생산성에 미치는 영향: 깃허브 코파일럿을 활용한 실증 연구[1]〉를

---

[1] 〈The Impact of AI on Developer Productivity: Evidence from GitHub Copilot〉
https://arxiv.org/pdf/2302.06590

살펴보자. 실험 조건과 실험 결과를 표로 정리했다.

표 6-3 실험 조건

항목	내용
실험 대상	• 프리랜서 모집 사이트, Upwork에서 활동하는 개발자 95명
과제	• 자바스크립트로 HTTP 서버 구현
실험군	• 코파일럿 사용 + 짧은 소개 영상
비교군	• 코파일럿 없이 일반 인터넷 검색(구글, Stack Overflow 사용 가능)
측정 지표	• 과제 성공 여부(Pass/Fail) • 완료 시간(시작부터 테스트 통과까지)
그 외	• 깃허브 클래스룸 사용으로 정밀하게 시간 기록 • 코드 정확성을 검토하기 위해 테스트 케이스 12개 통과

표 6-4 실험 결과

항목	내용
전체 참여자	• 166명 중 95명이 수락, 35명이 과제 완료
참여자 특성	• 대부분 25~34세 • 인도, 파키스탄 국적 • 연간 수입 1~2만 달러 • 코딩 경력 평균 6년
실험군	• 평균 완료 시간 71.17분
비교군	• 평균 완료 시간 160.89분
결과 비교	• 55.8% 단축, p-value = 0.0017
효과 분석	• 프로그래밍 경력이 짧을수록, 나이가 많을수록, 하루 코딩 시간이 많을수록 효과가 큼
자기평가 설문	• 실험군(코파일럿 사용군): 평균 35% 생산성 증가 추정, 실제보다 낮게 평가 • 지불 의사: 코파일럿 사용자는 평균 $27.25/월, 비사용자는 $16.91/월. 유의미한 차이가 남

실험 결과를 요약하면 코파일럿을 사용한 그룹은 사용하지 않은 그룹보다 동일한 프로그래밍 과제를 55.8% 빠르게 수행했다. 특히 프로그래밍 경력이 적거나, 나이가 많거나, 하루 코딩 시간이 많은 개발자일수록 더 큰 효과를 보았다.

6-3-1 코딩 AI 사용 예

논문을 통해 코딩 AI를 사용하면 생산성이 높아진다는 점은 알았으나, 과연 어떻게 사용해야 효과적으로 사용하는 것일까? 간단하게 레디스 모니터링 도구를 한번 만들어 보자. 챗GPT 창을 열어서 'Redis 모니터링 툴을 만들어 줘'라고 입력해 보자.

첫 프롬프트에 챗GPT는 다음과 같은 내용을 먼저 출력한다.

💬 Redis 모니터링 툴을 만들어 줘

🎯 **Redis 모니터링 툴 v0.1(기초 버전)**
Redis 서버의 상태를 실시간으로 확인
메모리 사용량, 요청 처리 속도, 접속 수, 역할(master/slave) 등을 간단하게 모니터링

📦 **구성요소 (아주 기본적인 버전)**

구성	설명
■ Redis 서버	모니터링 대상
⚡ FastAPI	Redis 정보를 가져오는 백엔드
🌐 HTML+JavaScript	데이터를 시각적으로 보여주는 웹 UI

🔍 **수집할 Redis 정보 (Redis 명령어 기반)**
- INFO memory → 메모리 사용량
- INFO stats → ops/sec 등 성능 지표
- INFO clients → 접속 수
- INFO replication → 마스터/슬레이브 역할 확인

💼 **기술 스택**
- Python 3.11+
- FastAPI
- redis-py
- HTML + Fetch API (Vanilla JavaScript)

그리고 다음처럼 코드를 작성해 준다. 이 코드는 챗GPT가 작성한 코드 그대로이다. 보기에는 꽤 그럴 듯하게 보이는 코드를 작성한다.

코드 챗GPT가 작성한 레디스 모니터링 도구

```python
from fastapi import FastAPI, Request
from fastapi.responses import HTMLResponse, JSONResponse
from fastapi.staticfiles import StaticFiles
from fastapi.templating import Jinja2Templates
import redis

app = FastAPI()

# Redis 클라이언트 설정 (localhost:6379)
r = redis.Redis(host='localhost', port=6379, decode_responses=True)

# 정적 파일, 템플릿 설정
app.mount("/static", StaticFiles(directory="static"), name="static")
templates = Jinja2Templates(directory="templates")

@app.get("/", response_class=HTMLResponse)
async def dashboard(request: Request):
    return templates.TemplateResponse("index.html", {"request": request})

@app.get("/metrics")
async def get_metrics():
    try:
        info = {
            "memory": r.info("memory"),
            "stats": r.info("stats"),
            "clients": r.info("clients"),
            "replication": r.info("replication")
        }
        return JSONResponse(info)
    except Exception as e:
        return JSONResponse({"error": str(e)}, status_code=500)
```

코드를 실행하면 다음 그림과 같이 나온다.

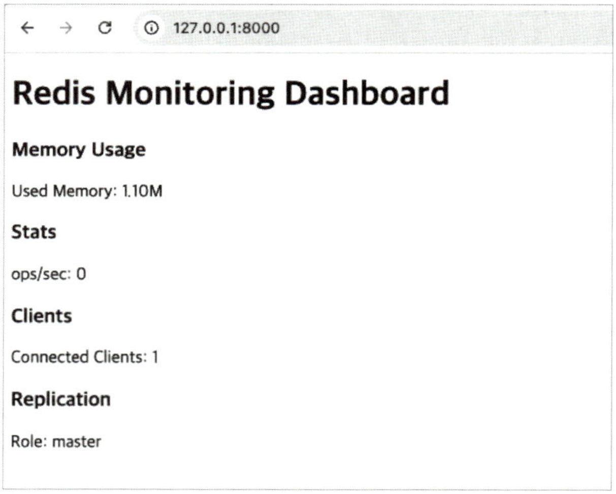

그림 6-3 실행 결과

> **📋 코딩 AI는 비결정적이다**
>
> "Redis 모니터링 툴을 만들어 줘"라는 짧은 프롬프트로 챗GPT에 코드 작성을 요청했다. 이때 코딩 AI의 코드 생성은 비결정적이다(Non-Deterministic). 비결정적이라는 말은 요청할 때마다 다른 코드를 생성한다는 말이다. 예제에서는 최소한의 UI만 구현했지만, 다시 같은 요청을 한다면 UI를 화려하게 제공하거나 동작하지 않는 코드를 제공할 수도 있다. 그래서 코딩 AI를 사용할 때는 반드시 검증 과정이 필요하다.

6-4 코딩 AI와 도메인의 중요성

"Redis 모니터링 툴을 만들어 줘"라는 짧은 요청에 코딩 AI는 알아서 파이썬에 FastAPI, 바닐라 자바스크립트로 웹을 구현했다. 우리가 고민해야 할 지점은 바로 이 부분이다.

'코딩 AI가 생성한 코드가 사용자, 바로 내가 아는 지식의 범위인가?'

요청한 내가 파이썬을 모르는데 파이썬 코드를 제공한다면 무슨 수로 검증하겠는가? 오류가 발생하면 걷잡을 수 없는 사태로 흘러갈 게 자명하다. 사용자가 사용할 수 있는 언어와 도구를 사용하라고 재요청해야 한다. 그러기 위해서는 프롬프트를 입력하기 전에 사용자 정보를 정리해 볼 필요가 있다. 다음은 필자에 대한 정보이다.

표 6-5 필자의 개발 숙련도 프로필

항목	수준
파이썬	• 업무에서 사용할 정도로 능숙함 • 오류에 대한 대응 가능
레디스	• 사용법을 충분히 숙지하고 있음 • 장애나 모니터링 관련 정보에 대한 이해도가 높음
자바스크립트	• 자바스크립트의 기본 내용만 이해 가능 • 리액트나 노드 지식은 없음
결론	• 파이썬, 레디스 모니터링 관련 도메인 지식 풍부 • 자바스크립트 등의 UI 개발은 지식 전무

이번에는 사용자에 대한 정보를 기반으로 좀 더 명확하게 요청해 보자. 프로그래밍 언어와 웹 구현 방식, 라이브러리를 명시했다.

> 😐 Redis 모니터링 툴을 만들어 줘.
> 백엔드는 FastAPI로 UI는 pure javascript로 구현해 줘. chart.js를 써서 차트로 보여 줘.

이렇게 요청했더니 이번에는 챗GPT가 다음과 같이 코드를 작성했다.

```python
import redis

r = redis.Redis(host='localhost', port=6379, decode_responses=True)

def get_redis_metrics():
    info = r.info()
    return {
        "used_memory": info.get("used_memory_human"),
        "connected_clients": info.get("connected_clients"),
        "ops_per_sec": info.get("instantaneous_ops_per_sec")
    }
```

그리고 코드를 실행하면 다음과 같이 그래프가 출력된다.

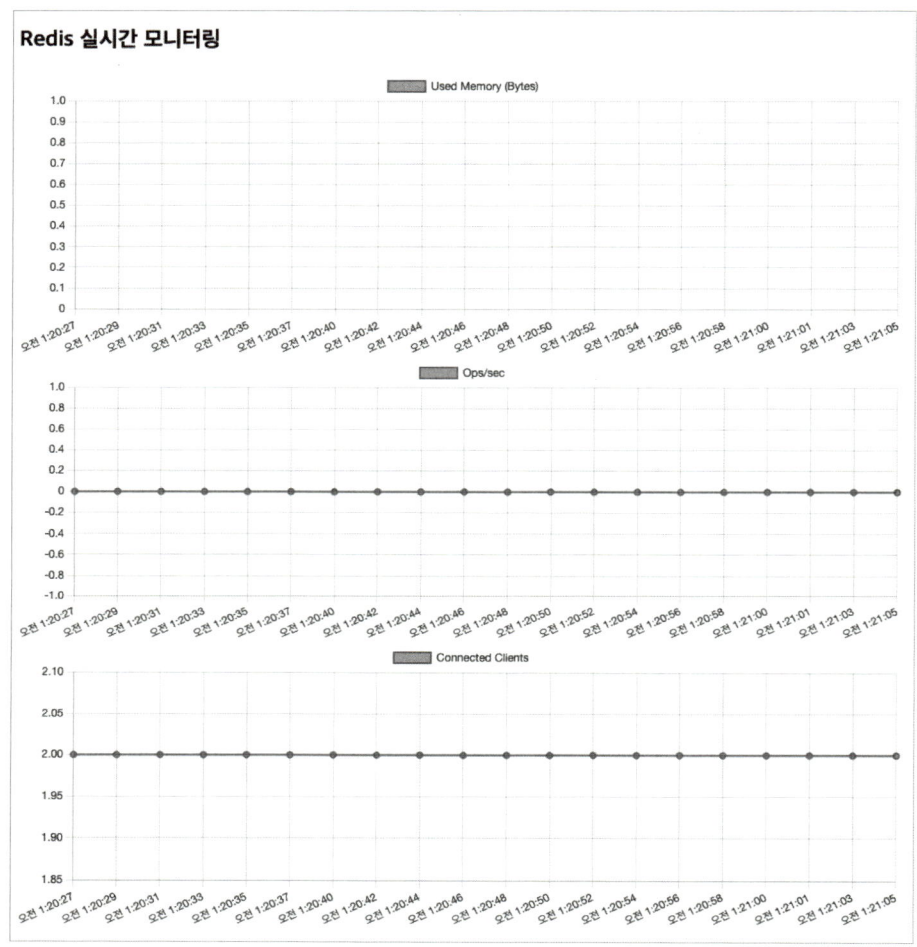

그림 6-4 레디스 실시간 모니터링 도구

사실 이 코드는 제대로 작동하지 않았다. 오류는 `get_redis_metrics` 함수에서 `used_memory_human`을 사용하는 부분에서 발생한다. 이 값은 사람이 읽기 쉽게 M, G 등의 단위를 포함한 문자열로 반환되므로 숫자로 처리하면 시각화나 계산에서 문제가 생긴다. 챗GPT가 이 문제를 잘 해결할 수 있는지 추가로 정보를 제공해 보자.

> 💬 used memory가 잘 나오지 않아. 니가 만들어준 코드는 아래와 같아.
>
> ```python
> def get_redis_metrics():
>     info = r.info()
>     return {
>         "used_memory": info.get("used_memory_human"),
>         "connected_clients": info.get("connected_clients"),
>         "ops_per_sec": info.get("instantaneous_ops_per_sec")
>     }
> ```

이 프롬프트를 받은 챗GPT는 빠르게 수정해 줬다. 그리고 다음과 같이 코드 수정을 제안했다.

좋은 지적입니다. info.get("used_memory_human")은 사람이 읽기 쉬운 형식(예: "2.47M", "823K")의 문자열이므로 Chart.js에서 수치로 해석되지 않아 차트가 제대로 동작하지 않을 수 있습니다.

☑ **해결 방법:** used_memory_human → used_memory로 변경

```python
def get_redis_metrics():
    info = r.info()
    return {
        "used_memory": info.get("used_memory"),  # 바이트 단위 숫자
        "connected_clients": info.get("connected_clients"),
        "ops_per_sec": info.get("instantaneous_ops_per_sec")
    }
```

- used_memory: 정수 값 (예: 2473984) → 차트 입력에 적합
- used_memory_human: 문자열 (예: "2.36M") → 시각화 시 오류 발생 가능

🔍 **참고: redis-cli info memory 출력 예시**

- used_memory:2473984
- used_memory_human:2.36M

수정한 후에 다시 실행하니 그림처럼 정상적으로 그래프를 그려 주었다.

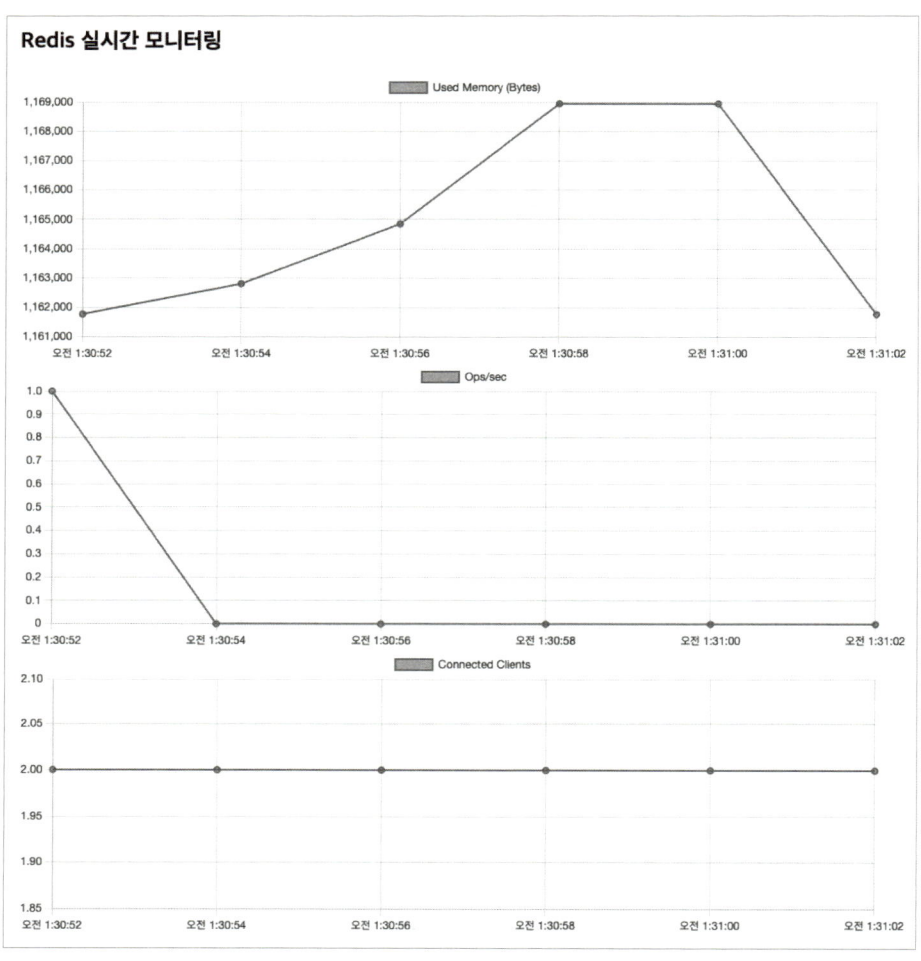

그림 6-5 수정 후 재작성한 그래프

다행히 챗GPT가 한 번에 버그를 찾아줬지만, 챗GPT가 제대로 해결하지 못했다면 어떻게 접근해야 할까? 그전에 정말 중요한 의문을 하나 가져보자. 지금 챗GPT가 만들어준 레디스 모니터링 도구는 정말로 우리가 필요한 또는 우리에게 적합한 모니터링 도구일까? 그래프에 보이는 Used Memory, Ops/sec, Connected Clients는 정말 중요한 정보일까?

레디스는 인메모리 솔루션이다보니, 실제 메모리가 가장 중요한 요소이다. Used Memory가 중요한 정보이긴 하지만, 레디스를 모니터링하는 입장에서는 info에 있는

used_memory_rss가 더 중요한 정보이다. RSS는 Resident Set Size로, 현재 Process에서 사용하고 있는 물리 메모리 페이지의 수를 의미한다. 그럼 Used Memory는 어떤 정보인가? 프로세스 레벨에서는 1바이트를 요청하더라도 실제로 OS는 물리 메모리 페이지 하나를 할당한다. 보통 물리 메모리 페이지는 4,096 바이트가 된다. 즉 레디스는 1바이트 할당했다고 생각하지만 4,096 바이트가 할당되고 이게 쌓이다 보면 레디스는 3~4GB의 메모리를 사용하고 있다고 생각하지만 OS는 12GB이상의 메모리를 할당했을 수도 있다.

또한 레디스 장애의 대부분은 KEYS 같은 O(N) 명령을 잘못 사용해서 발생하는 터라 이런 정보도 모니터링할 필요가 있다. 즉 챗GPT가 만든 레디스 모니터링 도구는 정작 중요한 정보가 누락되었다.

그렇기에 도메인 지식이 상당히 중요하다. 특정 문제 영역 또는 산업 분야에 대한 지식, 개념, 규칙, 용어, 업무 흐름 등을 포괄하는 전문적인 **맥락**context을 도메인이라고 한다. 커머스 도메인, 핀테크 도메인처럼 표현한다. 첫 번째 코드에서도 used_memory_human이 문자열을 포함하고 있는 형태라는 것을 미리 알고 있었다면 다시 묻지 않고 쉽게 해결할 수 있을 것이다. 즉 레디스에 대한 도메인 지식이 있다면 훨씬 더 정확하게 어떤 모니터링 도구를 만들어 달라고 요청했을 것이다.

도메인 지식이 왜 중요할까?

여기서 말하는 도메인 지식은 레디스에만 해당되는 건 아니다. 프로그래밍 언어, 사용하는 라이브러리 또한 도메인 지식에 해당한다. 도메인 지식이 제대로 없으면 정확한 요청을 하지 못해서 예제로 설명한 레디스 모니터링 도구처럼, 동작하지만 불필요한 프로그램을 만들게 된다.

그래서 코딩 AI와 협업할 때는 초기에 요구사항을 명확히 해야 한다. 또한 코딩 AI가 작성한 코드를 사용자가 제대로 이해하지 못하면 문제가 발생했을 때 해결하기가 어려워진다. 따라서 사용자가 충분히 아는 도메인 작업을 코딩 AI와 협업할 때 비로소 생산성이 높아진다.

레디스 장애 처리를 위해서 현재 키 중에서 사이즈가 큰 상위 N개의 키를 찾을 수 있는 스크립트를 만들어보자.

챗GPT에 "Redis의 키 중에 데이터의 크기가 큰 상위 N개를 찾을 수 있는 스크립트를 만들어 줘"라고 프롬프트를 작성하니 다음과 같은 답변과 코드를 생성했다.

Redis에서 데이터 크기가 큰 키 상위 N개를 찾는 스크립트는 일반적으로 다음과 같은 과정을 따릅니다:

🔍 기본 아이디어

1. `SCAN` 명령으로 전체 키를 순회 (비차단 방식).
2. 각 키에 대해 `MEMORY USAGE` 명령으로 메모리 사용량을 조회.
3. 메모리 사용량 기준으로 정렬하여 상위 N개 추출.

```python
import redis

# Redis 연결
r = redis.Redis(host='localhost', port=6379, decode_responses=True)

def get_top_n_largest_keys(n=10, scan_count=1000):
    cursor = 0
    large_keys = []

    while True:
        cursor, keys = r.scan(cursor=cursor, count=scan_count)
        for key in keys:
            try:
                size = r.memory_usage(key)
                if size is not None:
                    large_keys.append((key, size))
            except redis.exceptions.ResponseError:
                continue
                # MEMORY USAGE를 지원하지 않는 Redis 버전이거나 기타 오류

        if cursor == 0:
            break

    # 메모리 사용량 기준 상위 N개 추출
    large_keys.sort(key=lambda x: x[1], reverse=True)
    return large_keys[:n]

if __name__ == "__main__":
    top_keys = get_top_n_largest_keys(n=10)
    for key, size in top_keys:
        print(f"{key}: {size} bytes")
```

> 실제로 코드를 실행하면 잘 동작하나 파이썬과 레디스를 잘 모르면 문제가 발생할 수 있는 부분이 있다.
>
> 우선 memory_usage는 컬렉션 자료구조의 모든 데이터를 확인하지 않고, 기본으로 처음 다섯 개의 데이터만 샘플링을 해서 평균을 낸 뒤, 여기에 전체 데이터 개수를 곱하는 방식으로 메모리를 계산한다. 이러면 초기 다섯 개의 데이터 크기가 작으면 과소 추정되고, 크면 과대 추정될 수 있어서 실제와 다르게 계산될 수 있다. 이 점이 큰 문제가 아닐 수는 있지만, 결과가 정확하지 않을 수도 있다는 사실은 인지하고 있어야 한다.
>
> 다음으로, 생성된 코드는 모든 키를 large_keys에 수집하고 이를 정렬해서 처리한다. 이 방식은 키 수가 많을수록 처리 속도가 급격히 느려질 수 있다. 시스템 장애 상황처럼 긴급 대응이 필요한 때에 적합하지 않을 수 있다. 도메인 지식이 있어야 이런 판단을 할 수 있고, 재요청할 수 있다.
>
> 흥미로운 점은 이 코드를 다시 챗GPT에 주고 문제가 될 부분을 찾아달라고 요청했더니 두 번째 문제는 스스로 발견했으나, 첫 번째 문제는 명시적으로 설명해야만 문제가 있다는 사실을 인정했다.

코딩 AI를 이용해 보면 간단한 문제는 쉽게 해결하지만, 복잡한 문제에는 좀 더 많은 정보와 확인이 필요하다는 걸 알 수 있다. 이번에는 조금 복잡한 문제로 실험해 보자.

스킵 리스트^{skip list} 자료구조를 구현해 보자. list는 삽입과 삭제는 빠르지만 검색은 $O(N)$으로 느리기 때문에, 리스트에서 트리와 동일한 $O(logN)$의 속도를 가질 수 있도록 만든 자료구조가 스킵 리스트이다. 스킵 리스트는 각 노드마다 다른 레벨(높이)을 가질 수 있는데, 노드가 생성될 때마다 이 레벨은 확률적으로 만들어진다.

다음 그림을 보자. 각 노드의 레벨은 무작위로 결정되며, 같은 레벨에 속한 노드끼리 서로 연결되어 있다. 가장 왼쪽 첫 노드는 헤더 노드로 실제 값을 가지지 않고, 자신의 레벨을 표시한다. 값이 1인 노드는 레벨이 1, 값이 5인 노드는 레벨이 2이다. 실제로 총 일곱 개의 노드가 있고 레벨 0은 모두 연결되어 있는 연결 리스트와 동일하다. 그 위의 레벨 1은 5, 15, 50으로 세 개만 존재하고 연결되어 있다. 가장 높은 레벨 2는 5, 50으로 두 개만 연결되어 있다.

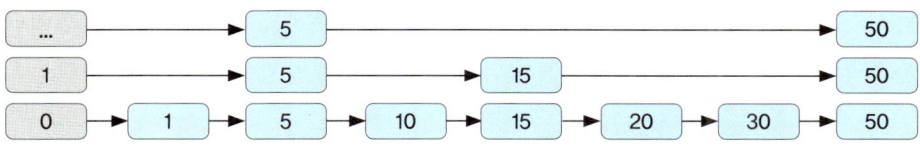

그림 6-6 스킵 리스트

스킵 리스트는 어떻게 데이터를 찾는 것일까? 스킵 리스트의 검색 알고리즘은 다음과 같다.

1. 가장 위 레벨의 헤드 노드부터 시작
2. 오른쪽 노드의 값이 찾는 값보다 작으면 → 오른쪽으로 이동
3. 오른쪽 노드의 값이 찾는 값보다 크거나 같으면 → 아래로 한 레벨 내려감
4. 이 과정을 반복해서 가장 아래 레벨까지 도달
5. 가장 아래 레벨에서 오른쪽 노드가 찾는 값이면 → 찾음(성공)
6. 끝까지 못 찾으면 → 없음(실패)

이제 검색 알고리즘에 따라서 데이터가 30인 노드를 찾아보자.

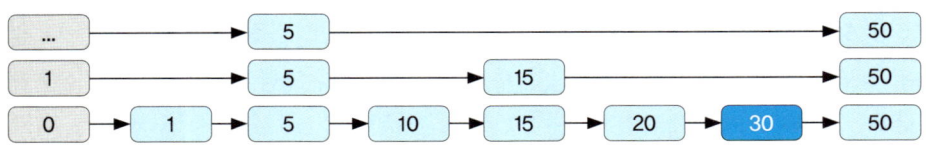

그림 6-7 검색 알고리즘으로 데이터 30인 노드 찾기

01 먼저 가장 높은 레벨 2의 헤드에서 시작해서 오른쪽으로 이동해 5를 확인한다. 찾고자 하는 값(30)은 5보다 크므로 그다음 노드로 이동해 확인한다. 값이 50으로, 찾고자 하는 값보다 크므로 데이터 5인 노드에서 한 레벨 아래로 내려간다.

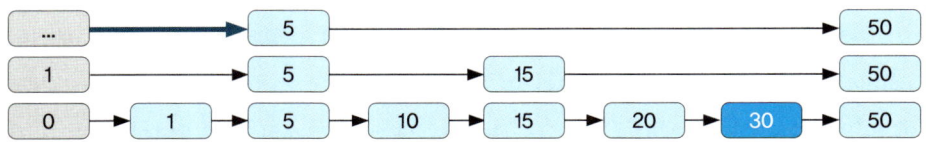

02 두 번째 줄에서 5는 찾고자 하는 값보다 작으므로 다음 오른쪽 노드를 확인하면 데이터가 15이다. 15보다 30이 크므로 다시 오른쪽으로 이동해 다음 노드의 데이터를 확인하면 50이므로 15인 노드에서 다시 한 레벨 아래인 레벨 0으로 내려간다.

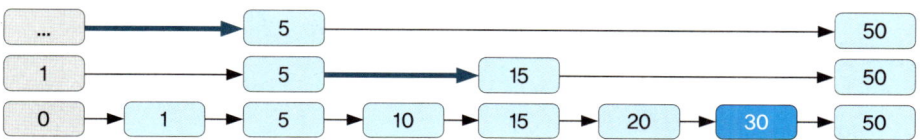

03 이제 15에서 다음 노드는 20이므로 계속 오른쪽으로 이동한다. 20 다음에 다음 노드로 이동하면 30이므로 이제 원하는 데이터를 찾게 된다.

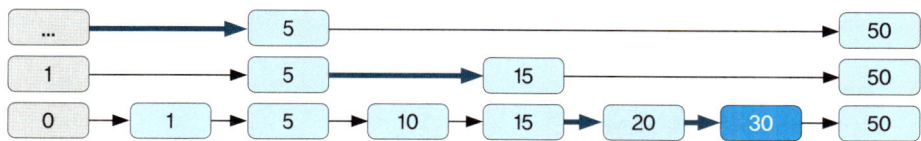

마지막 레벨에서도 찾지 못한다면 데이터가 없다고 전달한다. 마지막 레벨에서는 다음 노드가 원하는 데이터보다 크다면 더 아래로 내려갈 수 없으므로 바로 '데이터가 없다'를 리턴한다.

이제 챗GPT에 C 언어로 스킵 리스트를 구현해 달라고 요청해 보자.

> 💬 Skip List를 c로 작성해 줘.

아래는 **기본적인 Skip List 자료구조를** C 언어로 구현한 코드입니다. 이 구현은 삽입, 탐색, 삭제 기능을 제공하며, rand() 기반의 난수로 레벨을 결정합니다.

실제로 중요한 search 코드를 다음과 같이 작성해 준다.

```c
typedef struct Node {
    int key;
    struct Node** forward;
} Node;

typedef struct SkipList {
    int level;
    Node* header;
} SkipList;
```

```c
// 랜덤 레벨 생성
int randomLevel() {
    int level = 1;
    while ((rand() / (double)RAND_MAX) < P && level < MAX_LEVEL)
        level++;
    return level;
}

// 탐색
Node* search(SkipList* list, int key) {
    Node* x = list->header;
    for (int i = list->level; i >= 0; i--) {
        while (x->forward[i] && x->forward[i]->key < key)
            x = x->forward[i];
    }
    x = x->forward[0];
    if (x && x->key == key) return x;
    return NULL;
}
```

다행히 잘 동작하는 코드를 작성해 줬다. 다만 이렇게 작성해 준 코드의 품질이 좋다고 장담할 수 없으니, 개선을 요구하면 조금씩 더 나은 코드를 작성해 주기도 한다.

그럼 이제 좀 복잡한 문제로 만들어 보자. 이 코드는 싱글 스레드에서 동작하는 코드이니, 멀티스레드용 스킵 리스트를 작성한다면 어떨까? 다음과 같은 프롬프트를 전달해 보자.

> 💬 멀티스레드용 Skip List를 c로 구현해 줘.

C로 멀티스레드에서 안전한 Lock-Free Skip List를 구현한다는 것은 굉장히 어려운 일이다.

> **Lock-Free란?**
>
> 공유 데이터에 대한 연산이 진행될 때 안정성을 위해서 락(Lock)을 거는 것이 일반적이다. 그런데 Lock-free 알고리즘은 락을 사용하지 않고 원자적(atomic) 연산을 통해서 최소한 하나의 스레드가 해당 연산을 끝까지 완료할 수 있음을 보장하는 알고리즘이다. 락을 사용하지 않기 때문에 일반적으로 락 기반 방식보다 더 높은 성능을 발휘할 수 있다.

특히 C로 구현하려면 ABA 문제를 비롯해 여러 가지 문제가 발생할 수 있는데, 챗 GPT가 코드를 작성해 줬지만, 필자가 해당 문제에 대한 이해도가 높지 않아서 검증할 수 없었다. 따라서 이 코드는 제대로 완성하기 어려웠다. 이처럼 스스로 알지 못하는 분야는 아무리 AI가 작성해 준다 하더라도 검증하기 어려운 법이다.

> **CAS와 ABA 문제**
>
> CAS(Compare-And-Swap)는 Lock-Free를 위한 핵심 기법인데, 이전에 읽은 내용과 같으면 해당 값을 변경하고, 그렇지 않으면, 실패로 처리하고 재시도 한다는 방식이다. 예를 들어 두 개의 스레드가 동시에 특정 변수 a의 값을 1씩 증가시키는 연산을 실행한다고 하자.
>
> 각각의 스레드가 a를 업데이트할 때 생길 수 있는 문제는 race condition으로, 실제로 시작 값이 1일 때 각각 1을 증가하지만 실제로는 3이 되지 않고 2가 될 수도 있는 것이다. 그래서 가장 안전한 방법은 락을 걸어서 하나씩 업데이트를 하는 것인데, CAS를 쓰면 처음에 내가 a를 읽었을 때 값이 1이었다면 1을 2로 바꿀 때, 바꾸는 시점에도 값이 1이어야만 조건부로 값을 2로 변경한다. 만약 다른 스레드에서 이미 값을 증가시켰다면 값이 2가 되었기 때문에 실패로 처리하고 다시 반복한다.
>
> 이를 CAS 명령에서 CPU 등이 해당 동작을 원자적으로 수행하도록 지원하지만, 이 개념 자체는 CPU 내부에서만 사용되는 것은 아니다. 데이터베이스에서 낙관적 락을 사용하는 버저닝도 이런 방식의 일종이라고 볼 수 있다.

6-5 코딩 AI를 잘 사용하는 법

코딩 AI는 요구사항 정보를 정확히, 그리고 많이 전달해 줄수록 좋은 결과물을 생성한다. 그렇다면 어떤 방식으로 접근해야 할까?

회사에서 우리가 어떻게 일하는지 생각해 보자. 보통 회사에서는 다음과 같은 단계로 일을 진행한다. 기획과 디자인은 자세히 모르는 터라 표현이 미흡한 부분이 있다.

표 6-6 담당자별 업무

순서	담당자	작업
1	기획자	기획서를 작성한다.
2	디자이너	기획서 기반으로 UI/UX를 작성한다.
3	개발자	기획서와 UI/UX를 보고 불확실하거나 이해하지 못한 부분, 추가로 필요한 정보를 확인한다(요구사항 분석).
4	개발자	아키텍처를 작성한다.
5	개발자	일정을 기반으로 태스크를 쪼개고 정의한다.
6	개발자	코드를 작성한다.
7	개발자	테스트를 진행한다.

이런 단계가 왜 필요할까? 개발자 입장에서는 필요한 정보를 제대로 알아야 태스크를 제대로 작성하고 진행할 수 있고, 테스트를 확인하며 제대로 완료되었는지 알 수 있다.

코딩 AI를 사용할 때도 이와 유사한 단계가 필요하다.

6-5-1 프로젝트 문서의 작성

처음에 프로젝트에 요구사항을 잘 알려주기 위해서 프로젝트의 PRD^{제품요구사항} 문서를 작성한다. 결국 이 PRD는 코딩 AI에 어떻게 명령을 내릴지를 정의하는 역할을 한다. 작은 크기의 프로젝트는 PRD만 잘 작성해도 완성도를 높일 수 있다.

PRD에는 다음과 같은 정보가 있어야 한다.

표 6-7 PRD의 기본 항목

항목	내용
목표 (Goal/Objective)	무엇을 만들고 싶은지 간결하게 서술 예: "Redis 상태를 실시간으로 시각화하는 웹 기반 모니터링 도구"
입력 및 출력 형식 (Input/Output Specification)	AI가 어떤 입력을 받고 어떤 출력을 생성해야 하는지 명확히 예: • 입력: GET /metrics 호출 → Redis INFO 명령 결과 • 출력: JSON { used_memory, ops_per_sec, connected_clients }

항목	내용
기술 스택 및 제약조건 (Tech Stack & Constraints)	어떤 언어, 프레임워크, 라이브러리를 사용해야 하는지 명시 예: • 백엔드: FastAPI (Python 3.10 이상) • 프런트엔드: Pure JavaScript + Chart.js • DB: SQLite (월별 파티셔닝) • 보안: JWT 인증 + RSA 키 교환
기능 명세 (Features)	각 기능을 유즈케이스/시나리오 기반으로 나열 각 기능별: • API 명세 • 입력/출력 파라미터 • 예외 처리 조건 예: • /login: RSA 공개키를 받아 AES 키로 암호화한 패스워드를 전달 • /group/:id/nodes: 그룹 내 Redis 인스턴스 목록 조회
동작 흐름 (Flow / Sequence)	AI가 전체 시스템의 흐름을 이해할 수 있도록 시퀀스 다이어그램 또는 플로우차트 설명 예: 클라이언트 로그인 → 토큰 발급 → 서버 목록 요청 → 레디스 연결 후 정보 수집 → UI 업데이트
디렉터리 구조 (Folder / File Structure)	생성될 코드의 파일 구조나 계층 구조 예시 예: ``` backend/ ├── main.py ├── api/ │ └── auth.py └── redis/ └── collector.py frontend/ ├── index.html └── app.js ```

예제 데이터 / 응답 스펙
(Sample Input & Output)
	AI가 추론을 덜 하게 하기 위해 정확한 예제 JSON, 요청/응답, 데이터베이스 로우 등을 제공
	예:
	``
	{
	  "used_memory": "12.32MB",
	  "connected_clients": 8,
	  "ops_per_sec": 3512
	}
	``

항목	내용
테스트 케이스 (Test Specification)	각 기능별 예상 입력/출력 + 에러 처리 예: • /login : 잘못된 패스워드 → 401 Unauthorized • /metrics : Redis down → 500 Internal Server Error
추론 방지용 명시 (Clarifications to Avoid Hallucination)	AI가 추측하지 않도록 구현하지 말아야 할 것도 함께 명시 예: • "React 사용하지 말 것" • "PostgreSQL은 사용하지 않음"
버전 / 확장 고려 사항 (Optional)	이후 버전에서 추가할 기능(추가 요구사항을 모듈화해 두면 재활용에 용이) 예: • v1.1: Slack 알림 연동 • v1.2: Docker Compose 구성

레디스 모니터링 도구를 예로 PRD를 작성하면 다음과 같다.

```
## 목적
Redis 인스턴스들의 메모리 사용량과 TPS를 시각화하는 실시간 대시보드 생성

## 기술 스택
- 백엔드: FastAPI (Python)
- 프런트엔드: Pure JavaScript + Chart.js
- DB: SQLite (월별 파티셔닝)
- 인증: JWT + RSA

## API 스펙
1. POST /login
    - 입력: { id, encrypted_password }
    - 출력: { token }

2. GET /metrics
    - 입력: Authorization 헤더
    - 출력: { used_memory: "12MB", ops_per_sec: 421 }

## 예외 처리
- Redis down: 500
```

```
- 토큰 만료: 401

## 디렉터리 구조
- backend/
    └── api.py
- frontend/
    └── index.html, app.js

## 주의 사항
- React 사용 금지
- DB는 SQLite만 사용
```

그럼 매번 사람이 직접 이 PRD를 작성하냐 하면 그렇진 않다. 이때도 코딩 AI를 사용한다. 목적을 잘 정의하고 필요한 언어의 제약사항을 제공하고 PRD를 작성해 달라고 요청하면 꽤 괜찮은 PRD를 작성해 준다. 이때 이런 스펙으로 만들어 달라고 하면 더 좋다.

그리고 PRD를 작성하기 위해서 다음과 같은 정보를 역으로 요청한다. 다음과 같이 프롬프트를 작성했더니 챗GPT가 역으로 어떤 정보를 제공하면 더 정확하게 작성할 수 있는지 알려줬다.

> 💬 Redis를 모니터링할 수 있는 프로젝트를 위한 PRD를 구성해 줘. python, fastapi, 웹 UI는 pure JavaScript로 만들어 줘(npm 등 안 써도 되게). 1. RSS, Used Memory, CPU Usage, Connected Clients, O(N) 명령어들을 모니터링 할 수 있어야 해. 여기서 네가 제대로 해당 PRD를 작성하는 데 필요한 정보가 어떤 것들이 필요하고, 답변을 어떻게 주는 게 필요한지 알려 줘.

☑ **Redis 모니터링 PRD 작성을 위해 필요한 정보**

1. 모니터링 대상 범위 정의

Redis는 몇 개 인스턴스를 모니터링할 것인가?

  예: 단일 인스턴스 / 여러 개 그룹으로 분리된 수백 개 인스턴스

인스턴스 연결 정보는 정적으로 설정하는가, 동적으로 등록/제거 가능한가?

2. 수집 주기 및 저장 정책

모니터링 데이터 수집 주기 (초 단위 or 사용자 지정 가능?)

모니터링 데이터의 저장 여부와 보존 기간

  예: 1분마다 수집, 최근 7일만 저장, 월별 SQLite 파일 등

3. 모니터링 항목 상세 정의

"O(N) 명령어"라 하면 다음 중 무엇을 의미하는가?

  예: KEYS, SMEMBERS, LRANGE, SCAN 등

  → 어떤 명령어가 자주 사용되는지를 탐지하려는 것인지, 실시간 추적하려는 것인지?

CPU Usage: 시스템 수준 CPU인지, Redis의 used_cpu_sys, used_cpu_user인지 구분 필요

RSS: info memory의 used_memory_rss를 뜻하는지?

4. 웹 UI 인터랙션/뷰 정의

단일 대시보드 vs 인스턴스별 상세 페이지

어떤 항목을 그래프로, 어떤 항목을 리스트 또는 테이블로 표시할 것인가?

5. 알림/경고 설정

특정 임계치를 넘으면 경고 메시지 표시 또는 이메일 발송 여부

임계치 설정을 사용자가 설정 가능하게 할 것인지

6. 보안 및 인증 정책

로그인 필요 여부 (JWT, RSA, 로그인 화면 포함 여부)

API 보호 방식 (토큰 유효 시간, 사용자 권한 등)

7. 배포 환경 및 운영 방식

단일 서버 내 통합 서비스인지, 백엔드/프런트엔드 분리 배포인지

Redis 접근 방식: 동일 서버 로컬 접근인지, 외부 Redis 접근인지

✍ 당신이 어떻게 답변해 주면 좋은가?

예시 형식

```
### [1] Redis 인스턴스 구성
- 총 세 개 그룹 (prod, staging, dev)
- 그룹별로 여러 개의 Redis 인스턴스 (총 오십 개)
- FastAPI를 통해 인스턴스 정보를 갱신 가능하게 할 것

### [2] 수집 주기 및 저장
- 10초 주기 수집
- 최근 1주일 데이터만 보관 (SQLite 월별 파일로 파티셔닝)

### [3] 모니터링 항목
- RSS: info memory의 `used_memory_rss`
- Used Memory: `used_memory_human`
- CPU Usage: `used_cpu_sys`, `used_cpu_user`
- Connected Clients: `connected_clients`
- O(N) 명령어: KEYS, LRANGE, SMEMBERS → commandstats 기반 추출
```

```
### [4] UI/UX 요구
- 단일 대시보드 + 인스턴스별 상세 페이지
- 각 항목은 Chart.js로 시계열 그래프 표시
- O(N) 명령어는 top N 카운트 테이블

### [5] 인증/보안
- 로그인 필수 (RSA로 password 암호화 → JWT 발급)
- 서버 간 통신은 JWT 사용

### [6] 경고/알림
- Used Memory > 80% or O(N) 명령어 비중 > 10% → 이메일 전송

### [7] 기타
- 프런트엔드 Pure JS (npm 사용하지 않음)
```

챗GPT가 요청한 정보를 더 추가하고 PRD를 작성해 달라고 요청하면 이제 더 괜찮은 PRD를 작성해 준다.

6-5-2 태스크의 분리

코딩 AI와 협업을 잘하기 위해서는 요구사항을 정밀하게, 그리고 일의 범위를 줄여서 줄 필요가 있다. 이 PRD만으로 바로 코드 작성을 시작하면, 규모가 크기 때문에 전체 작업이 진행된다. 물론 전체를 한 번에 작업할 수도 있지만, 이러면 세세하게 수정하기가 어렵다.

생성한 PRD를 기반으로 이제 태스크를 상세히 나눠달라고 요청한다. 이때, 인수 테스트와 의존성 등도 추가해 달라고 하면 좀 더 명확하게 태스크를 분리할 수 있다.

> 💬 위의 prd를 바탕으로 상세한 태스크를 나눠 줘, 태스크는 큰 태스크, 내부의 상세 태스크, 태스크 간의 의존성, 태스크에 필요한 인수 테스트와 진행 상태를 나타내는 정보가 필요해.

실제로 이를 토대로 생성한 tasks.md 파일의 일부분은 다음과 같다. 자세한 내용은 https://gist.github.com/charsyam/cac98f862a3c9f16a0bc5862553d1d45에서 받을 수 있다.

Redis 모니터링 시스템 개발 Task 문서

📌 개요
- 본 문서는 Redis 모니터링 시스템 구축을 위한 Task를 상세하게 나눈 작업 목록입니다.
- 각 Task는 상태, 의존성, 인수 테스트 조건을 포함합니다.

▨ A. 인증 및 보안 (AUTH)

A1. RSA 인증 구현
- **Subtasks**
  - RSA 공개키/개인키 생성
  - password 암호화/복호화 처리
- **Dependencies**: 없음
- **Status**: Not Started
- **Acceptance Criteria**: 로그인 시 password 복호화 성공 여부

A2. JWT 발급
- **Subtasks**
  - JWT 발급 및 검증
  - 만료 시간 설정
- **Dependencies**: A1
- **Status**: Not Started
- **Acceptance Criteria**: 로그인 후 유효 토큰 응답

A3. 인증 미들웨어
- **Subtasks**
  - JWT 검사 미들웨어 구현
  - `/metrics`, `/groups` 등 보호
- **Dependencies**: A2
- **Status**: Not Started
- **Acceptance Criteria**: 인증 없는 요청 시 401 반환

......

🎲 의존성 요약
A1 → A2 → A3 → B3 → F3
B1 → B2 → B3 → F1, F2
C1 → C2 → C3 → E1 → E2 → E3
D1 → D2 → D3

이제 태스크를 기준으로 코드를 작성해 보자. 다음처럼 프롬프트를 입력했다. 몇 번을 강조하지만, 챗GPT를 비롯한 LLM이 제공한 코드가 올바른지, 의도가 명확한지는 꼭 직접 검증해야 한다.

> 💬 위의 태스크를 기준으로 task a1의 코드를 작성해 줘. 먼저 여기에 맞는 테스트부터 만들어 줘.
> 인수 테스트에 맞게 테스트를 만들고 테스트의 의도를 설명하고 테스트 코드부터 작성해 줘.
>
> ☑ **Acceptance Criteria (A1)**
> – 로그인 시 password 복호화 성공 여부
>
> ✏️ **테스트 의도**
> 목표는 클라이언트가 RSA 공개키로 암호화한 password를 서버가 개인키로 복호화하여 원문 password와 정확히 일치하는지를 검증하는 것입니다. 이를 통해 서버의 RSA 복호화 기능이 신뢰할 수 있는지 확인합니다.
>
> ✏️ **테스트 시나리오**
> 1. 서버 측에서 RSA 키쌍을 생성한다.
> 2. 클라이언트 시뮬레이션에서 공개키로 password를 암호화한다.
> 3. 서버 로직을 통해 복호화하고, 복호화된 결과가 원래 password와 동일한지 확인한다.

그리고 작성해 준 테스트 코드는 다음과 같다.

```
import pytest
from cryptography.hazmat.primitives import serialization
from cryptography.hazmat.primitives.asymmetric import padding, rsa
from cryptography.hazmat.primitives import hashes

# ===== 서버 RSA 키 로딩 및 복호화 함수 =====
```

```python
def generate_rsa_key_pair():
    private_key = rsa.generate_private_key(
        public_exponent=65537,
        key_size=2048,
    )
    public_key = private_key.public_key()
    return private_key, public_key

def decrypt_password(encrypted_password: bytes, private_key) -> str:
    decrypted = private_key.decrypt(
        encrypted_password,
        padding.PKCS1v15()
    )
    return decrypted.decode('utf-8')

# ===== 테스트 =====

def test_rsa_password_decryption():
    # Given: 서버에 RSA 키쌍이 있고
    private_key, public_key = generate_rsa_key_pair()
    original_password = "securePa$$123"

    # When: 클라이언트가 공개키로 암호화한 후
    encrypted_password = public_key.encrypt(
        original_password.encode('utf-8'),
        padding.PKCS1v15()
    )

    # Then: 서버가 복호화한 값은 원래 패스워드와 같아야 함
    decrypted_password = decrypt_password(encrypted_password, private_key)
    assert decrypted_password == original_password
```

> **커서나 클로드 코드가 코딩에 더 유리한 이유**
>
> 커서나 클로드 코드는 현재 프로젝트 기준으로 컨텍스트를 이해하고 전달하지만, 챗GPT는 우리가 입력하는 채팅 내용에 의존한다. 따라서 태스크 기준으로 코드를 작성할 때는 챗GPT보다는 커서나 클로드 코드를 이용하는 편이 좀 더 의도에 맞는 코드를 작성할 가능성이 높다. 그래서 콘셉트를 확인할 때에는 챗GPT로도 가능하지만, 좀 더 복잡한 코딩 작업을 하고 싶다면 커서나 클로드 코드 등을 이용하는 쪽이 생산성을 더 높일 수 있다.

테스트가 잘 작성되었다면 태스크에 맞춰서 코드를 작성해 달라고 요청한다. 이때부터 이제 코드를 수정하는 반복적인 일이 발생할 수 있다. 주의할 점은 꼭 코드를 추가로 작성하기 전에 현재까지의 코드를 커밋하라고 요청하자. 테스트가 정상적으로 돌아가지 않으면 이전 상태로 되돌려서 작업을 다시 진행해야 한다. 코드베이스가 간단할 때는 잘 동작하는 코드가 생성되다가, 복잡해지기 시작하면 테스트를 깨트리거나 테스트를 변경하는 행동을 하므로, 승인받은 테스트는 절대로 건드리지 않도록 명령해야 한다.

코딩 AI를 사용하다 보면 특정 부분에서 문제를 해결하지 못하고 계속 같은 행동을 반복하는 행동을 경험한다. 생산성을 높이려면 코딩 AI가 모든 걸 해결해 줄 때까지 기다리지 않고 적극적으로 문제점을 찾고 해결하고자 코딩 AI에 지적해야 한다.

> **테스트의 중요성**
>
> 코딩 AI는 한 번에 많은 코드를 빠르게 생성하므로 코드를 보며 해당 코드에 문제가 있는지 없는지를 판별하기 쉽지 않다. 또한, 정말 의도한 기능을 만들어냈는지도 확인하기가 어렵다. 그렇기 때문에 제대로 작성된 테스트 코드가 매우 중요하다.
>
> 코딩 AI를 사용해서 개발할 때 정확성을 보장하려면 사람이 가장 많이 개입해야 하는 부분이 바로 테스트 코드이다. 내가 원하는 문제를 검출하거나 잘 동작하는지 확인하기 위해서는 사람이 직접 테스트 코드를 리뷰하거나, 아니면 처음부터 테스트 코드는 사람이 작성해서 해당 코드를 통과하는지를 확인해야 한다.
>
> 하지만, 우리가 검증할 수 있는 테스트는 개발자가 경험한 범주를 벗어날 수 없으므로 개인의 실력이 함께 성장하지 않고서는 제대로 된 결과물을 만들기 어려울 수 있다.

> **규칙 파일의 중요성**
>
> 커서나 클로드 코드는 규칙(Rule) 파일을 설정할 수 있다. 프롬프트를 전달할 때 함께 전달하는데, 여기에 기본으로 필요한 내용을 잘 작성해 놓으면, 실수를 많이 피할 수 있다. 항상 작업 진행 사항 시에 태스크 문서와 PRD를 참고하라고 하거나, 새로운 코드를 작성하기 전에 현재의 코드를 깃에 저장하게 하면, 문제가 발생하더라도 다시 이전으로 돌아가는 데 용이하고 실수를 방지할 수 있다.
>
> 특히 규칙 파일은 필요한 내용을 지속적으로 추가하는 것이 유리하다. 또한 여러 파일로 나눠서 필요한 부분만 참조하도록 할 수도 있다.

6-6 코딩 AI와 함께 성장하기

코딩 AI로 높은 생산성을 얻으려면 두 가지가 필요하다. 하나는 코딩 AI에 일을 잘 시키는 방법을 연구하는 것이다. 프롬프트 엔지니어링이 이런 과정에 속한다고 할 수 있다. 좀 더 일을 잘 시키기 위해서 코딩 AI가 추론해야 하는 방향성을 제한한다거나 좀 더 명확한 정보를 주입하는 방법이 있다.

다른 하나는 코딩 AI와 함께 일하는 개발자의 높은 역량이다. 예전에는 T자형 인간을 말하면서 넓게 알면서 특정 분야에 전문가여야 한다면, 이제는 코딩 AI가 다양한 분야에서 결과물을 내놓을 수 있기 때문에, 개발자도 다양한 분야에서 전문가가 되어야 한다.

현시점에서는 코딩 AI의 발전이 굉장히 빠르므로 이 책에서 제안한 방식이 금방 의미가 없어질 수도 있다. 그리고 앞으로 나올 코딩 AI가 어떤 식으로 작동할지도 알 수 없다. 결국 도구를 이용하는 사람이 어떻게 해야 쉽게 도구에 적응할 수 있을지를 고민해야 한다.

단 한 가지 확실히 단언할 수 있는 점은 역량 높은 개발자일수록 어떤 코딩 AI가 나오더라도 더 이용하기 쉬울 것이라는 점이다. 즉 우리에게 필요한 자질은 미래를 예측하는 능력이 아니라, 변화에 빠르게 적응하는 능력이다. 결국 자신의 역량을 예전보다 더 높여야 적응력 또한 높아진다. 앞으로의 개발자는 지금까지보다 더 많이 학습하고, 더 많이 경험하려는 노력을 계속해야 한다.

최근에 METR의 연구 결과[2]를 보면 코딩 AI를 사용 후 개발자의 생산성이 예측보다 19% 떨어졌다. 아직까지 코딩 AI는 과도기이며 모두에게 낯선 도구이므로 적응기가 필요하며, 다른 사람보다 빨리 익숙해지는 것이 앞으로의 변화에 유리할 수밖에 없다.

---

2 〈Measuring the Impact of Early-2025 AI on Experienced Open-Source Developer Productivity〉
https://metr.org/blog/2025-07-10-early-2025-ai-experienced-os-dev-study/

APPENDIX A 서비스를 위해 더 고민할 부분

서비스를 개발할 때 언제나 최고의 방법을 선택할 수는 없다. 그리고 최고의 방법이 언제나 있는 것도 아니다. 대부분의 기술은 장단점이 있고, 지금 사용하려는 서비스에 기술의 장점이 더 중요하면 해당 기술을 선택하고, 단점이 너무 치명적이면 해당 기술을 피해야 한다. 이런 판단은 어떤 수식에 따라 값이 정해지는 게 아니라 엔지니어의 역량에 달려 있다고 해도 과언이 아니다. 그렇기에 이 책의 처음에서 이야기했듯이 누구와 일하느냐가 중요한 법이다.

A-1 앱 개발 시 필요한 기술

웹 서비스 전용 서비스라면 백엔드와 프런트엔드의 기술만 선택하겠지만, 안드로이드나 iOS에 앱을 서비스할 계획을 세운다면 가장 먼저 어떤 기술을 선택할지 고민한다. 기술에는 장단점이 있고 장점이 크면 채택하고, 단점이 크면 피해야 한다고 했다. 그런데 이 장단점은 단순 비교로 알 수 없고 자신의 서비스 요구사항에 따라서 달라진다.

현재 가장 보편적인 방법으로는 네이티브Native 개발, 리액트 네이티브React Native 개발, 플러터Flutter 개발, 이렇게 세 가지 선택지가 있다.

네이티브 개발은 OS에 맞는 언어와 툴킷을 사용해서 개발하는 방식이다. iOS는 스위프트Swift나 오브젝티브-CObjective-C를 사용하고, 안드로이드는 코틀린이나 자바를 사용한다. 이 방식으로 개발하면 플랫폼별로 가장 최고의 성능을 낼 수 있다. 하지만, OS별로 개발해야 하므로 보통은 플랫폼당 최소 1명의 개발자가 필요하다. 물론 여러 플랫폼을 혼자 개발할 수 있는 개발자가 있더라도, 개발 시간은 플랫폼의 배수가 필요하다. 예를 들어 iOS와 안드로이드로 개발한다면 두 배가 필요하다.

리액트 네이티브는 메타Meta(구 페이스북)에서 개발한 크로스 플랫폼 프레임워크이다. **리액트 네이티브 개발** 방식을 사용하면 자바스크립트나 타입스크립트로 코드를 작성해서 iOS와 안드로이드 앱을 동시에 만들 수 있다. 웹 개발자가 비교적 쉽게 접근할 수 있어 편리하나, 복잡한 기능은 네이티브 개발이 필요하다.

플러터는 구글에서 개발한 크로스 플랫폼 프레임워크이다. 다트^{Dart} 언어를 사용하고 자체 렌더링 엔진^{Skia}을 통해 UI 전체를 직접 그리는 플러터 개발 방식은 iOS와 안드로이드에서 같은 UI를 제공할 수 있고, 모바일뿐만 아니라 웹과 데스크톱용 프로그램도 개발할 수 있다. 프로그래밍 언어(다트)를 새로 배워야 하는 단점이 있는 데다 복잡한 기능은 역시 네이티브 개발이 필요하다.

표 A-1 개발 방식 비교

항목	네이티브 개발	리액트 네이티브	플러터
개발 속도	• 느림: iOS, 안드로이드 별도 개발	• 빠름: 한 번에 개발	• 빠름: 한 번에 개발
초기 개발 비용	• 높음: 플랫폼별 네이티브 개발자 필요	• 낮음: 한 명이 양 플랫폼 개발	• 낮음: 한 명이 양 플랫폼 개발
유지보수	• 어려움: 플랫폼별로 별도 관리	• 쉬움: 코드베이스 공유	• 쉬움: 코드베이스 공유
성능	• 기기의 성능 100% 활용 가능	• 적당	• 적당
UI/UX	• 네이티브에 맞춘 형태	• 플랫폼 차이가 있음	• 플러터가 제공하는 플랫폼에서 동일한 UI 제공

이 세 종류의 개발 방식 중 하나를 선택할 때 기준은 성능이나 네이티브 기능 구현이 중요한가, 아니면 일반 기능의 빠른 출시가 중요한가이다. 보통 네이티브 개발을 선택하고 iOS 개발자와 안드로이드 개발자를 구인했을 때 둘 모두 뛰어난 개발자를 구하기는 어렵다. 두 개발자의 실력 차이는 개발 속도로 나타나서 보통 플랫폼별 출시일이 달라지는데, 이때는 느린 쪽에 출시일을 맞춘다. 물론 심사 일자도 고려해야 하지만, 대부분 하루이틀에서 일주일 내로 심사가 완료된다. 다만 첫 배포라면 이 기준보다 더 오래 걸릴 수도 있다.

리액트 네이티브나 플러터 개발 방식을 선택하면 한 명이 작업해서 두 플랫폼을 한 번에 개발할 수 있으므로 출시일을 더 쉽게 예측할 수 있다. 다만 리액트 네이티브나 플러터 모두 플랫폼에 버그가 있어 수정하려면 해당 플랫폼에 맞춰 리액트 네이티브나 플러터의 변경도 필요할 수 있는데, 이때는 시간이 더 걸릴 수 있다. 그리고 플랫폼에 따른 버그뿐만이 아니라, 리액트 네이티브나 플러터의 자체 버그도 영향을 줄 수 있다.

안타깝게도 기술 선택에는 정답이 없다. 필자가 무조건 이런 서비스, 이런 조건에 이 기술을 사용해야 한다고 정해줄 수 없는 부분이다. 어떤 회사는 네이티브 개발을 채택했다가 리액트 네이티브나 플러터로 변경했는데, 그 반대의 경우 또한 있다.

우리가 잘 아는 자동차 회사, BMW는 네이티브로 앱을 개발하다가 플러터로 변경했다. 꽤 오랫동안 BMW & MINI Connected 앱을 네이티브로 개발했으나 2018년, 두 OS 버전 간의 기능과 디자인 차이가 너무 벌어졌다는 걸 깨달았다. 자사의 차량 종류와 사용자의 플랫폼과 무관하게 동일한 기능과 경험을 제공할 방법을 찾던 BMW는 플러터로 옮겨서 그 방법을 찾았다(https://flutter.dev/showcase/bmw).

우리나라 전자책 분야에서 단연 두각을 나타내는 리디북스도 네이티브로 앱을 개발하다가 리액트 네이티브로 변경한 곳이다. 리디의 기업 블로그(https://ridicorp.com/story/react-native-ridibooks-ap/)에 전환한 경위가 자세하게 적혀 있다. 시장의 변화에 발맞춰 고객의 요구사항을 반영하려면 앱의 업데이트 주기가 짧아야 했다. 무엇보다 앱 중심으로 서비스를 개편하며 앱 안에서 완결성 있는 고객 경험을 선사하려 했던 리디북스는 리액트 네이티브 기술을 도입하면서 네이티브 코드를 재활용했고, 잦은 업데이트 주기 문제도 해결했으며, 최종적으로는 플랫폼과 상관없이 사용자에게 동일한 경험을 선사했다. 리디북스가 플러터 대신 리액트 네이티브를 선택한 이유는 이미 6년 간 사용되어 안정화된 상태였고, 활성화된 커뮤니티에서 정보를 빠르게 구할 수 있어서 전환 리스크가 낮았다고 한다. 더군다나 팀 내부에는 이미 웹과 네이티브 개발자가 있어서, 리액트 네이티브로의 전환 또한 쉬웠다고 한다.

반면 네이티브 개발로 옮겨간 회사도 있다. 공유 숙소 서비스를 제공하는 에어비앤비AirBnB는 리액트 네이티브로 앱을 개발하다가 네이티브로 변경했다. 제대로 운영된다면 리액트 네이티브의 개발 속도가 훨씬 빨랐지만, 다양한 기술적/조직적 문제가 있어서 오히려 지연이 더 많았다. 성능 개선과 같은 성과도 있었지만, 비동기 렌더링이나 초기화 지연 등의 문제로 일관되게 서비스 품질을 유지하기 어려웠다. 무엇보다 전부 리액트 네이티브로 개발하지 않고 대부분의 코드는 네이티브 형태를 유지했다는 점이 치명적인 문제였으며, 이 상태에서 iOS, 안드로이드, 그리고 RN 브릿지를 동시에 관리해야 해서 복잡성만 증가했다. 결국 에어비앤비는 네이티브로 돌아갈 수밖에 없었다(https://medium.com/airbnb-engineering/sunsetting-react-native-1868ba28e30a).

유다시티Udacity 또한 리액트 네이티브에서 네이티브 개발로 변경한 곳이다. 유다시티에서 리액트 네이티브를 도입했던 초기만 해도 개발 속도가 빨랐으나 네이티브 앱과의 통합 유지보수가 점차 어려워졌다. 특히 안드로이드에서는 [Back] 버튼 동작 등 복잡한 네이티브 행동을 맞추려고 별도로 네이티브 코드를 추가해야 했다. 안드로이드 특화 요구사항이 늘어날수록 하나둘 코드가 추가되면서 iOS와 안드로이드의 공통 기능은 줄었다. 게다가 안드로이드 개발자들이 자바스크립트/리액트 패러다임에 익숙하지 않아서 리액트 네이티브 개발을 꺼려한 것도 한 몫을 했다(https://engineering.udacity.com/react-native-a-retrospective-from-the-mobile-engineering-team-at-udacity-89975d6a8102).

그래서 기술을 선택할 때 다음과 같이 체크리스트를 작성하며 고민해 보기를 추천한다. 다만 처음의 선택이 전부가 아니다. 다른 회사의 사례처럼 사용하는 기술보다 더 나은 선택지가 있다면 바꿀 수 있다.

표 A-2 모바일 앱 기술 선택 확인 항목

질문 항목	네이티브	리액트 네이티브	플러터
앱의 퍼포먼스(반응 속도, 애니메이션 부드러움)가 매우 중요한가?	O	X	X
앱에 복잡한 디바이스 기능(블루투스, 비콘, 멀티스레드 고성능 처리 등)이 필요한가?	O	X	X
iOS와 안드로이드에 빠르게 앱을 동시에 출시해야 하나?		O	O
개발 인력 리소스가 충분한가? (각 플랫폼 전문가 확보 가능?)	O	X JS 개발자 필요	X 다트 개발자 필요
팀에 React.js 경험자가 많은가?	X	O	X
UI 커스터마이징 또는 디자인 일관성 요구가 매우 높은가?	O	X	O 플러터는 자체 렌더링
멀티플랫폼 지원 예정인가? (웹/데스크톱 확장이 중요한가?)	X	X 웹 지원 제한	O 웹, 데스크톱도 지원

질문 항목	네이티브	리액트 네이티브	플러터
앱의 크기와 내려받는 속도가 매우 중요한가 (용량 최적화)?	O	X 초기 앱 사이즈 큼	X 초기 앱 사이즈 큼
기술 생태계와 라이브러리 수급이 중요한가?	O	O	X 빠르게 확산 중
5년 이상의 장기 유지보수를 고려해야 하나?	O	메타 지원 지속성 관찰 필요	구글 지원 지속성 관찰 필요

필자는 회사에서 채택한 보안 솔루션 라이브러리를 리액트 네이티브나 플러터에서 사용할 수 있는지를 참고할 레퍼런스가 없어서 네이티브 개발을 선택한 적이 있다. 이처럼 표는 최소한의 확인 항목일 뿐이고, 각자 서비스해야 하는 환경을 좀 더 세부적으로 검토한 다음에 확인 항목을 추가하는 편이 좋다.

> **웹뷰 이용**
>
> 리액트 네이티브나 플러터가 아니더라도 웹뷰(WebView)를 최대한 이용하면 플랫폼 간의 중복 개발을 줄일 수 있다. 웹뷰로 개발하면 두 플랫폼의 기능을 동시에 개발할 수 있기 때문이다. 하지만, 웹뷰를 사용하더라도 네이티브 앱과 인터페이스 연결 등의 작업이 필요하므로 어느 정도로는 네이티브로 개발해야 한다. 또 플랫폼에 따라서 다르게 동작하는 부분이 존재할 수 있어서, 리액트 네이티브나 플러터보다 웹뷰가 무조건 좋다고 할 수 없다. 이미 네이티브 앱을 서비스하고 있었다면 전환 시 걸리는 시간 때문에 쉽게 리액트 네이티브나 플러터로 이전하기 어려우니, 신기능부터는 웹뷰로 개발하는 것도 고려할 만하다.

은탄환이 없는 것처럼 모든 상황에 좋은 기술은 없으므로, 어떤 부분이 자신에게 득이 되고, 어떤 부분은 피해야 하는 단점인가를 살펴서 선택해야 한다.

A-2 서비스 확장을 위한 고민

서비스가 성장할수록 기능 확장성과 사용자 트래픽 처리를 위한 아키텍처는 기술적으로 중요한 고려 사항이며 대부분의 팀에서 우선순위를 높여 다룬다. 이와 달리 상대적으로 간과될 수 있는 부분이 있는데 바로 마케팅 요구사항을 기술적으로 어떻게 효율적으로 지원할 것인가이다. 서비스 운영에 마케팅이 필수적인만큼, 초기 서비스 구조 설계 단계부터 마케팅 및 이벤트 지원 방안을 심도 있게 고려해야 한다.

예를 들어 사용자 친구 추천 이벤트를 한다고 가정해 보자. 특정 추천 링크를 통해 유입된 신규 가입자와 해당 신규 가입자를 초대한 기존 사용자에게 보상을 주는 이벤트를 한다면 다음 정보가 필요하다.

먼저 추천인과 피추천인을 식별하는 용도로 사용자 ID 정보가 필요한데, 사용자 ID와 같은 민감한 정보를 외부에 직접 노출하면 보안 위험을 초래할 수 있다. 따라서 사용자의 고유 식별자(UUID나 ULID)를 별도로 생성해서 이를 외부에 전달하는 방식을 사용한다.

> **UUID와 ULID의 차이**
>
> 고유 식별자를 만드는 방법은 여러 가지이다. 그중에서도 UUID(Universally Unique IDentifier)는 128비트로 구성되며, 보통 문자로 표시할 때는 8-4-4-4-12 형태로 총 128비트를 16진수 스트링으로 표현하고 -가 총 세 개 추가되어 총 35문자로 구성이 된다.
>
> UUID는 버전이 다양한데, 현재는 UUID v4를 가장 많이 사용하고 있지만, 정렬성이 떨어져서 상대적으로 정렬이 가능한 UUID v7을 사용하는 추세가 늘어나고 있다.

표 A-3 UUID 버전별 정리

버전	특징	생성 방식	주요 특징 및 용도
v1	시간 기반	타임스탬프 + MAC 주소	고유성은 높지만, 시간·하드웨어 노출 가능성 있음
v2	유저/그룹 정보 기반	버전 1 + POSIX UID/GID	거의 사용되지 않음
v3	MD5 기반	네임스페이스 + MD5(문자열)	동일 입력 → 동일 UUID
v4	랜덤 기반	랜덤	충돌 확률 거의 없음, 가장 널리 사용됨
v5	SHA-1 기반	네임스페이스 + SHA-1(문자열)	버전 3과 동일 방식, 더 안전한 해시(SHA-1) 사용
v6	정렬 가능한 시간 기반	v1의 개선	타임스탬프가 앞쪽 → DB 인덱스에 유리(정렬 가능)
v7	Unix 시간 기반	Unix time + 랜덤	타임스탬프 기반이지만 랜덤성도 포함 → 이벤트 추적에 적합

> ULID 또한 UUID처럼 128비트로 생성되지만, 시간 정보를 가지고 있어서 정렬이 가능하다. 다만, UUID는 16진수로 표현하지만 ULID는 32진수로 문자열로 표현하므로 UUID에 비해서 더 작은 26자로 표시된다.

친구 초대와 같은 특정 사용자의 유입 경로를 추적해야 하는 경우, 링크에 출처 정보를 포함해야 한다. 이를 위해 흔히 사용되는 방법은 URL에 UTM$^{\text{Urchin Tracking Module}}$ 매개변수를 추가하는 것이다. 다음 예를 보면 유입된 플랫폼은 페이스북이고, 봄 세일 마케팅 캠페인의 CPC이다. 즉 페이스북 광고 중에 봄 세일 마케팅에서 클릭당 비용을 지불하는 형태의 광고를 통해 유입되었다는 의미다.

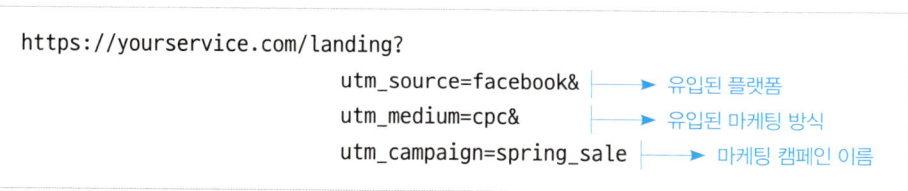

그림 A-1 UTM 매개변수

표 A-4 UTM 매개변수

매개변수	설명
utm_source	• 유입된 플랫폼/채널 예. google, instagram, facebook
utm_medium	• 유입된 마케팅 방식 예. email, referral, cpc, banner
utm_campaign	• 마케팅 캠페인 이름 예. spring_season_sale, black_friday_2025
utm_term	• 유입된 검색 키워드 (Google Ads에서 주로 사용)
utm_content	• A/B 테스트 등을 위한 링크 콘텐츠 구분자 예. home_button1, membership1

UTM 매개변수를 활용하면 마케팅 캠페인 성과를 더 세밀하게 추절할 수 있는 링크를 만들 수 있다.

- **페이스북 캠페인 예시**: 사용자가 페이스북 CPC 광고 중 론칭 캠페인의 비디오1 콘텐츠를 통해 유입되었다.
    - `https://yourapp.com/signup?utm_source=facebook&utm_medium=cpc&utm_campaign=launch&utm_content=video1`
- **이메일 캠페인 예시**: 사용자가 뉴스레터로 발송된 이메일에서 겨울 프로모션 캠페인의 일환으로 유입되었다.
    - `https://yourapp.com/promo?utm_source=newsletter&utm_medium=email&utm_campaign=winter_promo`

이처럼 UTM 매개변수가 포함된 링크가 유입되면 해당 정보를 분석해서 어떤 채널과 캠페인을 통해 사용자가 유입되었는지, 사용자는 어떤 콘텐츠에 반응했는지 등 상세한 데이터를 얻을 수 있다.

나아가 신규 가입자를 위한 쿠폰 시스템 설계나 대규모 사용자에게 효율적으로 도달하기 위한 푸시 서비스 등은 마케팅 효과를 극대화하고 사용자 경험을 개선하는 데 중요한 요소이므로, 이에 대한 기술적 고민도 함께 선행되어야 한다.

A-3 스타트업에서 좋은 서비스 개발이란?

어떤 서비스를 하든, 기술적으로 안정적인 서비스를 만들어야 한다. 기술적으로 안정적인 서비스란 향후 기능 추가가 편하고, 서비스 확장이 유연하며, 효과적인 모니터링과 장애 대응 체계를 갖추는 것을 의미한다. 그러나 스타트업은 인력, 비용, 시간 등 여러 자원이 부족한 상황에 직면해 있어 모두 갖추기에는 어려운 편이다.

다음은 스타트업에서 좋은 서비스를 개발하기 위해서 확인해야 할 사항이다.

1. **명확한 문제 정의**: 스타트업에서 좋은 서비스는 기술력만으로 만들 수 있는 게 아니다. 제공하고자 하는 서비스가 어떤 문제를 해결하고, 사용자에게 어떤 가치를 줄 것인지 명확히 정의해야 한다. 명확한 문제 정의를 통해 불필요한 개발을 피하고 정말로 필요한 핵심 기능에 집중할 수 있다.
2. **MVP 전략**: 문제를 정의하면 이를 실제로 해결하는 MVP(최소기능제품)를 빠르게 개발하여 시장에 출시하고 사용자의 반응을 확인하는 일이 중요하다. 하지만 전자금융업이나 온라인 투자 연계

금융업(온투업)과 같은 특정 분야는 사업에 필요한 필수 라이선스를 취득해야 하므로 출시까지 상당한 시간이 걸리며 예측 불가능한 위험이 추가될 수 있다. 중요한 고민이 필요한 시점인데, 출시 후 빠르게 방향을 전환하거나 기능을 업그레이드할 충분한 시간적 여유가 있다면, 빠른 속도에 초점을 맞춰 개발할 수 있다. 하지만, 해당 기능이 성공적으로 자리 잡았을 때 새로운 요구사항이 추가될 가능성이 높다면, 초기 출시가 다소 늦어지더라도 확장 가능한 구조로 설계하는 것이 장기적으로 훨씬 유리하다.

3. **꼭 필요한 기능에 집중**: 스타트업은 인력, 비용, 시간 등 자원이 제한적일 수밖에 없다. 따라서 모든 리소스를 정말 필요한 기능에 집중해야 한다. 기획 내용뿐만 아니라 의도를 깊이 파악하여 동일한 목적을 달성할 수 있는 다른 형태의 대안이나 비용 효율적인 구현 방식을 적극적으로 모색해야 한다.

4. **단순한 구조의 선택**: 적은 인원으로 운영되는 스타트업의 특성상 최고의 성능을 추구하는 복잡한 아키텍처보다는 단순하고 관리하기 쉬운 구조를 선택하는 것이 더 효과적일 수 있다. 예를 들어 쿠버네티스와 같은 도구 도입이 이상적일 수 있지만, 팀의 숙련도에 따라서는 EC2에 서비스를 직접 배포하는 것이 훨씬 간단하며, 문제 발생 시 대응도 쉬울 수 있다. 중요한 것은 팀의 역량과 상황에 맞는 가장 효율적인 기술 스택이다.

5. **성과 측정 시스템 구축**: 새로운 기능이 출시되면, 사용자 수가 실제로 증가했는지, 해당 기능의 활용도가 높은지 등을 항상 추적하고 측정해야 한다. 대부분 기능 출시 전까지는 큰 노력을 기울이지만, 출시 이후 사용자들이 의도대로 기능을 사용하고 있는지에 대한 관심은 부족하다. 따라서 기능 출시 전에 성과를 추적할 수 있는 시스템을 미리 구축해 두는 것이 필수적이다.

스타트업 개발 과정의 가장 큰 난제 중 하나는 확장성을 위해 시간을 더 투자할 것인가, 아니면 빠르게 개발하여 출시할 것인가에 대한 의사 결정이다. 예를 들어 특정 기능을 개발할 때, 빠르게 구현하면 2주가 걸리고, 확장성을 고려하면 한 달이 걸린다고 가정해 보자.

단순히 생각하면 2주 차이라면 당연히 확장성 있게 만드는 게 합리적이라고 생각할 수도 있다. 하지만, 스타트업은 해당 개발 건 외에도 동시에 처리해야 할 수많은 업무가 있으며, 특정 작업에 시간을 더 할애하려면 다른 중요한 작업이 지연될 수도 있다. 또한 개발 중인 기능이 시장에서 성공할 것이라는 보장도 없다.

따라서 스타트업은 이런 딜레마 속에서 때로는 확장성에, 때로는 빠른 시장 출시에 초점을 맞춰 유연하게 전략을 조정하는 지혜가 필요하다. 이는 단순히 기술적 결정이 아니라, 비즈니스 상황과 리소스 제약을 종합적으로 고려한 전략적 판단이어야 한다.

찾아보기

A

ABA **347**
access token **159**
active-active **135**
active-standby **133**
ALB **64, 104**
Apache Superset **233**
API **30**
Application Load Balancer **64, 104**
Argon2 **150**
Async Replication **179**
authentication **142**
authorization **142**
Auto Scaling Group **114**
Availability Zone **33, 48**
AZ **33, 34, 48**

B

B+ tree **169**
B+ 트리 **169**
Back Pressure **222**
Balloon Hashing **150**
bandwidth **31**
bastion **57**
Bcrypt **150**
BI **233**
Binary Search **299**
Binlog **135**
Blue-Green Deployment **98**
Blue-Green Update **15**
Business Intelligence **233**

C

cache **182**
Cache Aside Pattern **187**
cache crash **193**
Cache Stampede **194**
Canary Deployment **102**
cardinality **170**
CAS **347**
CI/CD **76**
CIDR **50**
Classless Inter-Domain Routing **50**
CloudWatch **22**
Compare-And-Swap **347**
composite index **171**
consistency **11, 293**
Consistent Hashing **214**
Continuous Integration and Continuous Deployment **76**
cron **90**

D

DAU **234**
decryption **145**
deploy key **87**
Deployment Strategy **92**
DH/ECDH **153**
DNS **139**
DNS 페일오버 **137**

E

E2E 테스트 **16, 121**
Elastic Load Balancer **37**
ELB **38**
ELK 스택 **229**
encryption **145**
end-to-end test **121**

F

failover **133**
Feature Flag **237**
Features **349**
Filebeat **229**

FinOps **31**
Full Scan **168**

G

GDPR **6**
General Data Protection Regulation **6**
GitHub Actions **76**
GitLab **87**
Grafana **230, 232**
Grafana Loki **21**

H~I

HA **4**
hard delete **144**
High Availability **4**
Horizontal Partitioning **197**
IaC **13, 42**
IAM **38**
Identity and Access Management **38**
IGW **53**
index **168**
Infrastructure as Code **13, 42**
Internet Gateway **53**
Irreversibility **149**

J~L

Jenkins **85**
JSON Web Token **161**
JWT **161**
Key Derivation Function **149**
Key Diversification **149**
Key Stretching **149**
Launch Template **112, 113**
Listener **104**
Lock-Free **347**
Look Aside Pattern **187**
Locust **270**

Logical Sharding **209**
Logstash **229**

M~N

MAU **234**
Minimum Viable Product **3, 16**
Modular Sharding **204**
module **107**
monolithic **19, 127**
MSA **18, 127**
MVP **3, 16**
NAT **53**
NAT 게이트웨이 **33**
NoSQL **11**

O

one-way hash function **146**
On-Premises **2, 27**
OpenTofu **43**

P~Q

Packer **47**
PBKDF2 **150**
Physical Sharding **209**
PRD **348**
Probabilistic Early Expiration **195**
Prometheus **231**
promotion **134**
protocol **239**
Pulumi **44**
pytest **78**
QA **16**

R

Rainbow Table **147**
Range Sharding **201**
RDBMS **11**

찾아보기

Read Replica **176**
Read Through Pattern **188**
refresh token **159**
Region **48**
regression test **20**
Replication Lag **178**
rollback **23**
Rolling Update **15, 95**
RSA **153**
Rule **105**

S

S3 **38**
S3 버킷 **38**
Salt **147**
scrypt **150**
serialization **183**
service mocking **122**
sharding **197**
Simple Queue Service **38**
Simple Storage Service **38**
Simple Storage Service Bucket **38**
Single Point Of Failure **61**
Skip List **343, 345, 346**
SNS **38**
soft delete **144**
SPOF **27, 61**
SQS **38**
Swagger **263**
Sync Replication **179**

T~W

Target Group **105**
Terraform **43**
Time-To-Live **140**
transparent **137**
TTL **140**

unit test **117**
Vertical Partitioning **196**
vibe coding **327**
VIP 페일오버 **137**
Virtual Node **220**
Virtual Private Cloud **33**
VPC **33**
VPN **35**
WAU **234**
Write Back Pattern **189**
Write-Behind Pattern **189**

ㄱ~ㄴ

가상 노드 **220**
가상 사설 클라우드 **33**
가용 영역 **33**
개인정보 **5**
고가용성 **4, 48**
규칙 파일 **357**
그라파나 **230, 232**
그라파나 로키 **21**
그린 그룹 **98**
기능 명세 **349**
기술 부채 **3, 17**
기술적 투명성 **137**
깃랩 **87**
깃허브 액션 **76**
네트워크 대역폭 **31**
논리적 삭제 **144**
논리적 샤딩 **209**

ㄷ

다중 리전 배포 **48**
단방향 해시 함수 **146**
단위 테스트 **117**
단일 장애 지점 **61**
대상 그룹 **105**

데이터베이스 167
데이터 프라이버시 4
동기 복제 179

ㄹ

라우팅 규칙 105
라우팅 테이블 33, 54
라이트백 패턴 189
라이트비하인드 패턴 189
런치 템플릿 113
레인보우 테이블 147
로그 14
로그 수집 시스템 230
로그스태시 229
로드밸런서 97
롤링 업데이트 15, 95, 98, 100
롤백 23
룩어사이드 패턴 187
리그레션 테스트 20
리드스루 패턴 188
리스너 104
리전 34, 48
리프레시 토큰 159

ㅁ

모놀리식 19, 127
모놀리식 아키텍처 127
모니터링 18, 22, 230
모듈러 샤딩 204
모아쓰기 190
무정지 배포 97
물리적 삭제 144
물리적 샤딩 209

ㅂ

바이너리 서치 299
바이브 코딩 327

배압 222
배포 69
배포 방식 14
배포 자동화 69, 73
배포 전략 74, 92
배포 키 87
배포 타깃 74
범위 샤딩 201
보안 감시 229
복제 지연 178
복합 인덱스 171
복호화 145
부하 테스트 270
블루 그룹 98
블루그린 배포 15, 93, 98, 100
비가역성 149
비동기 복제 방식 179
비동기 서비스 221
빈로그 135

ㅅ

샤딩 197
서브넷 33
서비스 목킹 122
서비스 성격 파악 3
서비스의 성격 3
솔트 147
수직적 분할 196
수평적 분할 197
스웨거 263
스킵 리스트 343
승격 134

ㅇ

아파치 슈퍼셋 233
안정 해시 214
암호화 145

찾아보기

액세스 토큰 159
액티브-스탠바이 133
액티브-액티브 135
엔드투엔드 테스트 121
오버 엔지니어링 18
오토스케일링 그룹 114
온프레미스 2, 27
운영 테스트 환경 131, 132
웹훅 86
유닛 테스트 16, 117
유지율 234
이상 탐지 229
이탈률 234
인가 142
인덱스 168
인증 142
인터넷 게이트웨이 33, 53
인프라 14
읽기 복제 176
읽기 복제본 133

ㅈ ~ ㅋ

자동화된 테스트 20
전체 스캔 168
점프 서버 59
정규화 144
정합성 11, 293
제품요구사항 문서 348
젠킨스 85
종단 간 테스트 121
직렬화 183
카나리 배포 102
카디널리티 170
캐시 182
캐시 스탬피드 194
캐시어사이드 패턴 187
캐시 적용 전략 187

캐시 크래시 193
커밋 86
콘솔 13
크로스 플랫폼 10
크론 90
클라우드 27, 32
클라우드 서비스 2, 12
클라우드와치 22
키 다변성 149
키 스트레칭 149
키 유도 함수 149

ㅌ

테라폼 43
테스트 69, 117
통계 233
통계 정보 18, 23

ㅍ

파일비트 229
퍼블릭 서브넷 34
페일오버 133
프라이빗 서브넷 34
프로메테우스 231
프로젝트 문서 348
프로토콜 239
피처 플래그 237
핀옵스 31

ㅎ

핵심 기술의 구성 3, 10
핵심 인력 구성 3, 7
확률적 조기 만료 기법 195